儿 童 成 长 必

非暴力
亲子沟通

李旭影/编著

吉林出版集团股份有限公司
全国百佳图书出版单位

图书在版编目（CIP）数据

儿童成长必修课.非暴力亲子沟通/李旭影编著
.--长春:吉林出版集团股份有限公司,2021.12
ISBN 978-7-5731-0916-3

Ⅰ.①儿… Ⅱ.①李… Ⅲ.①儿童教育－家庭教育
Ⅳ.① G782

中国版本图书馆 CIP 数据核字 (2021) 第 246879 号

前　言

经常有家长抱怨，说孩子不听话："一件事讲好几遍也听不进去。不讲吧，孩子的不良行为得不到纠正；讲吧，孩子又嫌自己烦。真是很头疼！"

其实，家长应从自身找原因，唠叨的家长往往缺乏自信，性格软弱，对自己讲过的话、做过的事不放心，才会一遍遍地重复。孩子生长在这样的环境中，很难形成良好的个性。

有位老师问过孩子们这样一个问题："你们最喜欢什么样的爸爸妈妈？"结果比较集中的回答是：

"平时不唠叨，而当我心里有事时，他们——"

"说得上话！"

"救得了急！"

"解得了闷！"

聪明的家长从不规定孩子应该做什么、不应该做什么，而是放手让孩子去做；如果孩子没有做好，也会耐心地帮孩子分析原因，鼓励孩子不要灰心、尽力而为。

在这个过程中，学会尊重孩子也很关键。自尊心是影响孩子健康成长的重要心理因素，如果自尊受到伤害，他们会产生心理障碍，如自卑感和对抗心理等。因此，家长必须注意保护并培养孩子的自尊心。

家长都希望把自己的孩子打造成一个乐于与我们沟通的人，但家长可能没有注意到，跟孩子说话的语气是十分重要的，完全可以促进或者阻碍孩子的说话兴趣，甚至会对其情商、修养产生深刻的影响。孩子会把世界看成一种关系，他们小小的思维中已经存在关系式的生活方式，他们天生喜欢交流。有不少家长担心孩子会做出一些不正确的事情，因此剥夺了孩子发言做主的权利，把自己的想法强加给孩子。虽说出发点是为了孩子好，但家长的这种做法往往得不到孩子的认同和理解。倔强的孩子会在这个问题上和父母争辩；性格相对内向的孩子虽然表面一言不发，然而却在心里对父母产生了抵触情绪。

还有一些家长往往会不自觉地把自己年轻时没能实现的理想寄托在孩子的身上，希望孩子能够帮助自己实现。如果这一愿望与孩子自己的愿望相同，这种寄托就会成为督促孩子奋斗的动力，但如果这种寄托并不符合孩子的愿望（这种情况更容易出现），家长的这种寄托就会成为孩子成长的负累，甚至有可能毁掉孩子的一生。

没有一个人可以一下子长大，成长是一个缓慢的过程，家长在这个过程中应该尽量让孩子对自己的事情有发言的机会。不管他们说得对或错，都会培养自身的能力，这将在他们日后走上社会后成为一笔宝贵财富。

目　录

第五章　和解式沟通：叛逆不是错，不打不骂教出好孩子

第六章　引导式沟通：变强制为引导，让孩子远离心理阴影

第一章
正确的亲子沟通，
开口前要先读懂孩子的心理

小孩子的心理不简单

君君在搭积木玩，由于他太小，还不能把握好平衡，积木搭得没多高就倒了，一旁照顾他的爷爷看见了赶紧过来帮着宝贝孙子重新把积木搭好。爷爷原本是担心君君看见倒了的积木大哭大闹才帮他搭好的，没想到爷爷的这一举动反而让君君大哭起来，怎么劝都劝不好，这让爷爷手足无措。君君边哭边把爷爷搭好的积木给推翻了，爷爷以为是自己搭得不够好，所以重新搭了一遍，结果君君哭得更凶了，把刚搭好的积木又踢翻了。爷爷生气了，大声训斥君君，说他不懂礼貌、任性。家里其他人知道事情的经过后也都一个劲儿地责怪君君，觉得爷爷很是委屈。

妈妈刚给5岁的嘉嘉买了一辆粉红色的自行车，嘉嘉迫不及待地骑着小车到院子里去"展示"，结果碰到了自己的好朋友虎虎。虎虎也想玩，就对嘉嘉说："嘉嘉，能不能把你的车子借我骑骑？"嘉嘉想了想说："好吧，谁让咱们是最好的朋友呢！"虎虎可开心了，可是，才骑了一会儿，嘉嘉就过来了："虎虎，我要回家了，妈妈说不能在外面玩很久，下次再给你玩吧！"嘉嘉很顺利地把车子要了回来。事实上，嘉嘉的妈妈根本没有说过这样的话。

娜娜已经喝了很多冷饮，可是还是一个劲儿地跟爸爸要，又哭又闹的，结果爸爸发怒了，转头就进自己的书房了。娜娜还是第一次看见爸爸这么生气，要知道爸爸平时可是最疼自己的啊，她站在门外撒娇地叫着爸爸，可是爸爸还是不理她。娜娜想了想就去找奶奶，奶奶看着自己的宝贝孙女眼睛都哭红了，心疼得不得了，不停地埋怨娜娜的爸爸，结果娜娜对着书房很大声地说："奶奶，不能怪爸爸的，是我自己不乖，爸爸平时可好了，我最喜欢我的爸爸了！"这些话让刚刚还在生气的爸爸听得心里美滋滋的，自个儿坐在书房里乐。

　　这样的事情在生活中真是数不胜数。一方面，孩子的举动常常让大人们诧异，最简单的小孩子有时却比大人还要"复杂"；另一方面，孩子引发的一些闹剧也常常让家长哭笑不得。当自己的孩子出现不好的行为时，家长常常会担心是不是自己在教育孩子的过程中做得不够好，而使孩子产生了不良的倾向。比如人们会认为：例子中的君君太任性了，小小年纪脾气却很大；嘉嘉又太有心计，为了将自己的自行车要回来竟然用妈妈做挡箭牌骗自己的好朋友；娜娜从小就这么圆滑，使小诡计讨得爸爸的喜欢。这些在家长们看来都是恶习，很多家长在面对孩子的这些行为时都特别不理解——照常理来说，孩子的性格和行为要么是遗传的，要么是受环境影响，可是家里没有一个人有这样的特点，加之孩子又小，也没有接触很多外面的人，他们怎么会变成这样呢？

　　其实，小孩子的这些行为都是正常的，之所以会引起大人，尤其是家长的紧张，并不是孩子真的做错了什么，而是一直以来人们都认为孩子是极其简单的，孩子们应该变成的模样与现实中真实的表现之间出现的落差让家长难以接受。当然，相比于成人来说，小孩子还是简单的，即使他们的行为在家长看来很"世俗、圆滑、狡猾"等，他们的出发点也绝对不是家长所想的那样。

孩子的每一种行为都是可以解释的，比如，例子中的君君，他大哭大闹，不珍惜爷爷的劳动成果并不是在使小性子，而是渴望长大。他只是觉得自己能堆好积木，希望自己能独立完成自己喜欢做的事情，当出现暂时的失败时，他需要的是获得大人的鼓励和信任，而不是马上帮他把事情做完。嘉嘉和娜娜也并不是圆滑、有心计，她们的动机很单纯，不仅没有恶意，而且能从中看出他们的机灵。

小孩子的心理也确实很不简单，他们正处在开始形成自己的性格、培养各种习惯的时期。家长如果对孩子的一些行为处理不当，不仅对孩子没有帮助，反而会挫伤他们的积极性，影响他们的健康成长。

何谓幼儿敏感期

意大利著名教育家蒙台梭利指出，在幼儿成长过程中，会在某一段时间内只对某些事物感兴趣而拒绝接受其他事物，这个时期就是所谓的幼儿敏感期。如果家长在孩子的敏感期给他提供有效的帮助，会收到最佳的效果。

幼儿阶段是众多能力发展的关键时期，会出现很多的敏感期，虽然发展是连续的，很难十分精确地找出具体的时间，但如果认真观察幼儿的行为，就会从细微处看出端倪。

两岁的蒙蒙最近总是无缘无故地大发脾气，又是摔东西又是哭闹，爸爸妈妈可真是急坏了。平时又上班又要照顾孩子本来就特别辛苦了，现在孩子又非常不听话，真让这对年轻的爸爸妈妈不知如何是好了。为了能尽快解决问题，蒙蒙的父母决定将近来的生活梳理一下，看看究竟是什么导致了孩子的脾气大增。结果，他们发现孩子生活中唯一的变化就是听故事、洗澡和睡觉的顺序不同了。以前都是爸爸先帮蒙蒙洗完澡，妈妈再给她讲睡前故事，但由于最近爸爸工作比较忙，所有的事情都由妈妈一个人做，而且为了节约时间，妈妈都是在给蒙蒙洗澡时把故事给讲了，然后跟蒙蒙一起睡觉。会不会是这些生活习惯的改变让蒙蒙一下子无法接受呢？于是，爸爸特意抽出时间帮蒙蒙洗澡，然后像以前一样，妈妈给她讲故事并陪她睡觉。结果让他们两个既喜出望外又大吃一惊——蒙蒙竟然不闹了！他们从来没有想过这么小的孩子会对生活习惯如此在意。

故事中的蒙蒙可能正处于秩序的敏感期，在自己熟悉的生活节奏和顺序发生变化后，一时无法适应，从而出现发脾气的现象。如果这种变化持续的时间再长一点，可能蒙蒙就会慢慢适应新的生活，用新的秩序代替以前的秩序。

秩序敏感期一般出现在 2~4 岁，通常的表现与生活习惯有关。比如，芊芊在一岁多时还老是把自己的玩具到处扔，无论大人们怎么说都不听，可是到两岁多时，家人发现她很自觉地将玩具有秩序地放在玩具房里，而且如果别人不小心碰乱了，她还会特别生气。

除了秩序敏感期外，幼儿阶段还是很多能力发展的敏感时期。蒙台梭利认为，幼儿阶段有九种敏感期：

语言敏感期（0～6岁）：从开始对话语产生反应，到注视大人说话时的嘴形，再到自己开始牙牙学语，幼儿对语言的敏感是毋庸置疑的，如果引导得当，孩子在几年内就能掌握大部分的母语。

秩序敏感期（2～4岁）：对顺序、生活习惯、自己的东西等敏感。

感官敏感期（0～6岁）：孩子的各种感官在妈妈肚子里就有所发展。在幼儿时期，各种感官就更加敏感了，一些教具的设计和开发就是专门针对孩子感官能力发展的。

对细微事物感兴趣的敏感期（1.5～4岁）：大人和孩子看到的世界往往是不一样的，有时候小孩子的观察力比大人要强，从而能发现不易被发现的精彩之处。

动作敏感期（0～6岁）：从一个小生命开始形成到出生到慢慢长大，他们的动作也慢慢变得精细、复杂，0～6岁的孩子经历了躺、坐、站、滚、爬、走、握等一系列的发展，对动作相当敏感。

社会规范敏感期（2.5～6岁）：这个阶段的孩子往往在家待

不住，总是吵着嚷着要出去玩，跟一大群小伙伴玩，这时家长就要开始慢慢给孩子灌输有关社会规范的知识了，培养孩子一些礼节，使他们能在与别人的交往中应对自如。

书写敏感期（3.5～4.5岁）：识字、写字常常被家长们看作孩子长大的一个标志，家长们在一起聊天时，也常常会提到孩子的这些能力。

阅读敏感期（4.5～5.5岁）：随着人们对孩子阅读能力的重视程度越来越高，市面上出现了越来越多的幼儿读物，这些读物可以陪着孩子度过阅读的敏感期。

文化敏感期（6～9岁）：通俗地说，就是对文化知识的敏感期，如果家长引导适当，可以激发孩子强烈的学习欲求，为以后的学习提供有力的动机。

敏感期是幼儿本色发展的反应，不仅对幼儿能力的发展有重要作用，还会影响其性格、品质等的形成。在这个时期，家长的尊重、鼓励、支持、信任等对孩子的发展起着不可忽视的作用。

0～1岁婴儿期：建立基本信任的关键阶段

小宝的出生给全家带来了极大的惊喜，可是，随之而来的"麻烦"也愁坏了所有人。小宝的爸爸妈妈希望在自己经济条件宽裕时再要孩子，所以生小宝时年纪都比较大，精力也不是很充沛。虽然他们早就考虑到了这一点，在孩子还没出生时就请了一个保姆，但妈妈还是尽量自己带孩子。妈妈以为自己付出这么多后，小宝跟自己会慢慢有默契，谁知道小宝完全不"领情"，无论白天还是晚上，总是会"无缘无故"地大哭，而且不管妈妈怎么劝怎么哄都没有用。奇怪的是，小宝如果跟保姆一起玩就很乖，即使哭了也能马上被保姆哄好。这让妈妈很伤心，每次看到自己的孩子在保姆怀中乐呵呵的样子心里就不是滋味。

为了弄清小宝的生活规律，妈妈决定向保姆"取经"，不过碍于情面，她选择在暗地里观察保姆与孩子之间的交流。当孩子哭时，妈妈想孩子一定是饿了，而保姆却第一时间看了看小宝的纸尿裤，果然是尿尿了，于是马上给小宝换上了干净的纸尿裤；不一会儿小宝又哭了，一旁的妈妈猜测这回肯定是饿了吧，结果保姆只是轻轻摸了摸小宝，跟他说了几句话，小宝就不闹了；接下来，小宝每哭一次，保姆都能很快地找到原因，然后喂奶、陪他玩、哄他睡觉……这让妈妈大为吃惊，在她看来孩子的哭声都是一样的，保姆怎么就能区分出哪一次哭是饿了、哪一次哭是尿湿了？她再也忍不住了，亲自向保姆请教。原来保姆在多年照顾孩子的过程中积累了丰富的经验，对宝宝的每一次哭闹等都十分敏感，知道宝宝的微笑代表什么、大叫又代表什么，甚至知道不同的哭声也代表着不同的需求。小宝在有新的需要时，发出的信号都能被保姆准确地捕捉到，而妈妈却做不到，这样一来，就不难想象为什么小宝跟保姆之间的默契要好于跟妈妈了。

例子中的小宝虽然很小，但从他的表现可以看出，他已经开始懂得信任了，在他看来，保姆就是值得信任的人。根据心理学家埃里克森的观点，0~1岁的婴儿正处于人格发展的第一阶段，即基本信任对基本不信任阶段。这个阶段的婴儿非常软弱，他们无法用语言与成人交流，表达出的愿望也得不到成人的理解。如果在这个过程中抚养者能够爱抚婴儿，敏感地接收到婴儿发出的各种信号并及时地予以回应，婴儿在满足基本生理需要的基础上就会渐渐地形成一种信任感，反之，则会在混乱中对外界不信任，没有安全感。

宝宝在这一阶段有没有形成信任感不仅影响着与抚养者之间的关系，还对宝宝今后的性格、行为等有深远影响，比如：在婴儿期的信任危机如果得到积极的解决，成年后的性格就倾向于乐观、自信、开朗、信赖等；如果得不到积极解决，就多倾向于悲观、烦躁、抑郁、多疑、猜忌、嫉妒等。

所以，孩子每一次看似无理取闹的行为都是有正当理由的，那些是他们向外界发出的信号，是他们特有的语言。如果家长无法领会，不仅不去及时地提供条件满足孩子的需要，反而还斥责孩子，对孩子信任感的形成及以后性格的发展就会产生负面的作用。

3~12 岁为何叫"水泥期"

有一定生活常识的人都知道水泥的特性，当往粉末状的水泥中加入水时，人们可以按照自己的需要任意改变水泥的形状；当水泥渐渐凝固时，改变就不那么容易了；而一团水泥一旦凝固，再想改变就很难了。心理学中将 3~12 岁这个阶段叫作"水泥期"，这与水泥本身的特点相符，而且还根据儿童发展的特点进一步将 3～6 岁称为"潮湿的水泥期"，7～12 岁称为"正凝固的水泥期"。

3～6 岁时孩子的性格处于起步阶段，可塑性非常强。在这一时期，家长的引导和外界环境的影响对孩子性格的养成而言十分关键。

你如果有一个处于这一阶段的孩子，可能经常会为他的行为发怒——他动不动就大发脾气、哭闹、摔东西等，而你能做的要么是妥协，要么就是用家长的权威制止他的任性，结果孩子可能由于你的纵容变得更加任性，或者在你的严厉制止下变得胆怯、内向。

此外，这一时期孩子的害羞也是家长经常担忧的问题，不少家长都反映，自己的孩子在家里时还挺能说的，一直是外向型的性格，没想到只要出门，孩子就躲在自己的身后，即使别人跟他打招呼，他也十分腼腆。这种现象在 3～6 岁的孩子中十分常见，他们常常会觉得自己没有能力独立完成一些事情，在面对外人时，也无法应对自如，渐渐就会形成"我做不到""我不行"等观点。如果这些观点根深蒂固，就会影响孩子今后的性格发展，他们害怕出错，害怕挑战，在面对挫折时可能会一蹶不振，倾向于变得内向、自卑、退缩。所以，家长要关注孩子性格的形成和发展，在平时的生活中要给孩子适当的鼓励，多与他交流和沟通。比如：当孩子准备做一件之前从来没做过的事情时，家长要做的不是因害怕孩子会失败而制止他，或者由自己代劳帮助孩子完成任务，而是用言语鼓励孩子，相信孩子有能力跨出新的一步；当出现问题时，家长应当与孩子一起努力找出解决的办法，并在一旁给孩子打气；在孩子完成任务后，家长不要吝啬自己的夸奖，无论结果是否完美都要予以表扬，毕竟他是在挑战自己，而且通过夸奖可以鼓励他以后在类似的任务中再接再厉，做得更好。

随着进入小学阶段的学习，孩子在 7～12 岁时性格已经基本形成，各种生活和学习习惯也渐渐塑造起来。虽然孩子没有以前那么任性了，但随之而来的一些不好的习惯也在慢慢滋生，最常见的就是做作业拖拉。他们在写作业时总是磨蹭，边写边玩，很多家长也因此会严厉地批评孩子。不过，造成孩子不积极完成作业的原因不仅来自孩子本身，还与家长有密切的关系。一些家长可能在陪孩子做作业的过程中没有耐心，或者一味地纵容孩子，助长了孩子的不良习惯。

不合群是这一阶段的孩子经常出现的又一问题。进入学校后，孩子与社会中其他人的交集越来越多，如何处理与同学、老师等人的关系变得十分紧迫。如果孩子没有学会良好的人际交往技巧，无法与人正常交流，不仅会引起负面的情绪，还会对学习造成消极的影响，更为严重的是会影响性格的发展，变得自我封闭、敌对、具攻击性。

很多儿童心理学家都认为性格依赖于后天的培养，虽然人的性格在一生的发展过程中都可能发生改变，但"水泥期"孩子性格的发展是最快的，相对于后面也是最稳定的，并且，通过此时他们的一些性格特点还能预测他们未来的发展。所以，无论是家长还是教师，都要密切关注孩子性格的形成和发展，为他们创造良好的环境，引导他们掌握必要的交际技巧和应对挫折的方法，以免在"水泥凝固"后留下遗憾。

孩子在童年需要经历哪些心理体验

提到童年，几乎每一个人都能回忆起几件让自己念念不忘的事情，而且这些回忆大部分都是美好的。

随着社会的发展和生活水平的提高，人们能够享用的资源越来越多，按理说现在的孩子所能体验到的快乐也比以前的人多，可是每当听到自己的爷爷奶奶或者爸爸妈妈讲起他们小时候的乐事时，后一代人总是会觉得自己在童年期的经历要逊色很多。在他们的生活中，"上课""补习""兴趣班""考试""过级"等成为出现频率极高的词汇，优越的环境和资源并没有带给孩子真正的快乐，而是给他们增加了负担，让许多人的童年过得"苦不堪言"。很多家长都持有这样的观点："现在的竞争太激烈了，如果不从小就培养孩子各方面的能力，他们长大了就会没有立足之地。只有从现在开始吃得苦中苦，才能在日后成为人上人。"殊不知，过度地压抑孩子天性的发展不仅不利于孩子成长，还可能引起孩子的种种心理问题，适得其反。

心理学家们发现，童年期的经验对于人一生的发展都具有极其重要的作用，童年不仅是人们无法逾越的阶段，也是关键的阶段。人的大部分性格特点、人生观、价值观、思维方式、兴趣、爱好、情感倾向等都在这一阶段形成，而这些能力和倾向的培养是受周围环境和生活经验影响的。所以，针对童年期的孩子来说，获得各种心理体验，并从中获得成长是重中之重。

爱的体验是任何阶段都需要经历的，心中没有爱的人不仅是可悲的，也是可怕的。如果在这一时期孩子能够感受到来自身边人的爱，在他们的影响下也会渐渐学会去爱别人，变得善良、有爱心、容易沟通、乐于助人。相反，如果孩子所体验到的只是冷漠、虚伪、无情等，即使他本性十分善良，也会慢慢变得不近人情，不仅不会爱别人，对任何人都充满敌意，甚至会自暴自弃，连自己都不爱。

快乐的体验也是必不可少的。对于儿童来说，最大的快乐莫过于开心地玩，所以游戏在童年期占有十分重要的地位。似乎在大人眼里，小孩子到处跑、到处玩就是调皮捣蛋，但事实上，从儿童发展需要上看，游戏就是他们的工作。儿童在游戏的过程中能强健身体，在与其他伙伴交流的过程中能学会人际交往的技巧，一些开发智力的游戏还能增长儿童的见识，培养他的想象力、创造力等。如果儿童全身心地投入游戏中且获得了快乐，这种积极的情绪体验对孩子保持健康的心态有重要的作用。所以，对于孩子的"贪玩"家长应该慎重对待，有些孩子可能真的是比较调皮，需要家长进行督促和引导，但有的孩子对玩的渴望是正常的，不仅不应该横加干涉，还要创造良好的条件使他在游戏中获得最大的快乐。

孩子慢慢长大，开始有能力独立地从事一些活动，所以独立性和责任感是儿童必须要经历的体验。最开始儿童可能对责任并不了解，当遇到困难或失败时，不会从自己身上找原因，而把责任全都推到其他人身上，这也是他们以自我为中心的体现。当他们在家里时，这种"耍赖"可能往往被家长纵容，但当与自己同龄的孩子在一起时，责任就无法顺利推卸了。在孩子犯下错误时教育他们勇于承担责任不仅不会挫伤他们的积极性，还能帮助他们认识到问题的所在，提高自己解决问题的能力。此外，责任感还是一种良好的品质，对于健康人际关系的建立和维持等有推动作用。有一幕场景相信很多家长都不会陌生：孩子摔倒在地，家长赶紧上前扶起孩子，然后一边狠狠地践踏刚刚摔倒的地方一边说："宝宝没事，都怪这块地，我已经帮你打过他了。"对于1岁至两岁的孩子来说，这样的做法可能有利于帮助他们平复情绪，但在孩子长大后依然事事都为孩子找替罪羊就有碍于他们的成长了。

除了爱的体验、快乐的体验和责任的体验之外，童年期的孩子需要经历的心理体验还有很多，比如成功、自信、宽容、信任，等等，让孩子适当地体验一些消极的情感对他们的成长也是有帮助的。

总之，童年期的孩子既是发展迅速的，也是十分敏感和脆弱的，家长在教育和培养孩子的过程中要尊重他们发展的规律，让他们经历他们应该经历的事情，并从中获得新的体验和成长。

孩子的每个第一次都很重要

教育家约翰·洛克说："教育上的错误比别的错误更不可轻犯。教育上的错误和配错了的药一样，第一次弄错了，绝不能借第二次、第三次去补救，它的影响是终身洗不掉的。"

从洛克的观点可以看出，孩子的每个第一次对他们一生的发展都有着不可磨灭的影响。我国教育家陈鹤琴也有类似的观点，他认为："无论什么事，第一次做得好，第二次就容易做得好；第一次做错了，第二次就容易做错。儿童种种坏的习惯都是由于开始学时，他们的教师或父母没有留意去指导他们，以致后来一误再误，成为第二天性；所以要把小孩子教好，必定要在第一次时就教好。所以，对于第一次的动作，做父母和教师的要格外留意指导，以免错误。"不同国籍的教育家提出的观点却是如出一辙，可见孩子的第一次的确值得人们重视。生活经验也告诉人们要慎对孩子的每一个第一次，否则可能酿成不可挽回的恶果。

沟通从第一次发声开始

从呱呱坠地开始，孩子就在不停地摸索着与周围世界沟通的方式，在大人们看来，毫无意义的一个声音也许就是孩子发出的信号，饿了、渴了、尿湿了、想活动了，等等。渐渐地，孩子开始能叫"爸爸""妈妈"了，这种变化无疑让家长万分欣喜。从发出第一声响到第一次叫"爸爸""妈妈"，孩子在声音上的众多第一次还承载着更深层次的东西，这是他努力尝试与大人沟通的结果。所以，在这个沟通的过程中，如果家长对孩子发出的信号不敏感，把孩子的牙牙学语仅仅当作他的自言自语，那么久而久之，孩子就会不愿意再去尝试交流了，这对孩子语言的发展及和谐亲子关系的形成是相当不利的。

认识世界从第一次好奇开始

对于刚出生的孩子来说，缤纷的世界是新鲜的，也许他们从未想过多年后自己会和这个陌生的世界融合在一起，而一个人究竟能与世界多亲近，取决于他能否接受新的事物，在这个过程中好奇心就必不可少了。好奇心让人们对世界时刻保持新鲜感，推动自己不断地通过努力获取新的知识和信息，但并不是每一次好奇都会带来成长。比如，当孩子第一次对新鲜的事物萌生了一种探求心理时，这种好奇心表现出来后如果没有获得支持，那么他获取新信息的积极性就会大打折扣，甚至从此对外界漠不关心；相反，如果第一次好奇心得到了家长的支持和鼓励，并且通过探索了解了自己从来不知道的东西，这种成就感和满足感就会促使他去了解更多的东西，取得更大的进步。当然，为了孩子的安全和健康，当孩子对一些具有危险性的东西感兴趣时，家长还是要用合适的方式加以劝导。

爱的品质可能源于孩子第一次关心、帮助人

身边人无微不至的关心会让孩子体验到爱，从而影响他的行为，但孩子第一次表达出自己的爱可能就是一次很不起眼儿的助人行为、一句简简单单的关心的话。

两岁的帆帆一个劲儿地吵着要妈妈陪他一起睡觉，可妈妈还有很多工作没有完成，于是妈妈就哄着帆帆让他自己睡。一开始，她还能很有耐心地说，但帆帆完全不听，妈妈忍无可忍对着帆帆大发脾气，弄得帆帆不停地哭。这时，妈妈也意识到自己的行为过激，就停下手头的工作陪帆帆。在了解了儿子的本意后，妈妈懊恼万分。原来，帆帆是担心妈妈太累了："姥姥说不按时

睡觉的孩子不是好孩子，而且会生病，妈妈也要睡觉。"

这个例子中的妈妈将孩子的爱当作一种无理取闹，给孩子带来了伤害，幸运的是妈妈最终还是发现了问题。

恶习来自第一次犯错的被纵容

在教育孩子的过程中，家长对孩子第一次撒谎、第一次偷窃等不良行为的忽视和纵容可能使孩子走上犯罪的道路。很多青少年犯罪都是由于在犯错后得不到家长的引导，或者是家人的溺爱滋长了他们的不良倾向。"小时候偷针，长大了偷金"，讲的就是如果在孩子小时对他们的"小偷"行为不以为然，等到孩子长大后成为"盗窃犯"再进行教育就来不及了。当孩子出现不良行为或有这种倾向时，家长置之不理或一味纵容是不负责任的表现，家长的暴力制止也是不理智的。对于涉世不深的孩子来说，外界的各种诱惑很难抵制，犯错是不可避免的，所以家长要有的放矢地对待孩子的错误，引导他及时改正。

第一次微笑、第一次独自出门、第一次与别人一起游戏、第一次讲故事……对于孩子来说，每一天都是新的，有无数个第一次伴随着他们的成长。家长只有用心去爱、去包容、去引导，才能让孩子健康成长。

孩子有三个不快乐期

很多家长都纳闷儿，为什么自己努力为孩子创造优质的生活条件却没有带给孩子快乐，甚至换来的是孩子的不满和反抗。家长时常对孩子唠叨："你看你们现在的条件多好啊，想当初我们因为穷，连书都读不起。"没想到，孩子却很快地感叹："天啊，什么时候咱们家能再变穷啊！"可见，孩子们想要的生活跟家长们一直以来努力给予孩子的生活是不相符的。对于家长来说，有机会好好学习就是莫大的幸福，但对于孩子来说，这种优越的条件不仅没有给自己带来快乐，相反，还是烦恼的源头。

有儿童心理学家认为，孩子最可能在 6 岁、12 岁、16 岁这三个年龄段感觉到不快乐。从这些数字中很容易发现一个规律——它们都与学校环境有关。

6 岁是大多数孩子从幼儿园进入小学的年龄，他们必须面临一个全新的环境。幼儿园教育与小学教育是有很大区别的，后者主要强调的是知识的传授，比前者有压力，所以在这一转变过程中，孩子的角色也会发生变化。有些孩子对于这一时期的到来十分憧憬，而且迫不及待地希望自己也能像大哥哥大姐姐那样领着新书，坐在整齐的教室里学习。对于这些孩子来说，初入小学无疑是快乐的，环境的转变让他们体验到了快乐而不是压力。但并不是每一个孩子都能获得如此感受，面对即将到来的新环境，有些孩子会感到前所未有的恐惧和压力——好不容易适应了幼儿园的生活，现在又不得不改变，而且，这时家长可能也会有意无意地施加很多压力，不停地告诫孩子要好好学习，否则就会如何如何。这在无形中增加了孩子的恐惧感，让他们变得更加不快乐。

12 岁是大多数孩子从小学过渡到初中的年龄，从熟悉到陌生的焦虑和恐惧无疑也是引起这个年龄段的孩子不快乐的原因之一，但更为重要的应该是学习上的压力。虽然义务教育已经在我国推行多年，但随着知识地位的日益提高，人们对教育的重视程度也在提高，由此带来的是激烈的教育资源的竞争。为了让孩子上所谓的好的初中，家长们可谓费尽心思，创造一切可以创造的条件，这些让本来就处于高压之中的孩子更加紧张。此外，这一时期的孩子身心正在经历急剧的变化，如果没有足够的准备可能会措手不及，甚至会出现很多心理隐患。

16 岁也是让孩子很容易体验到不快乐的年龄，严重的孩子可能会走向犯罪的道路，这从大量的新闻报道中可以看到。

快乐或不快乐并不是某一阶段所特有的现象，每一个时期都可能出现不快乐的情绪体验，甚至在同一时期既有快乐也有不快乐，只是对于儿童来说，在 6 岁、12 岁、16 岁这三个年龄更容易滋生这些负面的情绪。

孩子的不快乐自然会牵动家长的心，如何让他们快乐地度过这些情绪的"危险期"是家长一直以来都在想方设法解决的，但有些家长往往只关注孩子的物质需要，却忽视了对孩子精神上的安抚。其实，对于成长中的孩子来说，精神上的支持和鼓励更为重要。所以，当孩子表现出不快乐的迹象时，家长应该及时与孩子沟通，和孩子一起顺利渡过难关。

淘气鬼背后的秘密

如果只能用一个词来形容孩子，"淘气"一词应该是很多人不约而同的选择。并不是人们对孩子存在偏见，而是他们的一举一动让人不得不如此评价，比如，他们会在同学的背后贴上小纸条，把口香糖或者胶水放在同学的凳子上，用糖纸包着石头给同学吃，把床单裹在身上当大侠，穿着妈妈的高跟鞋煞有介事地走路，趁着爷爷睡着时给爷爷画大花脸……当孩子有模有样地实施着这些闹剧时，大人们在惊叹其丰富的想象力之余，往往又会哭笑不得。

对于大多数家长来说，如果家里有这样一个小淘气，那可真是费神费力——不仅担心孩子磕着碰着，还得提防着这个"小坏蛋"是不是又有什么鬼主意。

小峰就是一个非常调皮的孩子，尽管已经上四年级了，但他调皮爱捣乱的毛病依旧不改。在家里的时候，他经常会做些淘气的事情。有一次，他得知一个秘密：爸爸从小就害怕毛毛虫。这下子小峰可开心了，因为前两天自己没有完成作业而被爸爸狠狠地批评了一番，现在"报复"的机会来了。他抬头看见爸爸正坐在客厅的沙发上看电视，于是从楼下捉了一条毛毛虫，再偷偷溜到客厅，一下子扔在了爸爸的大腿上。爸爸一看是毛毛虫，吓得立刻站了起来。这下不要紧，放在茶几上的杯子被碰到了地上，摔了个粉碎。因为这件事，小峰又挨了爸爸一顿训斥。

小孩子的淘气是很正常的行为，这与他们自身发展的特点有关，他们往往精力充沛，好奇心强，敢做敢拼，想象力独特，在他们看来，周围的很多东西都可以变成好玩儿的游戏。

小孩子旺盛的精力让大人们惊奇，他们可以不停地活动，不断地折腾，似乎永远都不会累。有的家长抱怨说，家里两个大人都看不住一个小小的孩子，可见孩子的精力是多么旺盛。所以，小孩子的淘气很大程度上是精力过剩的一种表现。随着孩子慢慢长大，他能做的事情越来越多，但在家长眼中，他依旧是那个什么都不会的小家伙，所以什么事情都大包大揽，这让孩子的精力无处消耗，于是，为了发泄自己的精力，孩子积极寻找可能的机会，只要有条件就会表现出来，比如，他会无缘无故地大叫，或者在房子里跑来跑去。

受好奇心的驱使，孩子们对周围的世界充满着新鲜感，什么事情都想亲自去尝试，这也是孩子们淘气的原因之一。当看到周围的人做某一件事情时，他们也想试着去做，而在大多数情况下，这种愿望得不到家长的允许，于是，趁家长不注意，他们就会自己找机会去做。

小云前一天看见爸爸用电动剃须刀剃胡子，觉得那个东西实在是太神奇了，虽然她一再要求爸爸将电动剃须刀给她玩玩，但都没能如愿，后来，小云趁着家人不注意，也学着爸爸用剃须刀在脸上刮过去刮过来，结果弄得眉毛、头发一团糟。

有时候，小孩子的淘气只是他们吸引人注意的一种方式。每个孩子都不喜欢被人冷落，他们的自我中心倾向让他们觉得周围所有人都要时时刻刻关注自己，一旦发现自己没有获得这样的待遇，就会制造出一些闹剧将大人的眼球吸引过来。

乐乐已经会自己洗澡了，不过平时妈妈还是会在旁边看着。一天，妈妈有一个很重要的电话，就离开了一会儿。这时，乐乐就发脾气了，她把浴盆里的水弄得满地都是，妈妈回来后严厉地批评了乐乐，没想到乐乐却说："妈妈，是你的错，你要跟我道歉，你为什么不陪着我一起洗澡呢？"

一直以来，人们都认为小孩子的心理很简单，也没有什么事情会让他们情绪大起大落。殊不知，孩子虽小，可他们也有自己的思想，当遇到不开心的事情时，他们也要宣泄，跟大人一样，他们可能会大声吼叫，做一些刺激性的事情等。这是他们的一种情绪调节。

爱玩是孩子的天性，淘气对于孩子来说更多时候应该是一个褒义词。家长在面对孩子的淘气行为时，要能敏感地捕捉到他淘气背后的秘密，尊重他的天性发展。当然，对孩子的一些淘气行为，家长还是应该加以诱导，以免孩子养成不良的习惯。

孩子为什么喜欢告状

最近，夏夏妈妈可是烦透了，按理说上了一天班并且没看见孩子，肯定特别想和孩子亲近，但夏夏妈妈有时却极其矛盾，一方面的确想孩子，另一方面却又受不了夏夏千奇百怪的告状。按照夏夏妈妈的说法，从晚上回到家到夏夏睡觉，几个小时的时间内她听到的全是"投诉"："妈妈，今天小明把我的橡皮弄坏了。""妈妈，吃饭时新新没有等我就自己先走了。""妈妈，文文睡午觉时没有脱鞋子。""妈妈，爷爷今天抱疼我了。"……刚开始夏夏妈妈还能耐心地听夏夏讲完，而且能积极地配合夏夏，慢慢地，妈妈觉得夏夏太尖酸了，简直就是没事找事。关注告状吧，妈妈又担心会助长孩子的这种习惯，让她变得只会推卸责任、刻薄；不关注吧，又担心孩子在学校真的受了委屈。为此，夏夏妈妈很是纳闷儿："孩子喜欢什么不好，为什么偏偏就爱告状呢？"

其实，孩子"爱告状"是一种非常普遍的现象，尤其是在幼儿园或小学低年级阶段，过了这个时期，大部分的孩子就不会热衷于告状了。

孩子并非天生就会告状，既然爱告状是一个时期内特有的现象，那么就一定有其存在的原因。

从家长和老师的角度看，孩子的爱告状与他们的教导方式有很大的关系。比如，一些家长对孩子过分紧张，无论孩子做什么都不放心，当孩子与别人在一起时就更加担心孩子受到伤害。于是，为了避免出现不愿意看到的局面，家长在教育孩子时常常会嘱咐他及时寻求帮助，并十分急切地想知道自己不在时发生了什么事情，如果孩子受到欺负，家长就会第一时间帮孩子出气。这些行为无疑强化了孩子告状的行为，让他学会了借助于别人的力量解决问题，而不是自己想办法解决。在学校里，老师有意无意的反应也会强化孩子的行为。

小强无意间听说自己的同桌准备"欺负"班上的一个女生，在她的抽屉里放青蛙，于是他将这些告诉了老师。老师微笑着点了点头，还在上课时表扬了他，说他是一个正义的孩子。自此以后，小强的告状频率明显增加了。

除了家长的教养方式和老师的教导方式对孩子告状行为有影响外，孩子自身发展的特点也决定了他们出现爱告状的行为。

孩子爱告状的行为与他们的认知水平不无关系。我们都知道，幼儿期至童年早期的孩子认知水平很低，在看问题时常常显得比较表面、直接，面对困难时也比较茫然，不知道该如何去处理。所以，他们发现别人身上存在问题或自己碰到问题时，很容易想到告诉成人。由此看来，小孩子的告状其实目的不在告状本身，而是在寻求解决问题的方法。

每个孩子都喜欢听表扬的话，这也是培养他们自信心的必要手段。小孩子打"小报告"往往是报告他人的错误，如果把事情告诉老师或者家长，就代表着自己没有犯错，当然就会受到表扬了。大人的这种反馈又反过来强化了孩子的告状行为，从而使孩子的告状行为"愈演愈烈"。

这些动机之下的告状都是十分正常的，家长和老师只需要稍加引导就能帮助孩子顺利度过这一时期，但有些告状需要引起人们的足够重视，它们藏着很多隐患，处理不好，可能会影响孩子一生的发展。

　　小孩子的心理既简单又复杂，说它复杂是因为他们有各种各样的心理活动，有自己独特的想法和观点，说它简单是因为无论他们的心理多么纷繁，相比成人来说，都是直接、明显，不会拐弯抹角的。所以，孩子在告状时如果"心计"太重，家长就需要警惕了，这不利于他的成长。比如，有的小孩子告状并不是实事求是的，而是借助于告状报复自己不喜欢的人，当对方受到批评或惩罚时，自己就感到无比高兴。很显然，这种告状不是孩子该有的。

　　无论如何，家长和老师都要重视孩子的告状行为，用宽容的态度去对待，认真倾听，尊重孩子的表达，然后理性地对待孩子提到的事情，弄清事实的真相再做决定。绝不可对孩子的告状置之不理，也不可尽信。

孩子为什么要说谎

　　依依今年两岁半，这个年龄的孩子应该是最纯真的了，可妈妈最近发现依依学会撒谎了。依依一直都想要一个粉红色的洋娃娃，可是因为她已经有很多玩具了，妈妈就一直没有买给她。最开始依依还经常跟妈妈嚷嚷，到后来就似乎淡忘了。这让妈妈很开心，以为依依长大懂事了。后来有一天，妈妈带着依依到院子里玩耍，看见一个小女孩儿抱着一个粉色的洋娃娃，妈妈还担心这会不会又勾起依依的欲望，可是，没想到的是依依看到那女孩儿却很开心地说："我妈妈也给我买了一个粉色的娃娃，而且比你的漂亮，我可喜欢了。"说完就牵着妈妈的手到一边玩去了。事后妈妈问依依为什么要撒谎，依依却说："妈妈，你忘了吗，你不是给我买过一个粉色的洋娃娃吗？"

芳芳快6岁了，平时上幼儿园都是自己回家，因为家离幼儿园很近，家人也一直都很放心。不过，最近芳芳回家的时间比往常要晚很多，每当家人问起，她都说放学后和小朋友一块儿玩了一会儿，还说出了几个好朋友的名字。一天，爷爷从外面回来正好碰到了芳芳的伙伴，就问她们平时晚上都去哪儿玩了，结果没有一个孩子说她们跟芳芳放学后在一起过。这让爷爷很吃惊，决定找一个时间跟着芳芳。第二天放学时，爷爷远远地跟在芳芳的身后，这才把事情搞明白。原来，芳芳每天都要去另外一个小区里给一只小流浪狗喂食。回到家后，爷爷问芳芳为什么不说实话，芳芳说她知道家里人都不准她养狗，说狗狗脏，但是她又不忍心看着小狗饿死，所以就只有骗人了。

从例子中可以看出，不同阶段的孩子撒谎的原因和目的是不同的，对于依依来说，可能她意识中真的觉得妈妈已经给自己买过粉色的娃娃了，所以在大人眼中的说谎行为并不是真的说谎；而对芳芳来说，这种谎言本质上是善意的。由此看来，虽然诚信很可贵，但并不是所有的说谎行为都是坏事，所以，家长在教育孩子的过程中分清孩子说谎的原因是极其必要的。

一般来说，说谎行为可以分为有意说谎和无意说谎，而3岁之前的孩子的谎言更可能是无意的。有专家认为幼儿一般要到3~4岁才能逐渐将现实和幻想区别开来，所以，当孩子出现说谎行为时，他们可能根本没有意识到这一点，而是将自己幻想中的事情和现实中存在的事情混为一谈了。

我们都知道，孩子具有丰富的想象力，有时他们的想法真可谓是异想天开，而且受一些童话故事的影响，他们的世界中经常会出现虚构的人物和事情，比如，有的孩子会告诉别人在圣诞节时真的见过白胡子的圣诞老人。此外，这个时期孩子的记忆能力是不成熟的，常常会因为记错了而被认为是在有意说谎，比如，爸爸明明是上个月带自己去迪士尼乐园的，孩子却告诉别人自己上周刚去过。

所以，家长发现这么小的孩子开始出现说谎行为时，不要被表面现象冲昏了头脑，责怪孩子不该这么小就这么虚伪，对孩子严厉地惩罚，唯恐不能将这种苗头扼杀在摇篮里，给孩子未来带来隐患。其实，家长没有必要恐慌，试着放低自己的心态，平和地和孩子谈谈，问问他为什么说谎，也许背后的原因不仅不会令你生气，而且能让你看见孩子身上的许多闪光点。

随着孩子慢慢长大，他们说谎行为中有了越来越多的有意成分，但也并不是所有的说谎都是恶意的，而且大多数孩子的谎言都与家长有着紧密的联系。

有的家长自己就爱说谎，对孩子起着言传身教的作用，久而久之，孩子也自然学会了说谎。有的家长对孩子的要求过于严厉，动不动就责怪、打骂孩子，为了避免受到家长的惩罚，孩子也容易说谎。而且，一旦这种谎言第一次没有被家长识破，那么孩子的说谎行为就会强化。

另一种有意说谎就比较危险了，他们往往为了达到自己的某种目的"大言不惭"，为了买玩具骗家人说学校要收资料费，为了逃课故意装病，为了报复同学向老师打假报告……如果这样的说谎行为没有被家长及时发现并加以引导，后果将不堪设想。

小孩子的谎言比大人的谎言要"复杂"得多，如果不区别对待，可能会扼杀孩子的想象力、创造力，损坏亲子关系，也可能助长孩子说谎的行为。

幼儿园里的冲突

人类在幼年的行为一直是行为学研究的重点，因为它可以解释很多人类成年之后的行为和动作。冲突与打斗也不例外。发生在幼儿园里的争斗对成年人的冲突行为具有指向性。

幼儿园里的争斗多是围绕着对玩具或其他物件争夺拥有权展开的，某个孩子试图从别的孩子手里拿来一件自己喜欢的玩具而又遭到对方的反对，这种情景是幼儿园里引起争斗的最常见原因。

如果被"抢"的一方在自己的玩具被别的小朋友"占据"后，不是选择号啕大哭或是告诉老师，更没有忍气吞声，听之任之——实际上这种情况在幼儿园是十分少见的，一般他们会奋起反抗，这时一场小小的冲突就在所难免了。他会抢回自己的东西，通常所采用的攻击是举起拳头捶打对方，也会伴随着推、踢、咬或是扯衣服、抓头发等动作。当他们的小拳头捶向对方时，总是用拳头的掌心一侧捶打在对方的身上，他们将一只手臂的肘部猛地弯曲并垂直高举过头，用尽全身力气将自己的拳头砸向对方。这种打击动作几乎是所有孩子惯用的一种方式，据心理学家和行为学家分析，这很可能是人类的一种先天性的打斗方式。然而奇妙的是，在逐渐进入成年后，在遇到冲突或打斗的情况下，人们最常采用也是最先采用的方式也是这种在幼儿园里最常见的打斗方式——举起拳头捶击对方——当然是在手中没有其他棍棒刀枪的"武器"时，因为用拳头捶打能让自己感受到真实的着力感。

因此，在正常的交际场合，当一方紧紧地握紧拳头并伴随着微微的颤抖时，几乎可以肯定，此人内心十分愤怒，如果气氛得不到缓和，很可能会酝酿一场冲突。此外，握拳也表现着愤怒，同时这种愤怒是被竭力克制着的，一旦克制失败，冲突就会自然而然地爆发了。

我们在影视作品中经常会看到这样的场景：一位隐忍者在开始面对侮辱、责骂、讽刺、挖苦的时候，是低着头一言不发的，而且紧握双拳、咬紧牙关，而他一旦忍无可忍，就会将早已握紧的拳头瞬间挥出，这对于嚣张而来不及防备的对方来说，很可能是致命的。

第二章
高效的亲子沟通，
要及时发现沟通难题

孩子经常对家长说，"我只想一个人待着"

现在的孩子大多是独生子女，孩子的成长越来越受到父母的重视，很多父母也开始了解和孩子沟通的重要性，但是，也有父母觉得十分不解：孩子小的时候还可以和自己无话不说，就像朋友一样相处，但一长大，竟然开始排斥与父母交流，逐渐开始疏远父母，很多时候父母想要关心孩子，想和孩子沟通一下，结果却惹得孩子厌烦起来，甚至孩子还会说想要一个人待一会儿，不让父母打扰自己！这是怎么回事呢？难道真的是孩子长大之后开始厌烦父母，不喜欢自己的父母了吗？

其实，家长完全不必有这样的担忧，孩子想要一个人待一会儿是孩子正常的心理需求，并不是厌烦家长了，更不是讨厌家长。孩子在逐渐有了自我意识之后，就会开始有自己的想法，也需要时间和空间来完成自己的思考，这个时候，孩子和我们大人思考的时候一样，不希望自己被人打扰，所以，他们希望自己单独待一会儿。例如，孩子在幼儿园玩耍学习了一整天后回到家里，他非常需要安静地独处一会儿，仔细回想一下自己一天的活动，只有动静结合才能让孩子的神经得以舒缓，对孩子的健康成长是非常有利的。因此，父母不要抱怨孩子不和自己亲近，只要孩子完成思考后，自然会主动和父母交流的。因此，给孩子营造一个安静轻松的环境，让孩子回顾自己白天学习的内容和玩的游戏，不但可以培养孩子的记忆力，也可以让孩子学会反思，并得以放松。如果父母寸步不离地陪着孩子，可能会打扰孩子的思路，破坏孩子思考的气氛。

大一点的孩子更是如此，孩子越大，需要思考的东西就会越多，他们需要一个安静的环境来完成自己的思路，这个时候父母如果强行和孩子交流，只会打断孩子的思路，让孩子十分厌烦。其实，不管是多大的孩子，都需要独处的时间，他们会通过这段独处的时间练习或思考。很多家长认为孩子还小，没有什么需要思考的。其实，对大人来说可能是非常简单的问题，但是对于年龄小的孩子来说，却需要经过一番思考才能想明白。即使是刚刚学会爬行的孩子，也需要自己不断探索，将能够抓到的东西都塞到嘴里尝一下，或者左顾右盼地去捕捉能够引起他们自己注意的东西。孩子通过这样的玩耍，开始独立思考，探索自己与周边环境的关系。这个过程父母是帮不上忙的，而且在这样的一个独处的过程中，孩子不但可以放松自己，也可以从中学习很多东西。如果孩子一个人玩腻了，他们自己就会通过哭闹来引起父母的注意，这个时候父母再陪孩子玩耍就可以了。

孩子逐渐长大，有了自己的独立意识之后，更会认为自己学会远比父母教给自己要好。很多家长都会遇到这样的现象：三四岁的孩子总是喜欢标榜自己的能力，都是会说"我的""这是我的"等类似的语言，说明孩子希望凸显自己的能力，他们开始有自己的思想，希望通过自己的探索来认识这个世界。这就需要家长给孩子独处的时间，给他们自主探索的机会。

　　凯凯已经上小学了，凯凯的妈妈是接受过高等教育的人，她非常注重亲子关系的培养。从凯凯很小的时候开始，妈妈就把凯凯当成朋友一样对待，非常尊重凯凯的意见，因此凯凯也很愿意和妈妈在一起沟通，有什么事情都会告诉妈妈，也很喜欢和妈妈一起玩游戏。后来在凯凯逐渐明白一些道理之后，妈妈经常和凯凯聊天，母子常常一聊就是半个小时，就像是好朋友一样。妈妈常常为和儿子这种良好的关系感到自豪。

　　但是，在凯凯上了小学之后，妈妈明显感到凯凯的时间有些紧张，可为了维持原先的良好关系，妈妈仍然每天都抽出时间和凯凯说说话。可凯凯小学之后的作业增多了，很多时候要写一个小时才能写完，洗完就该吃饭了，吃完饭凯凯还要看动画片，能分给妈妈的时间有些少了。妈妈就趁凯凯写作业的时候，过去给凯凯倒杯饮料，或者给凯凯拿个水果，有时还会在凯凯身后看看他的作业完成得怎么样了……这让凯凯有些厌烦，觉得妈妈总是这样，会打扰自己完成作业的，自己的注意力总是被妈妈打断，因此，有的时候，凯凯实在忍不住，就对妈妈说："你就不能让我一个人待一会儿吗？"

　　听到凯凯这样的话，妈妈先是一愣，接着感到有些伤心：自己想要和孩子建立好的关系，想要多关心一下孩子，想和孩子说说话，为什么孩子会把自己往外赶，想要一个人待一会儿呢？是孩子讨厌自己了吗？还是自己哪里做错了，让孩子生气了呢？以前，凯凯可是从来没有这样对待过自己啊！

相信有很多家长都会遇到这样的情况，自己忙前忙后想要让孩子舒服一些，或者想去多跟孩子说说话，想要多了解孩子的一些情况，孩子却希望能自己待一会儿，好像很烦家长一样。其实，任何年龄段的人都需要独处的时间，并不是只有大人才会有这样的想法，孩子也是需要的，家长也根本不用担心，孩子只是在思考，或者需要安静的环境，等他们思考完了，还是会喜欢和家长说话的。

当然，家长不要以自己的眼光来判断孩子的行为。可能孩子感兴趣的事物，有很多在家长的眼中是平凡无奇的东西，都对孩子充满了吸引力。因此，家长不要自己认为没有意思的事情就不让孩子去做，不要限制孩子的活动，除了危险的事情，否则家长应该尊重孩子，让孩子自己去探索。

当然，家长在给孩子留下独处的空间的时候，也应该让孩子明白要尊重家长的独处的权利。因为，现在有很多的孩子特别黏家长，离开了家长便会又哭又闹。这样的孩子更需要独处，家长可以和孩子设立一些约定，让孩子知道家长也希望在忙了一天之后能够有放松的时间，这是每个人都会有的需求，家长并不是整天都要围着孩子转，孩子也应该学着自己想办法来探索周围的世界。一开始，家长和孩子约定给彼此的可以时间很短，比如 5 分钟或者 10 分钟，在孩子慢慢习惯后，再按照具体的情况延长独处的时间。

家长要给孩子足够的自由时间，让孩子可以到处游玩，或者自己在房间中思考，让孩子不断发现和开发更多新奇的事物，不过，在这个过程中，家长也要保证孩子的安全，在家中尽量让孩子远离尖锐的物品和与电有关的物品。当然，在孩子独处的时候，家长可以给孩子提供一块小黑板或者一张纸，让孩子可以随时将自己的所思所想表达出来。

孩子经常跟家长唱反调

孩子在小的时候，还没有形成自己的想法，心理发育也不成熟，自我意识差，所以，大多数都很听父母的话，父母也习惯了孩子听从自己的命令。但是，孩子在3岁之后，就会逐渐形成自我意识，在3~6岁时，会进入心理发展的第一个"叛逆期"，孩子的自我意识逐渐萌芽，越来越有主见，对家长的指挥和安排开始有自己的想法，不再一味顺从。这时就会出现令家长头疼的现象：你让孩子往东，他偏偏往西，处处与家长唱反调。

等孩子过了这个年龄段就会又变得顺从起来，可是等孩子到了七八岁的时候，又会经历一次这样的叛逆期。都说"七八岁讨人嫌"，的确是这样，七八岁的孩子心理上的自我意识进一步发育，他们在好奇心的驱使下开始独自探索这个世界，对于爸爸妈妈的要求开始试图挣脱，为了显示自己的独立，他们就开始与父母或者老师对着干，这就是孩子第二次经历的叛逆期。

还有很多家长都会有这样的体会：孩子进入中学以后，似乎涨了许多的"本事"：越来越不听话，脾气倔强，一言不合就会和大人吵起来；还有的孩子与父母对着干，甚至还会持续很长一段时间等。孩子在这段时间的叛逆行为比小的时候更为严重，持续的时间也更长，因为这个年龄段的孩子心理已经逐渐成熟起来，有了自己的思想，认为自己已经是大人了，不需要父母时刻对自己耳提面命了，希望父母把自己也当成大人来对待。孩子在父母的眼中始终都是小孩子，而且父母也已经习惯了什么事情都替孩子做决定，于是就会发觉孩子太叛逆。心理学上把青少年的这段时期称为"逆反期"。

孩子叛逆期的到来，是他们的生理、心理快速发育的结果。心理的发育使孩子自认为自己已经长大，凡事想独立、自我决定，所以当孩子面对紧张的学习、升学的压力以及父母无休止的催促行为时，就会产生"逆反"心理。心理学家认为，孩子的这种行为其实就是对父母"权威"的挑战和反抗，以及对自我独立人格的追求。

一般来说，在孩子成长的过程中，都会经历这样的三次叛逆期，在这三次叛逆过程中，孩子会经历三次较大的心理上成熟的飞跃，这是孩子逐渐成长的标志。而这其中最重要的就是孩子青春期阶段的叛逆，孩子的这次叛逆持续的时间最长，对孩子的成长影响力也最大。对于孩子和父母来说，青春期都是令人烦恼的过渡年龄。当然，想要孩子在这个时期成长得更好，父母在孩子的这一叛逆期的作用十分重要。正如德国儿童心理学家罗德·谢尔所说："父母在这个过程（青春期）中的作用就像蹦床的床面，因为为了能够找到自我，青少年必须先把那些比他们更有权力、更有关系的人重重地震动一次。"所以，对于叛逆期的青少年来说，父母应该对其心理加以正确引导，这将使他们终身受益；相反，如果处理不好，将会影响孩子未来的心理发育和健康成长。

孩子变成了呛人的"小辣椒"

"现在的孩子越来越难管了！"有不少父母抱怨说，"稍不如意，牛脾气就上来了。打也不听、骂也不灵，哄他吧，他还更来劲！"生活中，确实有不少这样的孩子。心理学家认为，孩子爱发脾气是由家庭教育不当引起的。

李医生夫妇最近被儿子的坏脾气折磨得头疼。儿子奇奇今年7岁，才上小学二年级，脾气却暴躁得厉害，稍不如意就大发雷霆、大喊大叫；即使是跟他讲道理，他也听不进去，如果父母不按照他说的去做的话，他就一直吵闹、哭喊、在地上打滚，手里有什么东西都会顺手扔出去。

为此，李医生夫妇想尽了办法。他们打他，苦口婆心地教诲他，罚他站墙角，赶他早点儿上床，责骂他，呵斥他……这些都不管用，一有事情奇奇还是会大发雷霆，暴躁脾气如故。

这天，奇奇看到邻居家小朋友拿着一个变形金刚，觉得很好玩儿，就跟那个小朋友一起玩了起来，两个人玩得很开心。很快，吃晚饭的时间到了，那个小朋友被妈妈叫回了家，奇奇也只好依依不舍地回家了。

回到家里，奇奇就跟妈妈讲："妈妈，你给我买个变形金刚吧。"

"你的玩具箱里不是已经有两个了吗？"妈妈觉得很奇怪。

"我想要邻居家小朋友那样的。"

"那等明天爸爸出差回来了带你去买吧。"

"我不！我就现在要！"奇奇的愿望没有得到满足，大声喊了起来。

"你这孩子，我晚上还得去值夜班呢，哪有时间去给你买啊！来，奇奇乖，咱们吃饭了。"

"我不吃，我就要变形金刚。"奇奇的倔脾气又上来了。

"快点儿吃饭！吃完了我要去上班！"妈妈生气了，说话的语气重了点儿。

砰——令妈妈没有料到的是，奇奇竟然把饭桌上的一碗米饭推到了桌子下，碗的碎片和米饭撒了一地。

妈妈很生气，拉过齐齐，狠狠地朝他的屁股上打了两巴掌。这下，可是捅了马蜂窝，奇奇躺在地上哇哇大哭起来。

妈妈又着急又生气，眼看着上班的时间就快到了，可奇奇还躺在地上撒泼，她不知如何是好了。

生活中，确实有不少像奇奇这样爱发脾气的孩子。心理学家认为，孩子爱发脾气是家庭教育不当引起的。特别是独生子女，如果从小家人就事事以他为中心，孩子要什么就给什么，久而久之，孩子就会养成遇事爱发脾气的习惯。比如，他想要一个玩具，而家长不想买给他，他就会大哭大闹，此时，家长既想管教，又怕孩子受到委屈，结果可能就会对孩子"俯首称臣"。这样反而会让孩子形成一种错觉：只要我大哭大闹，他们就会让步，我的愿望就能实现。如此下去，就会形成恶性循环，孩子逐渐就养成了乱发脾气的坏习惯。

此外，有的孩子乱发脾气，可能是从家长那里学来的。家长，尤其是妈妈是孩子的启蒙老师，也是孩子最好的老师。家长日常所表现出来的好品质，孩子会受到潜移默化的影响。但是，一些家长没有给孩子做好示范，有的家长遇到不顺心的事情，常常会大发雷霆，甚至有时还会将怒气撒到孩子身上。这种行为模式往往会被还缺乏辨别能力的孩子加以效仿，于是孩子遇到问题或困难时，也会大发雷霆。

每个家长都不希望自己的孩子是一个随意发脾气的孩子，可事实上发脾气是孩子成长过程中的"必经之路"。如果家长引导不当，孩子就会像奇奇一样，养成乱发脾气的习惯，变成一个暴躁的孩子；引导得好的话，孩子的每一次发脾气都会成为他成长的契机。

孩子见不得别人比自己好

嫉妒是每个人都有过的一种情绪体验，孩子也有嫉妒心。有嫉妒心的孩子，往往爱指责别人，或想办法让别人不如自己。家人众星捧月般的宠爱让许多孩子染上了"娇""骄"二气，嫉妒也已成为一种愈来愈严重的通病。

小茜和文怡小学时就是好朋友，后来小茜搬家了，两家只隔着一栋楼，自那之后，两个人更是形影不离。小学毕业后，她们两个人考上了同一所中学，并且在同一个班级。两个小伙伴更是整天腻在一起，晚上放学后也一起写作业，有了喜欢的东西也喜欢和对方分享。

可最近妈妈发现，小茜似乎对文怡有些反感，放学也不和文怡一起走了，作业也是自己一个人写，也不去找文怡玩了。有时候文怡过来找她玩，她也是爱搭不理的。妈妈感到很奇怪。

这天放学，小茜又是独自回来，到家后，就不声不响地回到房间里写作业。过了一会儿，电话响了，妈妈接起来，是文怡打来找小茜一起出去玩。

"小茜，文怡叫你一起出去玩。"妈妈叫小茜接电话。

"我不去，就说我在写作业呢。"小茜闷闷地说。

"小茜，你怎么了？"妈妈握着电话不知道该怎么说。

"我都说不去了，真烦！"

"对不起啊，文怡，小茜她有点儿不舒服，今天就不去找你玩了，明天让她过去找你好吗？"妈妈只好这样告诉文怡。

放下电话后，妈妈进了小茜的房间，小茜正在玩铅笔，闷闷不乐的。

"小茜，你怎么不理文怡了？你们不是好朋友吗？"妈妈和蔼地问女儿。

"没有呀，只是我今天心情不好。哎哟，妈妈，你让我一个人待会儿吧。"妈妈只好出去了。

吃晚饭时，爸爸说："小茜，听说文怡被评为'市三好学生'

了，怎么没听你说过啊？"小茜突然就放下了碗筷，一脸的不服气："哼，那有什么了不起的！真是的，有了一点点成绩就到处炫耀……"

妈妈忽然明白了，怪不得小茜最近不理文怡呢，原来文怡被评为了"市三好学生"，而小茜却与此无缘，多年的好朋友之间出现了不平等，于是小茜因为嫉妒，而不愿意与文怡交往了。

小茜这就属于典型的嫉妒心理。希腊著名心理学家乔治·卡纳卡基斯说："其实嫉妒是一种十分自然的反应，每个孩子都会嫉妒。""孩子的嫉妒心理从很小的时候就会有所反映，而引起嫉妒的原因很多。在许多情况下，这种嫉妒甚至会达到折磨人的程度。"

英国的一份研究报告指出，4个月大的婴儿就已经具有嫉妒心了。有人做过实验，15个月的孩子，如果妈妈当着他的面抱别的孩子，他就会有所反应，非要让妈妈放下别人抱自己，并紧紧搂住妈妈，好像在说："这是我的妈妈，不是你的。"

在生活中，多种情况都能使孩子产生嫉妒心，比如：家里来了别的小朋友，父母夸赞几句或表现亲昵些，自家的孩子就会嫉妒，对外来的小朋友采取不友好的态度；如果别的小朋友有什么好玩儿的玩具，自己没有，心里就会不好受；两个孩子玩游戏本来好好的，一个孩子看别人搭积木搭得又快又好，自己却怎么也搭不好，于是很着急，索性把两个人的积木全都推了……

如果我们细心观察，这样的例子很多。不过，孩子有嫉妒心其实并不可怕，我们只要对孩子进行积极引导，并在其过度的行为上进行制止，并加以严格要求，他们的这种嫉妒心还会成为向上努力的动力。

第三章
情感式沟通：
听对了才能得到孩子的理解，
说好了才能赢得孩子的信任

放低姿态，把倾听当作一种愉悦

其实，每个孩子都有对家长关注和倾听自己说话的渴求。作为家长，对于孩子的这种渴求当然应尽力满足，并在倾听孩子说话的同时，放低自己的姿态，不做指导者，给予孩子平等和尊重，这样更能使孩子感受到你是在乎并关心且爱护着他的，这对于发展孩子的语言能力至关重要。

"知心姐姐"卢勤在她的《好父母，好孩子》一书中就给我们讲过这样一个自己亲身经历的故事。

每次孩子回家，总是兴致勃勃地给我讲幼儿园里的事，不管我爱听不爱听。儿子需要一个忠实的听众，而妈妈是最合适的人选。

遗憾的是，开始我没有意识到孩子的这个需求，总觉得听孩子说话，浪费了我写稿子或思考的时间。所以，每次孩子和我讲话，我总是做出很忙的样子，眼睛左顾右盼，手里还不停地翻动着书报。

没想到，我的忙碌给孩子的语言带来了障碍。他是个思维很快的孩子，为了在有限的时间里把话说完，就讲得很快，慢慢地讲话就变得结结巴巴。

这引起了我的注意，我也开始注意改变自己，尽量抽出空来，倾听孩子讲话。

可见，家长学着倾听孩子说话，对孩子语言能力的发展是有重要影响的。此外，对于"不听话"的孩子，家长也只有放下姿态，倾听他说话，才可能真正地了解其"不听话"背后真实的想法。

在现实生活中，当遇到孩子"不听话"的时候，大多数家长都只会摇头、吐苦水："孩子内心究竟是怎么想的？他怎么什么都不肯告诉我？"然后抱怨孩子不懂事。

实际上，要想打开孩子的心门，探究他的内心世界，家长能做的就是放下自己的姿态来倾听。

耐心倾听孩子的诉说，让孩子体会到关爱和温馨，这才能使孩子与家长更加亲近。许多家长虽与孩子朝夕相处，却不曾真正了解孩子的想法。如果家长不了解孩子的想法，那就很难有效地应对孩子的"不听话"行为。

家长要想纠正孩子的"不听话"行为，就需要放下姿态，亲近孩子，倾听孩子，走进孩子的内心。

晨晨今年10岁，是一名小学三年级的学生，上课老是调皮捣蛋，老师和同学们都很头疼。晨晨的父母更是头疼，他们对晨晨总是各种训导，可是晨晨依旧我行我素。

有一天，妈妈在收拾晨晨书桌的时候，发现了他夹在书里的纸条，纸条上写着："爸爸妈妈从来都不听我说话，不了解我心里想什么，不关心我。"妈妈突然意识到，孩子调皮捣蛋可能只是想引起父母的注意和关心。

于是，等晨晨放学后，妈妈找他聊天。

"晨晨，来跟妈妈聊会儿天，好吗？"

"你又要训斥我吗？"

"不是，这次，你说，我听。"

"真的？"

"真的。"

"可是，说什么呢？"

"那就说说你在学校里调皮捣蛋的事情吧。还有你为什么会这么做呢？"

晨晨便很认真地对妈妈说起了自己在学校里如何调皮捣蛋，还有为什么要如此。

妈妈便问晨晨："如果我们以后都能认真听你说话、关心你，你是不是就不再调皮捣蛋了？"

晨晨点了点头。

每个"不听话"的孩子心里都有一个声音，只要家长放低姿态就一定能听见。

此外，对于建立和谐的亲子关系而言，家长放低姿态来倾听孩子说话也是必不可少的。没有人喜欢跟一个高高在上的人整天讲自己的心事，孩子也是如此。

欣怡已经上初中了，却很少表现出对父母的叛逆情绪，与父母相处融洽，周围的同学和老师也都夸奖她是一个优秀的孩子。

邻居们更是羡慕欣怡的父母有这样一个乖巧的孩子，几乎每天，他们都可以看到欣怡的妈妈和欣怡坐在小区楼下公园的草地上开心说笑的场景。

"哎哟，欣怡妈妈真是好命，欣怡这么听话，跟妈妈好像是朋友，我们家依依什么事都不愿跟我说，我们母女就像陌生人。"依依的妈妈对欣怡的妈妈说。

"阿姨，其实，不仅我听妈妈的话，妈妈很多时候也听我说话呢。"欣怡抢着说。

"其实，要想和孩子成为朋友，就应该听听孩子内心的声音。这时候，不妨坐下来，坐在孩子身边，很愉悦地倾听孩子说话，试想：孩子怎么会不愿意跟你说自己的心事呢？对不对，欣怡？"欣怡的妈妈一边对依依的妈妈说，一边摸着欣怡的头。

"对！"欣怡高兴地回答道。

总之，放低姿态，倾听孩子的诉说，对家长和孩子而言都是有益的。那么，家长应该如何放低姿态，倾听孩子的心声呢？

【现场演练】

放低姿态学倾听

和孩子交流，是一门学问，也是一门技术。如果一个家长不懂得沟通，无论和孩子说多少话，都不会起到好的作用。

实际上，沟通的重点在听而不在说。如何放低姿态，让孩子愿意将自己的心里话说给你听呢？一起来检查一下我们是否做到以下几点：

1. 你能否做到尊重孩子的感受？

能（列举具体做法）＿＿＿＿＿＿＿＿＿＿＿＿＿＿＿＿＿＿

不能＿＿＿＿＿＿＿＿＿＿＿＿＿＿＿＿＿＿＿＿＿＿＿

当孩子叙述一件事情时，家长应该安静、专心地倾听，不要给予评判。家长可以不接受孩子的某些想法和行为，但是必须要尊重孩子的感受。

2. 你会向孩子显示自己正在努力倾听吗？

会（列举具体做法）＿＿＿＿＿＿＿＿＿＿＿＿＿＿＿

不会＿＿＿＿＿＿＿＿＿＿＿＿＿＿＿＿＿＿＿＿＿＿＿

当孩子和我们讲话的时候，我们即使正在忙着做事情，也要将目光转向孩子，保持彼此目光的接触，并仔细地倾听，同时还要不断点头说"嗯……""是的……"等来显示对他的注意。

3. 你会主动跟孩子说你的想法和看法吗？

会（举出具体做法）＿＿＿＿＿＿＿＿＿＿＿＿＿＿＿

不会＿＿＿＿＿＿＿＿＿＿＿＿＿＿＿＿＿＿＿＿＿＿＿

仅仅是倾听和理解还不够，家长要对孩子所说的话做出相应的回应，主动表达出自己的想法。

4. 你认同"听"是一件值得学习的事情吗？

认同＿＿＿＿＿＿＿＿＿＿＿＿＿＿＿＿＿＿＿＿＿＿＿

不认同（说出理由）＿＿＿＿＿＿＿＿＿＿＿＿＿＿＿

其实在生活当中，大多数人都习惯说话，不习惯听别人讲话，尤其是家长面对孩子的时候，更是滔滔不绝。不听孩子说，怎么知道他在想什么呢？不听孩子说，又怎么能够了解、管教他呢？

5. 你经常使用责骂的方式和孩子交流吗？

是（举个最激烈的例子）_____

不是_____

如果家长经常用责骂的方式和孩子说话，久而久之，孩子就会用"懒得理你"来回应。实际上，孩子以这种方式对抗家长的时候，已经对家长失望了——与其沟通不良，不如一切免谈。

用温和的态度来对待孩子

家长对孩子的态度非常重要，这会直接影响孩子对自己的看法、孩子的智力及能力发展，甚至会影响孩子的行为及道德发展。可惜大多数家长都意识不到这些，他们觉得自己的态度和孩子的发展没有必然联系。

实际上，孩子的各种行为都会受到家长态度的影响，甚至孩子的一些品质也会受到家长态度的影响。

曾经有一位教育专家说过："提到才智，那么评价就等于成就。"家长对待孩子的态度对孩子的能力形成往往会有巨大的影响。如果家长认为自己的孩子很优秀，那么孩子也会积极地朝着优秀的方向努力。

兵兵前几年学习成绩优异，这让爸爸妈妈引以为荣，但是最近，可能是有一些不适应，他的学习成绩大不如前了。

兵兵学习成绩下降之后，家里就充满了火药味儿，爸爸妈妈对他的退步感到十分不安，有时难免在话语中透露出焦急。为了帮助兵兵提高成绩，妈妈到处打听哪里的补习班好，然后为兵兵报名，一个学期下来，花掉了好几千元，兵兵的成绩却不见有什么长进。眼睁睁着兵兵的成绩一路下坡，爸爸妈妈对兵兵说话也开始刻薄起来。

"看看人家怎么这么好命，不花一分钱，孩子照样考前几名，我怎么就生了这么笨的孩子，花多少钱也换不来好成绩！"妈妈有时会这样抱怨。

"看看人家孩子多好命，爸爸妈妈不是厂长就是干部，我怎么这么倒霉，投胎到这么普通的家庭！"兵兵显然不买妈妈的账，开始顶嘴。不过，听兵兵这么一说，妈妈也是哑口无言。

爸爸妈妈对兵兵的这种尖酸态度，让兵兵很不满意也很寒心。他觉得没有了爸爸妈妈的鼓励，自己也失去了上进的动力。

其实，家长对孩子的态度不仅会影响孩子的智力发展和学习，还会影响孩子能力和人格的发展，如社会适应能力、人际交往能力、自主能力、独立能力等等。人的这些能力是在童年时代奠定的，家长对待孩子的态度，对孩子在这些方面能力的形成有巨大影响。

家长是用温和的态度鼓励孩子去和其他孩子交往，还是限制孩子的交往，是有意让孩子在某种环境中受到挫折，得到锻炼，还是害怕孩子受到挫折，把孩子保护起来，当孩子受到挫折时是帮助、鼓励孩子，还是讽刺、嘲笑孩子，甚至让孩子在挫折面前逃避……这一切都将对孩子造成重大的影响。

苏晴的父母都是心理学专家，他们深知父母的态度对孩子成长的影响，因此在教育孩子的过程中很注重自己的态度。

每次苏晴犯了错误，惴惴不安的时候，妈妈总是先安慰她，然后很温和地给她陈述事情的利害关系。爸爸也积极地帮助苏晴改正错误。

今年苏晴被评为"市级三好学生"，老师在开家长会的时候，请苏晴来给全班同学做一个演讲。站在讲台上的苏晴说："现在的我能成为一个优秀的高中生，我觉得除了老师的辛勤培养，我更需要感谢爸爸妈妈的培养，不管是在我有意无意犯了严重的错误时，还是在我胆小怕事需要人鼓励时，他们总是用一种温和的态度对待我，从来不大声训斥我。这给了我自信，也给了我温和的性格。"

很多家庭教育方面的专家都发现：如果家长对孩子持有消极、粗暴的态度，孩子的行为就可能向不良或不健康的方向发展；反之，如果家长对孩子持有积极、温和的态度，孩子的行为就会向良好、健康的方向发展。

只有在家长温和、细心的鼓励和帮助下，孩子才能建立起较好的自我评价和自我意向，建立起自信心，从而很好地发展出自主能力、独立能力和其他社会能力，为一生奠定良好的基础。

这种温和的态度对孩子的影响在孩子犯错误时最为重要。一般而言，当发现孩子犯了错，家长如果能控制自己的情绪，从孩子的角度出发，用温和的态度对孩子讲清楚事情的后果，让孩子认识到自己的错误，孩子就会积极主动地改正错误。

很多家长也想用温和的态度对待孩子，但往往控制不住自己的情绪。那家长要怎样才能控制好自己的情绪呢？

【现场演练】

让孩子感受到温和的妙方

既然家长的心态能够影响孩子，那么我们必须要多注意自己的态度是否让孩子厌倦。下面介绍一些方法，帮助你温和地对待孩子。你也可以对照反思一下自己之前对孩子的态度是否妥当。

1. 你认为自己控制情绪的能力怎么样，能够保持一个平稳的心态吗？

能（可以说说具体做法）_____

不能_____

当孩子犯了错误，或者做了一些让家长难以接受的行为，有些家长会一时激动，控制不住自己的情绪，对孩子训斥或打骂。表面看来，孩子会在我们的训斥之下变得更加听话，但是他们会受到惊吓，对于他们的情绪稳定和心理发育是有害的。时间长了，孩子即使心里有事情也不愿意同我们说。

2. 你能否使用冷处理的方式面对孩子的过错？

能（可以想想自己的经历）_____

不能_____

孩子犯了错，家长着急上火，恨不得给他一巴掌。但切记，在这个时候，需要冷处理，在自己极端愤怒的时候千万不要教育孩子，还是先冷静一下，或者去外面待上 3 分钟再回来，等心情平静了再教育孩子。这样做，是杜绝粗暴教育的最好方法，可以让我们客观地处理孩子的问题。

3. 在孩子的心目中，你是一个积极乐观的家长吗？

是（为什么这样认为）_____

不是_____

在日常生活中，我们要注意，不要在孩子面前表现出消极的情绪，否则会使孩子处在一种不和谐的家庭环境中。若想要孩子乐观向上，首先家长要做到乐观向上。如果我们做家长的总是有消极情绪，难免会使孩子受到影响，导致其情绪上发生变化。

总而言之，作为家长，我们最好是尽自己的努力，用温和的态度来对待自己的孩子。与其为孩子的错误而烦恼，不如静下心来，冷静客观地分析事情的原因，然后用温和的态度来耐心开导孩子。

尊重孩子的话语权

露露是个小学生，今年已经上四年级了。她从前是个活泼开朗的孩子，现在却变得总爱一个人发呆。为什么会这样呢？露露的老师经过几次家访，才知道露露为什么会变得如此沉闷。

原来，露露以前有个习惯，每天放学回家后，就会兴高采烈地把学校里发生的趣事说给爸爸妈妈听，但是露露的爸爸妈妈只关心露露的学习，对露露说的那些话毫无兴趣，甚至觉得露露的那些话一点儿用都没有，简直是在浪费时间，大多数的时候都会阻止露露说学校里的事。一开始，爸爸妈妈阻止露露的讲话态度还比较温柔，妈妈会蹲下来，对露露说："好了孩子，不要说了，去看书吧，乖！"这时候的露露也都是悻悻地回到自己的房中。

有一次，露露又忍不住说了班级里发生的事情，正说得兴高采烈，性格有些粗暴的爸爸突然打断她："跟你说过多少次了，让你别说那么多废话，你还说，有完没完啊？写作业去！"露露被吓坏了，没说完的话也不敢说了，一个人心惊胆战地回到自己的屋子里去了。

后来，露露的话越来越少，她的学习成绩非但没有因此而提高，性格还变得越来越沉闷。

露露这样的情况并不少见，很多家长都不重视孩子说的话。家长们总是以大人自居，自以为是地认为小孩子就应该怎样怎样，甚至用自己的意见来教训孩子，这些做法都非常不妥。沟通交流是影响亲子关系、影响孩子性格发展的重要因素。

很多家长会习惯性地忽视孩子的讲话，不尊重孩子的话语权，不重视倾听孩子的心声，时间久了，就会严重影响亲子关系。

更为重要的是，话语权得不到尊重的孩子，慢慢地就不再跟家长分享自己生活和学习中遇到的问题了，作为家长也就很难知道孩子心里真实的想法，对孩子的教育也是非常不利的。

美美9岁了，上小学三年级，平时就是一个安静内向的孩子，很少主动去找父母说自己的心事。有一次，数学考试不及格的美美被老师当着全班同学的面批评。美美很伤心，回到家里，很想跟妈妈说说今天在学校发生的事儿。

"妈妈，我有事情想跟你说。"

"学校里的事情吧？不是说了吗，不要每天回来就一个劲儿地讲你们学校的事情！"

"可是，妈妈……"

"好了，美美，妈妈很忙，去写作业吧。"

美美默默地回到了自己的房间。想想白天发生的那件事情，她很害怕上第二天的数学课。

从此以后，每次上数学课，美美都担惊受怕，数学成绩一落千丈。

试想一下：如果在那天晚上，美美的妈妈没有以忙为借口而不听美美说话，事情又会是怎样的呢？也许妈妈就会了解到美美对数学课的恐惧，会帮助她去正确面对。

不尊重孩子的话语权，也会影响孩子其他能力的发展。家长如果不尊重孩子的话语权，想打断就打断，一方面不利于孩子语言能力的提高，另一方面也容易让孩子产生自卑心理。所以，尊重孩子的话语权，让孩子自由地说出内心的想法，对孩子的成长至关重要。

下面总结了家长一些习惯性的不当行为，可以对照一下，你是否也有类似问题：

1. 从来都不注意孩子倾诉的需求，当孩子主动找你说话的时候，总是以忙为理由，不愿意去倾听。

2. 当孩子兴致勃勃、滔滔不绝地讲话时，你总是习惯打断他的话。

3. 能够在生活方面将孩子照料得很好，但在真正平等地对待孩子、注意孩子自尊方面做得还不够。

4. 如果孩子在学习和生活上有什么问题，不愿意听他的倾诉，更不愿意帮他分析原因，有时根本不等孩子把话说完，轻则呵斥，重则打骂，孩子也就只好将话咽回去。

家长在教育孩子的过程中应该谨慎地避免以上行为的出现。我们都知道，人和人之间的沟通就是倾听和诉说，如果家长不尊重孩子的话语权，无疑是给自己和孩子之间筑了一堵厚厚的"墙"。

家长如果想要孩子敞开心扉和自己聊天，就先从尊重孩子的话语权开始吧!

【现场演练】

从形式到内容表达对孩子的尊重

每一个孩子都渴望自己说的话能够受人重视。作为家长，我们应该尊重孩子的话语权，对孩子的倾诉多一些耐心，那么孩子遇到事情才会愿意和我们倾诉。

当和孩子在一起交流时，有些细节是必须要注意的，看看你是否做到了：

交谈时用眼睛注视着孩子_____

不在孩子说话的过程中随意插话_____

尽量表达出对话题有兴趣_____

鼓励孩子发表他的观点_____

能够完整地听孩子讲述一件事＿＿＿＿＿＿＿＿＿＿＿＿＿＿＿＿＿＿

在某项重要原则上表示出自己的不认同＿＿＿＿＿＿＿＿＿＿＿＿＿＿

听孩子说话，做到耐心、细心＿＿＿＿＿＿＿＿＿＿＿＿＿＿＿＿＿＿

和孩子交谈时不随便打岔＿＿＿＿＿＿＿＿＿＿＿＿＿＿＿＿＿＿＿＿

和孩子交谈时不随便否定＿＿＿＿＿＿＿＿＿＿＿＿＿＿＿＿＿＿＿＿

和孩子交谈时不随便责备＿＿＿＿＿＿＿＿＿＿＿＿＿＿＿＿＿＿＿＿

你能不能做到这些呢？做到了这些，你就算得上是一个尊重孩子话语权的家长了。

作为家长，我们应该下功夫学习如何与孩子交流，并且学习多种方法引导孩子和我们交流，营造出更加友好的语言氛围。

耐心地听孩子把话说完

每个孩子都有自己的心声，但未必都能像大人所期待的那样表达清晰，作为家长，一定要耐心倾听，这样才能真正了解孩子的想法和感受。

当孩子说话时，家长要用眼睛看着他，表现出你有兴趣听，如果实在是忙，要和孩子说明，并约定好可以交流的时间。如果家长在某一重要原则上不同意孩子的看法，应告诉孩子不赞同他的什么观点，并说出理由，但是在提出反对意见时不要过于武断，应等孩子说完他要说的话再评断。即使孩子说得不对，家长也要控制住火气，不妄下定论。

一位母亲问她 5 岁的儿子："假如妈妈和你一起出去玩时渴了，一时又找不到水，而你的小书包里恰巧有两个苹果，你会怎么做呢？"

儿子小嘴一张，奶声奶气地说："我会把每个苹果都咬一口。"

虽然儿子年纪尚小，不谙世事，但母亲对这样的回答，心里多少有点儿失落。她本想像别的家长一样，对孩子训斥一番，然后再告诉孩子该怎样做，可就在话即将出口的那一刻，她突然改变了主意。

母亲握住孩子的手，满脸笑容地问："宝贝，能告诉妈妈为什么要这样做吗？"

儿子眨眨眼睛，满脸童真地说："因为……因为我想把最甜的一个留给妈妈！"

那一刻，母亲欣慰极了，她为儿子的懂事而自豪，也为自己给了儿子把话说完的机会而庆幸。

家长耐心地倾听孩子的诉说，不仅有助于了解孩子真实的想法，还能让孩子以更大的热情投入谈话中。相反，如果家长没有耐心倾听孩子的诉说，孩子对谈话的兴趣也很容易降低。

欣欣5岁了，是一个活泼可爱、讨人喜欢的姑娘，她的父亲是税务局的一名工作人员，妈妈是幼儿园的老师。欣欣每天从幼儿园回来总是叽叽喳喳地说个不停，妈妈也总是很愿意听欣欣说。

这个暑假，欣欣跟着妈妈去了乡下的姥姥家，看到了很多让她吃惊不已的事情。刚回到家，她就跑到爸爸的书房。她很想把这些事情告诉爸爸。

"爸爸，我跟你说，我看见萤火虫了，一闪一闪的，很漂亮的。"欣欣一边说一边挥动着手臂做了一个飞翔的姿势。

"哦。"爸爸继续埋头于自己的工作。

"爸爸，我也看见了核桃树、苹果树、桃树……很多树。"欣欣看爸爸头也没有抬起来，兴趣就开始降低了。

"哦。"爸爸还是继续看他的文件。

欣欣站在爸爸桌子旁边，看了爸爸好久，转身泪眼汪汪地从爸爸的书房走了出来。

家长不只在孩子有话说的时候要耐心倾听，在孩子有问题要问的时候更应该耐心。

爸爸带着女儿去动物园玩，女儿很兴奋，一个劲儿地问爸爸各种各样的问题。

"爸爸，爸爸，鸟儿能在天上飞，老虎怎么就飞不起来呢？"

"因为鸟儿有翅膀，老虎没有呀！"

"爸爸，爸爸，狮子是从哪里来的呀？"

"从大草原上来的。"

"爸爸，爸爸，大象的鼻子怎么那么长呀？"

"好了，你这孩子怎么这么多乱七八糟的问题？别问了。再问下次就不带你来动物园了。"

女儿立马闭上了嘴巴，不敢再问了。

我们都知道，孩子对世界充满好奇，他们的脑子里也经常充满各种问题。大多数家长在孩子问第一个问题的时候还是充满耐心的，如果孩子连问 3 个问题，一些家长往往就会不耐烦了，粗暴地打断孩子，不让孩子再问了。这种做法其实会极大地伤害孩子的好奇心。

家长在和孩子交谈时，还有一些细节需要特别注意：家长一边忙自己的事情，一边听孩子说话；随意打断孩子说话；随意打断孩子的提问。这些行为都会让亲子沟通效果大打折扣。

家长静下心来，耐心听孩子把话说完，走进孩子的世界，回答孩子的问题，这样才能创造更多与孩子交流的机会，才能真正地做到教育好孩子。否则，所谓的"教育"只能称为"抚养"。

【现场演练】

向孩子表现出你的耐心

倾听是我们和孩子保持良好沟通并且能够及时了解孩子内心世界的渠道，是呵护孩子求知欲望和好奇心的基本手段。你有没有向孩子表现出耐心呢？应该怎么来做呢？一起来看看下面的一些做法吧：

1. 孩子讲话的时候，你会出现以下做法吗？哪个是最常用的？

不耐烦地打断孩子_____

心不在焉地敷衍_____

认真地听孩子把话说完_____

家长可能会认为，孩子的话毕竟是天真的，没有多大意义，真是懒得听。这实际上打断了孩子的求知欲和好奇心，扼杀了孩子的探索心和进取心。

2.孩子正在说你一点儿也不了解的话题，你会采用什么样的做法呢？

对孩子进行敷衍，不听他说＿＿＿＿＿＿＿＿＿＿＿＿＿＿＿＿＿＿＿

直接告诉他：我不懂＿＿＿＿＿＿＿＿＿＿＿＿＿＿＿＿＿＿＿＿＿＿

微笑着认真倾听他的诉说＿＿＿＿＿＿＿＿＿＿＿＿＿＿＿＿＿＿＿＿

装作听懂的样子，表现出兴趣盎然＿＿＿＿＿＿＿＿＿＿＿＿＿＿＿＿

孩子说的事情，在我们看来可能是小事，但是在孩子看来则是大事，是值得一说的事情。

在网上，有一位母亲分享了她的《没耐心歌》，在这里也分享给家长朋友，大家共勉。

当孩子要你再讲个故事时，没耐心的你找借口推脱，推掉了他的求知欲；

当孩子打破砂锅问到底时，没耐心的你厌烦的表情，烦掉了他的好奇心；

当孩子要求你陪他玩耍时，没耐心的你忙着自己事，忙出了他的孤独感；

当孩子正向你诉说苦恼时，没耐心的你打断了话语，打跑了他的亲和力；

当孩子汇报不合格成绩时，没耐心的你来一顿责骂，骂掉了他的自信心；

当孩子因怕挨打而说谎时，没耐心的你真给一顿打，打掉了他的诚实观。

鼓励孩子说出内心的想法

在家庭教育当中，很多家长都认为培养孩子的独立性是一件很重要的事情。可是独立的第一步从哪里开始呢？那就是家长应该允许孩子有自己的观点和看法，并且鼓励孩子说出来，甚至当孩子的观点和自己的想法有冲突的时候，鼓励孩子与自己争辩。

当一个人对很多事情开始有了自己的想法时，就说明他已经开始学着独立思考了。因此，家长不要阻止孩子说话，要知道，在当今社会，培养一个会说话的孩子比培养一个会听话的孩子更重要。一个孩子说出自己的想法，实际上也是其思考和加深对周围事物理解的过程；如果一个孩子能与父母争辩，就意味着他自我意识不断增强和心智日益成熟。

没有一个孩子的思想是在一夜之间变成熟的，他们需要一个成长和提高的过程，在这个过程中，他们很渴望说出自己的想法，有时候也难免会和家长发生争论，这就要求家长摆正自己的心态，不要为了维护自己所谓的"权威"而冲昏头脑。

君君今年四年级了，是一个活泼好动的男孩儿，课余时间特别喜欢体育运动，尤其是踢足球，可爸爸认为踢球会耽误学习，时时敦促君君好好学习。

这一天，君君和几个伙伴踢球玩儿，结束得有些晚了，他害怕挨骂，赶快和伙伴们一起往家走。

果不其然，他刚走到路口，就看到爸爸已经在楼下等着了。爸爸看到他的第一句话就是："成绩不行，玩起来倒是很有劲儿，我看你将来怎么考大学！"

爸爸的话让君君觉得很没面子，他争辩道："我今天的作业都完成了。我很久没有痛痛快快地踢球了，今天破例晚一点儿，你也不用这么生气吧。"

"今天破例，明天破例，以后就不用学习了。我生气还不是为你好？你还敢在外人面前跟我顶嘴，翅膀硬了是不是？都不知道你以后想怎样！"

"爸爸，你根本就不知道我在想什么！"

就这样，君君和伙伴们闷闷不乐地各自回家，完全没有了先前的愉快气氛。

孩子有自己喜欢的娱乐活动，这本是再正常不过的事情，但很多家长会认为这是不务正业，不由分说地对孩子大加责备。

其实，故事中的君君已经向爸爸表示了自己是以学业为重，是在做好作业后才去踢球的，爸爸却因为反感孩子"顶嘴"的行为，完全不顾及孩子内心的想法就断定孩子是在动摇自己的家长权威，因此引发了父子之间的巨大矛盾。

家长在鼓励孩子说出自己内心的想法时，最忌讳的就是拿家长的权威去压孩子。有些时候，孩子可能会迫于家长的权威，说出一些违心的话，甚至不惜撒谎。

总之，家长在教育孩子的过程中，只有鼓励孩子说出内心的想法，才有可能让自己的教育起到积极的作用。那么，家长怎样鼓励孩子说出内心的想法呢？

鼓励孩子说出内心的想法

鼓励孩子将内心的想法说出来，这是成功沟通的第一步。不认真倾听孩子说话，不让孩子把话说完，这是对孩子的不尊重，久而久之，会伤了孩子的心，并且使孩子产生和家长的对抗情绪，造成沟通困难。

1. 再无聊的话也要鼓励孩子说下去。

孩子对你说："妈妈，我今天做了一个很美好的梦……" 你会有什么反应？

一个梦有什么好说的？打断孩子的话＿＿＿＿＿＿＿＿＿＿＿＿＿

认认真真地听孩子讲他的梦＿＿＿＿＿＿＿＿＿＿＿＿＿＿＿

家长要想和孩子沟通，最重要的是尊重和理解孩子，让他有话痛快地说。多听孩子的话，就能更多地了解孩子的想法，进而摸准孩子的脉，沟通上就会畅快很多。

我们要对孩子说的话表现出极大的兴趣和认真的态度，这才会使孩子对我们产生亲近感。孩子一旦认为自己的话被父母接受了，就会对说话产生自信。

2. 多听少说，给孩子话语权。

很多时候，家长与孩子交流时未必一定要说什么，安安静静地听孩子把话说完，可能就已经满足了孩子心理和情感需求。在孩子说话时，家长的关注、尊重和耐心，是对孩子最好的理解和帮助。

平和、耐心地去倾听孩子内心的想法，不要着急去判断，那么我们一定能听到孩子最善良的心语。有的时候我们与孩子沟通不良的一个重要原因就是：我们过于主观，并没有静下心来倾听孩子的真实想法，还埋怨孩子，随意打断孩子的话，使孩子关闭了心灵的窗户，再也不愿意和我们交流了。

不要随意打断孩子的诉说

于涛的妈妈是一个爱唠叨的人，一看到于涛有什么表现不合她的意，就会说个不停。可是她却很少停下来听听孩子的意见和说法，在孩子向她倾诉的时候总喜欢打断孩子的话。

有一次，于涛的学校举办校运会，于涛参加的是长跑，在这项比赛中，他跑出了全校第一名的好成绩。晚上，他拿着奖状和奖品兴高采烈地回到家，看到妈妈在家，便忍不住想跟妈妈分享一下自己的喜悦。

"妈妈，我们学校今天举行了校运会，我参加了长跑。参加长跑的很多人都是高年级的，水平很高啊。"于涛说得津津有味。

此时妈妈正忙着打扫屋子，似乎没听清楚，就说了句："嗯，快去写作业吧。"

"可是，我今天还是跑了第一名，在前两圈的时候，我前面还有好几个人呢，我以为自己要跑倒数了，谁知后来却居上——"

没等于涛说完，妈妈就打断他说："你这孩子，叫你去写作业，你没听到啊？整天就知道不务正业。跑步好有什么用？重点大学能因此就要你了？"听完妈妈的话，于涛觉得很没意思，悻悻地走开了。

在成人的交际中，我们知道随意打断别人的话是不礼貌的行为，但在与孩子的沟通中，却容易忽略这一准则。结果，有不少家长就像于涛的妈妈一样，根本就没有耐心听完孩子的诉说，随意打断孩子的话，令孩子失去了倾诉的欲望，不愿意多跟家长交流自己的想法、分享自己成长的经历，影响了和谐亲子关系的建立。其实，和孩子建立良好的亲子关系并不难，不随意打断孩子的话，就是一个简单而实用的方法，能起到完全不同的教育效果。

如果家长总是随意打断孩子的话，就会造成诸多消极的影响：一是会让孩子觉得自己得不到家长的尊重，长此以往，他们就会习惯把话藏在心里，不肯对家长说；二是会让孩子觉得自己和家长的地位是不平等的，自己的话语权得不到尊重，时间长了，孩子就会与家长产生对抗情绪，以致双方相互不信任，沟通困难；三是可能会影响孩子语言表达能力的提高和性格的发展，一些孩子可能会因此而变得自卑、内向、沉默寡言。

琪琪是家里的独生女，却没有一点娇滴滴的姿态，相反很像个男孩子，平时大大咧咧、外向活泼。同学们给她起了一个外号叫"琪哥哥"，她也欣然接受了这个外号。

琪琪学习成绩还不错，老师也经常夸奖她。尽管这样，琪琪的父母也总觉得一个女孩子必须要做一个淑女，这样才能有气质、有未来，因此他们打算改变琪琪的这种性格。

以前，琪琪回来的第一件事，就是对爸爸讲一讲她今天又做了什么让同学们吃惊的事。有一天，琪琪依旧兴高采烈地回到了家中，看到爸爸坐在客厅里看电视，就扔下书包，跑向了爸爸。

"爸爸，我告诉你一件事情。"琪琪边说边走向爸爸。结果琪琪还没有走到爸爸跟前，爸爸就突然站了起来。

"琪琪，我现在要跟你说一件事情，那就是我希望你以后每天回到家里能安静点儿，不要喋喋不休。"

"你先不要打断我，听我说完，你再说嘛。"琪琪委屈地嘟着嘴说。

"以后，你要是每天回到家中继续说个不停，我会一直打断你说话，直到你不再说为止。"

"你们这是干吗呀？为什么不让我说话呀？"琪琪突然大声哭了起来，可是爸爸依旧不为所动。

后来琪琪果真如她的父母所希望的那样安静了下来，再也不跟父母说自己的事情了。

有调查显示，70%～80%的儿童心理问题和家庭环境有关，特别是与家长对孩子的教养和交流沟通方式不当有关。为了使孩子健康成长，家长不仅需要平时多与孩子沟通，更应该在双方对话时多点儿耐心倾听，少打断孩子说话。

【现场演练】

提醒并鼓励孩子把话说完

孩子虽然小，但是他们也有自己独立的人格，有表达内心感受、阐述自己看法的自由。让孩子把话说完，是对孩子人格的一种尊重。孩子如果说得有理，那就赞赏；孩子说得不合理，那就进一步交换意见，直到解开孩子心中的疙瘩为止。只有这样，才能建立起健康、和谐的家庭关系。

1. 当孩子欲言又止的时候，你会怎么做？

觉得无所谓_____

鼓励他把话说下去_____

孩子也有话语权，当他想说话的时候，我们应该给他表达的机会。一个孩子如果总是被"住口"二字打断，慢慢就会变得沉默，并且变得懒得跟大人交流了。大人的这种"禁言令"让孩子觉得自己根本不受重视，说了也是白说。所以，当孩子想说话时就让他尽情地说，当孩子沉默的时候就鼓励他说。鼓励孩子说出内心的想法、不满或者委屈，会让孩子变得善于思考，也会使他的自主意识得到加强。

2. 当孩子说话的时候，你的表情神态是怎样的？

孩子说他的，我干我的_____

表现出专心听的样子_____

当孩子向家长倾诉的时候，家长最好做出很重视的样子，这样会让孩子高兴，并且使他的自信心得到增强。

善于听出孩子的弦外之音

相信很多成年人都有这样的经历，有时候会因为不好意思，选择用一种很隐晦的方式表达自己想说的话，可还是满心希望其他人能听出弦外之音。

其实，不只是成年人，孩子也会有这样的时候。随着年龄的增长，孩子的语言表达能力不断提高，他们希望得到话语权，希望被尊重、被认可，尤其是对于父母，他们的期待也就更多一些。但是有些时候，孩子又会出于一些特殊的原因而不愿意将心中的想法直接告诉父母，而是用一种特别的手段。此时，家长应该细心观察孩子的举动，揣摩并理解孩子的话外音。

在日常生活中，家长要多关心和了解孩子，尤其对于性格偏内向、说话喜欢拐弯抹角、不善于表达的孩子，家长在交流的时候尤其要注意观察。这类孩子的内心想法和感受可能不像自己表达的那么简单，也许有更为深层的内容。

另外，家长还可以通过孩子一些肢体语言、情绪以及习惯的突然变化来推测孩子是不是话里有话。比如一个平时大大咧咧的孩子突然说话变得小心翼翼，这时候家长就要小心了——孩子心里可能还有一些无法直接说出口的话等你去听呢。

只有听出了孩子的弦外之音，才能更好地了解孩子的需求，有针对性地帮助孩子解决问题。

其实，要做到这些，也不是很难。下面是给家长的一些建议：

第一，要认真倾听孩子诉说。只有认真地倾听，让孩子感受到你是关心他的，他才会慢慢打开心门。如果一开始就不认真听孩子诉说，孩子也会将你拒之门外。

第二，在与孩子的交流中，要仔细地观察孩子的表情、肢体动作等等。孩子的内心其实是藏不住事的，稍微有风吹草动，他们就会在情绪上或者肢体上表露出来。只要家长细心地观察和留意，一定可以感知到孩子的内心。

第三，多站在孩子的角度想问题。孩子问问题的时候多半是从自己的角度出发，比如，他们问父母每年被遗弃的孩子有多少，其实，他们关心的并不是这个，而是担心自己是否会被遗弃。

　　每个家长都想通过和孩子的交流走进孩子的内心，那么就请你多观察孩子，留心孩子的动作和神情，善于倾听孩子的弦外之音。

【现场演练】

孩子问话中的隐藏含义你了解吗？

　　和孩子对话是一门艺术，这种艺术有着独特的规则。孩子的问话，有时会隐藏着更深层的含义。作为家长，你了解这个现象吗？孩子的信息经常有需要解读的密码。

1. 孩子说话也会"声东击西"。

如果有一天，孩子问了你一个奇怪的问题，你会怎么回答？

比如："爸爸，你说中国一天会有多少个孩子被抛弃？"

你的回答是_____

　　小朋友安娜问爸爸说："报纸上说全世界每年有很多孩子被抛弃。"安娜的爸爸对这类社会问题很感兴趣，说道："这真是一个值得探究的问题啊，回来我要查查资料。"

　　实际上，安娜并不是想弄明白到底有多少孩子被抛弃，她这么小的孩子，怎么会关心那些社会问题呢？安娜真正想知道的是，自己会不会也被抛弃。如果爸爸对这个问题足够敏感的话，可以这样对孩子说："你担心爸妈也会像有些家长那样抛弃自己的孩子吗？放心吧，我们会一直好好照顾你的。"

2. 孩子说话懂得"借人喻己"。

打个比方，你的孩子不擅长绘画，每次画画都画不好。有一天，你们一起在少年宫看画展，孩子指着墙上的画说"这幅画怎么画得这么难看"，你会有怎样的反应呢？

认同回答法："这幅画是很难看。"_____

泼冷水回答法："再难看也比你画得好。"_____

纠正型回答法："不要这样说，这幅画很有个人风格。"_____

陶醉型回答法："我认为很好啊！"_____

在这些回答中，孩子最喜欢听到哪一种呢？其实，孩子这样说，用意并不在那幅画上，他只是很想听家长的想法，他最在意的也许是"画画不好，究竟会怎样"。如果我们明白了孩子的用意，就会安慰孩子说："只要画出心中所想，就是最好的画作。"

第四章
尊重式沟通：家长蹲下说话，孩子才愿意沟通

与孩子积极沟通、平等对话

真正的沟通是建立在平等的基础上的，有了平等，才有尊重。家庭教育不是简单的"家长教育子女"的单向过程，而应是家长与子女之间互动的过程。因此，家长要想真正走进孩子的内心，必须学会与孩子积极沟通、平等对话。

现在许多的家长都认为自己辛苦挣钱，在物质方面满足了孩子的要求就足够了，往往忽视了与孩子的精神交流。要知道，仅是物质的充裕并不能满足孩子的所有需求，他们更需要的是与家长有更多的交流以及家长能够放下姿态与他们进行平等对话。

很多时候，家长与孩子无法进行充分沟通就在于，家长更多的是站在教育的立场上，而不是站在心理交流的立场上。这样常会使孩子感到家长根本就没有认真倾听他的感想，甚至会认为家长根本就不关心、不理解他，进而他更不愿意与家长进行交流。

有的家长在与孩子交流过程中，往往不自觉地便处于了领导地位。这种交流方式使家长根本不关心孩子的感受和想法，会对孩子产生这样一种暗示：家长总是强大的、聪明的，家长的需求是更重要的。这不仅抑制了孩子的情感表达，也使孩子对家长的话更加不感兴趣。

有些家长习惯于对孩子进行说教，所谓的交流也不过是家长一方的演讲。这类家长最爱用的词是"你应该怎样怎样""你不应该怎样怎样"。家长采用这种方式与孩子交谈时，往往会发现孩子拒绝交流，因为孩子知道家长听不进去自己的话，索性不再讲出真实的想法了。

还有的家长与孩子交流的障碍是责备，比如："我告诉你什么来着？我早就知道这事儿会发生。""如果你早听我的……""你怎么这么笨！"在家长的批评、训斥、贬低、责备声中成长的孩子，往往不愿与家长讨论问题，因为他们知道，不管怎样努力，都不会得到家长的夸奖。

其实，要想打开与孩子交流的大门，最重要的是要使交流显得坦诚和有效，家长应该让孩子感觉到自己对孩子的尊重，在平等的气氛下，投入真诚、耐心的态度，这样才能让孩子敞开心扉。

现实中，总有家长抱怨，搞不懂孩子的一些行为，不清楚孩子的想法，如果你是其中之一，不妨试试以下几个方法，你就会发现，读懂孩子的心思并不是一件难事。

平等相处

家长很少能真正做到与孩子平等相处。比如：

小明已经5岁了，在家里，父母叫他做事情时常常会这样说："去把杯子拿来。""把报纸拿来。""赶快去弹钢琴。"……小明有时候虽然很愿意去做这些事情，可是总是听到这样命令的话，反倒没有动力了。

孩子虽小，但同样不喜欢命令式口吻，而喜欢受人委托。"把杯子拿来"和"帮妈妈把杯子拿来好吗"两句话，在大人听起来差不多，但孩子的感受会有很大的不同。家长如果总是难以忘记自己"教育者"的角色，在和孩子沟通时就很难和孩子保持平等的地位，"你要""你应该""你不能"等词语会常常挂在嘴边，这样，孩子就会渐渐失去与家长交流的愿望。

学会倾听

家长在与孩子沟通的时候，往往只顾自己"畅所欲言"，这其实是在堵塞孩子的耳朵，让他闭嘴，发展下去就会演变成为最常见的错误——说教。孩子也有渴望交流的愿望，也希望自己的话能被好好倾听。

如果家长能够全神贯注地听孩子说话，这能让孩子觉得家长很在意自己说的话，孩子感到受到尊重和鼓励，会很愿意说出自己心里的感受。

很多家长对于沟通的认识往往处于一个误区，就是认为只要家长说的话孩子听了，这就是沟通。真正的沟通是建立在平等的基础上的，有了平等，才有尊重。家庭教育不是简单的"家长教育子女"的单向过程，而应是家长与子女互动的过程。

因此，家长要想真正走进孩子的内心，必须学会与孩子积极沟通、平等对话。

每天要有和孩子"单独在一起说话"的时间

一个男生曾对老师说："我很害怕放假。"老师觉得很奇怪，因为孩子们总是盼望假期快一点到来。在老师的追问下，他说："放假在家里，爸爸妈妈白天都上班，只有我一个人在家，我很孤独也很害怕，没有人和我说话。爸爸妈妈根本不重视我，他们回到家里只会问：'作业写完了吗？''这一天你都干什么了？'他们从不知道我在想什么，也不和我聊天。晚上睡觉我从不拉窗帘，因为我要和星星、月亮说话。我很想上学，因为学校里有同学，和同学在一起我感到很开心。"

一项"家庭教育大调查"显示，60%的家长每天与孩子相处的时间有4个小时左右，在亲子共处时，其中35%的家长和孩子在一起看电视，25%的家长在辅导孩子学习，剩下的则是在游戏等。而家长每天和孩子说话的时间，则缩短在半小时以内，而且说的内容多是教导性的。

在这种情况下，家庭教育出现了"想要"和"需要"之间的落差，家长最想要的是：孩子功课棒，才艺佳，听话又乖巧。所以家长花费时间与精力最多的，还是处理"孩子的课业与升学的压力""孩子学习的状况"等问题。然而，孩子最希望与家长分享的是"心情和情绪"，他们的心愿就是爸爸妈妈能多和自己说说话，而不是总问："你今天的功课完成得怎么样？""今天你学会什么了？"

许多家长觉得给孩子吃好的、穿好的，关心他的学习，孩子就会感到很幸福。其实不然，要让孩子感到幸福，绝不仅仅是提供物质上的满足，更重要的是与孩子在精神上有很好的沟通。而每天抽出一定的时间陪陪孩子，就是与孩子进行精神交流的最好渠道。科学研究证明，最有威信的家长就是每天能安排一些时间和孩子说话的家长。

上班族家长常常与时间赛跑，有时回到家时，孩子已经睡觉了，然而，聪明的家长仍能挤出时间陪陪孩子，和孩子聊聊天，分享他的心情、心事。即使陪伴孩子的时间很短，但只要注重质量，仍然能让孩子感受到你对他的关心，建立良好的亲子关系，而当孩子得到家长的爱与关怀的时候，孩子的稳定情绪与自信心就会持续提升。下面这个妈妈就想出了一个聪明的方法：

我把抽出时间与儿子交流列为每天的工作内容之一。我回家晚，就强迫自己每天中午抽出半小时，作为与儿子固定的"煲电话粥"的时间，在这段时间里，我用电话与儿子联络，问儿子学习有什么困难、老师对他有什么要求、在学校表现出色不、需要妈妈给什么帮助。开始，儿子吞吞吐吐，不太爱讲，但经不住我的启发和开导，他便把学习的困难、与同学的交往，甚至有哪个同学欺负他等，都讲给我听。我帮他分析原因，指点做法，引导他正确处理，使他感到每次与妈妈"煲电话粥"都很愉快、都充满喜悦和信心。慢慢地，每天中午，我不打电话去找他，他就会给我打电话，向我汇报学习上的困难、讲述生活中的趣事、思想上的困惑。他还调皮地称中午打电话的时间是"妈妈时间"，是"热线时间"。

另外，注重与孩子的情感交流，是家长与孩子成为知心朋友的前提。家长与孩子交流的时间最好选在吃饭时和睡觉前，因为这是孩子情绪最为平稳的时候。

一个母亲，从孩子很小时，就注意和孩子的情感交流。每天在孩子上床时都要问问他："今天过得开心吗？"孩子长大后，就形成了在睡前和妈妈沟通的习惯，有什么不顺心的事就像朋友一样告诉妈妈。

有了这样的感情基础，孩子就容易接受妈妈的建议和忠告，很容易跟妈妈建立起朋友的关系。

职场妈妈在工作时，可以暂时把孩子交给保姆、老人或是学校，但是谁也代替不了妈妈在孩子心目中的地位。作为家长，尤其是妈妈，一定要多挤点儿时间陪陪孩子，因为孩子需要和家长"单独在一起说话"的时间，他需要从和家长的对话中知道家长对他的爱，进而获得安全感和幸福感，同时，他也需要可以依赖的家长来帮他分担一些喜悦、痛苦。如果缺少妈妈的陪伴与沟通，孩子就容易"情感饥饿"。"情感饥饿"的孩子特别喜欢撒娇、任性，偶尔还会做出一些古怪的行为，以引起家长对他的注意，又或者极端地自闭内向，郁郁寡欢。在孩子出现这些情况以后，家长才发现自己的失职，才后悔不已，也许已经来不及了，因为弥补受到伤害后的亲子关系，赶走孩子的"情感饥饿"，大概要花很长的时间，甚至永远也不能实现了。

"蹲下来"和孩子说话

在一个圣诞节的晚上，一位年轻的妈妈，带着 5 岁的女儿去参加圣诞晚会。热闹的场面、丰盛的美食，还有圣诞老人的礼物……妈妈兴高采烈地和朋友们打着招呼，不断领女儿到晚会的各个地方，她以为女儿会很开心。可女儿走着走着竟哭了起来，妈妈很有耐心地哄着，谁知，女儿干脆坐到了地上，鞋子也甩掉了。妈妈气愤地把女儿从地上拖起来，训斥之后，蹲下来给孩子穿鞋子。在她"蹲下来"的那一刹那，她惊呆了：她的眼前晃动着的全是大人的屁股和大腿，而不是自己所看到的笑脸、美食和鲜花。她明白了女儿为什么会不高兴。她"蹲下来"的高度正是女儿的身高。这一次，她知道了，只有"蹲下来"和孩子一样高，才能理解孩子的感受，才能真正和孩子沟通。

众所周知，只有两边高度差不多，水才有可能在中间的管道里来回流动，如果一头高，一头低，水就只能流向一个方向了。孩子与家长的交流也是相同的道理。如果家长总是站着与孩子交流，家长与孩子的距离，就不仅是身高上的几十厘米，而是一代人与一代人之间的距离，是一颗心与一颗心之间无法沟通的距离。所以，"蹲下来"和孩子说话，家长与孩子才有可能平等地交流。

"蹲下来"，不仅指在生理的高度上尽量和孩子保持相同，更重要的是指在心理上的高度要平等，是以平等的眼光，用认真而亲切的态度，把孩子看成一个需要尊重的独立的人。因为只有在心理上家长不再居高临下，与孩子完全处于平等时，孩子才会把他的真实想法告诉家长。这就是孩子喜欢把心里话对自己的朋友说，却不愿与家长说的原因。

其实，是否"蹲下来"与孩子说话，只是一种方式，重要的是在家长心中，是否把孩子真正当作和自己一样，是具有独立人格的个体，这才是问题的本质。

美国精神病学家威廉·哥德法勃曾经说过："教育孩子最重要的，是要把孩子当成与自己人格平等的人，给他们以无限的关爱。"家庭内部民主平等的人际关系是孩子心理健康的"维生素"。尊重孩子，认识到孩子也是一个独立的人，有自己的情感和需要，放下做家长的架子，使孩子觉得家长和自己是平等的，这是家长为了孩子的健康成长应该做的。

可是，我们在生活中常常可以看到家长站在那里，大声呵斥孩子："过来！""别摸！""去！去！去！别烦我！"从说话态度来看，家长用居高临下、命令式的语言、语调和孩子说话显得很威风，而在孩子心目中，这样的家长并不可敬，这样的沟通效果自然不好，而且很容易使家长在孩子心里失去威信，久而久之，家长说的话孩子也不会听，甚至还会在心中产生厌恶家长的情绪。

无数事例证明，家长以居高临下的姿态关心孩子，反而会使孩子产生逆反心理。家长只有转变姿态，像对待朋友那样去关爱子女，才有可能让孩子感受到平等。

家长只有"蹲下来"和孩子说话，真正同孩子建立一种平等、互相尊重的朋友关系，才能拉近彼此的距离，相互敞开心扉，更好地进行沟通和交流。

无论孩子的想法多么幼稚，听起来多么没有道理，家长也要耐心倾听，让孩子尽情倾诉。家长还应该学会多问一些"为什么"，比如孩子为什么会产生这样那样的想法、孩子为什么会认为自己的想法有道理、孩子为什么不赞同家长的看法，等等。

只有这样做了，家长与孩子之间的沟通和交流才会越来越多，越来越通畅。也只有这样，家长对孩子的教育才会越来越容易，亲子间的紧张关系才会得到一步步的改善，家庭才会逐渐变得和睦。有句话叫"家是休息的港湾"，这句话不仅对于成人如此，对于孩子同样如此。

总之，家长"蹲下来"和孩子说话，是增强孩子独立意识的有效方式。"蹲下来"说话，不仅是一种行为的表现，还是一种教育观的体现——家长只有怀着崇高的责任心和热切的期望才能"蹲下来"，只有把孩子看作平等的个体才能"蹲下来"。而只有"蹲下来"，家长才能平视孩子，才能获得和孩子坦诚交流的机会，才能真正明白孩子心中所想以及他行为的真实动机。

尊重孩子的话语权，做会"听话"的妈妈

露露是小学四年级的学生，最近，张老师发现露露变了。

露露以前活泼开朗、上课积极发言，现在却变得沉默寡言，总是一个人发呆，学习成绩也下降了。老师经过细心的了解，才知道露露不爱说话的原因。

露露以前是个很活泼的孩子，每天放学回家后，都会把学校发生的趣事说给父母听，可露露的父亲是个对孩子要求非常严格的人，他把全部希望都寄托在露露身上，希望露露将来能考上大学，出人头地。

因此，他们对露露的学习抓得特别紧。他们尤其是父亲觉得露露说这些话都没用，简直是浪费时间，因此露露兴高采烈地说话时，总是会打断她："整天只会说这些废话，一点用也没有，你把这心思放在学习上多好，快去做作业！"

一次露露说班里发生的一件事，正说得兴高采烈，父亲说："说你多少次了，让你别说这些废话，你还说，再记不住，看我不打你！"露露吓得一个字也不敢说，回到自己房间里去了。

慢慢地，露露在家里话越来越少了，每天放学都闷在自己的房间里，因为父亲也不让她出去玩，渐渐地，她的性格也就变了。

从露露的情况来看，亲子之间的沟通交流是影响亲子关系、孩子性格发展的重要因素。许多家长都忽视了与孩子的交流，不重视对孩子的倾听，时间久了，不良的影响就会表现出来。

请家长朋友检查一下，平时的你是否有以下行为：

不注意孩子倾诉的需求，当孩子有话与你说时，总是以"忙"为由，不去倾听。孩子兴致勃勃地诉说时，经常不耐烦地将其打断。

生活中，大多数家长对孩子在生活上十分关爱，可在真正平等地对待孩子、注意孩子自尊等方面做得很不够。

孩子学习和生活上有什么问题，在向家长诉说时，稍有和家长观点不一致的地方，就会被打断。家长不让孩子把话说完，轻则斥责，重则打骂，对此，孩子只能将话咽回去。一项调查显示，70%以上的家长承认没有耐心听孩子说话。

自己的想法得不到家长的重视，孩子只能把自己的秘密埋藏在心里，做家长的也就很难知道孩子的所思所想，这样对孩子的教育就会无所适从。

孩子的话语权得不到家长的尊重，久而久之，孩子就会与家长产生对抗情绪，以致双方互不信任，沟通困难。

家长不让孩子把话说完，一方面不利于孩子语言表达能力的提高，另一方面也会使孩子产生自卑情绪。孩子对家长诉说内心的感受，是提高表达能力、增强社会交往能力的机会。

孩子都渴望有人听自己说话，在大多数情形下，孩子与家长不能沟通，就是因为只有人说话而没有人听。如果家长能多尊重孩子的话语权，对孩子的倾诉多一点耐心，不急于打断孩子的话，那么孩子在遇到事情时就会乐于向家长倾诉，与家长建立良好的沟通。

当孩子说话时，家长无论有多忙，都一定要用眼睛看着孩子，让孩子发表他的观点，并完整地听他所讲的话，尽量表现得很有兴趣，不要随意插嘴，如果在某一原则问题上，并不同意孩子的看法，应告诉孩子不赞同他的什么观点，并说出理由。

家长在提出反对意见时不要过于武断，不应否定一切；即使认为孩子在胡说八道，也要控制你的火气，不妄下定论，直到完全理解清楚。

家长应尽可能地与孩子交流，并且应试着用不同方法使孩子愿意与家长交流。作为妈妈，在倾听孩子说话时，应更加细心，更加富有同情心，应该努力地尊重孩子，从而营造出更加友好的语言氛围。

同时，家长应该学会正确"听话"，不打岔、不否定、不责备，让孩子可以畅所欲言，也便于家长看清孩子的内心世界，在此基础上才能创造更多与孩子交流的机会。

每个孩子都有自己的心声，需要有会"听话"的家长来倾听。家长尊重孩子的话语权，积极地做会"听话"的家长，才能真正了解孩子的想法和感受，亲子之间才能良好沟通，建立和谐的关系。

用好身体语言比说好口头语言更重要

家长与孩子之间的沟通障碍其实很大程度上来自肢体语言。家长的表情、语气和交谈时的肢体动作传达感情的程度决定了亲子沟通的质量。

心理学家认为，在人际交往中，身体语言能比口头语言传递更多的信息。我们用语言所表达的信息不会超过所有信息的30%，而其余70%的信息则是通过非语言的方式进行表达的。在与年龄较小的孩子交往时，非语言表达所占比重更大。研究表明，在孩子语言能力成熟前，家长与他交流时，这种非语言的表达方式能占97%的比重。

其实孩子对于家长尤其是妈妈的表情的敏感程度，远远超过了家长的想象。曾经有这样一个实验：

妈妈面无表情地看着6个月大、正在笑的孩子，结果不一会儿，孩子就不再笑了。妈妈离开后，再次回到孩子身边时，孩子根本就不看妈妈，故意不理会妈妈。

实验证明，面无表情或郁郁寡欢的家长会很容易刺伤孩子的心。孩子虽小，却能清晰地从家长的表情、动作上感觉到家长的态度与情绪。

大一点的孩子就更不用说了，他们更善于观察语言之外的内容。因此在与孩子的交往中，家长不仅要留意自己的身体语言所传达的信息，也要学会读懂孩子的身体语言。

一个5岁的孩子撒了谎，对妈妈说："窗帘不是我弄脏的。"他很可能会在说完之后立刻用一只手或双手捂住自己的嘴巴；如果不想听父母的唠叨，他会用手捂住自己的耳朵；如果看到可怕的东西，他会捂住自己的眼睛。孩子逐渐长大后，这些手势依旧存在，只是会逐渐变得让人难以察觉。在教育孩子的过程中，家长可以适当地运用肢体语言，这样可以强化家长口头语言的使用效果。特别是对年龄偏小的孩子来说，家长的肢体语言可以使他们柔弱的心灵受到莫大的安慰，例如，一个鼓励的眼神、一个温暖的拥抱，都会使他们觉得温馨、具有安全感。

又如在一些日常的小事中，妈妈也可以经常利用肢体语言缓解孩子的心情：

孩子想妈妈了、被别的小朋友欺负时，妈妈可以把孩子搂在怀里，脸贴着脸，缓缓地拍着他的背部，嘴里可以轻轻地说些安慰的话，孩子那颗惊慌失措的心会渐渐趋于平静；

在和孩子谈话时蹲下来，让孩子平视你，即使他说话不着边际，也微笑着等他说完再发表见解，可以伴些手势和面部表情，使孩子觉得自己像大人一样被尊重；

和孩子玩游戏时，调皮的孩子故意耍赖，家长要么刮他的鼻子，要么摸摸他的头，再不然就亲亲他……这时候孩子会围着妈妈又蹦又跳，显得异常开心。

总之，除了正常的语言交流外，家长给予孩子的一个适时的拥抱或者一个轻轻的吻，都可以很好地激发孩子的积极性，让他体会到家长的可亲可敬。而对于调皮的孩子来说，当他犯了错误的时候，家长一个严厉的眼神，也许比责骂更有效果。

家长尤其妈妈的一颦一笑，甚至同一句话使用的不同语气，都可以成功地向孩子表达自己的感情。适当地运用肢体语言，多给孩子一份关爱，家长就会多收获一份欢乐。就请我们多用一些肢体语言拉近与孩子之间的距离吧！

凡事都要与孩子商量

英国教育家斯宾塞说过："对孩子要少下命令，命令只有在其他方式不适用或失败时才用。要像一个善良的立法者一样，不会因为去压迫人而高兴，而因为用不着压迫而高兴。"

商量的魅力在于，使自己学会从别人的角度思考问题。两代人的沟通，最重要的是相互理解、相互尊重。而实现相互理解、相互尊重的方法就是学会商量。

孩子也有受尊重的需要。如果家长喜欢与孩子商量，孩子就会非常乐意与家长交流，反之，孩子则会产生逆反心理，封闭自我。

学会与孩子商量，在子女的教育中还有更为重要的一个问题，那就是对孩子提出的要求，我们不能满足或不应满足时，不应粗鲁而简单地拒绝："不行！不准你去！"或者家长提出要求，但儿女不同意时，也不应简单地采用命令方式："这事已经决定了！"

家长学会与孩子共同商量既可以增加相互的理解，也可以避免家庭中一些无谓的争吵；而且更重要的是，它可以教会孩子在社会上怎样做人和与人共事。因为在日常生活和工作中，只要与人相处，分歧是不可避免的。

随着年岁的增长，孩子在喜好和兴趣，甚至交友等方面的看法都会与家长产生分歧。这时家长对孩子的一些喜好与兴趣绝不能简单地禁止，而应在充分尊重的前提下与孩子商量，以求得共识或找出正确解决的途径。美国成功学家卡耐基说过，用"建议"，而不下"命令"，不但能维持对方的自尊，而且能使他人乐于改正错误，并与你合作。

葛莹是一个喜欢与孩子协商的妈妈，对此，她非常自豪。她曾经在日记里写道：

女儿好像从没撒过谎。因为她不必撒谎，在家里可以无话不谈，就是说得不好，也不会受到指责。我习惯和女儿商量她的事以及家里的大小事。我们经常坐在一起聊天，而且我们的观点竟是惊人的接近，很少有相左的时候。

"商量"这个词，在母子、母女之间的使用率一般应是不高的，而我们却是将其当作准则。面对任何事情，我都不摆母亲的架子，她也不使独生女的性子，商量的格局便形成了，在孩子很小的时候，这便"约定俗成"了。比如她看中了一个玩具，我觉得不妥，便和她商量可不可以不要。强压她不服，糊弄缺乏诚信，商量是最佳途径，她一般能接受。

我家里的所有抽屉都没有锁，女儿可以翻到任何东西，可以随便拿到钱。她很小就尽知家底，我也不对她保密。信任是家庭宽松环境的重要因素。

我内心有不快也愿意向女儿透露，我拿不定主意的事情乐于征求她的意见，她还小的时候，诸如家庭购房这样重大的事情我们便和她商量。

喜欢与孩子商量的家长是民主的家长。在这样的家庭氛围中，孩子渐渐会养成民主的习惯，愿意主动与家长进行沟通，这样的亲子关系是非常令人羡慕的。那么，家长应该怎样运用商量来促进亲子关系呢？

第一，多些商量，少些命令。家长不管要求孩子做什么事情，一定要注意用商量的口吻，而不要用命令的口吻。比如，提醒孩子做作业时，你可以说："你现在是不是该做作业了？做完作业就可以看会儿电视。"而不要说："赶紧去做作业！"或"还不去做作业呀？"

商量的语气对孩子来说非常重要，孩子会认为你尊重他，关心他的感受，从而对你产生好感和信任，促进亲子沟通。

第二，凡事都要学会商量。不管什么事情，尤其是涉及孩子的事情，家长都不要自作主张，要学会与孩子商量，取得孩子的同意和认同。

第三，孩子的事情一定要与孩子商量。随着孩子的不断成长，孩子的事情一定要放手让孩子自己去选择，家长不可替孩子包办，即使家长有自己的想法，也要通过商量的方式，把自己的意见传达给孩子，让孩子权衡利弊后做出选择。

每一个孩子都会出现与家长意见不一致的情况，孩子都希望家长能够尊重自己的意见，毕竟，许多事情都需要孩子付出努力才能实现。家长如果忽视了孩子的主观能动性，一味地用家长的威严来压制孩子，孩子即使口头上同意了，内心也无法产生努力的动力。在这种情况下，孩子怎么还可能与家长和睦共处呢？

总之，家长遇事要经常与孩子商量，这样不仅可以增加相互理解，避免许多无谓的争吵，而且能够教会孩子为人处世，促进孩子健康成长。

第五章
和解式沟通：叛逆不是错，不打不骂教出好孩子

"有心无痕"的批评和表扬才能对孩子生效

明明早晨喝完牛奶，随手把空牛奶盒从教室的窗户扔了出去，正巧打着楼下的一位学生。事情反映到老师那里，乱扔牛奶盒的明明被班主任叫到了办公室。

"你知道这种行为的严重后果吗？"班主任厉声质问。

"老师，我错了，我以后再也不往楼下扔东西了！"这时，明明眼里的泪水已在打转。

"幸亏你扔的是纸盒，如果是铁盒、砖块呢，还不把人家脑袋砸破了？"

"万一砸出人命来怎么办？"

……

班主任连连质问、斥责，由纸盒、铁盒、砖块，到人命，说了一大堆，越说越严重，越说越玄乎，似乎还不满足，仍想继续"发挥"，但这时，明明已变得充耳不闻，表情淡漠了。

在生活中，有很多家长也会像这位老师一样，唠唠叨叨地对孩子批评一番，还经常抱怨，为什么孩子总是听不进去教诲，对批评一点都不能虚心接受。那是因为长篇大论的批评已经超出了孩子的承受范围，致使他感到麻木甚至是厌倦了。这好比孩子一次只能吃两根雪糕，你非得一次逼他吃掉 10 根，那他自然会因为吃腻了而从此对雪糕丧失兴趣。

人的机体在接受某种刺激过多、过强或时间过长的时候，会调动"自我保护"的本能，出现自然的逃避倾向。这种现象被称为"超限效应"。

"超限效应"在家庭教育中时常发生。如：当孩子考试失败时，家长会1次、两次、3次，甚至4次、5次对一件事做同样的批评，使孩子从内疚不安到不耐烦，最后到反感讨厌，被"逼急"了，就会出现"我下次还这样，不学了"的逆反心理。又或者孩子是一个大大咧咧的人，他偶尔会把房间弄乱，而家长时不时都会念叨孩子不爱整洁、邋里邋遢，久而久之，孩子心生厌倦和反叛，他故意不打扫不整理，以此来"响应"家长的批评。

其实家长的本意是好的，想通过强调这个问题，使孩子记忆深刻，下次不再犯同样的错误。可是家长这种喋喋不休的说教、嘱咐、训斥，最终导致孩子出现了"超限效应"，不但无动于衷，反而异常反感。孩子本来对自己的错误是有内疚之感的，但是如果家长咬住孩子的错误不放，过多重复地批评，孩子就会产生厌倦。当厌倦淹没了悔恨与自责，孩子就只记得对家长的不耐烦，而千方百计地为过错找借口，失去对错误的悔意。所以，孩子如果听不进去批评，家长就要反思一下自己对孩子的批评是否超限了。

在教育中，不光是多批评会引发超限效应，多表扬也是如此。表扬过多以后，孩子会变得麻木，对称赞丧失兴趣，从而失去上进的动力。过多的称赞不仅会变得无用，甚至会使孩子认为家长很"虚伪"。所以，无论是表扬还是批评，都要掌握一个度，过少是家长的失职，过多则是家长的失误。

在表扬孩子时，家长要善于抓住孩子的"闪光点"，及时捕捉孩子的每一次、每一点进步，"对症下药"地对孩子的行为进行表扬，并要适可而止。点到为止、暗香余留的表扬是对孩子有持续吸引力的表扬艺术。当批评孩子时，家长更要讲究艺术。要切记：孩子犯一次错，只能批评一次。如果他再犯同样的错误，可以变换角度来批评他。比如：孩子放学后写作业，每次写完都不把书收拾到书包里，你可以批评他。但当他答应做到而又没有做到时，你可以和他一起想办法，比如建议他在"记事本"上记录每天要做这件事。批评孩子，既要让他认识到自己的错误并心存自责，又要鼓励他下次积极改进，这才是批评的高级境界。

与其惩罚，不如先规定纪律

内科医师有一句座右铭，大概意思是"首要原则是不伤害病人"。家长也需要类似的规定来帮助自己，在约束孩子守纪律的过程中，不要对孩子情感上的快乐造成伤害。

纪律的关键在于寻找惩罚的有效替代手段。

布莱克夫人要去给那些犯过过失的孩子上第一次课，她很担心。她轻快地走上讲台时，不小心绊了一下，摔倒了，课堂里爆发出哄堂大笑。布莱克夫人慢慢站起来，直起身子，没有惩罚那些嘲笑她的学生，而是说："这是我给你们的第一个教训：一个人会摔倒趴下，但是依然可以再站起来。"教室里寂静无声，孩子们接受了这个教训。

这样的方法，所有的家长都可以仿效，使用智慧的力量，而不是用威胁和惩罚来影响孩子的行为。

当家长惩罚孩子的时候，孩子会怨恨家长，他内心充满愤怒和怨恨时，是不可能听进去妈妈的话，不可能集中注意力的。在训诫孩子时，任何可能会导致愤怒的行为都应该避免，而那些会增强自信、增强自尊，并且尊重他人的方法应该大力提倡。

为什么很多家长惩罚孩子的时候，会激怒孩子？不是因为他们不和蔼，而是因为他们方法不当。他们没有意识到他们的哪句话是有破坏性的。他们很严厉，是因为没有人告诉他们如何在不打骂孩子的前提下处理棘手的问题。

一天，儿子贾宏从学校回到家，一开门就朝妈妈嚷嚷："我恨我的老师，她当着我朋友的面冲我大声叫，她说我说话扰乱了课堂秩序，然后惩罚了我，让我整堂课站在大厅里。我再也不要回学校了！"儿子的怒气让这位妈妈失去了平静，于是她不假思索地把心里所想脱口而出："你知道得很清楚，你应该遵守纪律，你不能想讲话就讲话，如果你不听话，你就会受到惩罚，我希望你已经得到了教训。"

妈妈如此回应儿子的烦躁情绪后，儿子也非常生妈妈的气。

如果这位妈妈没有说上面那些话，而是说："站在大厅里多尴尬啊！当着朋友的面冲你嚷嚷也很让人丢脸！怪不得你要生气。没有人喜欢遭到那样的对待。"这样同情的回应说出了贾宏的烦躁情绪，会消除他的怒气，让他可以感到妈妈对他的理解和爱。

有些家长会担心，如果他们承认孩子的烦躁，提供情感上的急救，会给孩子传达出这样一种信息：他们不担心孩子的不良行为。但是，就像上面提到的妈妈一样，儿子的捣乱行为是发生在学校里，并且老师已经处理过了。儿子从妈妈那儿需要的不是额外的训斥，而是同情的话语和理解的心情，他希望妈妈能帮助他消除心烦。

纪律就像外科手术，需要精确，不能随意下刀，不能草率地抨击孩子。不端行为和惩罚不是对立的两个方面，不能互相抵消，相反，它们会互相滋养、互相增强。惩罚无法制止不当行为，只会让"肇事者"在躲避"侦查"上更有技巧。孩子在受到惩罚后，会想办法更加小心，而不是更顺从，或更有责任心。

所以，家长可以通过规定纪律使孩子自愿接受限制和改变某种行为。从这个意义来说，家长的训诫才能最终带来孩子的自律。通过认同家长和家长体现出来的价值，孩子内心会获得自我调整的标准。

对感受要宽容，对行为要严格

教育孩子的目标是什么？是帮助孩子成为一个正派的人，一个受人尊敬的人，一个富有同情心、能承担责任、关心他人的人。如何教化孩子？家长在教育孩子待人接物、为人处世时，要想有效果，就不能伤害孩子的感情。

孩子从经验中学习。他们就像湿水泥，任何落到他们身上的话都能造成影响。因此，家长们对孩子的感受要宽容，但对他们的行为要严格，要学会在和孩子谈话时不要激怒他们，不要对他们造成伤害，不要削弱孩子的自信，或者让他们对自己的能力和自我价值失去信心。

对待孩子的不良行为要严格，但是，对所有的感受、愿望、欲望和幻想，应该宽容，不管它们是积极的、消极的，还是矛盾的。像我们所有的人一样，孩子也无法禁止自己的感受，有时候会感觉到自责、愤怒、害怕、悲伤、欢乐和恶心。尽管无法选择自己的情感，但是他们有责任选择如何、何时表达这些情感。

无法接受的行为并不是无法容忍的。试图强迫孩子改变看似让人无法接受的行为，结果会令人失望。有许多家长问这样的问题：怎么才能让孩子主动做家务呢？怎么才能让孩子专心做作业呢？怎么才能让孩子主动打扫自己的房间呢？怎么才能说服孩子在外面待的时间不要晚于家长规定的时间呢？怎么才能让孩子的日常表现正常呢？

家长需要知道，唠叨和强迫是没有用的，强制性的方法只能导致怨恨和抵触，外部压力只会带来违抗和不从。家长不应该把自己的意志强加在孩子身上，应该理解孩子的观点，帮助他专注于解决麻烦，这样，才更有可能影响孩子。

例如：

妈妈对 11 岁的刚刚说："刚刚，你的老师告诉我，你没有做家庭作业，能告诉我出了什么问题吗？有什么我能帮忙的吗？"

不管刚刚怎么回答，妈妈已经开启了一个对话，将会找到问题的根源，这样，就可以引导刚刚承担起做家庭作业的责任。

孩子需要一个清晰的界限：什么行为是可以接受的，什么行为是不可以接受的。没有家长的帮助，他们很难不依照他们的冲动和欲望行事。当知道被允许的行为的清晰界限时，他们会觉得更加放心。

对家长来说，限制比强迫执行这些规矩要容易得多。当孩子向这些限制挑战时，家长应该学会灵活处理。家长希望孩子开心，家长自己不允许孩子违反规则，但想到孩子可能会觉得自己不再被爱了，就会觉得内疚。

"今天晚上不许再看电视了。"当12岁的冰冰说自己喜欢的电视节目马上要开始时，她的妈妈说道。冰冰很生气，喊道："你真小气！如果你爱我，你会让我看我最喜欢的节目，它马上就要开始了。"妈妈想要让步，对她来说，拒绝女儿这样的请求很难。但是她决定不能有这个先例，于是强制执行了她的规定。

因为有很多规定很难强制执行，所以家长要把规定按优先次序排列，并且让这些规定越少越好，以保证规定能够顺利执行。

出了问题要回应，而不是反应

在许多家庭中，家长和孩子之间的激烈争吵有一个规律的、可预见的顺序。孩子做错了什么事，或者说错了什么话，家长会对此做出无礼、侮辱的反应，孩子则会用更糟糕的行为来回答，家长则再反击，高声恐吓，或者粗暴地处罚。

这样的方式解决不了问题。当孩子出现问题时，家长正确的做法是回应，而不是反应。

10岁的雷特做了给家里洗车的保证，后来却忘了。最后当他想起并试图做好工作时，已经来不及了，所以他并没有完成任务。

妈妈对雷特说："儿子，这车还需要再洗洗，特别是车顶和左边。你什么时候能做？"

雷特说："我可以今晚洗。"

妈妈微笑着点点头："谢谢你。"

雷特的妈妈并没有批评他，而是告诉了他一些事实，语气没有丝毫的不敬和贬低。这让雷特完成他的任务并且不会对妈妈生气。想象一下，如果雷特的妈妈批评了他，试图教育他，雷特的反应会有什么不同呢？

妈妈问："你洗了车吗？"

雷特说："洗了。"

妈妈开始不高兴了："你确定？"

雷特撒谎道："我确定。"

妈妈生气了，说道："你居然说你洗完了？你就是敷衍了事，你从来都这样。你只想玩，你觉得你能这样过一辈子吗？你要是工作了，还是像这样草率马虎，连一天都干不了。你太不负责任了！"

这样的结果，不仅会伤害雷特的自尊心，而且对他的身心发展也不好。

从一些小意外里，孩子可以学到很多宝贵的教训。孩子需要从家长那里学会分辨什么是仅仅让人不愉快、让人讨厌的事情，什么是悲剧和灾难。许多家长对打碎了一个鸡蛋的反应就像打断了一条腿似的，对窗户被打碎的反应就像心被敲碎了一样。对于一些小事，家长应该这样跟孩子指出来："你又把手套弄丢了，这很不好，很可惜。不过这不是什么大灾难，只是一个小意外。"这就是所谓的"小意外，大价值"。

丢失了一只手套不需要发脾气，一件衬衫扯破了，也无须像希腊悲剧里那样让孩子自己动手解决。

相反，发生小意外时，恰恰是家长传授孩子价值观的好时机。

8岁的黛安娜把妈妈戒指上的诞生石弄丢了，伤心地哭了起来，妈妈看着她，平静而坚定地说："在我们家，诞生石不是那么重要，重要的是人，是心情。任何人都可能弄丢诞生石，可诞生石可以重新替换，你的感受才是我最关心的。你确实喜欢那个戒指，我希望你能找到合适的诞生石。"

但是，当孩子行为不当时，家长往往意识不到是不安的情绪导致了那样的行为。在纠正孩子的行为之前，家长一定要先处理他的情绪问题。

所以，当孩子遇到问题或遇到不开心的事时，家长最好的做法是回应孩子，让孩子心灵有慰藉，而不是做出反应，质问孩子。可大多数家长都没有养成向孩子敞开心扉的习惯，甚至不知道孩子的感受以及如何去感受孩子的感受。

如果让孩子说出自己的感受很难，那么家长能够学会察觉在孩子愤怒的外表下所隐藏的担心、失望和无助，将会对孩子有很大的帮助。家长不要只针对孩子的行为做出反应，而是要关注孩子的情绪，帮助他应付难题。我们只有心情平静时，才能冷静地思考，才能做出正确的举动。

所以，家长的批评对孩子是没有益处的，只能导致气愤和憎恨。更糟的是，孩子如果经常受到批评，就会常常谴责自己和别人，怀疑自己的价值，轻视别人的价值，怀疑别人，甚至导致人格缺陷。

给孩子指导，而不是批评

批评和评定性的称赞是双刃剑，两者都是在给孩子下判断。为了避免下判断，心理学家不会发表批评意见影响孩子，而是指导孩子。批评孩子，家长会攻击孩子的人品和性格；而指导孩子，家长单纯去陈述问题以及可能解决问题的方法，却不会针对孩子本人发表任何观点。

一旦孩子说错了什么或是做错了什么，家长立刻摆出一副严厉的样子对孩子指手画脚，同时带有无礼甚至是侮辱性的批评语言，结果不但不会让孩子心服口服地接受批评，反而会引起孩子的反感和顶撞。

吃早餐的时候，7岁的罗文在玩一个空杯子，正在餐厅里打扫的妈妈对罗文说："你会打碎它的，不要玩了！你都打碎多少东西了。"

罗文自信地说："放心吧，不会打碎的，我保证。"刚说完，杯子就从手掌间滑落在地，摔得支离破碎。妈妈生气地说："你应该放声大哭。真是个大笨蛋，屋里的东西快要被你摔光了。"

罗文毫不罢休，说："你也是个笨蛋，你曾经打碎了最好的盘子。"妈妈一听这话，气得从餐厅里冲出来："你竟敢说我是笨蛋？你太没礼貌了！"

罗文说："是你先没有礼貌的，谁让你先叫我'笨蛋'的！"妈妈气得无话可说，最后大声道："不许说话，马上回到你的房间去！"

罗文看着妈妈生气的样子，来劲了："来啊！逼我啊！"

这种行为彻底激怒了妈妈，她一把抓住罗文，狠狠地将他打了一顿。罗文一气之下离家出走，直到深夜才回来，把全家人急得团团转。

也许，这件事情让罗文得到了教训，他以后再也不玩空杯子了。但是，妈妈也应该得到教训，那就是应该用善意的语气指导孩子，使孩子避免再次犯错，而不是用暴力教训孩子。

其实，在孩子玩杯子的时候，妈妈完全可以提醒儿子"小心摔了杯子，割伤了手"，然后对孩子说："玩皮球是个不错的选择。"或者当杯子打碎时，妈妈可以帮助孩子处理玻璃碎片，顺带说："杯子很容易打碎，以后注意点儿哟！"这种和气的话很可能让罗文为自己的过错感到惭愧，继而会因为自己闯了祸而产生歉意。在没有斥责、没有巴掌的情况下，他甚至可能会在心里思考并得出结论：杯子不是用来玩的。

当孩子出现错误行为时，批评对孩子往往是没有益处的，反而只能导致怨恨和反感。而且，孩子如果总是受到批评，就会学会谴责自己和别人，学会怀疑自己的价值，怀疑别人的价值，导致人格缺陷。所以，家长应该给孩子更多的指导而不是批评。家长可以从以下几个方面做起：

第一，在孩子犯错之后，指导孩子处理问题。当孩子不小心碰翻了果汁，打破了杯子时，家长首先要做的不是批评孩子的错误，而是指导孩子怎样处理错误导致的问题，比如上文的妈妈就应告诉罗文该如何清理破碎的玻璃杯，如何把地板拖干净。

第二，在孩子犯错时，不能辱骂孩子。无论孩子犯了怎样的错，都不能辱骂孩子，如果经常在孩子犯错后辱骂孩子，孩子就会朝你所骂的样子发展：假如你骂孩子是个坏孩子，他会慢慢变成真正的坏孩子；假如你骂孩子是个笨蛋，孩子真的会变成笨蛋。所以，你如果真的想让孩子在犯错后能改过自新，就要杜绝辱骂孩子。只需实事求是地指出孩子的错误，告诉孩子怎么做就可以了。

第三，要及时和孩子交流，让孩子知道错误。孩子犯错了，可能你还不清楚原因，那么就需要和孩子进行交流，让孩子告诉你他是怎样犯错的，这便于你针对孩子的错误提供指导性的意见，最终帮助孩子改正错误。你可以对孩子说："现在没有必要惩罚你，而要搞清楚你是怎么犯错的，这样你才不会犯同样的错误。"要让孩子明白，你并没有惩罚他的意思，他才能放下心理包袱，和你进行交流。

每个人都希望得到指导而不是批评，孩子同样有这样的心理。这就要求家长在教育孩子的时候，多用善意的指导和关爱代替批评和责骂，这样孩子才会虚心接受家长的教育和引导。

说教和批评产生距离和怨恨

家长常常因为跟孩子的对话而感到失望，因为那毫无头绪，就像那段著名的对话所说的那样。"你要去哪儿？""出去。""干什么？""不干什么。"那些想努力讲道理的家长很快发现，这样的交流让人疲乏不堪。就像一个家长所说的那样："我一直努力地跟孩子讲道理，说到我脸都绿了，但他还是不听我说，只有我对他喊时，他才会听我说。"

孩子经常拒绝跟家长对话，他们讨厌说教，讨厌喋喋不休，讨厌批评，他们觉得家长的话太多了。

8岁的大卫对他的妈妈说:"为什么我每次问你一个小问题,你都要给我那么长的答案?"他向他的朋友倾诉说:"我不跟我妈妈说任何事情,如果我跟她说,我就没有时间玩了。"

一个对此很感兴趣的研究者无意中听到一段妈妈和孩子的谈话,他惊奇地发现,他们两个人几乎都不听对方在说什么,他们的谈话更像两段独白,一段充满了批评和指令,另一段则全是否认和争辩。这种沟通的悲剧不是缺乏爱,而是缺乏相互尊重;不是缺乏才智,而是缺乏技巧。

所以,说教和批评只会引起孩子的逆反心理,而无助于问题的解决。家长应该注意运用聊天的方式和孩子沟通,同时应该重视孩子行为背后隐蔽的心理问题,因为孩子发怒或者调皮捣蛋往往都是有其隐秘的心理原因的。当孩子表现出烦躁、故意顶撞家长或者说粗话等不良行为时,许多家长并没有注意到孩子这种行为背后所隐藏的深层心理意义,而只是厉声批评孩子。这种批评不能对症下药。

因此,当孩子做出让人生气的事情时,家长首先要做的不是批评责骂,而是弄清孩子心里的想法,看看孩子这样做的原因是什么,然后再有针对性地给孩子以指导。

宽容比惩罚更有力量

宽容,有时候比惩罚更有力量。对人宽容,是做人的一种美德;而对孩子宽容,则不仅是美德,还是一种教育艺术。

孩子涉世未深，难免会犯错，有时孩子犯错并非有意的。儿童期是犯错误最多的时期，与成年人的犯错不同，孩子们大多不会明知故犯。也许是出于好奇或无知，也许是因为不能像成年人一样控制自己的行为，这时家长需从心底宽容孩子的过错。

此外，孩子在看待问题时，常常容易夸张或放大自己的问题，以为自己犯了错，家长再也不会喜欢自己了，如果此时家长不能给孩子以宽容，他可能会感到绝望。另外，家长如果因为孩子一些无意的过错而训斥、处罚孩子，也不利于感化和教育孩子，并且成年人也会因此失去孩子的信任。

在小梅读初中三年级的一个星期六，她提出要去庆贺同学的生日，并在同学家里吃晚饭。虽然妈妈不愿意让女儿晚上出去，可又体谅她对友情的珍视，并且女儿答应了同学，一旦爽约是会难为情的。所以，妈妈装作平静的样子同意了，问小梅几点回家，她答应晚上8点之前。当时，小梅的家刚迁入新址，妈妈不放心女儿晚归，于是与她约定，晚8点在地铁站等她。

那是一个寒冷的冬天，妈妈准时赶到地铁站，等候女儿归来。不料，等了1个小时，也不见女儿的身影。妈妈又担心又气愤：言而无信，不知其可，今后再也不能信她了！妈妈伸长了脖子，冻僵了身子，心里却火烧火燎般焦躁。

又过了20分钟，小梅终于出现了。隔着好远，可以听见她急促的喘息声。显然，她是跑着冲出地铁口的。

妈妈努力克制自己的情绪，平静地说："回来了？"

"对不起，老妈，我回来晚了。"小梅一脸愧意，一边走一边解释。原来，那位同学家又远又不靠近车站，而女儿去时迟到了，人家不让早走，加上归时又找不着车站，又等车又倒车，折腾下来就耽误了不少时间。

妈妈宽容地笑了，说："没关系，谁都可能碰上特殊情况，你回来就行了。"

随后妈妈又与女儿分析："学生过生日，选在中午比晚上好，否则会让多少人着急呀！而且夜里东奔西走也不安全，岂不扫兴？"女儿听了连连点头，还夸妈妈很理解人。母女俩的感情一下贴近了许多。

孩子做事不妥当或犯了错误，往往与他的生活经验不足有关，或者说与其社会化程度较低有关。对于孩子做事的特点，家长务必给予理解，做出合乎情理的分析，而不宜夸大问题的严重性，更不应曲解孩子的动机。

同时，孩子在犯错误后，往往有后悔自责之意，是接受教育的黄金时刻。此时，家长如果给以宽容之心与和颜悦色，同其剖析事情原委及是非曲直，孩子可能字字入心、声声入耳，并将家长的教导化为进步的一个推动力。相反，家长如果不分青红皂白，猛批猛打，不许辩解，孩子也可能因恐惧而撒谎、抗拒甚至出走等等，使问题复杂化，甚至演化为一场悲剧。

也许可以说，宽容是一种智慧，是一种特殊的爱，是一种胜过惩罚的教育。

当然，教育也需要惩罚，惩罚不是体罚，是教育惩戒，是让孩子学会为自己的过失负责。没有批评和惩罚的教育是不完整的教育。当然，批评和惩罚要讲艺术，事实上，宽容就是一种深层意义上的"惩罚"。

然而，现在的家长对孩子往往缺乏一种宽容的胸襟。孩子有了过错，要么责怪谩骂，要么讽刺、体罚，要么干脆撒手不管，这都是不能宽容孩子的表现，这样的教育也无法产生积极的效果。

如何化惩罚为宽容，在孩子心中留下更好的印象？给家长们提出以下建议：

1. 保护孩子的自尊心。适当的时候给孩子个台阶下，或者为孩子保守秘密。批评孩子时首先肯定其某些良好动机是十分必要的。

2. 鼓励孩子以后不要犯类似的错误。与孩子分析教训所在，适当提出希望，告诉孩子错在哪里、怎样改正。

3. 与孩子一起评论是非曲直。如确实是孩子的错误，应该帮助其认识到错误，然后促其改正；如果不是，家长应反思自己的教育方式和态度，心平气和地与孩子交流。

4. 不要操之过急。孩子改正错误需要一个过程，妈妈要有耐心，不要期望孩子立刻就能把错误改正过来，应该允许孩子在改正的过程中有一定的反复，可以多多留意孩子在一段时期内的变化。

宽容的力量更强大，"恨铁不成钢"的家长，请选择以宽容之心对待您的孩子吧！你将看到孩子身上闪耀着比以往更夺目的光彩！

"打是亲，骂是爱"是最大的谎言

这周末，萌萌全家进行大扫除。不过萌萌今天的心思可没在劳动上，她边干活儿边想着和小伙伴去划船的事。

不料，一个不小心，她便闯了祸——爸爸最喜欢的大花瓶被她打碎了。萌萌一下子愣在了那里，心想：这下闯大祸了，爸爸一定会骂我的！爸爸一向比较严厉，想起爸爸接下来要拉长的脸，萌萌手忙脚乱地逃离了"现场"。

转眼到了吃晚饭的时间，爸爸妈妈见萌萌还是没有回来，便分头去找。妈妈在小花园里发现了萌萌，她正和小伙伴们玩呢。

"萌萌，回家吃饭了！"妈妈柔声叫她。

但萌萌不敢回家："妈妈，咱们今天能不能晚点儿回家呢？"萌萌央求妈妈。

妈妈早看出了她的心思，便告诉她："今天打扫卫生，你是咱家做得最好的，爸爸还对你赞不绝口呢！此外，爸爸最近一直嫌那个花瓶大，摆到哪儿都占地方，这下好了，家里显得不那么挤了！不过呢，以后劳动的时候要注意啊！"听了妈妈的话，萌萌羞愧地低下了头，心想：我以后可不会犯这样的错误了！当她回到家时，爸爸并没有训斥她，而是说："萌萌，把碎片打扫干净吧，否则扎到脚就不好了。"

萌萌飞快地去拿扫帚和簸箕。从此，她无论是劳动还是学习都变得细心了。

萌萌妈妈的处理方式可以说是明智的，她没有因为孩子闯祸而愤怒，也没有让孩子承受闯祸后的"恐惧"，而是用一种温和的方式，让孩子记住"前车之鉴"。

而现实中，很多家长每每发现孩子的错误，便不分青红皂白，冲着孩子大喊大叫，甚至拳脚相加。事实上，这种方式收效甚微，因为人们的情绪往往遵循"情绪判断优先定律"，孩子会记住当时的"恐惧"，而忘了对错误的判断与反省。

所谓的"情绪判断优先定律"，即指情绪会优先于理性，影响人们的判断。无论是好情绪还是坏情绪都会首先影响人的行为。孩子在闯了祸之后，心里其实很痛苦，很内疚。在他这种糟糕的心态下，家长的打骂，只会让他反感，他会觉得家长并不爱他，爱的是那些已经损失的钱和物。在这种境况下，他根本无心改正错误。暴力教育从来都不会让孩子变得顺从，也不会让他变得聪明和懂事，只会使他走向堕落和消沉。

所以，家长在与孩子交流的过程中要学会"先处理情绪，后处理事情"。比如孩子在处于不愉快的状态时，就会将所有外界信息挡在门外，这时家长无论说什么，他都很难接受。但是，如果家长先体谅孩子的感情，宽容和安慰孩子，处理好他的情绪，使他处于良好的情绪状态下，那么问题就会轻而易举地得到解决。

很多人信奉"棍棒底下出孝子"，其实，这种粗暴的家教方式只能摧残孩子的心灵。从表面上看，打骂可以使孩子暂时克服自己不正确的欲望和控制自己不正确的行为，但并不能从根本上解决问题，弄不好还可能使孩子养成说谎的毛病，变得阳奉阴违——父母面前不做，背后做。同时，打骂会污辱孩子人格和扼杀孩子个性，还容易使孩子丧失自尊心，失去生活支柱，逆来顺受，畏首畏尾。那些经常被打骂的孩子，随着年龄的增长，虽然已看不见他们身体上挨打的痕迹，但在他们的内心，仍然保留着幼年时挨打的痕迹，这些痕迹会造成孩子的自卑、缺乏安全感等后遗症，对孩子的个性发展和人生发展都会产生消极的影响。

打骂孩子造成终生遗憾的事情时有发生，孩子不堪打骂自杀的有之，离家出走的有之，父母失手打死孩子的有之。事实证明，"打是亲，骂是爱"是最大的谎言。教育孩子只能说服，不能压服，只能用爱交换爱，用信任交换信任。打骂教育，是一种畸形的家庭教育方式，在现代家庭中，应该避免出现。

切忌恐吓孩子

一个在医院工作的医生说："我们医院里，每年开学后，都会有很多学生来就诊，得的就是神经衰弱。"他介绍说，头痛、头晕、胃口不好是典型的儿童神经衰弱症状。孩子和成年人一样，一旦思想压力大，也会患上神经衰弱症。他接触过一些小学三四年级的儿童，要么头痛头晕，要么脾气暴躁、上课精神涣散，要么胃口不好。

医生的话让人很震惊，原来我们的孩子也正面临着神经衰弱的威胁，许多应该处于"无忧无虑"的童年的孩子，竟然患上了儿童神经衰弱症。这是为什么呢？

儿童神经衰弱产生的主要原因是长期精神紧张，学习负担过重，成绩不良，家庭环境不如意，或患有贫血、传染病、中毒、体质弱及性格急躁、小心眼儿等，表现为入睡慢、睡眠浅、梦多、爱急躁、常常头痛、头晕、食欲不振、怕声音、怕光、胸口发热、手脚麻木、容易疲劳等。

精神紧张是最主要的病原，而孩子之所以会精神紧张，往往是家长的恐吓引起的。据统计，全世界有65%的神经衰弱症儿童患病都是因为家长的恐吓！小孩子生性爱动，马虎，容易犯错，而家长往往就因为这些小事而责备孩子，或者是以某种可怕的后果来恐吓孩子，最终造成了孩子的心理疾病。

有一个小女孩儿成绩不好，老师说她上课听讲不太认真。回到家里，妈妈就开始说："现在不好好读书，将来你就去捡垃圾好了。"下楼扔垃圾时，妈妈还故意让孩子去看看垃圾箱里有些什么，好好想想以后要怎么捡垃圾。孩子看到垃圾箱里有很多剩饭剩菜、动物的粪便、各种生活垃圾，这些脏东西让她心怀恐惧，她心想：这么脏的垃圾怎么捡啊！

于是孩子对垃圾箱产生了阴影，从来不去扔垃圾，路上碰到垃圾箱也远远地躲开，经常梦到自己从脏兮兮的垃圾箱里捡垃圾，这简直成了她挥不去的噩梦……

其实，女孩儿的妈妈并不是想把孩子吓出毛病，只是想刺激一下孩子，让孩子警觉起来。可是，妈妈原本的一番好意成了孩子的心病，因为这种过度的刺激，超过了孩子所能承受的范围，最终让孩子心理失衡，造成了孩子的心理疾病。

家长给孩子适当的压力是应该的，但前提是不能超过孩子的负荷，不能伤害孩子的心，更不要随随便便就恐吓孩子。要知道，孩子的压力本来就很大，他在学校面对着学习、与同学相处的压力，非常需要家长对其进行疏导，而不是加压，更不是家长的恐吓和侮辱。

大人如果神经衰弱了，放轻松、减少压力是最好的治疗方法。孩子也是一样，当孩子神经衰弱时，家长要多给孩子一些温暖的鼓舞，帮助他渡过成长中的一道道难关，要帮助孩子改变恶劣环境，减轻思想负担。另外，家长还可以鼓励孩子积极努力学习，安排好学习、文娱活动，保证睡眠，多参加集体户外运动，增强体质，克服胆怯、心窄的性格，从而建立起克服困难的信心与勇气。但最重要的就是，家长不要恐吓孩子！

少一点控制，多一些引导

控制是一种奇妙的东西，它是一种与生俱来的本能，隐藏在每个有思想的物种体内，尤其是人。在家里，家长永远都想控制孩子，初衷是对孩子的爱，但这爱可以创造伟大的亲情，也可以创造家庭的不幸，因为，很多家长都是在借助"爱"的名义来控制孩子。

总结家庭中利用爱的名义控制孩子，从而给孩子心灵成长带来不良影响的现象如下：

"你是我生的，你是我养的，所以你该……"

　　这种让孩子背上还债的心理负担的方法，是最常见的控制。按照序位，序位高的家长，不能要求序位低的孩子按照自己的模式生活，孩子有选择权的前提是没有心灵的沉重枷锁。

　　"你不听话，我养你容易吗？真不如当初不要你了……"

　　这种家长告诉孩子，养育孩子等于受苦；迫使孩子以自己的命运进行补偿，威胁式的控制让孩子从小便没有安全感。

　　"我活得不容易，我的生命是悲惨的……"

　　这是隐性的控制，也是负面效应很大的控制。这种会迫使孩子将自己的生活变得更差以寻找心灵的平衡。或者"你不听我的话，我真命苦……"家长尤其是妈妈有时以自己多么"命苦"，来要挟孩子听话，孩子被迫进行补偿，往往带来孩子悲剧性的性格命运。

　　以上种种家长对孩子的控制，大多是假借"爱"的名义。中国的多数家长总是认为家长什么都管，让孩子完全按家长的思路去做，便是对孩子最完全的爱。其实不然，在孩子年龄还小时，思想和经验还都不足以独立处理自己的人生大事时，家长是孩子的监护人，有责任也有权利来要求孩子按家长的思路去做一些事情，尽管有时候孩子并不情愿去做，但他的能力不足以摆脱家长对他的控制。

　　那么，家长应该如何做才能对孩子"少一点控制，多一些引导"呢？

　　1. 家长应该克制自己的控制欲望。家长如果对孩子的控制欲比较强烈，建议家长先把心态放平和。对孩子有期望是好的，但不要在孩子面前时时处处表现出来，不要急躁，有时候按照对的思路去做了，却一时没看到成效，也不要太着急，继续做下去就行了。

2.尊重孩子，给孩子自由。家长尊重孩子，孩子才能尊重家长。有的家长只希望孩子对自己言听计从，不允许孩子有观点或者为自己申辩，否则就对孩子大声训斥。这种孩子长大后很可能是人云亦云的人，没有自己的观点。

3.给孩子一些成长空间，离孩子稍远一点观察。孩子的成长应该顺其自然，家长不应该在脑子里设个框框来规定孩子应该怎样，更不能试图强硬地改变他，而应该利用一些生活场景，尽量为孩子提供一些利于发展的外部环境，正确地诱导孩子。

4.培养孩子独立思考和判断的能力。独立性是一种习惯，是在生活中慢慢养成的，如穿衣穿鞋、吃饭洗手这类小事。孩子做任何事情，都会碰到次序、步骤的问题，也有效率和结果的不同，这就是因果关系，就是逻辑。更复杂的独立思考、判断的习惯是在具有独立意识的基础上，在感觉、经验和知识的积累中形成的，或许在孩子大一些时家长才会比较关注这一点，但这种能力不是说有就有的，更多的是长期训练之后形成的一种对环境和面对事情的反应习惯。孩子如果从小就没有这种习惯或能力，可以肯定地说，长大后也不会有。

5.引导孩子的生活态度和价值观。随着逐步具备对事物的简单意识，孩子几乎每时每刻都在对外界事物和信息进行着判断和选择。家长通过对孩子在一点一滴的小事中的不同做法的选择加以引导，就可以逐步培养孩子乐观、向上的生活态度和良好的价值观。

作为家长，当然不能对孩子不加管教、听之任之，但是控制过严又可能压制孩子天真烂漫的童心，对孩子的心理健康产生消极作用。所以，家长要对孩子多些引导，不妨让孩子在不同的年龄阶段拥有不同的选择权。只有从小就能享受选择权的孩子，才能感到真正意义上的快乐和自由。

永远用温和的态度对待孩子

家长的态度不仅影响孩子对生活的看法，还会影响孩子智力和能力的发展，影响孩子行为和道德的发展。家长会给孩子的成长提供大量的实践材料，孩子的各种行为都受家长态度的影响和强化。孩子处理事物的方式、人际交往的方式，以及是否自尊、自信，自主性、意志力如何，等等都与家长的态度有关。

家长对孩子的态度不仅影响孩子智力的发展，也影响孩子其他能力和人格的发展，如孩子的社会适应能力、人际交往能力、自主能力、独立能力等。人的这些能力是在童年时代奠定下基础的，家长对待孩子的态度，对孩子在这些方面能力的形成有巨大影响。家长是用温和的态度鼓励孩子去和其他孩子交往，还是限制孩子的交往，是有意让孩子在某种环境受到挫折，得到锻炼，还是把孩子保护起来，害怕孩子受到挫折，当孩子受到挫折时是帮助、鼓励孩子，还是讽刺、嘲笑、忽视孩子，甚至让孩子在挫折面前逃避，都将对孩子造成重大的影响。

家长对孩子持有消极、粗暴的态度，就会影响孩子的行为向不良或不健康的方向发展；家长对孩子持有积极温和的态度，就会影响孩子的行为向健康的方向发展。只有在家长温和的态度下，在家长的鼓励和帮助下，孩子在社会能力方面才能建立起较好的自我评价和自我意向，建立起自信心，从而更好地发展出自主能力、独立能力和其他社会能力，为一生奠定良好的基础。

当发现孩子犯了错时，家长要注意控制自己的情绪，从孩子的角度出发，用温和的态度对孩子讲清楚问题的后果，让孩子认识自己的错误，当然还可以用温和的语气进行适当的批评。

很多家长也想用温和的态度对待孩子，但往往控制不住自己，不妨听听下面的建议：

1.控制情绪，平衡心态。当孩子犯了错误或做出一些令家长难以接受的行为时，有些家长一时过于激动，控制不了自己的情绪，打断甚至不听孩子的解释，对孩子进行训斥或粗暴的打骂。孩子在家长的训斥下，或许会表现得听话、服从，但这样的手段会使家长逐渐无法控制局面——初期会让孩子受到惊吓，影响稳定的情绪和心理发育；逐渐就会使孩子有错也不向家长说，采取隐瞒、撒谎等方法来逃避家长的责骂；久而久之，也会像家长一样，以同样的手段对待别人。

2.要学会对孩子的错误"冷处理"。家长打骂孩子往往是自己急了的时候，因此要学会"冷处理"。所谓"冷处理"就是在自己着急、上火、生气时不要教育孩子，自己先消消气，等心情平静了再教育孩子。而当孩子也处于生气、激动的情绪时，家长也不适宜进行教育，应该等孩子平静下来再用温和的态度进行教育。这样才能防止粗暴型教育，才能冷静地、客观地处理孩子的各种问题。

3.不要让自己的坏情绪感染孩子。家长还应该注意自己日常生活中的情绪对孩子的影响。不要在孩子面前表现出消极的情绪，否则会使孩子处在一种不和谐的家庭环境中，受到消极情绪的影响而导致情绪上发生变化。

总之，家长需要用温和的态度对待自己的孩子。家长与其为孩子的错误烦恼，不如静下心来，平静地分析孩子的错误，用温和的态度耐心地对待孩子。家长只有用温和的态度对待孩子，孩子才能健康茁壮地成长。

第六章
引导式沟通：变强制为引导，
让孩子远离心理阴影

引导孩子行为时的禁忌

经常有家长抱怨，说孩子不听话："一件事讲好几遍也听不进去。不讲吧，孩子的不良行为得不到纠正；讲吧，孩子又嫌自己烦。真是很头疼！"

其实家长应从自身找原因，唠叨的家长往往缺乏自信，性格软弱，对自己讲过的话、做过的事不放心，才会一遍遍地重复。孩子生长在这样的环境中，很难形成良好的个性。

有位老师，问过孩子们这样一个问题："你们最喜欢什么样的爸爸妈妈？"结果比较集中的回答是：

"平时不唠叨，而当我心里有事时，他们——"

"说得上话！"

"救得了急！"

"解得了闷！"

面对孩子的不良行为，家长要有耐心去引导他，在引导的过程中，有一些行为需要注意：

第一，不要一直在孩子的耳边唠唠叨叨。假如认为有必要重复地说，那就要改变唠叨的语气，换成提醒的口吻。唠叨会让人感到厌烦，易招致怒气，提醒的语气听起来则有帮助的意味，表示家长是和孩子站在同一边的。

　　没有人喜欢被控制，也没有人喜欢他人在自己的旁边一直指手画脚地告诉自己应该怎么做。何况家长越逼迫，孩子就越抗拒，他并不是不想做、不想改，只是对家长这种唠叨感到反感。

　　唠叨只会导致家长和孩子之间的对抗，制造矛盾。

　　杨璇今年 10 岁了，学习成绩不错，也很开朗活泼，几乎没有什么事情需要家长操心。可最近杨璇对妈妈很是反感。

　　原来，上一周杨璇对妈妈说她的眼睛看黑板有些模糊，于是妈妈带她去医院检查了一下，发现杨璇已经近视了，而且近视度数高达 300 多度。妈妈不得已给杨璇配了一副眼镜。可妈妈还是觉得，杨璇这样小就近视了，实在让她担心。

　　于是，妈妈开始在杨璇耳边不停地唠叨。

　　杨璇刚坐到书桌前，妈妈就开始说："注意姿势，估计你这眼睛近视，就跟你看书姿势不对有关系。"杨璇刚打开电视，妈妈又开始唠叨："离电视远一点，不要窝在沙发上看电视，对眼睛不好。"每次上学前，妈妈都要叮嘱一下杨璇："写字看书注意姿势，不要让近视度数再加大了。"

　　杨璇每次一回到家里，总觉得耳边有那么几句话飘来飘去："坐好。""注意姿势。""近视就要注意。"

　　终于有一次，杨璇实在受不了妈妈的唠叨，摔门去了同学家。

　　聪明的父母从不规定孩子应该做什么、不应该做什么，而是放手让孩子去做；如果孩子没有做好，也会耐心地帮他分析原因，鼓励他不要灰心，尽力而为。

第二，在这个过程中，学会尊重孩子也很关键。自尊心是影响孩子健康成长的重要心理因素，如果自尊受到伤害，他们会产生心理障碍，如自卑感和对抗心理等。因此，家长必须注意保护并培养孩子的自尊心。

在生活中，家长要注意孩子的点滴进步，及时加以肯定和鼓励。对孩子的缺点和错误要宽容，要给孩子说话和申辩的机会；即使是批评，话也不宜多。有些家长"苦口婆心"，类似"我像你这么大的时候""你怎么就不能学学人家"之类的话一天要说好几遍。绝大多数孩子对这种说教式的谈话都采取"缄默不语，心不在焉"的对策，而且觉得自信和自尊受到了打击。

第三，切不可对孩子进行体罚。很多家长在对孩子进行苦口婆心的教育后，若孩子依旧我行我素，没有改掉自己的坏习惯，情急之下就会对孩子进行体罚。体罚也许能改掉孩子的坏习惯，可也会对孩子造成一生的阴影。

小涛是一个十分调皮的孩子，父母带他去亲戚家做客的时候，他总是跑来跑去，喜欢把别人家的东西翻来翻去，父母觉得这样很没有礼貌，经常对小涛说不要乱动别人家的东西，可是，小涛仍没有改掉这个习惯。

有一次，爸爸带小涛去他的同事家里玩，小涛一不小心打碎了同事家里一个很精美的花瓶。爸爸一气之下，当众给了小涛一顿暴打。后来，小涛再去别人家里玩，再也不调皮和乱翻别人家里的东西了，而是变得唯唯诺诺，干什么都要看一下父母的眼色。

不错，控制孩子的不良行为的确很重要，可是不能为了控制孩子的不良行为，而影响孩子正常的身心发展。

【现场演练】

谈话的语气很关键

我们都希望把自己的孩子打造成一个乐于与我们沟通的人，但可能家长没有注意到，跟孩子说话的语气是如此重要，完全可以促进或者阻碍孩子的说话兴趣，甚至会对其情商、修养产生深刻的影响。

1. 说话要使用信任的语气。

举例：你在陪孩子练习打羽毛球，你会怎样说呢？

A. 就你这三分钟的热度还想打羽毛球？

B. 我想你只要认真学习了，就一定能打得很棒。

你的选择_____

2. 说话要使用尊重的语气。

举例：孩子很想和小伙伴们多玩一会儿，但是你想让他去学英语，怎么说？

A. 越大越不听话了，现在不好好学习，看你长大能干什么！

B. 那你再玩一会儿吧，不过玩痛快了一定要好好学英语。

你的选择_____

3. 说话要使用商量的语气。

举例：你想让孩子把地板上的玩具收拾干净，要怎么说？

A. 你怎么搞成这样，到处乱丢东西，还不快点儿收拾好？

B. 乖乖，乱丢玩具可不是好习惯啊，我们一起把它们收拾好吧。

你的选择＿＿＿＿＿＿＿＿＿＿＿＿＿＿＿＿＿＿＿＿＿＿＿

4. 说话要使用赞赏的语气。

举例：孩子认认真真地画了一幅画给你看，你怎么说？

A. 画得一般，好好练吧。

B. 这画的什么啊，简直浪费纸和笔。

C. 想不到宝宝画得这么好，将来一定画得更好。

你的选择＿＿＿＿＿＿＿＿＿＿＿＿＿＿＿＿＿＿＿＿＿＿＿

引导孩子开发人际交往的天赋

孩子会把世界看成一种关系，他们的思维中已经存在关系式的生活方式，他们天生喜欢和人说话，喜欢和人交流。

琪琪虽然是一个漂亮的小女孩儿，但她天生就有一种男孩儿的性格：像男孩儿那样喜欢爬上爬下，甚至一些小男孩儿都不敢玩的体育项目如单杠、双杠等，她都敢玩，而且玩得很出色；她有点儿看不起那些受了委屈、挨了批评就哭哭啼啼的小女生……

对此，琪琪的父母很忧虑：这孩子怎么就没点儿女孩子样呢？

其实，琪琪父母有点儿杞人忧天了，虽然琪琪大大咧咧的性格有点儿像小男孩儿，但这种性格有很多好处：女儿不像别的小女孩儿那样敏感、爱哭，做父母的要省心很多。而且最重要的一点，这种大大咧咧的性格恰恰是琪琪人际交往的优势所在，会使她拥有很多朋友。

不管是女孩儿还是男孩儿，他们都喜欢与那些不计较细节、性格有点儿大大咧咧的孩子交朋友，而且他们还给出了几乎一致的理由：与这样的孩子一块儿玩不会累，而且可以玩得很开心。

所以，家长应该尽量培养孩子的这个特点，不仅鼓励他多交朋友，还要帮助孩子克服斤斤计较、小心眼儿的毛病，这样的话，孩子会有更多的朋友，会玩得更加开心，这对他以后的发展将会有很大的帮助。

因为孩子的天性更加倾向于关系式的生活方式，所以家长可以多挖掘有助于孩子社交的品质，孩子会很容易开发并利用这些天赋，更好地融入朋友中。

有一位妈妈这样说道：

女儿小时候是我们小区的"孩子头儿"，她总喜欢带着一帮孩子玩，孩子们有了什么纠纷也总来找她解决。有一次我看见她处理两个孩子的矛盾——他们并不比女儿小，但是他们都对女儿的能力表示赞同——两个孩子很快就表示和解，继续愉快地玩耍。

很明显，我的女儿具有交际的天赋，于是，在以后的日子，我刻意把女儿的这种天赋引发出来：带她接触更多的人，让她来招待客人……

现在，女儿自己经营着一家企业，她的员工以她为荣；她还拥有一个幸福美满的家庭，丈夫的事业没有她那么成功，但这也没有损害他们之间的感情。

一旦发现了孩子的天赋，家长就要积极地把它引导出来。这样，他所具备的天赋才会成为其终身的财富。

当孩子表现出与他人交往时的恐惧感和厌恶感时，家长应该耐心细致地和孩子交流，并且帮助孩子缓解紧张感，给予孩子积极的鼓励。同时，家长若想开发孩子的人际交往能力，也要从多方面入手：

1. 激励孩子的交往兴趣和欲望。家长最好多鼓励孩子花费一定的时间和精力去和同龄人聊天、游戏、出游，不要忽视孩子在这方面的实践。当孩子想要找其他小朋友玩的时候，家长应当支持他。如果孩子对与人交往表现出恐惧和厌烦时，家长要耐心细致地和孩子交流，帮助孩子缓解情绪。

2. 为孩子的人际交往创造条件，树立榜样。良性的人际交往需要正确的交往动机和一定的交际技能，在这些方面，家长应该成为孩子的好榜样。

3. 重视对孩子心理素质的培养。与人交往，需要良好的心理和人格素养，比如说善良、真诚、守信、开朗、率直、理解他人，等等，这需要家长在日常生活中有意识地对孩子加以培养。

不是孩子没主见，而是家长太强势

很多家长都有过这样无可奈何的时刻：

"今晚我们吃什么？""随便！"

"这两件你喜欢哪一件？""随便！"

"周末李阿姨要把弟弟寄放在我们家，你看着点儿他。""随便！"

不管说什么，孩子都是一句"随便"。

也许，下面这位教育专家的亲身经历可以给家长朋友一些启发：

有一天，有位热情好客的家长邀请我去某高级酒店共进晚餐，顺便认识一下她的儿子，解决一些问题。其实，我不太喜欢在饭桌上说什么教育，当时也有其他事情脱不开身，但这个语气坚决的家长，简直就是以命令和通知的语气说，希望我晚上准时到场，万事俱备，就等我开饭。

见到那个孩子的时候，我真吓一跳，他的妈妈看起来十分娇小，他却十分高大。我在家长的安排下坐在了孩子的旁边。

那孩子一直沉默，都是他的妈妈在滔滔不绝地向我介绍她自己的工作、丈夫的工作，今天怎么怎么忙，实在没有别的时间等。她讲到口渴，停下来喝水，我便问旁边的小伙子：

"在哪个学校读书啊？"

"哦，他在市一中。"

"你们几点放学？"

"他们四点半就放了，他是从学校直接过来的。"

唉，这位妈妈真爱说话。

"爸爸在什么单位？"

"崔老师，我刚才不是说了吗，他在建行上班！"

"你们老家是哪儿的？"

"他们是延吉那边的，爷爷那辈儿搬过来的。"

我实在忍不住了，就轻轻地碰了碰这位妈妈，结果，这位妈妈却说："儿子，你往里面点儿，挤着崔老师了。"

……

饭后，这位妈妈说："崔老师，你看我们家孩子长得不错吧，就是不爱说话，对什么都无所谓，哪像一个十几岁的青年啊！"

我诚恳地说："大姐，真不是你家孩子不爱说话，而是你自己说得太多了。你看我问他的问题，都被你说完了，他还说什么呢？"

孩子不是没有主见，是根本不能有主见。孩子表达不好，因此在他说之前家长便抢先说了。孩子的决定欠考虑，因此，决定早就被家长下了。孩子呐喊？无视！孩子反抗？打压！终有一天，孩子悄无声息了，当然，又继续充当被指责对象——沉默寡言，没有主见。

强势没有好坏之分，对孩子过于强势就是把孩子推到弱势群体里！

【现场演练】

将话语权还给孩子

有些孩子，在日常生活中喜欢大胆说话，对各种问题都敢于质疑，这本来是值得我们鼓励的精神。但是偏偏很多家长不喜欢这样，孩子提出各种各样的难题，家长会觉得他"刁难人"；孩子善于质疑，家长会觉得他过分活跃；孩子好奇心强烈，家长会觉得他满脑袋都是歪点子。

在家长的这种束缚之下，孩子的个性就会逐渐被弱化。就这样，我们慢慢将孩子打造成了"听话的绵羊"，而不是"充满个性的野马"。

1. 你觉得孩子有个性好不好？

不好，因为难以管教＿＿＿＿＿＿＿＿＿＿＿＿＿＿＿＿＿＿

挺好，不过要有度＿＿＿＿＿＿＿＿＿＿＿＿＿＿＿＿＿＿

如果我们采用打压的手段，固然可以让孩子暂时服从我们。但是，孩子如果能够成为一个富有独立自主精神的人，岂不更好？支持孩子，为他打造一个"质疑的舞台"吧！

2. 你会通过什么方式为孩子营造发言的机会？

＿＿＿＿＿＿＿＿＿＿＿＿＿＿＿＿＿＿＿＿＿＿＿＿＿＿

鼓励孩子多说话，在不同的时候表达自己的感受，对一个孩子的成长来说是重要的。我们可以找机会多和孩子聊天，并且在谈话中不断增加新的词汇，多询问孩子一天中是否发生了什么有趣的事情，并且对他的描述表现出兴趣。这些方式都可以让孩子更愿意说话，对于孩子语言能力的培养也很有帮助。

让孩子有意识地为自己负责

调查显示，许多企业在选择员工的时候，"责任感"是他们考虑的首要原则，没有老板喜欢不负责任的员工。

家长也希望自己的孩子是一个负责的好孩子。可是，很多家长所谓的负责，是让孩子在成长的过程中学会对他人负责，而不是对自己负责。

汪洋是家里的老大，父母总是告诉他要照顾弟弟，这是他作为哥哥的责任。有一次，弟弟很想吃苹果，哥哥就偷偷从邻居家里拿了一个，结果被妈妈发现了，大声地训斥了他一顿。

"你不是说照顾弟弟是我的责任吗？我这是在履行我的责任。"汪洋委屈地对妈妈说。

妈妈看着汪洋委屈的样子，觉得自己这样大声地训斥孩子有些过分。于是，她蹲下来，温和地对汪洋说："是让你照顾弟弟，可是你知道吗，你如果为了照顾弟弟去偷东西，就是对自己不负责任了。"

"对自己不负责？"汪洋有些疑惑。

"对，对自己不负责。一个人为了照顾别人而做一些坏事，就是对自己不负责。"汪洋的妈妈说道。

其实，要让孩子学会对自己负责，并不是一件很难的事情，专家给家长提出以下建议：

首先，要逐渐培养孩子独立自主的意识。其实，随着年龄的增长，孩子的独立自主意识会慢慢地显示出来，家长需要做的，就是尊重孩子的成长规律，不给孩子太多保护，避免孩子对家长过于依赖。

李嫣已经 8 岁了，可是父母总是觉得孩子还太小，很多事情都不让她去做。

"妈妈，能让我一个人去上学吗？学校离家很近，我坐公交车一会儿就到了。"

"不行，现在社会这么乱，还是让爸爸开车送你吧。"

"妈妈，能不能让我自己来整理书包？"

"算了，还是妈妈帮你吧，这样能快很多，省时间。"

就这样，李嫣习惯了什么事情都让爸妈去做。

其次，当孩子犯了错误时，家长不要替孩子包揽过失，要让他自己去承担。每个孩子都会犯错，而犯错往往也是成长的契机，聪明的家长会利用这个机会，让孩子有意识地为自己负责。家长如果总是认为孩子还小，而大包大揽，孩子不但会错失成长的机会，还可能学会推卸责任。

白杨很喜欢看《哈利·波特》，动不动就把家里的拖把骑来骑去。他已经弄坏了 3 把拖把，这让妈妈很是头疼。

有一天，妈妈语重心长地对他说："白杨，你已经弄坏 3 把拖把了，你得为你的行为负责。我决定以后再也不批评你骑着拖把跑来跑去了，但是如果拖把被你弄坏了，我会直接从你的压岁钱里扣除买拖把的钱，知道吗？我想，你应该为你自己的行为负责。"

此后，白杨便很少骑着拖把在屋里走来走去的了。

最后，培养孩子严格要求自己的意识。一个人能严格要求自己，是对自己负责的体现。在外界的压力下，很多人都可以表现优异，但需要自律的时候，可能就需要标准和约束。

阿娇是一个很可爱的孩子，同学们都很喜欢和她玩，老师也觉得阿娇表现很好，上课的时候总是端端正正地坐在那里，认真地听课。

回到家中的阿娇却是另外一个样子，坐没有坐姿，站也没有站样儿。

"娇娇，为什么你可以在学校里表现得那样好，连老师都夸你，可是回到家里，却连个像样儿的坐姿都没有？"妈妈问阿娇。

"在学校的时候有老师监督，回家了老师又不监督我。"

"这样的想法可不对哟，就算没有老师监督，你自己也得严格要求自己！"

"为什么呀？"

"你想一下，你如果在家里坐没有坐姿，站没有站样儿，久而久之，就会养成习惯，会影响你在学校的表现。还有，若看书写字姿势不正确，会严重损害你的眼睛。即使你在学校里坐得端正，可在家里看书写字都趴在桌子上，眼睛还是会近视的。你说对不对？"

"嗯，好像对。"

"那以后一定要严格要求自己，好吗？"

阿娇点了点头。

【现场演练】

做"让孩子有主见"的父母

任何事都过犹不及，如果孩子过于听话以至于到了自己没有主见的地步，我们应该怎么办呢？怎样让孩子有主见呢？

1. 你尊重孩子的自我成长轨迹吗？

希望孩子的成长按照自己的要求走_____

希望孩子按照他自己的意愿成长_____

孩子慢慢长大，会越来越有自己的见解，而两代人之间在成长背景、成长经历、价值观等诸多方面存在巨大差异，决定了孩子的见解很有可能和我们的不同。我们如果能够尊重孩子，亲子之间就可以互相接纳；我们如果能够欣赏孩子的优点，和孩子就可以互相滋养。

2. 你对自己的孩子有足够的信心吗？

不好说，毕竟他是小孩子_____

相信自己的孩子，不怀疑_____

任何人都喜欢自由自主，依赖性完全是后天培养的。家长对孩子的好心往往造成了孩子的依赖性。比如：

"你一定要多吃点儿，否则肯定会饿。"

"你一定要多穿衣服，小心感冒。"

"这个你肯定做不了，还是我弄吧。"

难道我们的孩子连吃不饱穿不暖也不懂吗？家长对孩子的督促多一次，孩子对自己的督促就少一次，而他的自主性就会被破坏一次。家长应该相信：任何孩子天生都有独立自主的愿望，也都能够胜任他那个年龄可以做的事，他会自觉地通过犯过的错误纠正自己的做法。

家长如果真的可以做到这些，根据孩子的自主要求给予必要的支持、建议和帮助，而不是将自己的意愿强加给孩子，那么孩子的自主独立精神一定可以培养起来。

让孩子有发言的机会

有些家长，在餐厅点菜、买衣服、买鞋帽时，都会有意识地让孩子有发言和选择的机会。不过更多的家长更习惯这样说："这个味道不错，吃这个吧！""这个更可爱。""这件很适合你，买这件吧！"将自己的意见强加给孩子，久而久之，孩子就会逐渐失去主见。

有不少家长担心孩子会做出一些不正确的事情，因此把自己的想法强加给孩子，剥夺了孩子发言做主的权利。虽说家长的出发点是为了孩子好，但他们的这种做法往往得不到孩子的认同和理解。倔强的孩子会在这个问题上和家长争辩，性格相对内向的孩子虽然表面上一言不发，却会在心底里对家长产生抵触情绪。

　　还有一些家长往往会不自觉地把自己年轻时没能实现的理想寄托在孩子的身上，希望孩子能够帮助自己实现。如果家长的愿望与孩子自己的愿望相同，这种寄托就会成为督促孩子奋斗的动力，但如果家长的愿望与孩子的愿望不同（这种情况更容易出现），家长的这种寄托就会成为孩子成长的负累。家长如果无视孩子的愿望，将寄托强加在孩子身上，那就有可能毁掉孩子的一生。

　　作为父亲，美国前总统西奥多·罗斯福曾写信给自己的儿子小西奥多，信的大概内容是：

　　在你做决定的时候，最好的情况是你做出了正确的决定，其次是做出了错误的决定，最差的就是你什么决定都没做。我们每个人都是独立的个体，所以做人要独立，要敢于做出决定。即使失败了，也没关系，因为你已经能做自己的主人了。记住：只要学会独立，总有一天你会取得成功！

　　让孩子学会如何做决定，是培养孩子高度责任感的重要一步。而在孩子学会如何做决定之前，家长应该引导孩子在跟自己有关的事情上有发言权。

　　在我还是个孩子的时候，我的父亲就告诉我说："你是这个家庭的一分子，所以你有权对家庭的事务发表意见，尤其是关于你自己的事情，明白吗？"当时的我似懂非懂地点了点头。
　　我还记得我第一次参与家庭事务，是在我上小学五年级的时候，爸爸妈妈问我同不同意爸爸辞职，因为这关系到我和弟弟上学的问题。于是，我问爸爸："如果你辞职了，我们是不是就不可以上学了？"

"不是，但是你们会换一所小学，学校的条件没有现在的好。"

"其实，我很喜欢我现在的学校。"我对爸爸说。

后来，爸爸就没有辞职，而是等到我上初中以后才辞职。那时候我和弟弟都在上寄宿学校，我们不需要跟着爸爸去他工作的地方，他会每周末回家，我们也只能每周末回家。

慢慢地，随着我和弟弟长大，我们开始越来越像男子汉，周围的邻居都夸我和弟弟是有主见、有责任感的好孩子，我想这跟我爸爸从小就给我们发言权密不可分。

没有一个人可以一下子长大，成长是一个缓慢的过程，家长在这个过程中应该尽量让孩子对与自己相关的事情有发言的机会。不管他们说得对或错，都能培养一定的能力，这对于他们日后走上社会是一笔财富。

【现场演练】

鼓励孩子的各种见解

每个孩子既是个体，同时也是主体，他们有自己的思维和意识，会对某些问题提出自己的看法和意见。对于孩子们的各种见解，无论是对是错，我们最好都给予它们存在的空间，并且不断鼓励孩子积极思考。

1. 你会经常给孩子讲些思维创新的故事吗?

貌似没讲过_____

偶尔讲过_____

我们可以找个合适的机会给孩子讲讲牛顿、爱迪生、华罗庚等科学家的故事。他们的共同特点都是敢于坚持自己的意见,敢于怀疑约定俗成的常识。通过引导,孩子会明白:坚持自己的见解,是多么重要的事情;敢于讲出自己的声音,是一种有勇气的表现。

2. 若有一天孩子说"书本上有一处错误",你会是什么反应?

绝对不可能,一定是他没看懂_____

仔细询问,和孩子共同探讨_____

古人曾经说过"尽信书不如无书",当孩子对书中的某些讲法产生质疑的时候,我们首先要对孩子的怀疑精神加以表扬,然后再帮助孩子一起解决他质疑的问题。

有一个小朋友在学习《凡卡》这一课时,向老师提问:凡卡很穷,没上过学,他怎么能够自己写回信呢?即便他上过学,他的信中也一定要出现几个错别字才正常。当时,一位老师觉得孩子提出的问题纯属无稽之谈,稍稍敷衍了一下,并不理会,结果孩子感觉很受挫。回到家之后,他向妈妈提出这个问题,没想到妈妈听了之后很高兴,说他是个善于分析的好孩子。

可想而知,当自己的言论受到家长的鼓励,孩子的自信心一定是满满的。

鼓励孩子发出自己的声音

在这个社会，不管是男生还是女生，如果想在未来的事业中取得自己的成就，必须具备的一个品质就是独立。这种独立包括能力上的独立和思想上的独立。能力上的独立主要指一个人在成年以后可以不依靠父母而独自养活自己。至于思想上的独立，则表现为一个人对社会上很多事情有自己的看法，敢于对事情发出自己的声音，不人云亦云。

很多家长也希望自己的孩子长大后成为一个有独立能力和独立思想的人，教育专家给出的建议就是，从小鼓励孩子发出自己的声音。

其实，鼓励孩子发出自己的声音，不仅是培养孩子独立性格的要求，对于培养孩子的思辨能力也有着重要的作用。

著名的教育家丰子恺曾经说过："鼓励孩子在和大人交谈的过程中发表自己的见解，对于锻炼他们的思辨能力有着十分重要的作用。"

英国政坛的"铁娘子"撒切尔夫人也曾表示，父亲从小就鼓励她对于一件事情要勇于发出自己的声音，甚至鼓励她和自己争辩。正基于此，才培养出她强大的政治气场。

鼓励孩子发出自己的声音，就是鼓励孩子勇于说出自己的想法，尤其是在一件事情上孩子和家长持不同意见时，家长甚至可以允许孩子和自己争辩。

一位心理学家经过多年的研究得出结论：争辩是孩子走向成熟的重要一步。

能够同家长进行真正争辩的孩子，在以后会比较自信，会更富有创意和领袖气质。孩子在争辩的时候，表明他在组织语言来表达自己的观点，同时，他要分析对方的观点，找到破绽并加以辩驳。

这至少有两点好处：一是促进大脑发育，二是增加家庭互动氛围，更利于孩子各方面的成长。

小宇今年上小学三年级，在班级担任班长，把班里的事情处理得井井有条，得到老师和同学们的一致好评。可是，小宇的同桌筱筱恰好跟他性格相反，做事情没有主见，唯唯诺诺，于是老师建议筱筱的妈妈向小宇的妈妈取一下经。

"那是因为，我一直都鼓励他对于任何事情都要有自己的看法，敢于发出自己的声音，甚至鼓励他和我争辩。"小宇的妈妈对筱筱的妈妈说道。

"和你争辩？这难道不会慢慢使孩子养成不尊重父母的习惯吗？"筱筱的妈妈吃惊地问小宇的妈妈。

"当然不会，只要你尊重孩子，让孩子说出自己想说的话，他也会尊重你的。"小宇的妈妈笑着说道。

很多家长都担心允许孩子和自己争辩，会使孩子养成不尊重家长的习惯。其实，孩子和家长争辩并不是不尊重家长的表现，既然真理只会越辩越明，家长又何须担心自己的威严会在争辩中消失呢？

但是提倡争辩，并不是说让孩子胡搅蛮缠、随心所欲、口不择言。争辩是在讲明自己的道理，一旦孩子违背了这个原则，家长就应该制止。另外，争辩也不是凡事都要争论，否则只会让生活陷入混乱。让孩子争论，是让他发表有价值的观点，生活中应有的基本原则，是不提倡争辩的。

同时，作为家长，在和孩子争辩的过程中，应该放下自己的家长权威，把孩子当成一个独立的个体。

如果家长一直放不下做家长的架子，不允许孩子挑战自己的权威，即使允许孩子争辩，孩子还是会心存畏惧，不敢放心大胆地和家长辩论。

每个家长都希望自己的孩子能成为一个独立有主见的人，可是，这种独立和有主见的精神并不是一蹴而就的，而是一个人在成长的过程中慢慢累积培养起来的。

因此，家长从孩子小时候就要鼓励孩子发出自己的声音，这样孩子在长大后才有可能成为一个有主见的人。

【现场演练】

多了解争辩的积极面

当孩子第一次和你争辩的时候，你一定会感到很意外吧，觉得眼前的这个小孩子不再对父母言听计从了，而是开始有了自己的思想和意志，开始学会了反驳。其实这并没有什么，孩子学会争辩不是什么坏事，家长应该学会用宽容的态度去对待。

请分别列举一下孩子学会争辩的积极面和消极面：

积极面：＿＿＿＿＿＿＿＿＿＿＿＿＿＿＿＿＿＿＿＿＿＿＿＿

_____

_____

消极面：_____

_____

_____

可能大多数家长想不到孩子学会争辩的积极面，下面就列举一下：

1.孩子可以通过争辩了解自己的底线。

当我们想让孩子晚饭后再去做一件事情时，孩子可能会举出一大堆的理由。其实，孩子这种看似挑衅的行为很有可能是在探索他处事的界限到底在哪里。和父母拌嘴能够让孩子了解自己，有机会学会评估自己。

2.孩子可以在争辩中形成自己的意志。

争辩可以让孩子变得自信和独立。在争辩中，孩子会感到自己受到重视，知道如何才能表达并实现自己的意志。孩子在与家长发生争辩后，会意识到家长并非总是正确的。辩论的胜利，无疑会使孩子获得成就感，既是让孩子估量自己能力的机会，同时也锻炼了他们的意志力。

3.孩子可以在争辩中提高反应能力。

孩子会通过争辩学到争辩的艺术。他们长大之后，与各种人都有发生争辩的可能，这种学习方法对孩子来说也是重要的。

所以，不能简单认为孩子与家长争辩不是好事，孩子与家长争辩，往往证明孩子是有想法的，而且对孩子多方面发展都有好处。

4. 孩子可以在争辩中获得智力的发展。

在争辩时，孩子必须根据自己对环境的观察分析，选择并运用学到的词汇和表达方式，试图有条理地表达自己的欲望、观点，挑战父母，这将大大刺激孩子语言能力的发展。而且，通过争辩，孩子可以学到辩论的逻辑技巧，这对孩子日后思维的发展是有利的。

让个性腼腆的孩子有话大声说

我们知道，在很注重人际交往的现代社会，一个生性腼腆的孩子是很难得到更多人的帮助和宠爱的。

森森是一个比较腼腆的孩子，从来不敢在班上发言。最让父母头疼的是，他见到熟人也不敢主动打招呼，而是远远躲开。

"教你多少遍了，见了人要主动问好，但现在还是学不会，真笨！"每当此时，妈妈回到家都要训斥森森一番。

"过来，这是李阿姨，快向阿姨问好。"妈妈跟森森说，森森却一直怯生生地扯着妈妈的衣角，躲在妈妈的背后不肯出来。

"为什么别人都能回答出来问题，可你连话都不敢说？这是怎么回事？"爸爸质问的声音极大，儿子的眼泪涌了出来。

面对这个腼腆的孩子，森森的爸爸和妈妈实在是无奈至极，对孩子的未来也很是担忧。

生活中，像森森一样的孩子有很多。这些孩子面对老师、面对爱慕的人、上台演讲前、面试时、比赛前、照相时等，常常感觉紧张、脸红、心跳、发抖，学习或工作中总是惴惴不安，神经绷得如一张满弓，唯恐出了差错……

小宇以前是个性格很活泼的人，现在见人就怕。面对熟悉的人从对面走过来，他内心不知道应不应该和对方打招呼，紧张的情绪就会产生。他发现嚼口香糖可以缓解说话时紧张，所以现在一天到晚都要嚼口香糖。他晚上失眠越来越严重，每天觉得自己很难看、声音很难听，所以很少和人交流，看到有人在很流利地谈话就嫉妒，每天要照镜子很多次，不敢笑，也不敢大声说话，学习注意力不能集中，不能回答老师的问题，人际关系非常紧张。

斯坦福大学的心理学家菲力普·G.津巴多在《腼腆：事实与对策》一书中提出这样一个研究结论：如果一个孩子从小就很腼腆，而家长却对此漠不关心，那么孩子很可能一生都会这样腼腆下去。

这样的性格给孩子带来的后果是什么呢？津巴多认为，很多性格腼腆的人会终身不婚或者推迟结婚。而且性格腼腆的人大多数收入比较低，他们给人的感觉是无力承担有重大责任的工作。很多性格腼腆的人即便身怀绝技也会因为社交障碍而难以谋到好的职位。

具体来讲，不敢在别人面前大胆说话的原因主要有两种：

第一种，不想露丑。这些人的想法是，只要我不在他人面前暴露自己的短处，别人就不会知道我的缺点，而一旦在众人面前说话，自己的粗浅根底、拙劣看法都会暴露出来，那么从此以后，哪还有自己的立足之地？所以，不说话更稳妥。

第二种，不知道该如何组织说话的内容，就像被硬拉到一个陌生的世界一样，所以会感到惊惶。

大体来说，性格腼腆者也分为后天和先天两种类型。有些人生来内向，他们说话低声细语，见到生人就脸红，甚至常怀有一种胆怯的心理，举手投足、寻路问津也思前想后；而大多数人是由教育不当等后天的因素引起的性格腼腆。有些家长对孩子的胆小不加引导，当孩子见到生人或到了陌生的地方时，便会习惯性地害羞、躲避，没有自信心。随着年龄的逐渐增长，孩子的自我意识逐渐加强，敏感于别人对自己的评价，希望自己有一个"光辉形象"留在别人的心目中，为此，他们对自己的一言一行非常重视，唯恐有差错。这种心理状态导致了他们在交往中生怕被人耻笑。

"我总是不敢在生人前讲话、发言，那会使我心跳加快，脑中一片空白……"有人坦然承认自己说话胆怯，而且对此颇为苦恼。

家庭是孩子练习说话的第一个场所，因此家长一定要注意对孩子的引导，尤其对天生性格腼腆的孩子来说，引导更为重要。在家中，家长可以有意识地鼓励孩子将自己从书中看到的童话故事或者寓言故事等讲给自己听，当孩子讲不出来的时候，也不要对其大声呵斥，要多多提醒、多多鼓励。

在注意家庭培养的同时，也应该鼓励孩子多和同学交流，鼓励孩子广结良友，与朋友频繁往来，这是练习口才的又一途径，对于孩子克服腼腆的性格有着积极的作用。

【小技巧】

1. 不要给腼腆的孩子"贴标签"。

2. 体会他们的感受，不要指责他们。

3. 帮助腼腆的孩子发现自己的长处。

教孩子聪明勇敢地说"不"

家长在教育孩子的过程中，也应该让孩子明白这样的道理：一个主动掌握着自己命运的人，一个不被别人左右的人，一个敢于挑战自我、突破自我的人，一定是一个懂得说"不"的人。只有学会说"不"，才能把握住每一个机会去展现自己，去尝试改变。

家长应该在孩子还小的时候，就给孩子灌输一些必需的观念：

1. 说"不"是你的权利，你不要因此而自责。很多孩子经常会因为拒绝了同学或者朋友的请求而惴惴不安，害怕同学和朋友因此而疏远自己。这时候，家长就需要告诉孩子，说"不"是一个人的权利，尤其是对一些过分、无理的请求，如果这个人是真心把你当朋友，他也一定不会因为你行使了自己的权利而疏远你。

2. 每个人都有一个自我的存在，不要因为害怕拒绝而丢失了自我。家长应该告诉孩子，对一些人或者一些事情说"不"，不仅仅是一种拒绝，更是一种选择，选择不去做怎样的人，或者不去做怎样的事。每个人的一生都会受到无数的诱惑，只有那些勇敢地对这些诱惑说"不"的人，才能成就自己的人生和事业。而且勇敢说"不"并不一定会带来麻烦，反而是在减轻压力。一个人如果想活得自在一点、有原则一点，就要学会勇敢地说"不"。

3. 对于自己力所不及的事情，勇敢地说"不"，是对自己负责，也是对他人负责。生活中经常出现这样的例子：自己明明不一定能做好，但是不好意思拒绝或者为了保全自己的面子而答应他人，结果最后不但没有帮到人，还有可能伤害了自己或者他人。可以说，这是对自己和他人都不负责的表现。

此外，需要家长注意的是，让孩子勇敢地说"不"，不仅仅是让孩子学会拒绝别人的索求，也是让他学会拒绝别人的给予。家长要让孩子知道，人生的道路很漫长，坎坷之途谁都有。人，最终还是要靠自己站起来，越过这道坎儿，磨难将是一笔宝贵的财富。

总之，学会拒绝是一种自卫、自尊，学会拒绝是一种沉稳的表现，学会拒绝是一种意志和信心的体现，学会拒绝是一种豁达、一种明智。学会拒绝，才能活得真真实实、明明白白，才能活出一个真正完美的自己。

【现场演练】

巧妙拒绝有技巧

拒绝这件事，说起来容易做起来难，万一言辞不当，很容易伤害别人的自尊心。所以，我们要让孩子知道，最高超的拒绝方式是既不让自己受损失，又不让对方心里难过。下面为家长们介绍几个妙招，我们可以以此来引导我们的孩子。

1. 商量就是一种交往技巧。

假设有人想要你的心爱之物，你会怎样？

直接推辞＿＿＿＿＿＿＿＿＿＿＿＿＿＿＿＿＿＿＿＿＿＿＿＿＿＿

说明难处＿＿＿＿＿＿＿＿＿＿＿＿＿＿＿＿＿＿＿＿＿＿＿＿＿＿

其他＿＿＿＿＿＿＿＿＿＿＿＿＿＿＿＿＿＿＿＿＿＿＿＿＿＿＿＿

拒绝别人，有时就要和对方"耍嘴皮子"，直到对方认可为止。

亮亮有一个大电动车，结果辉辉很想拿过去玩。如果亮亮不给，或者辉辉直接抢走，都会闹得彼此很不愉快。聪明的亮亮这样对辉辉说："咱们俩比比个儿吧……你看我比你高很多，你这么小，根本玩不了这么大的车，万一把你碰流血了怎么办？等你长大点儿，我再教你玩吧。"

用这样商量的口吻来说话，既能够保住自己的车，又避免了一场"暴风雨"，亮亮是不是很聪明啊？

2. 体验别人的感觉。

假如有人在你即将出门的时候登门造访，你会怎样？

干脆取消出行计划＿＿＿＿＿＿＿＿＿＿＿＿＿＿＿＿＿＿＿＿＿

不管那么多，先办自己的事情＿＿＿＿＿＿＿＿＿＿＿＿＿＿＿＿

和对方说清楚情况＿＿＿＿＿＿＿＿＿＿＿＿＿＿＿＿＿＿＿＿＿

丽丽要和妈妈出去游泳，恰巧这个时候兵兵来找她借玩具。丽丽很不耐烦，说："哎呀，我要出门啦，你别来了。"兵兵听了很委屈，就哭了起来。丽丽看到小伙伴哭了，就委婉地说："我现在早点儿出去，待会儿早点儿回来。你下午来找我吧，我一定在家。"兵兵听到这话，马上就理解了。

不同的话，会收到不一样的效果，前者把同伴弄哭，后者就会受到理解。

3. 坦然地拒绝也很磊落。

假设有蛮不讲理的朋友提出无理要求，你会怎样？

兜圈子，但是不敢得罪_____

直接拒绝_____

在成人的世界中，难免遇到不讲道理的人，孩子也会遇到，对于那种行为蛮横的"小霸王"，我们就可以鼓励孩子直截了当地和他们说"不"，让他们碰碰钉子。

鼓励孩子积极勇敢

生活中处处充满着意外和挑战，只有那些真正勇敢的人才可以接受这些意外和挑战带来的磨炼，成为生活真正的赢家。家长在教育孩子的过程中，应该培养孩子积极勇敢的精神，这样孩子才能在未来的激烈竞争中取胜，成为人生的赢家。

爸爸在院子里安放了一个秋千，觉得这会给孩子的童年带来无限的欢乐，可是在秋千安放好之后发现儿子从来不会主动要求去荡秋千，仿佛很害怕荡秋千。

儿子第一次被爸爸抱上秋千的踏板时，吓得哭了起来。

"不，不。"儿子站在踏板上紧紧地抓住绳子，他的动作狼狈极了，不停地哀求爸爸把他放下来。

"这没有什么，很多男孩儿都会玩，你不用害怕。"爸爸一边说一边将他稳稳地扶住。

"爸爸，我不想玩这个，我会摔下去的。"儿子哭着说道。

"你不会摔下来的。只要抓住绳子，就很安全。"

"不，我害怕。"儿子仍然坚持。

为了消除他的恐惧，爸爸把他抱了下来，说道："这样吧，爸爸先给你做个示范。等你见到爸爸玩得很高兴的时候，你一定会改变主意。"说完，爸爸就上了秋千开始摇荡起来。

"爸爸，你真行！"见爸爸在秋千上荡得很高很高，儿子高声欢呼起来。

"那么，你也来试试好吗？"他问儿子。

"好吧，可是我不要荡得那么高。"儿子终于同意试一下。

第二天，爸爸下班后回家，一走近住处便听到了花园中传来的欢笑声。儿子和邻居家的小姐姐正在高兴地荡着秋千。

塞德兹真是一个勇敢而富有智慧的父亲，面对孩子的懦弱，他积极鼓励而不是因害怕孩子发生意外而选择不去理会。然而在生活中很容易发现这样一些家长：为了防止孩子发生意外，便限制孩子的行动，很少让孩子亲自去体验生活。在这种教育环境下，很多孩子慢慢地养成了懦弱的性格，经常说"我不行""我害怕"之类的话。

要知道一个经常说"我不行"的孩子，长大以后是很难有成就的，且不说做人生的赢家，就是自己的生活也可能会一团糟。因此，当一个孩子经常说消极的话时，家长就要对孩子进行一些引导。

张晓飞已经读初中了，可是遇到事情总是很懦弱，这让他的爸爸很担心。知道儿子最怕水，于是爸爸决定从儿子最怕的游泳开始改变他。

"爸爸，我能不能不学游泳？我很怕水。"张晓飞站在泳池旁，胆怯地对爸爸说。

"你忘了昨天爸爸给你讲的那个英雄的故事了？"爸爸望着孩子的眼睛反问道。

"没有，爸爸。"张晓飞不好意思地低下了头。

"那个英雄如果不会游泳，怎么能救落水的小孩儿呢？"爸爸蹲下来，看着孩子的眼睛问。

"可是，爸爸，我还是很害怕。"张晓飞继续说道。

"没事，爸爸先给你做示范。"

终于，在爸爸耐心的引导下，张晓飞跳下了水，并慢慢学会了游泳。

"孩子，对于任何事情，都不要让自己的恐惧战胜自己的勇气，勇敢迈出第一步，你就是一个勇敢的孩子，而且在你勇敢地迈出第一步后，你会惊喜地发现，原来事情并不难，就像你学游泳一样。"爸爸语重心长地对张晓飞说。

在帮助孩子克服懦弱的性格的时候，家长可以具体参考以下建议：

1. 经常给孩子讲一些勇敢者的故事。孩子都喜欢听故事，也很容易从故事中受到鼓舞。家长给孩子讲述勇敢者的故事，让孩子感受勇敢的力量，这会在不知不觉中鼓舞孩子改变懦弱的心理状态。

2. 鼓励孩子多参加体育活动。运动之所以受人欢迎，不仅是它可以帮助人们锻炼身体，更重要的是它可以锻炼人们的勇气和力量。让孩子多参与体育活动，甚至参加一些体育竞赛，对于克服孩子的懦弱性格是很有益处的。

3. 有意识地让孩子多接触他害怕的事物。比如，孩子很怕水，家长就试着教孩子游泳；孩子很怕黑，家长可以在夜晚和孩子去楼下散步。

总之，家长应该努力去培养孩子勇敢进取的精神，尽量不要让孩子说"我不行""我害怕"之类的语言。

【现场演练】

训练孩子的闯劲儿

如果孩子这也害怕那也害怕，我们要通过什么样的方式来帮助他呢？下面介绍一些可行的方法。

1. 给孩子讲勇敢者的故事。

你会经常给孩子讲勇敢者的故事吗？

不怎么讲＿＿＿＿＿＿＿＿＿＿＿＿＿＿＿＿＿＿＿＿＿＿＿＿

会的＿＿＿＿＿＿＿＿＿＿＿＿＿＿＿＿＿＿＿＿＿＿＿＿＿＿

榜样的力量是无穷的。为了让孩子拥有进取、勇敢的精神，家长最好给他讲述伟大人物善忍耐的故事。

如果孩子怕用电，不妨给他讲讲美国科学家富兰克林与雷电的故事；如果孩子害怕走夜路，不妨给他讲讲英国探险家斯科特征服南极的故事；如果孩子害怕黑夜，不妨讲讲鲁迅先生黑夜"踢鬼"的故事；如果孩子害怕失败，可以讲讲美国大发明家爱迪生怎么经历了几千次失败才发明了电灯，讲讲德国科学家埃尔利希怎么经过几百次的失败才发明了一种新药。

2. 鼓励孩子多参加体育活动。

你认为体育活动有助于培养孩子的勇气吗？

没什么用＿＿＿＿＿＿＿＿＿＿＿＿＿＿＿＿＿＿＿＿＿

还是有一定的帮助的＿＿＿＿＿＿＿＿＿＿＿＿＿＿＿＿＿

假日里，家长可以与孩子一起爬山，借以锻炼他克服困难的勇气；去公园里玩，鼓励孩子走一走"勇敢者之路"，如独木桥、铁索桥；家长还可以鼓励孩子参加体育锻炼，如参加足球、乒乓球比赛等，这种体育活动竞争性强，有助于培养勇敢精神。

3. 有意识地引导孩子面对他所惧怕的事物。

你会让孩子与他惧怕的事物"狭路相逢"吗？

不会＿＿＿＿＿＿＿＿＿＿＿＿＿＿＿＿＿＿＿＿＿＿＿

可以锻炼他一下＿＿＿＿＿＿＿＿＿＿＿＿＿＿＿＿＿＿＿

在确保安全的情况下，家长可以有意识地引导孩子面对他所惧怕的事物，如登高、下水游泳、滑冰等。孩子如果怯生，就让孩子多参加社交活动，多接触生人。

4. 让孩子享受到勇敢带来的快乐。

孩子好不容易有了勇敢的表现，你会表扬他吗？

不会，这没什么大不了＿＿＿＿＿＿＿＿＿＿＿＿＿＿＿＿

会的，一点点地鼓励他＿＿＿＿＿＿＿＿＿＿＿＿＿＿＿＿

先鼓励孩子完成一件他以前不敢做的小事情，比如去楼下取快递，等孩子回来后给他适当的表扬，让孩子体会到战胜自己的快乐。家长要循序渐进，一点点地锻炼孩子的勇敢。

儿 童 成 长 必 修 课

教孩子学会
情绪管理

李旭影/编著

吉林出版集团股份有限公司
全国百佳图书出版单位

图书在版编目（CIP）数据

儿童成长必修课.教孩子学会情绪管理/李旭影编
著.－－长春:吉林出版集团股份有限公司,2021.12
ISBN 978－7－5731－0916－3

Ⅰ.①儿… Ⅱ.①李… Ⅲ.①儿童教育－家庭教育
Ⅳ.① G782

中国版本图书馆 CIP 数据核字 (2021) 第 253298 号

前　言

人的一生总会遇到各种各样的不幸，但快乐的人却不会将这些装在心里，所以他们没有忧虑。

所以，快乐是什么？快乐就是珍惜已拥有的一切，知足常乐。而抱怨是什么？抱怨就像拿针刺破一个气球一样，让别人和自己都泄气。

文海今年 15 岁，担任学生干部。由于平时学习压力大，而且性格内向又很少有真正交心的朋友，文海这几年来有一种难以言状的苦闷与忧郁感，但又说不出什么原因，总是感到很迷茫，一切都不顺心。即使遇到喜事，他也毫无喜悦的心情。过去回家后常常和父母去看电影、听音乐，但后来就感到对一切索然无味。

他深知自己如此长期忧郁愁苦会伤害身体，并且影响家人心情，但又苦于无法解脱，而且还导致睡眠不好、多噩梦及胃口不开。有时他感到很悲观，甚至想一死了之，但对人生又有留恋，有很多放不下的东西，因而下不了决心。

他的父母知道他的忧郁心理比较严重，总是想方设法讨他欢心，经常和他谈心，陪他听音乐，给他讲一些幽默笑话……可是没什么效果。文海很容易因为天气的变化而伤感，太阳好的时候他总是怕阴天，阴天的时候总是怕太阳不出来。同学们见他总是这么多愁善感，还总是写一些很忧郁的文章来表达他的心情，于是送给了他一个绰号——忧郁诗人。

人们都认为忧郁是一种高贵的精神品性，是一个良知者应有的文化基调，故在美学和哲学上都具有不可估量的意义与价值。从美学上看，忧郁情结同浪漫的悲剧感休戚相关。朱光潜说："浪漫主义作家突出的特点之一是热衷于忧郁的情调，叔本华和尼采的悲观哲学可以说就是为这种倾向解说和辩护。"他在《悲剧心理学》中系统阐释了忧郁的美学意味，并令人信服地论证了它的合理性："忧郁是一般诗中占主要成分的情调。""……在忧郁情调当中有一种令人愉快的意味。这种意味使他们自觉高贵而且优越，并为他们显出生活的阴暗面中一种神秘的光彩。于是，他们得以化失败为胜利，把忧郁当成一种崇拜对象。"

但是忧郁这种气质在心理学上是一种病态心理，也就是人们常说的抑郁症。很显然，故事中的文海是被抑郁"缠上了"。但遗憾的是，在家庭教育中往往被父母和孩子所忽略的就是情绪，积极的态度可以激发人体内最大的"快乐因子"，这可以让我们，也可以让孩子在面对问题的时候保持乐观的心态，在一种无形的力量的牵引下继续向前。在此基础上父母也应该让孩子知道态度的秘密，它左右着孩子的每一次选择，最终也将决定孩子的一生。

目　录

3～6岁，关键的敏感期

6～12岁，迷茫的儿童期

第二章 成长期孩子的情绪秘密

孩子心里藏着小秘密

随着长大，他学会了抵触

第三章　叛逆期孩子更易有情绪

青春期孩子的性格、心理变化

与青春期孩子的亲子关系

第四章　让孩子适当经受情绪锻炼

增强孩子的自控能力

给孩子插上快乐的翅膀

第一章
一定要懂的儿童情绪心理学

情绪，孩子心理的外在表现

情绪是婴儿交流的手段

雯雯生下来就是个"哭"宝宝，动不动就咧嘴哭，眼泪来得特别快。妈妈像大多数母亲一样，学会了理解孩子的哭声。可随着雯雯年龄的增长，她依然还是说话少，哭声多。听到小朋友说"我不跟你玩了"，她就哭；被别人不小心碰到，她也哭；分蛋糕时，因为没得到喜爱的奶油小花也要哭。在不断满足孩子的需求之余，妈妈会经常不耐烦地冲她喊："整天就知道哭，哭有什么用？也不嫌丢人！"

人类的基本情绪在婴儿的生存和生长中起着十分重要的作用。情绪和语言一样，是婴儿进行人际交流的重要手段。婴儿的情绪交流是以表情的形式来传递的，情绪表达主要有面部肌肉运动模式、声调和身体姿态三种形式，婴儿用得最多的是面部肌肉运动模式，比如喜、怒、惊、恐等都是通过面部表情来传递情绪信息，声调和身体姿态则是面部表情的辅助形式。

有人将婴儿因饥饿、痛、生气而发出的哭声录下来，放给不知情的母亲听。当这些母亲听到因痛而发出的哭声时都冲进房间去看看自己的孩子是不是发生了意外，而听到另外两种哭声时，都慢吞吞地做出反应。由此可见，婴儿已能用不同的哭声传达自己的情绪。行为主义创始人华生指出，新生儿有三种非习得性情绪：爱、怒和怕。爱——婴儿对柔和的轻拍或抚摸会产生一种广泛的松弛反应，比如展开手指和脚趾，或者发出咕咕和咯咯声那样的一些反应；怒——如果限制婴儿的运动，婴儿就会产生身体僵直的反应，或屏息、尖叫之类的反应，有些还会出现手脚"乱砍"似的运动；怕——听到突然发出的声音会产生吃惊的反应，或者突然失去身体支持时就会发抖、啜泣和号哭。

情绪是性格结构的重要组成部分，许多性格特征如活泼、开朗、忧郁、粗暴等都和情绪密切相关。随着年龄增长，幼儿在一定的、不断重复的情景中，经常体验着同一种情绪状态，这种情绪逐渐稳定后，就会成为幼儿的性格特征。大约5岁以后，幼儿情绪逐渐系统化和稳定下来。如果周围成人此时经常关心、爱抚幼儿，尊重幼儿，使幼儿经常体验到安全感和信任感，则有助于促进幼儿朝气蓬勃、活泼开朗等良好个性的形成。如果父母和教师经常要求幼儿帮助别人，关心生病的小朋友，要求幼儿相互谦让，等等，那么孩子就能逐渐形成比较稳定的同情心和关心体贴他人的情感。久而久之，这种情感也会成为幼儿个性的一部分。故事中雯雯的哭闹对妈妈来说都是因为一些微不足道的小事，但是对雯雯来说，这是她解决问题的一种途径和控制外界环境的一种手段。

情绪不仅会影响儿童的心理健康，还能影响儿童的生理健康。在儿童发展早期，如果儿童被剥夺了正常体验情绪的机会，那么儿童的身心健康和发展就会受到严重影响。儿童情绪被剥夺，缺乏父母的爱，会抑制脑垂体分泌激素和生长素。少数被父母拒绝或在孤儿院中长大的儿童，很可能有情绪被剥夺的经验，这样容易导致他们身体发育不良，动作和语言发展迟滞，对他人的微笑毫无反应，无从学习人际交往，变得沉默寡言、无精打采。

因此，在儿童生长发育的过程中，给予他们适当的关爱和情绪刺激是十分必要的。

婴儿也会"察言观色"

秋季的一天，妈妈带着9个月的清清到楼下的花园里散步。清清看到花园里有许多小哥哥小姐姐在玩，十分高兴，也跟着他们"咿咿呀呀"地乐。这时，有两个淘气的小男孩趁人不注意摘了好几朵花，碰巧被邻居张大爷看见了，张大爷生气地批评了这两个孩子。没想到清清看到张大爷生气的表情，突然哇的一声哭了，妈妈哄了好半天也不管用，妈妈只好带她回家了，回到家后清清才不哭了。

婴儿除了能够表达自己的情绪以外，还能对他人的情绪进行辨别和做出反应。研究发现，儿童运用面部表情和分辨他人情绪表情的能力是逐步发展起来的。半岁之后，婴儿就能够理解成人面部表情的意义，并且可能利用情绪进行信息交流。8个月左右的婴儿对母亲的微笑、悲伤或无表情面孔，显示出相应的欢快、微笑、呆视、犹豫或哭泣反应。

1岁左右的孩子已经能够"察言观色"：别人发怒时，孩子会感到焦虑不安，并会想离开那个环境；当别人对自己的妈妈表示温情或亲密时，孩子也会表现出深情的行为或妒忌的行为。

婴儿能够区别不同情绪的最有力证据来自对面部表情的研究。科学家进行的几项研究表明，一个3天大的孩子已经可以模仿成年人做出高兴、伤心或者惊奇的表情。

在他们的研究中，新生儿被垂直地抱着，脸部与一个女模特的脸相距约25厘米。女模特做出以上三种表情中的一种，直到婴儿的视线移开。与此同时，观察者仔细观察婴儿并且记录婴儿的眼睛、眉毛和嘴的变化，而后猜测婴儿模仿的是何种表情。婴儿在模仿"惊奇"时张大眼睛和嘴，在模仿"高兴"时张大嘴巴，在模仿"伤心"的时候紧闭嘴唇或锁住眉毛。

尽管有一些研究者质疑这些发现，但是还是有许多研究者相信婴儿对情绪表情具备早期的敏感性，或者说，婴儿很早就能识别和模仿成人的面部表情。

在测查婴儿识别面部表情照片的能力时，研究者采用了另外一种方法，这就是习惯化和去习惯化。国内的研究者采用习惯化—去习惯化实验设计，测查了42名8~12个月的婴儿对愉快、愤怒和惧怕三种表情照片的习惯化速率以及在六种表情配对顺序下的识别能力。结果发现，多数婴儿的注视高峰出现在习惯化早期，不同年龄的儿童对三种表情的习惯化速率相同，在识别过程中不存在顺序效应。

喜怒哀乐是人类天生的一种能力，但是如果宝宝从小没有足够的情绪体验，他识别和理解他人的情绪时就会反应相对迟钝。想要宝宝对情绪"明察秋毫"，那就和他一起玩一些提高情绪反应和辨别能力的游戏吧！

（1）找一些杂志或者图书，和宝宝一起观察书里面人物的表情，让宝宝指出难过的脸、高兴的脸或者其他表情的脸。

（2）说出指令"我高兴""我难过"等，然后和宝宝一起扮演出不同情绪的表情。指令可以由爸爸妈妈发出，也可以由宝宝发出。指令可以由"高兴""难过"入手，进而过渡到别的情绪，并逐渐扩展，让宝宝逐渐学会用表情来表达各种情绪。

上边的两个游戏适合 2 岁以上的宝宝，这些游戏能够帮助宝宝理解不同的表情，学会以恰当的方式表达不同的情绪。

（3）罗列一些令妈妈爸爸或者宝宝高兴、难过的事情。如："宝宝会自己滑滑梯了，我真高兴！""抱着你我真开心……""我的玩具不见了，我很难过。""看到你不高兴，我也很难过……"

然后可以引导孩子罗列一些可能招致其他不同情绪的事情。比如："下雨了，不能去公园玩了，真让人沮丧""小哥哥把我的玩具抢走了，我很生气"，等等。

这个游戏适合 2 岁半以上的宝宝，它能够帮助宝宝理解情绪和事件之间的关系，学会体察他人的情绪。

孩子为什么会"认生"

风和日丽的一天，妈妈带着 1 岁半的乐乐在公园小路边的草丛中玩耍。可爱的蝴蝶从乐乐眼前翩翩飞过，乐乐高兴地晃动小手，试图用小手抓住蝴蝶，却见蝴蝶轻盈地从她的手前掠过，逗得乐乐手舞足蹈。这时，邻居家的王爷爷从远处走来，笑眯眯地对乐乐说："乐乐，爷爷抱抱你？"说着王爷爷就伸出了双手，乐乐哇的一声哭了起来，推开王爷爷的手，哭着跑向妈妈。妈妈抱起她一边安慰，一边说："这是王爷爷，怎么不认识啦？上次王爷爷抱你时，你还那么听话，怎么突然间就不乖了？"

认生不是突然发生的，它是一个逐渐显露的过程。4个月的婴儿对陌生人也笑，只是比对父母笑得要少。他们对新奇的对象显示出极大的兴趣，不害怕陌生人。四五个月的婴儿注视陌生人的时间甚至会多于注视熟人的时间。到了 5 ~ 7 个月左右，婴儿见到陌生人往往会出现一种严肃的表情，7 ~ 9 个月见到陌生人时就感到苦恼了。

很多孩子在 1 岁多的时候都会出现认生现象，其实这是孩子身心发育过程中一种很正常的现象。在心理学上，人们将婴幼儿对陌生人所表现出来的害怕反应称为怯生。

过去有一段时期，人们认为怯生和依恋一样，是一种不可避免的、普遍存在的现象。但是现在许多研究表明，认生不是普遍存在的。孩子对陌生人的害怕取决于很多因素，这些因素包括陌生人的行为特点、儿童发展的状况、儿童当时所处的环境等。

下面是引起儿童认生的几个因素：

1. 父母是否在场

如果父母抱着孩子，那么即使陌生人过来，对孩子的影响也不大。但是如果母亲与孩子有一定的距离，那么孩子就可能害怕。

2. 看护者的多少

如果孩子只由母亲一个人来看护，那么他所产生的害怕的程度可能比由许多成人看护的孩子要高。在幼儿园看护的孩子与在家里看护的孩子相比，前者发生认生的情况比后者少。

3. 孩子与母亲的亲密程度

孩子与母亲的关系越亲密，孩子见到陌生人越害怕。

4. 环境的熟悉性

如果自己家里进来一个陌生人，那么他们几乎没有认生的反应；要是孩子在一个陌生的环境里，这时有陌生人走进来，有50%的孩子会产生害怕反应。

5. 陌生人的特点

孩子并不是对所有的陌生人都感到害怕，他们对陌生的儿童的反应与对陌生成人的反应完全不同，他们对陌生儿童产生积极温和的反应，而对陌生成人感到害怕。此外，脸部特征也是引起孩子害怕陌生人的重要因素。

6. 孩子接受刺激的多少

孩子平时获得的听觉刺激和视觉刺激越多，越不容易认生，这是因为儿童已习惯接受各种刺激，所以即使陌生人出现，他们也不觉得新奇，因而不太容易产生害怕的情绪。

那么父母怎样做，才能让孩子不认生或减少认生的情况，塑造孩子活泼开朗的性格呢？

首先要抓住孩子不认生的阶段（3～4个月以下），多带孩子到更广阔的生活天地中活动，接受丰富多彩的刺激，特别要让孩子接触各式各样的人群，熟悉男人、女人、老人、成人、少年、儿童的各种面孔；对于安静内向的孩子来说，父母要有意创造与人接触的各种条件与环境。

这一段时间的训练，也是决定孩子以后是否会认生的关键。

3～4个月以后的孩子已经有了认生现象，这个时候既不要避免让他们与陌生人接触，也不要强迫他们与陌生人接触，否则会适得其反。父母可以经常带孩子到亲朋好友家做客，或邀请他们来自己家做客。但是要避免众多的陌生人七嘴八舌地一起与他打招呼或争抢着抱他的情况发生，因为这会使他缺少安全感，增加认生的程度。

到了2～3岁仍然认生的孩子，父母不要当着孩子的面经常提起他这个缺点，以避免增加孩子的心理压力。可以常带孩子到儿童游乐场，让他与陌生的孩子交往；还可以为孩子寻找不认生的孩子做伙伴；当然，当孩子能够自然地回答陌生人的问话或有礼貌地跟陌生人打招呼时，一定要及时肯定和称赞。

什么是"情绪能力"

8岁的小雨已经是个小学三年级的学生了。她的学习成绩一向十分突出，各方面都很优秀，可是上学期的期末考试却完全击垮了小雨，在她拿回家的成绩单上，三门功课的成绩分别是：语文78分，数学97分，英语87分。小雨把成绩单给爸爸后，还没等爸爸做任何反应，就冲进自己的房间把门关上，哇哇大哭起来。爸爸没有急于敲门，而是等了好一会儿，听见女儿的哭声变小了才轻轻地敲开小雨的房门。

爸爸走进去轻轻地拍了拍她的肩膀，安慰道："怎么啦？小雨，是为这次考试成绩伤心吗？小雨一向是个坚强的孩子，去年在医院都没有哭过，怎么就为这次考试哭了呢？这次考试成绩不理想是因为你得病休学两个半月造成的。以前的考试，我们的小雨不都是非常出色、首屈一指的吗？"小雨感激地看着爸爸，不停地点头。

"那么，就让过去的永远过去。这次考试表明你有许多知识不会，我相信我们的小雨一定会尽快找出不足，学好这些知识的。"小雨听后又十分自信地点了点头。

人的智力有区别是大家都承认的事实，但是个体的情绪能力也同样有区别，这一点让人们难以理解，主要是因为情绪水平测试比智力水平测试要模糊、混乱得多。但现在的研究让我们可以基本肯定的是儿童早期受到的教育让儿童的情绪能力产生了较大差异。

科学家普遍认同，一个人的情绪能力主要包括以下8个部分：了解自己情绪状态的能力；分辨他人情绪的能力；运用自己知道的情绪词汇的能力；同情他人情绪经历的能力；认识到自己的和别人的内在情绪状态不与其外在表现对应的能力；适应性地应对讨厌和痛苦情绪的能力；认识到关系主要取决于情绪是如何交流的以及关系中情绪的相互性；自我控制情绪的能力，也就是控制和接受自己的情绪的能力。

这 8 个部分是孩子在成长过程中需要掌握的技能，但是这 8 个部分不一定同时出现，更别说全部都很优秀了。就像智商一样，一个人可能在逻辑思维方面特别强，但是在其他方面就相对较弱，同样情绪能力也存在着个体差异。

情绪能力必须与特定的年龄段联系在一起，这一点也与智商类似。比如一个 4 岁的孩子可能跟其他同龄的孩子相比比较成熟，但是与 10 岁的孩子相比会很不成熟。另外，社会环境对情绪能力也有影响，因为在一个社会环境中被看作"成熟"的行为在另一个社会环境极有可能被认为是"幼稚"的。比如，泰国人把善于抑制情绪的、害羞的人看作是成熟的人，而这样的人到了美国就会被看成是无能力的人。

孩子的情绪能力往往与社会交往能力紧密联系在一起，因为处理自己和他人情绪的能力是社会交往的中心。通常情况下，我们会发现那些善于把自己的情绪和别人的情绪联系在一起的孩子比较受同伴欢迎；如果孩子情绪反应激烈，控制外在表现的能力差，那么他和同伴之间极有可能会起冲突，因此被同伴拒绝的可能性也很大。

情绪能力不仅包括表现自己情绪的能力，还包括调节情绪的能力。每个人都要学会控制、转移和修正自己的情绪，才能让自己的情绪符合社会标准，被大众接受。

那么儿童的情绪能力为什么不一样呢？一般来说，情绪能力受到 3 方面因素的影响。

1. 生理因素

遗传上气质的不同在很大程度上造成了情绪行为的不同。患有唐氏综合征的孩子情绪调节能力有问题就是因为生理上的原因，一方面大脑中与抑制控制有关的组织发展缓慢，另一方面是生理反应性低。造成的结果是这些孩子很难兴奋起来，一旦兴奋起来又很难控制自己的情绪。

2. 人际的影响

儿童应对压力的能力首先取决于气质特征，但是这些特征受到父母的影响。在一个充满暴力的家庭中，孩子会不断地目睹消极情绪的爆发，他们就不会有控制自己情绪的动机。有抑郁等情绪问题的父母，他们的孩子也常常有抑郁的倾向。

3. 环境的影响

比如低收入的家庭中存在的经济担忧、过分拥挤的住所等都会给孩子的情绪调节能力带来消极影响。再加上父母由于忙碌和焦虑，很少有时间和孩子进行交谈，这会给孩子的情绪能力带来巨大的破坏。但是这并不是说所有贫困家庭中的孩子在情绪上都是失败的，这只是提醒家长们在培养儿童情绪能力的时候不要忽略大环境的影响。

"永远不生气"——环境也能控制情绪

人类学家琼·布里格斯曾经写过一本书叫作《永远不生气》，在书里她记录了自己和北极圈附近的因纽特人一起生活的经历。她在那里居住了 17 个月，借宿在当地一家因纽特人家中，这样她可以在他们的圆顶小房子里面近距离地观察这家人和他们的邻居。

在孩子出生后的前两三年中，儿童允许有生气和愤怒的情绪，但是在那以后，父母会不断地告诉孩子这些情绪是不允许的。他们努力通过各种渠道疏通孩子的消极情绪，用来帮助孩子们获得耐心和自我顺从这些奥特古人的美德。父母不是靠吼叫或者威胁做这些的，而是用语言和脸色平静地表现出他们的禁令。最后社会环境影响的结果是，奥特古儿童比其他地方的孩子明显地缺乏攻击性，而且从很早开始，同伴间的敌意就很少见。

这样的社会环境控制情绪的例子还有很多。比如西太平洋岛上的伊菲鲁克人不允许表现出高兴，他们认为这种情绪是不道德的，会导致人们忽视责任。所以他们在抚养孩子的过程中会避免表现出与这种情绪相关的兴奋。生活在委内瑞拉和巴西边境的雅诺马莫人在人际关系中把凶猛看作最优秀的品质，他们之间的一切问题都用暴力来解决。无论男孩还是女孩都被教育要在与其他孩子的交往中富有攻击性。

情绪发展拥有共同的生理基础，但是情绪后期的发展是受到各种社会经验影响的，结果使得每一个社会文化表现情绪的方式千差万别。每一个社会都会发展出被自己的社会文化所接受的应对情绪的方法。而孩子们即使开始没有任何区别，在社会文化的影响下，为了能够和其他的社会成员顺利交往，也会逐渐发展出被社会所接受的情绪表达方法。为了早日被社会成员所接纳，孩子们总是尽早地学习所在社会的情绪表现规则。

孩子只有早日学会表现规则，才能知道自己在某个情境下要如何合适地表现自己的情绪。在某些场合中，人们常常宽容孩子们的"自然表现"，但是在多数情景中，即使是小孩也要学会掩饰情绪的自然流露，甚至需要用不同的情绪代替自己的真实感受。

"在别人送给你一件他认为你会喜欢的东西的时候，你要看上去高兴"，这似乎是一个在各个社会中都赞同的情绪表现，一位科学家针对这种情绪曾经做过一个实验：

他选择了一批 6 ~ 10 岁的孩子，让他们去帮助一位大人评价教科书，然后这个大人送给他们每人一件漂亮的礼物作为感谢。过几天，这几个孩子又被要求去帮助大人，但是这次只送了一件很普通的适合婴儿玩的玩具。这位科学家对这些孩子接受礼物时候的表情、声音和其他的身体反应都进行了录像。

在回应第一件礼物的时候，孩子们都表现出常见的高兴的神情：微笑，看着大人，真诚地说谢谢。当看见第二件礼物的时候，大一点的孩子很好地掩饰了自己的失望，至少表现出了一些高兴的迹象；可是小一点的孩子就明显地表现出了失望。由此看来，大一点的孩子已经掌握了将外在表现与真实感受区别开来的要求，但是小一点的孩子却刚刚开始学习这个情绪表现方式。

所以，孩子情绪的表达并不是随意的，它往往受到多种因素的影响。社会环境也有很强的控制情绪的能力，因此父母要帮助孩子建立受社会文化接受的情绪表达方式，而不能一味地让孩子总是以"自我为中心"。

0~3岁，难舍的情感依恋期

认识依恋，满足孩子爱的需求

前面我们已经提到过妈妈与孩子之间建立良好的依恋关系对于孩子的重要作用，那么妈妈要怎么做才能更好地满足孩子对爱的需求，建立起稳固的依恋关系呢?

1. 父母要保证孩子有比较固定的依恋对象

依恋关系的建立不是很快就能形成的，它需要经历一个过程，而一个或几个特定的成年人持续照顾孩子是他获得安全感的重要途径。如果父母不能亲自带孩子，或者照顾孩子的人总是在变，那么孩子是很难建立起稳定和安全的依恋关系的。如果孩子的主要照顾者突然离开，由陌生人接替，那么由于这个人不了解孩子的气质与个性，就会使孩子安全感缺失。这也是我们提倡自己的孩子自己带的原因。如果父母真的工作很忙，不得不随时离开，那么家里最好至少有两个人能同时担当起父母的角色，这样在父母离开的时候，孩子不会产生过大的心理落差。

2. 提供充满爱心的照顾

并不是只要孩子与父母在一起就一定能建立起安全的依恋感。孩子先天的气质类型决定了他们有不同的需要，而他们对回应速度和回应方式的要求也是不一样的。这必然会给父母的养育带来很大的难度。所以，即使是生他养他的父母也要充分了解孩子身心发展的规律，与孩子充分磨合后才能通过孩子的行为读懂孩子的想法，并且给予及时准确的回应。父母要善于识别婴儿发出的需求信号，适时地拥抱、谈话、逗孩子笑，这样才能让孩子有真实的被爱的感受和愉快的生活经验。这种互动可以促进孩子与外界的沟通互动，产生对父母的信任感，并且将这种信任感推及他人。其实在孩子的婴儿时期，如果想让他们产生安全感，就要做到"一哭就抱"。因为，此时婴儿与父母唯一的交流手段就是哭。如果他哭时，父母置之不理，则会阻碍亲子间的交流。而一哭就抱，则会让孩子感到自己唯一拥有的交流工具非常有效，不知不觉中就会增加婴儿与父母的互动。而婴儿与外界互动越多，获得的回应越多，他的感情和智力也会成长得越快。父母从小鼓励孩子"发言"，他长大以后就能够更顺畅地与别人交流。

3. 对孩子的需求延迟满足

有的父母担心事事顺着宝宝，会养成他任性的坏习惯。其实这种担心不无道理。科学的做法是，要积极回应孩子的需求，但是不要立即满足。这要怎么做呢？其实很简单，当孩子产生各种需求时，父母可以先用声音和肢体动作回应，让他知道父母听到了他的呼唤，让他学会在希望中忍耐几秒钟。这种几秒钟的忍耐和等待，不仅不会损害婴儿的健康，还会对他的心理健康、智力发育以及交往潜能产生积极的促进作用。

4. 陪伴孩子但不干预行动

孩子在 2 岁左右会进入一个"反抗期"，此时他们希望摆脱大人的控制，自己去探索世界。此时，父母要做的是为孩子提供安全感，但是不要过度保护。很多家长认为陪孩子游戏就是要为孩子做点什么，其实这是一个错误的认识。陪孩子游戏，重点在孩子。

如果孩子需要你参加，你就要及时参与到孩子的游戏中；如果他不需要，你完全可以坐在一边做些自己的事情。其实孩子只要能够听到大人的声音或者知道大人在哪里，就会产生安全感，不会害怕。慢慢地，孩子的安全感得到发展和提高之后，他们就学会了独自玩耍。

总之，当孩子需要关爱时，如果父母能够及时给予，就好像在他的心里建起了一座安全的港湾，这会让他心灵安定，健康成长。

信任关系的最佳建立期

小石头刚刚出生几个月，现在他简直就是家里的"皇帝"，要风得风要雨得雨。有什么事情不满意，咧嘴一哭，爸爸妈妈马上就会在第一时间赶到，看看他出了什么状况。当爸爸妈妈帮他处理好之后，小石头就会看着爸爸妈妈，然后安静地进入梦乡。

每个父母对于孩子都是极富热情和耐心的，他们总是在孩子需要的时候第一时间出现，生怕孩子受了什么委屈；孩子虽然来到这个世界不久，但是很快就会感受到父母对他的这种超乎寻常的热情，当然他也会用自己的"语言"来回应父母，比如哭泣、手舞足蹈或者微笑等，这些都是他给父母的信号。父母往往在接收信号之后满足孩子的愿望。孩子就在发出自己的信号和接收父母信号的过程中逐渐产生了最初的信任感。

孩子通过自己的需求与社会发生最初的联系，他用哭声、表情、姿态来表达自己的需求，这些需求不仅包括吃、喝、拉、撒、睡等生理方面的需求，还包括父母的关注和抚摸的需求。如果父母能够对孩子的需求做出敏感而准确的回应，孩子就会感到周围的人和世界都是可靠的，他们就会在父母给予自己的满足中建立安全感和信任感。

不过现实中我们常常看到父母走进这样的误区：孩子平安地来到这个世界之后，早已经储备了很多提高孩子智商和情商妙招的父母就迫不及待地把这些方法在自己的孩子身上进行实验。对于开发孩子的智商，很多父母已经驾轻就熟，但是在提高情商方面，还有很多误区。父母总是认为只要能够给孩子足够的爱就可以了，但是父母忽略了孩子是有自己的发展规律的。孩子在不同的年龄段所需要的爱的内容和方式也是不同的。父母只有给予孩子需要的爱，才可以养育出身心健康的孩子。那么在孩子生命的早期，他需要的爱是什么样的呢？心理学大师艾里克森指出，孩子在 0～2 岁的时候，心理发展的最重要的任务就是建立信任感，克服对世界的怀疑感。

孩子如果能够建立很好的信任感，就会为他长大以后的人际交往能力打下基础。

那么父母要怎样做才能充分利用这个建立信任感的关键时期呢？

首先要培养对孩子的敏感度。敏感的父母很容易和孩子建立信任关系。因为他们懂得孩子的需要，也知道怎样才能让孩子开心。孩子通常是在体验父母给自己的满足后感到安全并和父母建立信任感的。与父母成功建立信任感的孩子长大后大多数会具有乐观、自信的人格特征。如果父母对孩子的需求不敏感，经常让孩子的期望落空，那么孩子就会对周围的人和世界产生不信任和恐惧的感觉，这样长大的孩子对周围的人和世界也会很冷漠，成人后大多性格悲观、多疑。

多多触摸孩子也能让孩子感觉到父母的爱意，帮助孩子建立信任感。孩子的皮肤十分敏感，他可以通过触摸来感受父母的爱。抚摸不仅会给孩子带来安全和愉快，还能消除他的不安情绪，放松他紧张的神经。

此外，规律的生活也会给孩子带来稳定感与安全感。如果经常变化生活环境和日常作息时间，就会使孩子感到不安。所以父母要保证孩子每天的作息时间相对固定，这样可以使孩子习惯在特定的时间做相同的事情，并且能对下一个即将发生的事件做出预期。

0～2岁不仅是建立信任关系的最佳时期，而且也是建立亲子依恋的最佳时期，所以父母一定要抓住这一时期，让孩子走好迈向社会的第一步！

自己的孩子自己带

奥地利著名的生物学家康拉德·劳伦兹曾经对灰腿鹅进行了一项不寻常的实验。他把灰腿鹅生的蛋分为两组孵化。第一组蛋由母鹅孵化，孵出的雏鹅最先看到的活动物是母鹅。后来出现的现象是母亲走到哪儿，它们就跟到哪儿。第二组蛋使用人工孵化器孵化，雏鹅出世后没有让它们看见自己的母亲，而是让它们最先看到劳伦兹本人。奇怪的事发生了：劳伦兹走到哪儿，小鹅就跟到哪儿，原来小鹅把劳伦兹当作"妈妈"了。

随后劳伦兹把两群小鹅放在一起，扣在一只箱子下面，让母鹅站在不远的地方。当劳伦兹突然把箱子提起时，受到惊吓的小鹅分别朝两个方向跑去：记住母亲的那些小鹅冲向了母鹅，记住劳伦兹的小鹅则朝劳伦兹跑来。

这就是生物学中常见的"印随行为"。以后又有很多科学家对此进行了研究，发现能产生印随行为的动物有许多种，大部分鸟类、豚鼠、绵羊、鹿、山羊、水牛、某些昆虫及多种鱼类都能产生印随行为。

虽然这是发生在动物界的现象，但是也给我们以启示。是什么启示呢？那就是妈妈的工作不能由别人代替，孩子的教育必须要由母亲来承担。小动物出生之后都会本能地追随母亲，何况是有情感、有思想的人类呢？孩子不仅需要生理上的满足，还需要母亲感情的投入。现在很多母亲都是职业女性，也许没有很多的时间和孩子朝夕相处，虽然可以请别人代为照顾孩子的生活起居，但是孩子的教育和平时的感情满足，是任何一个人都不能替代的。

孩子成长的早期环境将会直接影响他成年后的社会关系，决定他与别人相处的模式。

如果他从小没有形成良好的依恋关系，那么日后他在与别人建立信赖关系方面就会出现障碍。孩子刚出生的时候，第一个本能反应就是寻找母亲的乳头，因为这是他与世界的第一个紧密、安全的联系。1岁半之前，孩子需要和母亲亲密相处，才能建立母婴依恋的安全感。如果这个时候，母亲不能照顾孩子，那么这种安全感将很难建立，孩子心里会充满恐惧。

后来劳伦兹又做了一个实验，他把刚出生的小鹅与外界隔离，过了几天再让别的动物去接近它，结果小鹅就再也不找妈妈了，即使母亲出现也不去理睬。劳伦兹把这种现象称为"母亲印刻期"，也叫作"关键期"。这个时期非常有限也很短，错过这个时期，小动物就再也不能形成"母亲印刻期"了，以后也不可能弥补。所以自己的孩子自己带不仅是为了让孩子得到好的教育和形成安全感，从母亲的角度来说，这也是与孩子建立感情的最好时期。只有在这个时候对孩子进行了感情投资，孩子才可能与母亲形成亲密的关系，并把这种与母亲的亲密感保持一辈子。

此外，现在的父母大多是把孩子交给老人抚养，其实这样做虽然自己轻松，但是却拉开了自己与孩子的心理距离，而且对孩子的成长十分不利。

虽然老年人对孩子的爱不能否定，但是他们的爱同样会对孩子产生很大的负面影响。大多数老人都喜欢安静，不愿意外出，而孩子却是时时刻刻需要新鲜的刺激才能健康成长的，孩子的语言能力和交际能力也需要他们不断地与外界接触。老人带大的孩子在认识事物、探究事物上的能力有限，这会让孩子视野狭小，缺乏应有的活力，不利于培养孩子开阔的胸襟和活泼、宽容的性格。这样长大的孩子，不善与人交际，很容易产生交际恐惧症。

孩子是上天赐给父母的天使，每对父母都有抚育他们的责任，除了在生活上的照顾外，心理上的影响更加重要，而这也关系到孩子日后基本心理素质的养成。所以自己的孩子最好自己带，并且抽出尽可能多的时间陪伴孩子成长，这将是父母送给孩子最好的礼物，当然也会成为父母一生中最美好的回忆。

孩子不认生，不一定是好事

在现实生活中，大部分的妈妈似乎都在为孩子的认生而苦恼，有些孩子甚至连看到自己的爸爸都感到害怕。

豆豆就是这样一个孩子。9个月的豆豆每天大多数时候都很开心，总是在屋子里这里看看那里摸摸，但是只要墙上的时钟打过六下，他就会开始莫名地紧张。紧接着，就会传来爸爸开门的声音。这个时候，孩子大哭的声音也会随着爸爸进门而响起。每天这个时候也是爸爸最郁闷的时候，他总是气得直哆嗦："这孩子，每天见到我都哭得上气不接下气的，真是太不像话了！"

从孩子出生到8个月的时候，教育孩子的主要目的是让孩子形成与妈妈之间的依恋关系，也就是孩子和主要抚养人之间的关系。不过，虽然孩子与妈妈之间的依恋关系很重要，但是在孩子8个月之后，也要帮助孩子与家里的其他亲人形成依恋关系。

因为孩子与爸爸的相处时间比较短，所以孩子会开始认生变得害怕爸爸。出现这种情况之后，不管是什么原因造成了孩子与爸爸之间的情感交流不顺畅，爸爸都要开始努力修补这段关系。即使爸爸每天忙得不可开交，也一定要参与到孩子的教育中来，否则造成的结果将会是一生的遗憾。

另外，妈妈也要积极帮助爸爸参与到孩子的教育工作中来。感情的建立不可能是一瞬间的事情，所以妈妈要及时把孩子的动态报告给爸爸，比如孩子喜欢什么、讨厌什么等。

增进与孩子的感情最快捷的方法就是陪孩子一起玩耍。如果发现平时与爸爸不亲近的孩子跟爸爸玩得不亦乐乎，妈妈不要贸然加入这个游戏，不妨在旁边欣赏一下父子之间其乐融融的温馨画面。

相对于"认生"的问题，很多妈妈都觉得不认生是一件好事，如果自己的孩子不认生，妈妈们大多会把这件事当作一件很令人自豪的事情到处炫耀。其实，妈妈的这种认识存在着很大的误区。很多妈妈觉得孩子不认生是性格随和温顺或者处事大方的表现，但是实际上孩子不认生可能会比特别认生存在着更大的问题。

为什么这么说呢？孩子的认生现象是发育过程中出现的正常现象。如果孩子到了一周岁的时候仍然不认生，那么孩子有可能存在下面的三个问题：

1. 依恋障碍

正如我们前面提到的，孩子的认生现象可以说是母子依恋关系是否形成的一张成绩单。一般情况下，孩子最喜欢妈妈，也最喜欢和妈妈亲近，但是如果孩子没有和妈妈形成稳定的依恋关系，那么就会出现谁抱都不哭闹、任何人都可以亲近的现象，这实际上是一种"依恋障碍"。没有形成良好依恋关系的孩子长大后会对周围的一切缺乏安全感，长大成人的孩子很难建立与其他人之间的健康良好的交往关系，合作能力也会比较差。

所以当孩子在1岁左右仍然没有表现出明显的"认生现象"的时候，妈妈要反思自己是不是与孩子之间的关系出现了问题，然后要采取措施及时补救，比如把孩子接回来自己带，或尽可能满足孩子的要求和愿望等措施。

2. 孩子患有孤独症

有些不认生的孩子是患有孤独症的孩子，因为患有孤独症，这些孩子不能与妈妈形成正常的互动关系，也不能正常地认识世界，所以社会性非常缺乏，不能正确地认识其他人。也正是这个原因让孩子不知道什么叫作"认生"。

3. 孩子的智力水平低下

智力水平低下的孩子脑部发育缓慢，到了一定的年龄还不能找出妈妈和其他人之间的区别，所以认生情况会出现得比较晚，但是有些问题比较严重的孩子就不会出现认生的现象。

如果妈妈确定自己已经全身心地照顾孩子，也保证了与孩子相处的时间，可是孩子在8个月左右仍然没有出现认生现象，那么就有必要求助医生来确认孩子是否患有孤独症或者智力低下。

别让孩子患上"肌肤饥饿症"

相信很多人都有过这样的感受，当自己情绪低落或者不开心的时候，自己亲近的人如果能够给我们一个拥抱甚至只是拍拍自己的肩膀，我们内心的痛苦就会减少很多。产生这种感受的原因其实来自我们小时候父母给予的照顾。爸爸妈妈在孩子伤心失望的时候常常会用拥抱和爱抚来表达他们的关切和安慰。最终我们形成了这样的条件反射，那就是只要是亲近的人对我们做出这种动作，我们就会感到踏实和安慰。

其实除了条件反射之外，我们还对拥抱有着天生的依赖。很多研究都得出了这样一个结论："人类和其他的恒温动物都有一种天生的特殊情感需求，也就是互相接触和抚摩。"

这种需求被称为"肌肤饥饿"。刚出生不久的孩子对这种接触的需求更加强烈，所以从某种程度上说，小孩子喜欢大人的拥抱和抚摩是天生的，而这种来自父母的爱抚也是他们健康成长的动力。

心理学家米拉尔德的研究表明，拥抱和触摸的感觉让孩子充满活力并且使大脑的兴奋和抑制达成一种协调。所以，拥抱和触摸能够促进孩子大脑的发育，提高智商并且使他的心态保持平和。

那么如果一个孩子长期处于"肌肤饥饿"状态会怎么样呢？研究证明，长期缺少温柔的爱抚和拥抱的孩子在身体和精神上都会出现问题。首先，孩子会出现食欲下降。许多处于皮肤饥饿中的孩子会出现食欲下降的现象，而因为没有足够的营养，所以孩子的身体发育也会受到影响。此外，缺少肢体接触的孩子还会出现智力发育缓慢的现象。当然，长期的"肌肤饥饿"造成的最严重后果就是对孩子心理问题的影响。他们常常会表现出孤独和胆小的心理，有的孩子也会患上"恋物癖"，他们在正常的恋物期过后依然不能放弃身边的安慰物，总是要搂着那些"安慰物"睡觉。长此以往，孩子极有可能出现极为严重的恋物现象。

所以在孩子的成长过程中，父母一定要适时地给予拥抱，避免他们产生"皮肤饥饿"。在孩子小的时候，父母大多喜欢抱着孩子玩，这是很正确的做法。因为这会让孩子变得更加聪明，促使他们形成健康的人格。有些父母可能会说："我长时间不抱孩子，他也不会哭闹，所以我们家孩子对拥抱的需求少一些。"其实这种认识是错误的。孩子渴望被人拥抱是正常的心理需求，如果孩子对这种接触的需求不强烈，那么父母要注意孩子是不是有心理或者生理上的问题。还有些父母说："我总是抱着孩子的话，孩子长大后就会黏着父母，这样长大的孩子怎么能独立面对社会呢？"这种观点表面上看起来似乎很正确，但是事实上忽略了孩子的成长规律。0～1岁孩子的培养重点并不是他的独立性，而是与父母形成良好的依恋关系，此时的独立性培养只能让孩子丧失健全的人格，是一种得不偿失、揠苗助长的行为。

随着孩子渐渐长大，亲子间的接触也渐渐地减少了。很多父母不知道，青春期是孩子可能产生"肌肤饥饿"的另一个关键时期。这个时期经常被触摸和拥抱的孩子往往拥有比其他孩子更好的心理素质，还能消除孩子的沮丧心理。同时这时候的肢体接触可以大大减少亲子间的摩擦，这对孩子顺利度过青春期大有好处。

让孩子时刻感受你的爱

　　心理学家将人出生后的前三年称为人类的"早产现象"，这是因为人在出生的时候不能像动物那样，拥有一个成熟的大脑，生下来不久就能跑会跳。但是也正是拥有了这种人类的"早产现象"，人类才拥有了高于其他动物几万倍的智慧潜力。而在这三年中促进智慧发展的最好刺激就是母爱。

　　如果一个孩子在生命的最初时刻没有感受到无时无刻的爱，那么他的生理和智力水平的发展以及社会适应能力等方面都会受到严重的影响，轻的是发展缓慢，更加严重的就会出现各种生理和心理上的病变。

　　有人曾经对缺少父母之爱的孤儿院孩子进行了智力和心理方面的研究。研究结果发现，孤儿院的婴儿不仅死亡率高，即使侥幸活了下来，他们的身上也会出现各种问题，比如啼哭、冷漠、笨拙、退缩和缺乏活力。这是因为这些孩子长时间躺在自己的小床上，没有人理睬，只能孤孤单单地长大，以至于很多孩子两岁的时候，智商却仅仅相当于一个正常发育的 10 个月大的孩子的智商。

　　所以，在孩子智力和心理发展的关键时期，父母一定要时刻让孩子感受到自己的爱，要经常向孩子表达爱意，而不是藏在心里。

　　父母和孩子的交往态度和行为以及婴儿天生的气质决定了孩子的依恋类型。如果父母是负责任、充满爱心的人，那么孩子能够形成安全型的依恋；如果父母冷漠，与孩子关系疏远，那么他们永远不可能与孩子建立健康良好的依恋类型。另外表达爱的方式有很多，父母要尽量多地待在孩子身边，有时间就多多抚摸孩子，给孩子做做婴儿体操，并且用温柔的话语多多和孩子聊天，这会在无形中给孩子带来很大的鼓励。

随着孩子的长大，孩子所需要的爱的类型也在变化。如果说3岁之前的孩子需要父母无时无刻地照顾，那么3岁以后的孩子就开始需要父母给他"松松绑"，给他更多的自由。

如果孩子很小的时候，父母就把自己的希望全都寄托在孩子身上，时常对他说"爸爸妈妈这辈子可就指望你了"这样的话，为了实现自己的梦想或者期望，让孩子早早背上梦想的枷锁，在他们应该痛快游戏的时候，带着他们穿梭在各个辅导班和兴趣班之间，还自以为为孩子做出了很大的牺牲，那么这样的爱对孩子来说太苛刻了。因为他们要用自己的一生去满足你的愿望，他只是你的一个"工具"。所以父母要按照孩子的需要来付出爱，而不是按照自己的想法去付出爱，那样只会让孩子被爱压得无法呼吸。

爱孩子的爸爸妈妈，不仅会用行动来表达对孩子的爱，而且还会用合适的语言去表达对孩子的爱，让孩子对父母的爱有一个直观的感受。比如，当孩子拿着一幅画欢快地跑到你的面前时，你可以对孩子说："孩子，你太棒了！"这比你在外拼命挣钱给他们创造更好的物质生活更加重要。对于孩子来说，父母的表扬和肯定才是最珍贵的。

其实，不仅是鼓励，对孩子的批评同样能够体现爱的含义。如果不分青红皂白地对孩子的行为一律采取鼓励的态度，那么最终会把孩子引向失败的人生道路。而在孩子犯错误的时候，用温和的态度指出孩子的错误，并在以后监督孩子改正，才是对孩子负责任的爱。

《左传》里面有这样一句话："父母之爱子，则为之计深远。"是的，为了孩子的一生幸福，父母要及时给予孩子正确的爱，只有为了孩子未来的爱才是对孩子真正的爱。只有得到了这样的爱，孩子才能够为自己的人生负责，依靠自己的翅膀搏击天空，创造未来。

3 ～ 6岁，关键的敏感期

孩子敏感期，妈妈要谨慎

早上，点点妈妈为家里的每个人准备了一个水煮鸡蛋。当妈妈把鸡蛋递给点点的时候，点点没有接住，鸡蛋啪的一声掉到了地上。妈妈想：破了就破了吧，反正鸡蛋都是要剥了壳再吃的。于是没有多想，就把鸡蛋捡了起来再次递给点点。不料点点却不干了，他大声哭着说："鸡蛋破了！我不要吃破的鸡蛋！"妈妈没有办法，只好重新给他换了一个完整的鸡蛋，点点这才开开心心地吃了起来。

点点有一个枕头，枕头上有两只小花猫。妈妈开始的时候没有注意，觉得能枕就行，怎么摆放都无所谓。但是点点不是这样想的，一定要小花猫正对着他才可以。有时候，妈妈摆放错了，他就会大声抗议或者自己重新摆正。只有按他的要求摆放正确他才会安安静静地躺下睡觉。

点点到底是怎么回事呢？是他不听话专门给妈妈找麻烦吗？其实不是的。这个时候的点点是进入了"完美敏感期"。什么是"完美敏感期"呢？此时的孩子有什么表现呢？

进入完美敏感期的孩子对事物的关注已经不仅仅是对物质本身的关注，而是转移到这种物质所带来的精神上来了。这是儿童心理发展的一个重要阶段。进入完美敏感期的孩子非常在意周围的事物是不是符合自己的审美要求，是不是完整没有缺陷的。如果此时的孩子喜欢上一个东西，那么孩子就会连它的形状一起保护起来。比如一个孩子喜欢上一个布娃娃，即使妈妈给这个布娃娃换一件衣服也是不被孩子允许的。当孩子发现自己喜欢的东西形状完整的时候，孩子就会感到欣喜；一旦这个物品的形状受到了破坏，孩子就会发脾气，或者是尽自己最大的努力去还原这个事物的形状，此时的孩子完全不理会家人的劝说。也正是因为这些表现，使孩子的行为受到大人的误解，认为他们无理取闹，不懂事。

其实，如果父母了解完美敏感期的话，就不会去破坏孩子心中建立起来的美好形象。

只有父母有意或者无意地破坏了孩子心中的完美形象，孩子才会发脾气，所以父母不要总是一看见孩子哭闹就指责孩子任性，其实很多时候有可能是父母的错误在先，才引起了孩子的反抗。

所以，当发现孩子开始对事物的要求变得十分苛刻时，父母就要想到孩子可能是进入了完美敏感期，这时候父母要尽量满足孩子对完美的要求，因为这是孩子审美的开始。

保护了孩子对于完美的要求，也就保护了孩子进一步提升自己情感世界的需求。在这个阶段，父母不要破坏孩子的完美需求，如果做错了事情，要尽量去弥补。

当然，孩子的成长过程不仅有完美敏感期，还有许多其他的敏感期，比如对细小事物的敏感期、自我意识的敏感期、秩序敏感期等。在这些敏感期内，孩子会专门吸收环境中某一种事物的特质，无视环境中的其他因素，并且不断地重复这种实践活动，直到内心得到满足或者对这种事物特质的敏锐直觉减弱。而此时，孩子的某一时期特有的敏感期也就随之过去了，以后不会再出现了，若错过了这一时期就很难再重新培养起孩子对这种事物特质的关注。所以，儿童心理学家也把孩子的敏感期称为"学习关键期"或者"教育关键期"。

孩子每通过一个敏感期，他的智力和心理水平的发展就会提升到一个更高的层次。

所以，父母要关注孩子在每个敏感期的表现，在这些敏感时期，每个父母都要谨慎地保护孩子的探索欲望，帮助孩子更深入地了解事物本质，抓住机会帮助孩子充分发展各种能力，千万不要因为自己的误会伤害孩子。

让孩子在玩耍中度过敏感期

婴幼儿智力开发的最好时期就是 0 ~ 6 岁，一旦错过这个时期，就算花费几倍的努力可能也无法获得同样的结果。而这一时期也是孩子的敏感期最集中的时候，所以家长应该充分利用婴幼儿智力开发的最佳时期，抓住敏感期对孩子进行积极的教育。这对孩子的一生都将起到重要的作用。

现在很多家长对于孩子的到来不仅做好了物质上的准备，也做好了教育上的准备，看了很多书来充电，希望能够帮助孩子"赢在起跑线上"。

提起早期教育，相信很多父母都能如数家珍般地列举很多条。但是实际上，很多父母所说的利用敏感期进行早期教育是存在着很大误区的。

很多家长都知道孩子在敏感期内大脑发育非常活跃，于是他们就开始了所谓的"早期教育"。这些教育无非给孩子灌输一些自然知识和科学文化。这些家长希望孩子能够早日掌握这些知识，这样就可以在小学、初中、高中一路遥遥领先于同龄人，直到进入一所名牌大学，成为一名优秀的大学生。

很多学者都对家长的这种心态提出了反对意见。一位教授曾经说过："把本来应该在上小学时教给孩子的知识，结果在他上幼儿园时就教给他了，这根本不能算是什么早期教育。"韩国著名的儿童心理学家申宜真也对这种"早期教育"深感忧虑。她说："孩子1～3岁这个时期，他们的大脑的确在飞速地发展。但是如果因此就希望使用一些人为的手段对他们的大脑进行开发，那么这样的想法是非常危险的。"她在临床上的经验表明，在孩子还非常幼小的时候就强迫他们学习，很可能会增加他们的暴力倾向，同时也会对他们的大脑造成损伤。

那么孩子度过敏感期的最好方式是什么呢？家长又能做些什么呢？这个问题的答案其实非常简单，那就是游戏。研究表明，在儿童时期，直观的体验性教育具有最好的效果，其中玩就是一种直接的体验，是一种非常有价值的学习形式。

在教育专家看来，玩耍和掌握知识一样重要。很多家长都认为，玩耍不过是孩子消磨时间的一种方式而已。但是事实上，玩耍具有非常重要的作用，它也是学习的一种方式。

孩子在出生后不久就已经开始了这样的学习。孩子就是在玩耍中知道了物体的重量，了解了什么是大什么是小，逐渐认识了周围的环境；同时玩耍也可以训练孩子动作的协调性；在了解物体属性的基础上，玩耍还对孩子的创造力、想象力以及解决问题能力的提高有着重要的作用。一个年幼的孩子玩耍的复杂程度通常会让人感到十分吃惊。你可以试着回忆一下孩子在玩过家家的时候所设计出的场景、台词、动作等，一个小小的游戏已经把孩子在社会中可能会遇到的问题提前展现在孩子面前，这样当孩子长大成人之后，就会更熟练地去解决自己遇到的问题。因此，玩耍对于健康的大脑发育和身体发育都是至关重要的，它能够帮助年幼的孩子逐渐理解外面的世界。

在孩子的敏感期，他们对父母只有一个要求，那就是尽情地玩耍。但是这样一个简单的要求，很多父母却不容易做到。也许父母了解玩耍的重要性，但是看到其他的孩子数数已经会数到100，而自己的孩子却把泥巴糊了一脸的时候，他们很难保持内心的平静。父母要勇于面对外界的压力，时时刻刻提醒自己保护好孩子的敏感期和对玩耍的热情，只有玩得好，长大才能学得快。

6～12岁，迷茫的儿童期

孩子迷茫，你知道吗

孩子在6～12岁的时候，会面对他们人生中的两件大事：一件是离开幼儿园，进入小学开始系统地学习文化知识；另一件就是小学升入初中，面临第一次比较大的同龄人之间的竞争。在这两个时期，孩子都是刚入学或者是即将进入一个新的学习阶段，此时压力会突然增加。在压力增大的同时，心理也会出现变化，孩子对未来的生活充满了迷茫和恐惧，这种迷茫和恐惧往往会通过一些异常的行为表现出来，比如不想上学、沉迷网络等。

下面我们来分别看一下这两个阶段孩子的心理压力都来自哪些地方。

6岁是孩子进入小学的年龄，孩子们将要开始面对一个全新的环境，他们不知道这个环境会给自己带来什么，而自己又能对这个环境产生什么样的影响，所以会产生害怕和迷茫的感觉。

从幼儿园踏进小学的校门，对孩子和家庭来说都是一件大事。很多家长会在孩子入学那一天准备一桌好吃的来庆祝孩子的成长。但是从孩子的角度来说，他们的生活发生了翻天覆地的变化，每天除了有上学的兴奋外，还会逐渐感受到学习和其他同学带来的压力，生活一下子变得紧张起来。如果你去问年幼的孩子上学有什么感受，他们的反应大多数是"累"。

如果孩子上小学前没有做好心理准备以及生活习惯上的准

备,那么他们很难一下子爱上校园生活。对这个年龄的孩子来讲，他们表现自己压力的方式可能是"逃学"。他们上学之前会大声哭闹，不愿离开父母；或者是突然"生病"，很多家长可能会以为是孩子装病，但是除了装病之外，孩子的确可能会因为心理上的压力产生身体不适。所以当父母发现孩子上学之后变得体弱多病或者情绪低落，就要及时与孩子沟通，多谈谈学校中发生的事情，引导孩子把对学校的看法说出来，同时父母还要多多向孩子传递学校的正面信息，比如和蔼的老师、可爱的同学以及优美的校园环境等。

　　对于 12 岁的孩子来说，他们最大的压力来自"小升初"的考试，同时这时候的孩子大多已经进入了青春期，心理压力和生理上的变化都会让他们感到困惑和忧虑，这时候的孩子所承受的压力更是显著。又因为此时孩子的行为能力和思维能力得到了进一步的提高，所以他们逐渐有了自己的思想，会产生一种想要脱离父母的心理状态；而对于父母来说，此时孩子能够自己照顾自己的生活，所以对孩子的关心程度很明显不如幼儿时期。这两方面的原因叠加，最终造成的结果是亲子沟通的时间越来越少。甚至有时候孩子鼓足勇气向父母求助，却被父母批评为撒谎、懒惰、没有上进心，这就会使孩子更加迷茫，同时心里更觉得压抑。

　　现实中很多这个时期的孩子迷恋网吧、不喜欢回家，这种行为实际上是孩子牺牲了自己的成长来向父母抗议，同时也是一种很强烈的求救信号。不过当孩子使用这种信号来求救的时候，父母再开始重视孩子的心理，就有些晚了。

其实只要父母在平时多多关注一下孩子的行为，就很容易发现孩子的"求救信号"，然后要寻找合适的机会和孩子交流，对症下药，帮助孩子减压。另外家长还要委婉地为孩子指引今后要走的方向，不要总是指责或是训斥，而是要不断地鼓励孩子，支持孩子。

做孩子的灯塔

安安今年6岁了，在幼儿园的时候是个活跃分子，每天都有说有笑，蹦蹦跳跳的。妈妈原本以为这样的孩子进入小学一定会很快适应环境的，但是没想到只上了两个星期小学，安安就像变了一个人一样，每天安安静静地不再说话，父母跟她说话的时候也是心不在焉的。妈妈以为孩子在学校出了什么问题，就给班主任打了个电话，班主任说："没发现什么异常，安安是个很文静的女孩子。"放下电话，妈妈觉得很奇怪，难道上学能够改变人的性格吗？后来妈妈经过仔细询问才知道，原来安安觉得周围的同学很陌生，不喜欢和他们说话。

一个人在特定的环境中生活时间长了，这个环境就会成为他的一部分；每件物品也不再是单纯的物品，其中渗透了他的情感。环境中物品的组合方式、自己与周围人之间的关系都成为生活的一部分，这种情况就是我们常说的"同化"。而孩子离开幼儿园来到小学不仅在环境上有很大的改变，而且小学对孩子的培养重点和要求也会产生很大的改变，这是一个较大的跨度，适应起来比较困难。为了避免孩子在这个阶段产生迷茫，家长应该做孩子生活和学习中的灯塔，把他引导到正确的航向上来。

其实对于孩子如何适应小学的问题，最好是提前引导孩子适应小学生活，让孩子在入学之前就对校园生活有个初步的认识。

1. 逐步改变孩子的作息时间

学校有自己的制度和计划安排，所以要求孩子不能迟到。在这种情况下，孩子通常需要早上7点之前就起床，因此为了保证孩子充足的睡眠，父母要让孩子提前上床睡觉，而不是像上幼儿园的时候一样比较灵活地安排时间。

2. 提前带孩子到学校参观、熟悉环境

开学前，父母可以带孩子到学校参观，让孩子认识上学的路线，然后告诉他学校的一些设施和活动场所，并且给他描述在教室上课的情况与课外活动的种种乐趣，逐步培养孩子对学校产生好感，熟悉环境。

3. 利用孩子提出的问题让他对学校产生向往

孩子总是喜欢提出各种各样的问题，家长在给孩子解答的时候可以说："你问的问题越来越有深度了，妈妈也不完全懂，等你上学了，老师会告诉你的。""到学校上学，你会学到很多知识。"这样孩子就会对上学产生兴趣，并且在脑海中形成一个初步的概念。

4. 培养学习兴趣

爱玩是孩子的天性，贪玩并不奇怪，所以父母不要惊慌，而是要开动脑筋把玩和学习联系起来。学习形式多种多样，当孩子不肯读书时，可以找几个小朋友到家里和孩子一起读。出去玩的

时候，也可以引导孩子对一朵鲜花，或者一件事情进行描述，这样既能让孩子玩得开心，也可以让孩子学得轻松。

5. 鼓励孩子参加集体活动

到了学校，集体生活会逐渐占据孩子的大部分时间。刚进入小学的孩子与同学相处的时候可能会不习惯，也会因此对学校生活产生恐惧感。这时候，父母要多多鼓励孩子参加集体活动，如运动会、游戏等，也要放手让孩子去同学家玩，或者邀请同学到自己家。让孩子在活动中学会与人交往，逐渐适应小学生活。

帮助孩子安全度过青春期

一位心理咨询师说：每年的 9 月开学之际，也是我们心理咨询中心最繁忙的时候。这个时候，每天都会有很多新生哭丧着脸走进咨询室，其中大多数是刚刚进入新学校的初中生或者高中生。他们会在这里讲述自己在新生活中的种种不愉快，怀念自己以前的生活。

有这样一个刚进入初中的男生，刚进学校的时候，充满好奇，情绪也很高涨，可是新鲜劲儿一过，他的情绪就陷入谷底了。他是住校生，每天早上醒来哭一次，傍晚时分哭一次，晚上躺在床上不睡觉，偷偷地流眼泪，他也很少与班上的同学说话，只是每天都要给父母打 2～3 次电话，而父母呢，也没有询问过孩子是否与同学交往顺利，是否能够吃饱睡好，只是不停地询问孩子的功课。

其实，这是新生适应不良综合征的表现，在很多新生中会不同程度地出现。在新的学习环境中，身体和心理上的变化会给孩子带来不安，自我独立意识与父母期望也有矛盾，这往往让刚刚进入初中的孩子不知所措，充满迷茫。

作为家长，应该如何帮助孩子度过这个新生活的起始阶段，让孩子更好地适应中学生活呢？

（1）对新生来说，最初的一个月是适应期。他们从课业压力相对较小的小学进入功课繁重的中学，内心的紧张不言而喻。而在心理紧张的情况下，很多孩子还开始了住校生活，这让他们不能与父母及时沟通，无法倾诉自己的烦恼。所以家长一定要利用好周末时光，多多观察孩子的行为，多跟孩子聊聊中学生活，也可以计划一些活动，比如短途的旅游等，这都能增进亲子感情，帮助他们发泄不良情绪。

（2）引导他们憧憬未来。很多新生进入初中后会强烈地想念小学的生活，这是他们对新的变化适应不良的表现。在这种情况下，父母要和孩子聊聊对未来的向往，让他们自己想象初中生活的美好，这样他们就会逐渐摆脱对过去的生活模式的依赖。

（3）孩子进入中学的时候大多处于青春期，他们的身心也悄悄地发生着变化。此时孩子可能不会像以前一样活泼，父母不要感到失落，进而对孩子大发脾气，试图控制孩子。父母要在心里告诉自己，孩子长大了，自己要改变对待孩子的态度。这个时候，父母一定要学会倾听孩子的心声，尊重孩子的隐私。

在孩子刚刚进入初中的时候，父母还有一个很重要的任务，**就是帮助孩子树立人生的理想和目标。**

有一位 13 岁的少年，刚刚进入初中，是班里的班长，各方面都很优秀，是个前途无量的孩子。有一天，他看了一个电视节目，记者现场采访一个偏僻乡村的放牛娃。"你在这儿放牛做什么？""让牛长大！""牛长大以后呢？""卖钱，盖房子。""有了房子做什么？""娶媳妇，生娃。""生了娃呢？""让他也来放牛呗！"

没想到这几句远在千里之外的问答，却让这个 13 岁少年对未来失去兴趣和希望。他在日记中写道："看了电视，我想到了自己——我为什么读书？考大学。考上大学又为什么？找一份好工作。有了好工作又怎样？找个好老婆。然后呢？生孩子，让他也读书，考大学，找工作，娶媳妇……生命轮回，周而复始。这样的生活没有意义，这样的生命没有价值。"

对于刚刚升入初中的孩子来说，他们很容易产生迷茫感，失去自己的方向。所以父母要多与孩子交流，帮助他树立远大的目标，并且把这些目标拆分成一个个可以实现的小目标，让他每天都活在对自己未来的憧憬里。如果那个 13 岁孩子的父母能够及时在孩子的心里撒下一片理想阳光的话，也许这样的生命悲剧就可以避免。

别在学习上给孩子施高压

我们在生活中常常可以听到这样的事情：

"我们家孩子不知道怎么回事，平时的测验都发挥得很好，一到关键时刻就掉链子。碰上期中考试或者期末考试这样的'大考'，就表现很差。真怀疑他平时是不是作弊。""我们同事的儿子参加中考晕倒在考场上了。听说是因为看到一道平时没见过的题，马上就呼吸急促，整个人都慌了。"

其实这种感觉我们都不陌生，就是越紧张事情越做不好，越发挥不出原有的水平。

其实这可以用心理学上的"动机适度原理"来解释。在心理学上，"动机水平"是指一个人渴望完成一项任务的程度。心理学家通过研究发现，在一般情况下，动机水平越高，学习或者工作的效率就会增加。但是如果动机水平过高的话，学习和工作的效率反而会降低。美国心理学家耶克斯和多德森认为，中等程度的动机水平最有利于效果的提高。这就是"动机适度原理"。

望子成龙、望女成凤的心态可以理解，但是父母过度的期待只能给孩子带来负面的影响，取得适得其反的效果，既让孩子在考试和学习中表现失常，也剥夺了孩子应该有的快乐。

在竞争压力越来越大的今天，不需要家长的教育，很多孩子也已经感受到了很大的压力。

在这种情况下，父母就更不能对孩子的学习施以高压，而是要保持平常心。当孩子拼命学习、给自己施加过高压力的时候，父母还要学会给孩子减压。

我们常常会听到孩子说："我要不惜一切代价保证考试成功！""如果我考试不好，很没面子，别人都看不起我！""如果考不好，我以后怎么办？"这些话虽然能表现出孩子的决心，但是也是心理压力过大的表现。这时候父母要帮助孩子减压："考不好也没有多大的关系，一次考试并不能决定什么，关键还是看个人的素质和能力。你只要尽最大努力去考就好，考不好爸爸妈妈也还是你的爸爸妈妈，天塌下来还有我们帮你顶着呢！把心态放轻松就好了！"总之，父母要做的就是让孩子总是在适度的压力下学习，既不过高，也不过低。

此外父母也要真正改变自己的心态，不要把孩子的成绩看得过于重要，相对来说，发现孩子的优势和劣势才是父母最重要的任务。

奥托·瓦拉赫小时候，父母希望他走文学之路，结果老师写下了这样的评语："他很用功，但是过分拘泥，这样的人不可能在文学上有很高的造诣。"接着，根据瓦拉赫自己的想法，妈妈又让他去学油画，可是评语是："你在绘画艺术方面不可造就！"

父母看到这两个评语，几乎绝望了。但是一位化学老师却觉得这个"笨拙"的学生做事一丝不苟，是个研究化学的好材料。结果化学激发了他的潜能，这个文学和绘画上的"差生"，摇身一变成了"化学天才"，最终获得了诺贝尔化学奖。

心理学研究表明，每个正常的孩子都具有一定的"潜能"。所以父母要充分地了解自己的孩子，帮助孩子把优势发挥出来，而不是根据自己的主观愿望和片面印象帮助孩子设定属于他的未来。很多孩子可能不擅长学习数学，但是他可能在音乐上有很高的天分；也有的孩子不喜欢课堂上的学习，那么一些独特的教学方法可能会开启他智慧的大门。

因此，父母完全没有必要纠结于孩子的学习成绩，给他们很大的压力，父母最应该做的是发现孩子的优势，让他们充分发挥自己的潜能，成为一个对社会有用的人，拥有幸福快乐的人生。

第二章
成长期孩子的情绪秘密

孩子心里藏着小秘密

孩子怕黑，这是心理问题吗

怕黑是孩子普遍存在的问题，轻度的怕黑是正常的，但是如果孩子过分怕黑，甚至惧怕黑夜，将会影响孩子性格的正常发展。孩子怕黑并不是天生的，基本发生在3岁以后，是孩子开始初步接触社会并渐渐开始懂事以后才出现的。很多家长对于孩子的怕黑问题总是不太重视，认为孩子还小，怕黑是正常的，等到孩子有些过分怕黑的时候却不知道该如何做，没有及时查出孩子怕黑的原因，也没有对孩子进行引导，从而让孩子产生心理上的疾病。

孩子对黑暗产生恐惧很大程度上来源于条件反射，如果孩子曾经在黑暗中受到过惊吓，或者看过或想象过某些存在于黑暗中的事物，就很有可能将黑暗与这些负面形象联系在一起，形成条件刺激。再次进入到黑暗的环境中的时候，孩子就会触景生情，产生恐惧心理。

然而，很多父母或者孩子的监护人在照看孩子的时候，因为不愿意让孩子在晚上外出，就会编造一些关于黑夜鬼怪的形象来吓唬孩子，从而阻止孩子外出。或者给孩子讲一些关于黑暗和鬼怪的故事，让孩子看一些关于黑暗和鬼怪的电视节目和故事书等，这些都有可能是孩子对黑夜产生恐惧心理的来源。

当然，孩子由于年龄比较小，只能想到自己看到的事物，但是怕黑的孩子已经知道看不见的东西也是有可能存在的，只不过是因为太黑遮住了这些事物，人们没有办法看到罢了，这说明怕黑的孩子对事物有了更为深刻的认识，只不过受到年龄的限制，心理发育还不成熟，还没有达到唯物论的阶段。所以，他们不会明白，原本不存在的东西，并不会在黑暗中滋生出来。因而孩子很有可能会想象有怪兽或者凶恶的大狗藏在黑暗的地方，白天喜欢的玩具也有可能在夜晚变成怪物……这就造成了孩子不敢在黑夜外出，害怕任何黑暗的地方。孩子的恐惧心理在很大程度上来源于他们丰富的想象力和无法区分现实与梦幻，等到五六岁之后，孩子才能清楚地认识到什么是真实的，什么是虚幻的。

还有一种原因是孩子单纯地模仿。不可否认现在有很多年轻的父母自己本身就很怕黑，尤其是妈妈，在带着孩子走夜路的时候就会显得十分紧张和焦虑。这种不安的情绪很容易就会传染给孩子，从而加剧孩子怕黑的心理。孩子由于学习能力特别强，很容易模仿父母的行为，因此也有可能会变得胆小怕黑。

如果孩子怕黑的程度十分严重，就很可能并不只是心理的问题，很可能是孩子患有夜盲症。英国格拉斯哥眼科专家戈登·达顿在《英国医学杂志》上描述了他遇到的患有先天性夜盲症的孩子，这些孩子虽然在光线充足的环境下能看见东西，但是在黑暗中几乎什么也看不见。他发现，这些孩子无一例外地对黑感到极度的恐惧。夜盲症是缺乏维生素 A 引起的一种眼疾，患者在暗环境下或者夜晚视力很差，甚至完全看不见东西。如果孩子真的极度怕黑，父母不要只是责怪孩子胆小，如果很严重的话要及时带孩子去看医生，诊断孩子是否属于夜盲症。

豆豆的妈妈发现 3 岁的豆豆突然变得很怕黑，晚上不敢单独睡觉，上厕所也要妈妈跟着才敢去，要不然就算是尿裤子了也绝不去厕所。就算爸爸妈妈都在身边，如果有一个房间没有开灯，他也坚决不进去，更别说晚上让他自己在一个房间里了，他总是大人走到哪里就跟到哪里。吃完晚饭，妈妈去刷碗，豆豆就跟着去厨房，妈妈去洗衣服，他就站在洗漱间门口看着，就是不肯自己在客厅看电视。妈妈说房间都是相通的，妈妈完全可以听得到豆豆的声音，也可以看到豆豆，可是豆豆还是不敢自己在客厅。

天一黑，豆豆就会变得特别慌乱和害怕，妈妈问他害怕什么，他只是摇头，却说不出为什么，问急了就会哭起来。睡觉的时候还不允许妈妈关灯，一定要开着灯睡觉，有时等豆豆睡着了，妈妈就把灯关上，可是豆豆半夜醒来时看到没有开灯就会吓得大哭。有一次，家里的保险丝断了，整个房间一片黑暗，这下豆豆害怕极了，哇哇大哭起来，无论妈妈怎么安抚都没有用，直到爸爸把保险丝接上，房间重新亮起来，豆豆才慢慢停止了哭泣。

爸爸妈妈一直以为豆豆这么怕黑是因为他的胆子太小

了，觉得他随着年龄的增长会慢慢地好起来，可是这种情况并没有随着时间的推移而有所好转，反而更加严重，豆豆的爸爸妈妈也开始担心孩子是不是有什么问题。

很多家长都会像豆豆的爸爸妈妈一样困惑，不明白为什么孩子突然在某一个时间点开始变得怕黑了，然后就会想当然地认为孩子是胆小，等年龄大了就自然会好。然而，有的孩子即使上小学了还是会怕黑，这就需要父母了解孩子怕黑的原因，是生理上的原因还是心理上的原因。如果是生理上的原因就要带孩子去医院接受治疗。如果是心理上的原因，不是很严重的话，父母则可以通过及时的引导，帮助孩子战胜恐惧。

首先，父母应该要明确孩子产生恐惧心理的原因。比如，当孩子害怕黑暗的时候，不要只是安抚孩子，更不能批评或者嘲笑孩子，而是应该先弄明白孩子害怕的是什么，要认真和孩子沟通，了解孩子恐惧的来源，之后才能对症下药。当孩子倾诉的时候，千万不要嘲笑孩子，要认同他的恐惧并及早加以疏导。这样可以避免孩子因为害怕被嘲笑而不再与家长沟通。

其次，可以利用条件反射将黑暗与美好的事物联系起来。比如，给孩子建立黑暗也可以很美好的印象。可以带孩子在夜空下散步，观察美丽的星空，给孩子讲月亮上的嫦娥和玉兔的故事，或者在黑暗中和孩子做一些有趣的小游戏，让孩子明白即使在黑暗中也可以有很多乐趣，也可以保持愉快的心情。当然，在晚上给孩子讲故事的时候，尽量不要讲一些有关黑暗的恐怖的故事，以免加剧孩子恐惧的心理，要尽量讲一些美好的故事，让孩子建立黑暗—美好的条件反射。这样孩子就不会再对黑暗感到害怕了。

他很喜欢模仿，有办法解决吗

几乎所有的父母都会发现，孩子在某一个阶段十分喜欢模仿大人，无论是语言还是动作，抑或是性格，他们都会去模仿。对此，很多家长喜忧参半。孩子愿意模仿自己良好的行为，这让父母非常欣慰。但是孩子对一些不良的行为也模仿得很起劲，此时父母就会担心长久下去会对孩子的成长不利。可是面对孩子热衷于模仿的事情，父母实在不知道是阻止好呢，还是不闻不问好。

从心理学上来讲，模仿是每个人都具有的一种心理机制，或者说是一种本能。在日常生活中，我们每一个人都正在模仿或者有过模仿的行为，即有意或者无意地效仿和再现与他人类似的行为。可以这样说，"模仿效应"在对孩子的教育中非常重要，它是最基本的学习手段，也是我们人类创造发明的基础。孩子生下来的时候就像一张白纸，之所以会学会各种各样的本领，有了自己的思想以及行为方式，在很大程度上都要归功于孩子的模仿行为。由此可见，养育孩子，就应该培养他们的模仿能力，当然，还要引导孩子多模仿良好的行为。

因此，对于孩子的模仿行为，父母实在不必太过担忧，模仿是孩子的天性，也是孩子的学习方式。孩子的模仿行为大多数是受到孩子好奇心理的驱使而发生的，而且整个模仿过程也是孩子在学习的过程。好的习惯可以经由模仿而固定下来，坏的习惯如果不加以制止也可能会遗留下来，从而对孩子的成长产生不利的影响。因此，对于孩子的模仿行为，父母们要多重视，并及时加以引导，要知道孩子的模仿对其一生的成长都有非常重要的影响。

孩子在小的时候接触的事物非常有限，懂得的知识也很少。但是随着年龄的增长，孩子接触事物的范围不断扩大，视野变得更加开阔，看见别人玩什么自己也会想要玩，并在玩的过程中开始通过模仿现实生活、电影、电视剧或者书本中的行为来积累经验，逐步固化为自己的行为。其实孩子在很小的时候就已经开始模仿了，比如孩子的牙牙学语就是对成人交流说话的一种模仿，但是孩子由于年龄小，只能模仿一些简单的行为动作。而当孩子到了三四岁的时候，他们的模仿能力会有很大的进步，模仿得也更加惟妙惟肖，对模仿的兴趣更是有增无减。

文博最近非常喜欢模仿大人的动作，就算是大人打一个喷嚏，他也会有模有样地学一下。坐在沙发上看电视的时候，看到爸爸抬头，文博也立刻抬起头；爸爸的手机响了，接了个电话，文博看到后立刻拿起茶几上的电视遥控器装作打电话的样子，还跟真的一样在说话；妈妈说钟表不准了，让爸爸看一下是不是哪里坏了，文博看到爸爸在修钟表，他也非要修东西不可，并拿着螺丝刀找出自己的玩具汽车认真地修起来；爸爸修完钟表之后伸了个懒腰，小家伙立刻放下螺丝刀，学着爸爸的样子也伸了个懒腰。这一系列的模仿，把妈妈逗乐了，爸爸却不知道做什么好了——无论做什么文博都要学一学。

有时候，文博也会跟着妈妈学。有一次吃饭的时候，妈妈喊他："文博，洗手吃饭了。"正在玩积木的文博听到后就说："文博，洗手吃饭了。"洗手后到了饭桌前，妈妈说："坐下。"文博就说："坐下。"妈妈夹了一块肉放在文博的碗中说："多吃肉，长得快。"文博也学着妈妈的样子夹一块肉放在妈妈的碗中说："多吃肉，长得快。"妈妈笑着说："不要学我！"文博也笑着说："不要学我！"看到文博这样说一句学一句，妈妈只好不说话只吃饭了，文博也立刻开始好好吃饭，不再说话。

原本学一些这样的行为或是妈妈的语言都没什么，有时妈妈还觉得这样会让文博学会很多的事情和一些语言的表达。但是前不久，文博在看电视的时候发现动画片里有一些卡通人物在打架，其中一个小人伸手就打了另一个小人的头一下，后来文博在与小朋友玩的时候也学着电视中的样子伸手就打了一个小朋友的头一下，那个小朋友立刻就哭了，文博开心得不得了，还对人家说："这样打不疼，电视上都没哭，你干吗哭啊？"弄得妈妈赶紧给人家道歉。可是又没办法完全阻止孩子看电视，现在的电视节目因为剧情需要难免会有暴力镜头，文博这么爱模仿，妈妈真担心文博会学坏呢。

模仿对孩子的生长发育以及认知能力都有很大的影响。因为这个时期的孩子受到心理发育的限制，判断能力非常差，还不具备分辨好坏的能力，他们只是对一些感兴趣的行为和语言进行模仿，却并不知道自己模仿的行为是好的还是坏的，而是照单全收。就像例子中的文博，他对于爸爸妈妈还有电视中的行为动作都会去模仿，但是无法分辨好坏，以至于打人的行为他也会去模仿，还觉得十分有趣。

所以以身为父母，应该在孩子喜欢模仿的时期为孩子提供良好的"模仿环境"，并以身作则，做个好榜样，因为孩子最初模仿的和最喜欢模仿的就是父母的言行举止。比如父母在心情烦躁的时候不要发脾气，更不要直接骂出脏话，而是用深呼吸代替，尤其是在孩子面前，一定要注意自己的言行。这样孩子就会模仿父母，在遇到类似的情形时可以快速平静下来。

另外，现在的媒体发展迅速，电影、电视剧已经是孩子每天都会接触的信息，而这些影视作品中经常会有些暴力或者其他比较负面的行为。所以，父母要尽量陪着孩子一起看电视，对于其中的暴力行为要及时向孩子解释，并引导他们学习正确的行为，摒弃和排斥不良举动。比如在看到打架的场景时，父母可以对孩子说："你看这些被打的人多疼啊，打人是非常不好的行为，坏人才会这样做，我们要友善对待身边的人，不能和这个人一样去打人啊，要不大家都不喜欢你了。"一旦发现孩子有这样的行为，父母要及时纠正，不要一味打个马虎眼就过去了。虽然孩子长大了自然就会懂事了，但是这些行为的不可模仿性要靠父母在孩子小的时候一点一滴地纠正才能在孩子的心里牢固建立，为孩子日后的健康成长打下好的基础。

通过模仿，孩子不仅能够学会各种各样的技能，更好地了解这个世界，获得许多的认知经验，还可以在模仿的过程中获得许多有益的情绪感受。所以，模仿对于孩子的成长有着深远的意义，父母应该想办法让模仿发挥最好的效用。当然，即便模仿再怎么重要，父母也不宜全盘鼓励孩子的模仿行为，而是要适时培养孩子独立创新的能力，鼓励孩子发表不同于他人的意见，进行自主活动，有自己的思考和想法，这样才能开发孩子的创造性思维。

5 岁了还带着玩具熊，怎么回事

许多家长应该都有这样的经历，就是孩子忽然特别喜欢某一样物品，可能是纽扣、手帕、玩具，或者是小被子、小枕头之类的东西，以此来满足对母亲的依赖，提升自身的安全感。他们往往非常喜欢这个物品，甚至要随身携带，而且拒绝父母为他换一个新的。

其实，这是孩子对物品产生了依赖心理，是孩子在成长过程中出现的非常正常的现象。这些物品只是孩子情感的慰藉物，只要孩子不是一天 24 小时抱在身上，依恋程度比较浅，没有影响到孩子正常的生活作息，父母就可以不用太过担心，等孩子稍微长大一些，情况一般就会自行好转。当然，如果孩子对物品的这种依恋程度比较深，走到哪里都要带着不离身，那么情况就相对比较严重了，可能会影响孩子的心理发展。对此，父母就需要高度重视，孩子的这种极度依恋某种物品的行为可能与孩子缺乏安全感有关。

孩子依恋的物品大多数是比较柔软和可接近的，孩子可能将它们当作自己父母的替代品，尤其是父母不经常在孩子身边的情况下，孩子更有可能由于"肌肤饥渴"而过度依赖某种物品，想象这是爸爸妈妈在陪着自己。还有就是孩子的父母因感情不和而经常吵架，或者对孩子有一些较为暴力的行为，以及孩子和亲人的离别等，这些刺激都有可能会让孩子丧失安全感，从而将自己封闭起来，把自己的情感转移到固定的物品上，不愿与人沟通和交流。

也有一些家长会担心孩子的这种恋物行为可能会让其产生"恋物癖"。在这里我们要区分一下，恋物癖是性欲倒错的一种，指在强烈的性欲望和性兴奋的驱使下，反复收集一种物品，比如内衣、内裤等，并以此得到性兴奋和性满足的一种性现象。恋物癖是一种成瘾性心理疾病，属于冲动控制障碍的一种类型，与道德水平和意志力无关。这种弊病多见于男性，常常会引发患者不惜用偷窃、抢劫等非法手段去获取迷恋的物品。恋物癖患者在偷窃所迷恋物品的前后，心理是非常复杂和矛盾的：在没有得手之前，往往感到焦虑、紧张和不安；一旦得手，虽然性心理得到满足，但常常又会憎恨自己的行为，从而产生自责、悔恨、痛苦、自卑等心理冲突。因此，患者常有改过之心，而无改过之举。

可以说恋物癖是一种人格心理障碍，而孩子的恋物，只是一定阶段心理上获得的一种满足。如果父母满足了孩子爱的需要，孩子内心感到安全，就不会出现恋物行为。当然，由于恋物癖男性发生的概率比较高，父母也要提早进行预防。平时，妈妈不要在孩子面前更换内衣，不要玩弄男孩的性器官，夫妻性生活要避免让孩子看到。

有很多男孩会有恋母情结，3～5岁是幼儿恋母情结转化的时间。妈妈不要过于溺爱男孩，要帮助孩子把爱转移到爸爸身上，认可并学习爸爸的优良品质，这样男孩就会摆脱恋母情结，形成独立性格，也就避免了孩子将来到达青春期以后可能会产生恋物癖的心理问题。家长也不必过于担心，即使6岁前的孩子有恋物倾向，只要父母引导有方，也能改变和转化过来。

萱萱的爸爸在萱萱还小的时候就给她买了一个玩具小熊，萱萱特别喜欢这只小熊，走到哪里都要带着它，并且和它说话，喂它吃饭，睡觉的时候也要抱着小熊才能入睡，更让妈妈不能理解的是，萱萱上厕所的时候也要带着小熊一起去。有的时候，妈妈觉得小熊太脏了，就跟萱萱说洗一洗小熊，萱萱却坚决不同意，不愿和小熊分开。妈妈只好趁萱萱睡觉的时候偷偷拿出来，把小熊洗干净晾在阳台上。第二天萱萱醒来看不见小熊立刻大哭大闹起来，妈妈说小熊在阳台上呢，萱萱就一直坐在阳台上等着小熊晾干了，再抱着它开始正常的活动。

妈妈也试着采取了很多办法，想让萱萱不要再整天抱着玩具熊。有一次，妈妈把小熊藏了起来，告诉萱萱小熊丢了，结果萱萱大哭不止，怎么哄都哄不好，饭也不吃了，嗓子都哭哑了。妈妈没办法，只好又把小熊找了出来。在家里整天抱着小熊还好，可是在外出时，萱萱也要抱着，还不允许别人碰她的小熊。

更让妈妈发愁的是，萱萱已经开始上幼儿园了，可她每天还是要带着玩具熊，如果不让她带着小熊，萱萱就不肯走进幼儿园的门口。妈妈告诉萱萱别的小朋友都不会整天抱着小熊，要放下小熊和小朋友们玩，但是老师说在班上萱萱也是一直抱着小熊，要是有别的小朋友趁她不注意抱一抱，萱萱就会哭起来。妈妈对此真的是无可奈何，好好说她不听，强行把小熊带走也不行，真的是不知道该怎么办好了。

例子中的萱萱走到哪里都要带着玩具熊，甚至上幼儿园也要带着它，这种情况已经属于比较严重的恋物了，很有可能会影响孩子的心理发展。

要想养育一个身心健康的孩子，父母一定要明白，不仅要满足孩子的衣食住行，还要关照孩子的内心需要，这样孩子才能健康成长，拥有健全的人格和丰富的精神世界。父母要尽可能地亲自抚养孩子，平时多给孩子一些拥抱、亲吻，多和孩子玩耍。父母的拥抱能让孩子感受到被爱，可以在拥抱孩子的时候说：我在你身边；我爱你；别怕，还有我呢；妈妈去上班，下班就回家陪你；摔倒了不要紧；你很安全……这样，孩子即使喜欢某个玩具，也不会把它当作精神的寄托。

如果父母平时陪伴孩子的时间很少，孩子经常陷入孤单中，那么孩子很容易把情感寄托在自己常玩的玩具上。所以，父母在尽可能地寻找机会与孩子亲近的基础上，还要让孩子的生活变得更加丰富多彩。当然，如果孩子就是玩具不离身，父母也可以告诉孩子，玩具很容易沾染细菌，经常抱着容易传染皮肤病，红肿发痒很难受，还要去医院。孩子一般都比较害怕去医院，这样就可以让孩子不再那么迷恋玩具了。

当然，对于孩子正常的依恋行为家长可以不做过多干预，孩子随着年龄的增长会逐步建立起与同龄人的友好关系，从而放弃这些依恋物品。如果家长粗暴干涉，反而可能会适得其反。只是对于比较严重的情况，比如孩子对物品的依赖已经干扰到孩子的正常生活了，就像例子中的萱萱那样，家长就需要注意采取相应的措施，帮助孩子建立安全感，否则会使孩子性格孤僻，甚至自闭。当然，在干预的时候要注意采取适当的方法，尽量采取比较温和的方式，和孩子商量或者和孩子一起举办物品告别仪式等。这样可以让孩子在心情愉快和轻松的环境中慢慢淡忘这种依恋的情结，从而更好地投入现实生活。

孩子很依赖妈妈，该怎么办

孩子都已经上幼儿园了，可是还是经常缠着妈妈，妈妈走到哪里孩子就跟到哪里，一会儿看不到就会焦虑不安，甚至大哭。相信有很多家长，尤其是妈妈都会遇到这样的情况，这其实是孩子对父母的一种依赖心理。家长们对于孩子的依赖，一方面可能觉得很欣慰，另一方面又认为给生活带来了很多的不便，也有些家长担心孩子这样黏人会不会有什么心理问题，因此难免有些担忧。

孩子依赖性强，特别黏人，典型表现为：生活上喜欢依赖他人；情绪上也喜欢依赖他人，尤其是妈妈。孩子依赖心理的产生多半与其所处的环境有关，假如能给孩子一个独立性的空间，父母尽可能地让孩子自己做事情，那么自然能消除孩子的依赖心理。久而久之，即使在家里也能慢慢脱离对父母的过分依赖，养成自己去做力所能及的事情的好习惯。

在心理学上有一个过度理由效应，一般来讲，大多数人在生活中常会有这样的体验：当得到了亲朋好友的帮助时，会认为这是理所应当的。这种效应体现在孩子身上就是：当他在家里时，他就会认为爸爸妈妈对他的照顾是理所应当的，所以他在家里表现得特别缠人，但是当他到了幼儿园就会变乖了。这是因为孩子有足够的理由依赖父母，但无法像依赖父母那样依赖老师。

心理专家将孩子的依赖心理分为安全依赖心理和不安全依赖心理两种。

安全依赖心理是指孩子对自己的看护人建立了深厚的信任感，认为自己的看护人是爱自己的，并会好好照顾自己，这种依赖有助于孩子的心理健康；而不安全的依赖心理是指孩子意识到他不能完全靠自己的看护人来满足自己的需求，此时孩子更容易与成人或同龄人建立脆弱的人际关系，但是孩子会害怕进入他人的世界，更喜欢独处，因而不愿意和他人接触。很显然，后一种的依赖心理对孩子的心理发展十分不利，这个时候就需要父母及时对孩子加以引导，尽量帮助孩子建立安全感。

针对孩子的依赖心理，父母们要分清楚是哪一种。辨别依赖心理关键要看孩子是否愿意探索周围的环境，当自己依赖的人重新回来时，孩子是否会显得高兴。如果孩子显得很开心，那就说明孩子和依赖对象建立的是一种比较正常而安全的依赖关系。这种安全的依赖关系的培养需要父母尽可能多地照顾孩子，陪孩子做游戏。一个小动作或者小行为都可能会让孩子感受到家长的爱，比如对孩子多一点微笑、多抱一下孩子、亲吻孩子等。当然，父母也不要将所有的精力和重心都放在孩子身上，要给孩子一些独立的时间。在离开孩子之前要和孩子说清楚，例如："妈妈先离开一下，马上就会回来。"和孩子说话的时候一定要轻声细语，不要给孩子带来负面的情绪影响，同时父母一定要守时，不要给孩子带来不信任和不安全的感觉。

欣桐已经 3 岁多了，很多事情都已经学会自己做了，穿衣服、穿鞋子、洗脸、刷牙、吃饭等，这些事情她都可以做得很好了。但是欣桐整天缠着妈妈要这要那，就连玩玩具也要妈妈陪着一起玩，一刻也不能离开妈妈。

每天早晨起床之后，欣桐什么事情都要依赖妈妈来做，无论是穿衣服、穿鞋，还是洗脸、刷牙，全部都是妈妈的事情，她连配合一下的动作都没有。要喝水了，妈妈把杯子放在桌子上，欣桐伸手够不到杯子，她宁愿不喝也不会移过去拿，一定要妈妈把杯子放在她的手里才会喝水。吃饭的时候，欣桐要妈妈一口一口地喂她吃饭，而且还吃得特别慢，吃一顿饭得花费一个小时的时间。玩积木的时候，欣桐就说自己不会玩，要让妈妈手把手地教她，才能将积木搭好。

有一天早晨，妈妈先起来做饭了，欣桐起床后没有看到妈妈就开始大叫"妈妈"，听到妈妈在厨房之后，鞋也不穿，只穿着睡衣就跑到厨房门口看着妈妈。妈妈皱着眉头说："宝贝，你的袜子就在床头放着呢，你的鞋在鞋架上，自己去把它们穿上好不好？"欣桐倚在门框上说："不穿，我要妈妈给我穿。"妈妈怕她着凉，自己又走不开，就鼓励欣桐说："欣桐可厉害了，自己穿得可好了呢。等妈妈做好饭，欣桐就已经自己穿好了，对不对？"妈妈的这些话仍然没有什么效果，欣桐还是光着脚站着，就是不肯自己去穿。

欣桐还非常爱缠着妈妈，就像个小小的"跟屁虫"一样，妈妈走到哪里她就跟到哪里，就算有的时候妈妈上厕所，她也要站在门口等着。只要一会儿没有看到妈妈，欣桐就会急得哇哇大哭，开始到处找妈妈。每天送欣桐去幼儿园让妈妈十分痛苦，因为欣桐每天必定会大闹不止，几乎都是硬抱进去的，每次都要哭上半个小时才罢休。

其实很多孩子的依赖心理正是父母自己造成的。父母总是给孩子提供过于优越的生活环境，把孩子照顾得无微不至，事事都要为孩子代劳。有些孩子想要尝试着用自己的力量来解决问题的时候，父母却认为孩子太小而阻止孩子自己来。其实这是不利于孩子身心健康发展的，也是导致孩子产生依赖心理的主要原因。有时孩子自己去做一些小事情没有做好的时候，父母就会数落孩子半天，这样会让孩子失去做事情的信心和勇气。如此一来，孩子下次可能就不会再做了，而是等着父母去做。

因此，父母要反思一下自己的行为，多鼓励孩子自己去做事情，就算孩子做得不好，也不妨鼓励一下孩子独立做事情的动机和勇气。当孩子提出自己的主张和看法的时候，父母要多肯定、少打击，并对孩子合理的想法给予肯定和支持。这样的话，孩子的自主性就会一天天强起来，依赖他人的习惯就会逐渐消失。

除此之外，还有很多父母过于忙碌，没有时间照顾孩子，导致孩子总是担心父母要离开自己，情绪较不稳定，缺少足够的安全感。这样的话，孩子就会更加强烈地在情感上依赖父母，试图通过这种缠人的方式来获得父母更多的关注和爱护。针对这一情况，父母不要吝啬对孩子的表扬和赞赏，在孩子有不依赖的表现时，要及时地给予夸奖，以便强化孩子良好的行为。

当然，孩子有依赖心理也是非常正常的，这是一种建立安全感的需要，也是孩子内在的心理需求。所以，当孩子产生依赖的时候，父母或者孩子的看护人千万不要强行推开孩子，而是应该耐心地安抚孩子，并告诉孩子自己不会离开。只有这样，孩子才会建立比较深厚的安全感，在成长的过程中也会更有勇气和胆量。

总之，面对孩子的依赖心理，父母应该针对不同的情况用不同的方法进行处理。孩子的依赖心理在孩子小的时候是很正常的，这种依赖对孩子的心理成长也是有好处的，所以父母不必过于担忧。当然，如果孩子依赖过度或者出现不安全依赖时，父母就需要注意了。此时，应当努力运用科学的方式、方法培养孩子的独立性，但是注意手段不要太过粗暴，要考虑孩子的心理承受能力。

不用幼儿园的餐具吃饭，是不是很任性

孩子虽然还很小，但是脾气一点也不小，还有很多家长们无法理解的一些坚持，比如，有的孩子睡觉的时候要求必须爸爸睡在左边，妈妈睡在右边，位置错了就会不开心，甚至哭闹着要求

爸爸妈妈换过来；有的孩子坐车的时候一定要妈妈给自己开门，如果爸爸开了车门就会要求必须关上，然后让妈妈重新开；等等。如果家长不按照他的要求去做，就会大哭起来，而大人往往觉得孩子的这些要求非常无厘头，不明白孩子为什么这么计较。有的家长会哄孩子几句，如果孩子还是在大哭，就难免会抱怨起来："这孩子怎么这么不乖……"

其实，孩子之所以会出现这样的情况，不只是简单的任性，也不是孩子的脾气古怪，很有可能是孩子到了"秩序敏感期"的缘故。这个时期程序和秩序可以给孩子安全感，无论做什么事，他们都希望依据自身的秩序感来完成，否则就会要求重来，或者哭着说"不"。

著名儿童心理教育学家蒙台梭利的心理学理论认为：0～4岁是儿童对秩序的敏感期，在这一时期儿童急切需要一个精确而有规律的环境，只有在这样的环境中，他们才能将自己的知觉归类，然后形成概念，以了解环境并指导如何对待环境。如果程序和秩序被打乱，就会给儿童带来极大的混乱和不适。

著名心理学家皮亚杰的理论认为，3～7岁的孩子正处于道德认知发展的第二阶段，这个阶段的孩子有一个特点就是，他们对规则本身非常尊重和顺从，即把人们规定的规则看作是固定的，不可变更的。皮亚杰将这一结构称为道德的实在论。而孩子的秩序敏感期一般就发生在孩子的这一道德认知阶段，秩序敏感期在孩子3岁左右发生，也有的孩子会在2岁时就来到，但是一般到3岁之后会发展到执拗的地步。3岁左右的孩子心智还比较稚嫩，相应的秩序感会比较刻板。孩子们会根据自己的经验，认为秩序中的一切事物都是不可更改的。在记忆中的模式是这样的，现在也必须是这样的。孩子认为秩序是一成不变的，世界是以不变的程序和秩序而存在的，这种程序和秩序进入孩子的内心，成为孩子最初的内在逻辑。

而且孩子还会把这种内在秩序变成一种对外界的要求，一种规则，会把这种规则当作礼物，"送"给亲近的人。秩序感是生命的需要，是大自然赋予孩子的本能。我们不具备更大的能力去把握孩子的内在秩序，但是我们可以知道那是自然法则，是真的、善的、美的。6岁前孩子的各个敏感期其实就是孩子内在秩序的一个外显，是大自然生命规律给我们的提示，我们唯有配合，为孩子营造一个有秩序的外在环境，孩子才能顺利地成长。

家里人发现刚刚3岁的亮亮最近变得特别的"怪脾气"。

吃饭的时候一定要用自己的餐具吃饭，妈妈一直给亮亮用一套小孩的餐具，蓝色的小碗、一双小筷子以及一个小勺子，吃饭的时候都是放在他面前，专门给他用。有一次奶奶来家里，她不知道蓝色的小勺子是亮亮的专属，吃饭的时候就直接拿起来用了。这下亮亮不高兴了，大哭大闹说要勺子。奶奶又给他拿了一个别的勺子，亮亮根本就不用，还是不肯吃饭，奶奶只好把蓝色的小勺子洗干净递给他，亮亮这才安静下来，开始吃饭。

不只是在家里这样，亮亮到幼儿园去上学，中午会在学校吃一顿午饭，学校里都是同样的餐具，家长不用给孩子再准备餐具。但是刚刚去幼儿园的时候，亮亮怎么也不肯吃饭，老师问他饿不饿，他就说不饿，给他夹菜也不要。下午回到家，亮亮饿得不行，妈妈问老师才知道中午亮亮没有吃饭。妈妈赶紧询问是怎么回事，亮亮说："那里没有我的小碗，也没有我的勺子。"无论妈妈怎么解释都没有用，第二天亮亮还是不肯吃饭。从那之后，妈妈只好每天都让亮亮带着自己的餐具去幼儿园，下午放学再带回来，因为晚上和早上还要在家吃饭。妈妈也给亮亮买了一套完全一样的，原本想着幼儿园一套，家里一套，但是就算款式和颜色都一样，亮亮还是只肯用自己原来的那一套。

很显然例子中的亮亮就是进入了秩序敏感期，认为自己有自己的餐具，不能用其他的餐具，别人也不能用自己的餐具，这是他在遵守自己的一套规则。虽然很多处于秩序敏感期的孩子都会让父母摸不着头脑，不知道孩子为什么这么固执，但是，如果孩子能够从小就形成良好的秩序感，那么将对孩子的一生都产生深远的影响。所以父母应该尊重孩子的这种心理需求，并且尽可能满足孩子在这一阶段的需求，使孩子能够顺利度过这一重要时期。

熟悉的环境、固定的看护人、有规律的生活，会让孩子在舒适愉快的氛围中快乐成长。心理学家蒙台梭利非常强调环境布置的秩序。时间环境、空间环境的布置都要有助于孩子秩序感的建立，这样孩子一生都会受益。

但是需要注意的是，既然知道了孩子的"胡闹"是由于孩子心理的秩序敏感性，就应该尊重自然，无条件地顺从孩子吗？当然不是。

幼年时期的孩子心智还不成熟，他们的秩序感具有刻板性，如果始终不分场合地将自己的秩序观强加在别人身上，也是行不通的。爸爸妈妈要帮助孩子区分"秩序的美感"与"刻板的规则"，让孩子形成正确的秩序感。如果父母意识不到孩子秩序感的刻板性，事事顺着孩子，就容易让孩子形成任性、执拗的个性，这样反而可能真的会让孩子变成脾气古怪的"小霸王"。

孩子的心灵充满了奥秘。当孩子"胡闹"的时候，如果在不了解的情况下武断地判断孩子"不乖"，那么很有可能会伤害到孩子，也无法从根本上解决问题，使做父母的头疼不已。因此要了解孩子的心理特点，尊重孩子的秩序敏感，"怪脾气"的孩子其实一点也不难搞定！

看见不喜欢的菜就会吐，长大就会好吗

吃饭是让很多孩子的家长十分头疼的事情，先不说把孩子弄到餐桌需要费多大的劲，就算把他逮到了餐桌前，开始吃饭，孩子吃不吃得下去也是一个大问题。很多孩子都有挑食的习惯，而对于孩子的挑食如果不及时矫正的话，不仅会导致孩子摄取营养不足，从而影响孩子的生长发育，还会使孩子养成任性、执拗的坏习惯。

很多妈妈都觉得孩子越长大越不听话，让他好好吃饭，他偏偏就不。其实，这也是孩子在成长过程中的一种正常的心理表现。随着孩子的成长，在生理上，孩子的味觉不断发展，对食物有了

更多更高的要求，讲究新鲜感。而从心理角度来说，孩子长到3岁以后，逐渐开始有一定的独立意识和自我意识，什么食物合他的口味，当然是孩子更加清楚。当有些饭菜不合口味的时候，孩子由于受到表达能力的限制，并不能很好地向父母表达自己的意见，也不会描述一些自身的心理感受，只会通过不断发展的语言和动作来表示出"抗议"。而大人多数已经习惯了孩子什么都听自己的，对于孩子的抗议往往就会觉得孩子不听话，是孩子在任性、胡闹，从而用强迫的方式让孩子吃饭，这只会让孩子觉得吃饭是一件很可怕的事情，势必会使其产生更加强烈的反抗行为。

因此，对于孩子挑食的行为，父母一定要抓住孩子的心理进行潜移默化的诱导，逐渐让孩子养成良好的饮食习惯。大多数孩子的心理是这样的：我喜欢吃什么就吃什么，什么好吃我才吃什么。因为孩子并不懂得要吃对自己身体好的食物，他们只选择自己认为好吃的食物。了解到孩子的这种心理，父母也就不必着急，更不要用强迫的方式逼迫孩子吃饭，而是应该采取合适的、委婉的方式，逐渐改变孩子的观念。

文文刚刚上幼儿园，已经3岁了，平常文文也算是听话的好孩子，但是有一样让父母十分发愁，就是文文吃饭的时候非常费劲，往往要花费半个小时以上甚至一个小时的时间，夏天还好，冬天的时候饭菜都凉了，文文却还没有吃饱呢。而且，文文还有挑食的毛病，就喜欢吃肉，每次都会吃很多，吃到撑了还想吃，小嘴里塞得满满的都是肉。但是对青菜十分冷淡，几乎是一口都不吃，水果也是和蔬菜一样的命运，根本得不到文文的青睐。

　　妈妈总是和文文说，蔬菜和水果很有营养，只有什么都吃，才能长得高高的，但是文文还是我行我素，就是不吃蔬菜和水果。妈妈觉得这样下去孩子肯定会营养不均衡的，于是就在吃饭的时候喂文文吃一些青菜，但是文文就算吃到嘴里了，还是会吐出来，说咽不下去，再给她吃的时候就难了，因为她总是闭着嘴喂不进去。

　　妈妈对于文文的挑食实在是没有办法，就跟文文的爸爸抱怨说文文太难伺候了。爸爸笑着说："别说是文文，就是我也觉得蔬菜并不好吃，你每次都是放上油、盐、水，将菜一炒就出锅，什么菜都是这样的做法，确实不怎么好吃呢。"经爸爸这么一说，文文的妈妈想想也是，自己从来都是这样炒菜，并没有什么别的花样，大人都吃腻了，何况是孩子呢。

　　为此，妈妈特意给文文包猪肉白菜的包子吃，心想着这样文文就可以顺带着吃些青菜了。包子出锅的时候，文文就说闻着包子可香了，都等不及包子凉了。于是，妈妈就给文文吹吹，将包子从中间剥开，露出里面的馅，凉了一会儿之后，让文文尝一下，文文直说好吃。这下，由于挑不出白菜，文文就把白菜和猪肉一块吃进去了。这一顿饭，文文吃了整整一个大包子。

　　有了这次经验之后，妈妈就变着花样给文文做饭：文文说鱼味太重不好吃，妈妈就在网络上搜索了一些资料，知道了加柠檬或者姜片能够很好地去掉鱼腥味，这样，文文就能吃鱼了；文文对于鸡蛋一口也不吃，妈妈就把生鸡蛋打散和面粉混在一起，做成鸡蛋面条或者煎成鸡蛋饼，文文吃得可带劲了。这样，文文所吃的饭菜就既有营养又很丰盛了，挑食的毛病也好了不少。

从上面的例子我们可以知道文文之所以不愿意吃蔬菜，是因为文文妈妈做的菜并不合文文的口味，而且菜式一成不变，文文自然不会喜欢吃了。因此，对于孩子的饮食，父母要多做一些孩子喜欢的花样，比如把饼切成小动物的形状等。还要让菜适合孩子吃，比如把土豆做成土豆饼、多做少刺的鱼等，这样孩子就不会因为吞咽困难而排斥某些食物了。同时，在做菜的时候要经常变换菜式，或者买一些比较可爱的餐具，刺激孩子的食欲。

当然，父母也可以多带着孩子运动和玩耍，在增强孩子体质的同时，也使孩子有个好的胃口，不要总是让孩子待在家里，要多带着孩子外出呼吸新鲜的空气，爱玩爱动的孩子才有活力，有了活力才能消耗能量，从而增强食欲。有了好的食欲，孩子自然也就减少了挑食的行为了。

除此之外，父母还要尽量帮助孩子形成良好的饮食习惯，规定孩子要在吃饭之前洗手，并留出固定的位置让孩子吃饭。3岁之前的孩子可以用固定的宝宝椅来使孩子养成固定的吃饭习惯。如果孩子稍微大一些了，父母就要以身作则，并召集全家在固定的时间、固定的地点吃饭，形成就餐的良好习惯和规律。如果孩子单独离开，不愿意吃饭，父母也千万不要端着碗、拿着勺子跟在孩子身后哄着孩子吃。如果他饿了，自然就会回来吃饭，要是错过了吃饭的时间也不必给孩子准备食物，这样孩子就知道下次要乖乖吃饭了。当然，如果父母用这样的方法来培养孩子的饮食习惯，就不要在非吃饭的时间让孩子吃饭或小点心，也要让孩子少吃零食，因为这可能会破坏孩子的饮食规律，也有可能破坏肠胃。当然，吃饭定时的同时也要注意定量，不要让孩子一次吃过多的食物，这可能会造成消化不良，也会影响下一餐的食欲。

总之，面对孩子的挑食情况，父母能做的事情有很多。首先要弄清楚孩子挑食的原因，是上一顿吃得太撑了，还是零食吃多了，是上次吃蔬菜的时候噎着了，还是孩子的肠胃不舒服，没有食欲，弄清楚原因之后，父母就可以对症下药，帮助孩子逐步养成定时定量的饮食好习惯。只有养成了良好的饮食习惯，不挑食不厌食，孩子才能吸收充足的营养，健康快乐地成长。

孩子的心理发展有"关键期"吗

每一位父母都能深切感受到富养孩子的艰辛，同时也在见证孩子一步一步地成长。但是，如果父母能够对孩子的成长阶段有更深的了解，明白孩子在每一个阶段会有什么样的心理，需要什么样的引导，在孩子每一个成长的关键时期需要关注哪一个方面，那么，孩子就会得到更好的教育，从而更健康地成长。

所谓的关键期，也就是孩子心理发展的最佳年龄期，是指某一特定年龄时期，此时儿童对某种知识或行为十分敏感，学习起来非常容易。如果错过了孩子的这个关键期，孩子就会出现学习上的困难，不仅如此，还有可能对孩子的一生产生深远的影响。

从人成长的心理发展来看，幼年是心理和智力发展的关键时期，日本教育家松原达哉曾说："婴幼儿时期，是孩子一生当中身心发展最显著的时期，如果在这个时期不抓紧教育和指导，掉以轻心，放任自流，孩子的一生就毁了。"意大利的教育心理学家蒙台梭利也认为，在孩子性格发展的关键期，孩子对一定的事物会有高度的积极性和兴趣，并且学习能力也非常强，过了这个时期，这种情况就会错过。

因此，父母在对孩子进行早期教育时一定要抓紧这个关键期，才能收到事半功倍的效果。据相关资料显示，孩子出生6个月时最适合学习咀嚼和被喂食干的食物；2～3岁是口头语言发展、计数能力（口头数数、按物点数、按数点物、说出总数）发展的关键期；2～3.5岁则适合教育孩子遵守行为规则；2～4岁是学习语言的关键期；3岁左右则适宜培养孩子独立生活的能力；3～5岁时最适宜发展音乐能力；5～5.5岁则是掌握数的概念的关键期；0～6岁这段时间对孩子动作的形成有较大影响。

晓琴的妈妈一直有一个梦想，就是把自己的女儿培养成优秀的钢琴演奏家。从怀孕开始，妈妈就用钢琴曲来做胎教，在晓琴出生之后，妈妈也都是给晓琴听钢琴曲。在晓琴3岁的时候，妈妈就想着开始培养晓琴，给晓琴买了一台儿童电子琴。刚开始的时候晓琴还很喜欢弹，但是没过几天就不喜欢了。妈妈就开始逼着晓琴弹琴，每天从幼儿园回来之后，妈妈就监督着晓琴弹琴一个小时，这让晓琴十分反感，经常哭着要求出去玩。

经过了一个学期，晓琴不但没有学会弹琴，而且居然变得一看到电子琴就害怕，不是哭就是闹，就是不愿意弹琴，捎带着连关于音乐的任何东西都开始排斥了。妈妈看到晓琴这个样子，感到十分后悔。后来晓琴的妈妈就跟别的家长一起讨论，发现好多妈妈都有这样的苦恼，让孩子学画画，结果孩子什么都干，就是不愿意画画；有的家长想让孩子学舞蹈，结果孩子刚开始还感兴趣，几天之后就再也不愿意进舞蹈室了。看来，并不是只有自己遇到这样的难题啊，但是晓琴的妈妈还是不明白为什么孩子会变成这样。

其实，晓琴的妈妈所遇到的问题就是没有在孩子学习的关键期给孩子合适的教育。3岁的孩子并不是学习钢琴的敏感期，这样逼着孩子学习不但不会有好的结果，反而还可能会让孩子在真正的敏感期到来时也不再喜欢了。所以，父母要做的就是在关键时期因材施教，例如：在孩子1岁之前可以主动训练孩子的视力、听力、翻身、爬行和站立的能力，使孩子的反应更加敏捷。另外，在孩子稍微大一点时，可以训练孩子的语言、注意力、动作协调能力，促进孩子大脑功能的发育。3岁左右适宜培养孩子独立生活的能力，这时父母可以利用这个机会培养孩子的独立意识，让他们自己吃饭、穿衣服、系鞋带、洗手等，让孩子明白这些事情是可以自己完成的。值得注意的是，除了对孩子智力发展的关注外，父母还应该注重孩子非智力行为方面的问题，比如上课是否关心、协调性是否好等。

当然，对关键时期的划分也有其他的方法，但是大多数心理学家都将人生早期看作是智力发展的关键时期。美国心理学家布罗姆曾说：如果将人在17岁时达到的智力水平看作是100%，那么人智力发展的50%都来自4岁之前，80%则是在8岁前获得的，即大部分智力都来自人生早期。所以父母们一定要在孩子年幼时就注重对其智力的开发。

在这个过程中父母首先要注意，智力开发不是一朝一夕的事，不能急功近利，而要循序渐进，遵循孩子生长发育的规律和知识本身的难易，由易到难，由浅入深，不要超过孩子的实际能力和水平，否则会对孩子的发展起副作用。其次，不同的孩子由于遗传、生活环境、接受教育等方面的不同，其兴趣、能力和性格也不尽相同，所以父母要根据孩子的个性特征因材施教，同时也要注意不要将自己的兴趣强加在孩子身上，给孩子造成负担，要努力挖掘孩子自身的兴趣，激发孩子的热情并增加孩子的信心。另外，父母不要过多地干涉孩子的行为，好奇好动是孩子的天性使然，过多干涉会限制好奇心和进取心的发展，过分保护和干涉有可能导致孩子胆小怕事，缺乏独立性和自立性。最后，父母还可以通过与孩子玩智力游戏开发其智力。由于孩子都喜欢游戏，在玩耍时处于亢奋状态，环境相对轻松，因而学习能力也比较强，学习效果更佳。

随着长大，他学会了抵触

孩子变得爱生气、爱发脾气

每个人都会有不同的情绪，会开心，自然也会生气，大人如此，小孩也是一样。发脾气是一种正常的情绪宣泄，但是，现在很多孩子动不动就会生气、发脾气，而且不分场合，不分对象，无论大事小事，稍有不开心就会发脾气，这就是一种不正常的心理状态了。

生气、发脾气是一种消极的情绪表现。孩子动不动就生气、发脾气，表明他们经常流露出不快乐的情绪。因此，爱生气、发脾气的孩子，心里肯定是不快乐的。而这种不快乐的情绪不断积攒，就可能会造成心理的不健康，继而导致心理问题的出现。孩子的情绪有一个不断发展和分化的过程，他们会从最初的哭泣吵闹、生气发脾气变成愤恨、嫉妒等。随着孩子的成长，到了七八岁的时候，孩子生气的表现就会越来越多。他们会把这种情绪表现当作向大人要求的信号。很多孩子在生气的时候会故意大声说："我生气了！"然后嘴巴撅得很高，就是希望父母能够关注自己，关注他们的需求。当父母并没有如他们所愿的时候，他们就会通过发脾气来表达自己的不满，或者用更大程度的消极行为引起父母的注意。

祥祥是个非常可爱的小男生，今年已经上小学了，学习也很自觉，但是有一点让妈妈非常发愁，那就是祥祥总是动不动就生气，一天到晚，任何一点小事都可以让他生气，有时还会突然大发脾气！

有时候别人在笑，不管别人因为什么笑，他都会生气。跟妈妈一起出去遇见别的小朋友的时候，如果妈妈夸其他的小朋友很乖或者很厉害之类的，祥祥也会立刻就生气，不再理妈妈了。有时他自己玩玩具的时候，拼装的玩具没有拼好，他也会生气地把玩具扔在地上不再玩了。要是妈妈哪句话没有说对他的心思，他就把嘴撅起来，任凭妈妈怎么叫他，他都不理妈妈。因为祥祥总是淘气，妈妈有时就会批评他几句，这可不得了，他就会躲到自己的房间，嘭的一声关上门，还在里面大声喊："我生气了！"

有一次，吃过晚饭后祥祥和爸爸下五子棋。父子两个你一步，我一步，有条不紊地较量着。眼看着祥祥就要赢了，可是没想到爸爸的黑子往中间一放，祥祥的白子就被隔成两段了，还没等祥祥反应过来，爸爸的黑子就抢占了先机，两步下来，爸爸反败为胜。这让祥祥大为恼火，生气地冲着爸爸喊："你耍赖，你耍赖！不行，这局不算，重来！"说着就一把把棋盘打乱，嚷嚷着要重来。爸爸说太晚了，不来了，让祥祥准备睡觉了，祥祥拽住爸爸的衣服非让爸爸重来，甚至手脚都用上了，爸爸看着像头愤怒的小狮子的祥祥，真的不知道这孩子哪来的这么大的脾气。

对妈妈也是一样，因为上小学之后祥祥每天都要写作业，可是他总是想看动画片，妈妈规定他只有在完成作业之后才能看电视。刚开始的时候，祥祥每天放学回到家就会立刻自觉地去写作业，然后再看动画片。但是没有坚持几天，祥祥就不干了，说是每次自己写完作业之后看不了一会儿动画片就演完了，自己根本就看不了多少。于是，总是找各种理由来看电视。有一次他又在看电视，妈妈看到后就问他作业写完了吗，祥祥眼睛都不离开电视，敷衍妈妈说写完了。结果妈妈一检查，发现根本就没有完成，只是草草写了几个拼音。妈妈拿着作业本找祥祥质问，祥祥因为看电视被打断就开始生气，噘着嘴坐在沙发上不再说话。

可是妈妈并没有妥协，还是坚持让他写完再看，看到没有回旋的余地，祥祥竟然拿起作业本就把它撕烂了！妈妈简直不敢相信这么小的孩子竟然有这么大的脾气。这孩子的脾气实在让妈妈头疼不已，不知道怎么做才能让他改掉这个爱生气、爱发脾气的坏毛病。

像祥祥这样动不动就生气、发脾气的孩子，在生活中十分常见，而且任何事情都可以让他们生气。有时，大家都知道这个孩子爱生气，就都不计较，有的父母也只是说："大家不要理他，过一会儿就没事了。"有的父母也会批评一下孩子："你怎么这么小心眼呢？他是弟弟，怎么不知道让一让呢？"其实，这样忽略孩子的真实存在的情绪是不对的，爱生气、爱发脾气的孩子需要更多的关注，父母应该了解孩子之所以这样是出于什么样的心理，要满足孩子的心理需求，解决孩子的心理问题，让他们不再动不动就生气。

当然，孩子生气有时只是为了让父母多关注自己，或者是为了向父母或者其他人示威的一种表达。但是不可否认，生气、发脾气是一种消极的情绪，当家庭氛围长时间趋于紧张状态，或者孩子的情感需求没有得到必要的满足时，他们也会生气。孩子爱生气、发脾气不仅会严重损伤他们的情绪和心理状态，有时候也会使大人狼狈不堪，因为孩子的情绪发泄是不分场合的，会让父母十分棘手。因此，父母应该想方设法改掉孩子爱生气和爱发脾气的坏毛病。

做事莽撞的孩子该怎么引导

在孩子稍微大一点，到了差不多上小学的时候，父母就会发现有的孩子学会了认真做事，有条不紊、非常细致；有的孩子却不会这样，他们总是毛手毛脚、冲动行事。后者就是我们所说的行为莽撞的孩子了。

从心理角度来说，孩子刚刚上小学，也就是六七岁的年龄，这个年龄的孩子往往好动、好斗，对运动有永不满足的心理需求和欲望，因此头上撞个包、衣服被撕破是常有的事。从生理角度来说，这个年龄的孩子由于大脑皮层的抑制机能尚未完全成熟，皮质对皮下的控制和调节作用还很弱，兴奋与抑制不能平衡，因此很容易冲动。

当然，除了上面所说的孩子生理和心理的原因外，知识经验的缺乏也是七八岁的孩子行事莽撞的一个原因。比如，有的孩子经常会从高处往下跳，不是扭脚了就是腿磕青了，他们并不知道从高处跳下去会出现什么样的后果，只是想到什么就去做。还有的孩子拿着刀、剪子之类的工具玩耍，很容易就会被割伤，他们看到大人可以应用自如就以为自己也可以，可是他们本身并没有使用这些工具的经验。很显然，这些都是孩子缺乏相关的知识经验，不能预见其行为的后果而造成的。

另外，父母以及爷爷奶奶的溺爱也是导致孩子行事莽撞的原因之一。现在的孩子往往是家里的"小皇帝""小公主"，家中的长辈总是什么事情都依着孩子，因此孩子稍有不如意就会大发脾气，乱摔东西。还有的父母不懂得如何教育孩子，动辄对孩子进行打骂，有的孩子就会以打同伴的方式来出气。孩子的这些行为，如果父母不及时制止，就会使孩子逐渐形成莽撞的不良习惯。

吉吉是一个8岁的小男孩，很是顽皮，做事情也非常鲁莽，常常处于高度兴奋的状态，不管是在学校里面，还是在自己的家里，只要是吉吉经过的地方，总是乒乒乓乓地响一遍，不是撞到桌子、碰倒椅子，就是摔碎碗或者杯子。而且，吉吉还经常做出一些超乎父母意料的事情，让爸爸妈妈十分震惊，因而妈妈总是会训斥他："天啊，你就不能老实一点吗？非得做一些这么吓人的事情！"

有一次，吉吉和邻居家的小弟弟在楼下玩，玩着玩着小弟弟要回家喝水，可是跑回家不一会儿就回来了，对吉吉说自己家的门打不开，没有带钥匙。妈妈明明在家却没有给自己开门，可能没有听到声音。吉吉听到后立刻带着小弟弟走到门口，说是给小弟弟开门。开始的时候吉吉使劲推门，可是门没有开，然后就开始一边大力拍打，一边大声叫喊。可是房间里面依然没有声音。这下可把吉吉惹急眼了，不管三七二十一，他把全身的力气都集中在右脚，一脚就要朝门上踹去。正巧邻居去外面买东西回来看到了，及时制止了吉吉，并把门打开了，否则这门"不残也要掉层皮"。

吉吉有一个表妹，经常来找吉吉玩。有一次表妹来玩的时候正好院子里的桃子成熟了，那桃子又红又大，馋得表妹直流口水。看着表妹嘴角的口水，吉吉忍不住笑了，立刻挽起袖子，对表妹说："我上去给你摘几个下来。"表妹看着高大的桃树说："这么高，你不害怕吗？"吉吉得意地对表妹说："这有什么害怕的，你等着，我一会儿就给你摘下来。"说着就噌噌地爬上去了，吉吉在树上摸摸这个，挑挑那个，正起劲的时候，一时没有注意脚下就踩到了一个小枝上，人和树枝一起跌落下来。表妹看到哥哥掉了下来，吓得大哭起来。听到哭声的妈妈赶紧跑出来，看到吉吉躺在地上痛苦的样子，赶紧手忙脚乱地把吉吉送到了医院。检查结果是吉吉的胳膊骨折，要在家养几个月才能康复，这下吉吉老实了。

莽撞，是孩子成长过程中不可避免的行为，这也是孩子探索心理的一种需求，可是如果父母长期对孩子的莽撞行为采取忽视的态度的话，就会导致孩子在种种莽撞行为的重复中形成不良的心理、性格、习惯，成年之后虽然心理相对成熟了，但是还是会表现出鲁莽、草率等行为以及浮躁、缺乏耐心等心理问题。因此，如果孩子在小的时候做事莽撞，经常因此而伤害自己或他人，一定要尽早采取措施，纠正孩子的这种坏毛病。

就像例子中的吉吉一样，总是这样做出一些风风火火、行事顽皮、不计后果的行为，到最后受到伤害的还是自己。所以，父母应该帮助孩子克服这种莽撞行为。当然，如果能够让孩子变得有耐心，学会等待，那么，孩子自然就不会做事如此莽撞了。

耐心被认为是一个人心理素质优劣、心理健康与否的衡量标准之一，也是孩子未来成功的关键因素之一。行为莽撞的孩子最需要的就是培养他们的耐心，让他们学会等待。

与父母对着干是典型的叛逆行为

我们往往会用天真活泼来形容孩子，尤其成长期的孩子。可是除了天真活泼外，孩子似乎还夹杂着些许让爸爸妈妈无可奈何的"叛逆"。爸爸妈妈越是不允许做的事情，孩子偏偏去"触雷"，而且越禁止还越带劲：让他穿衣服，他偏偏喊着热死了；让他慢点走路，他恨不能飞起来；让他洗手吃饭，他抓起馒头就吃，就是不洗手……孩子似乎有意挑战家长的忍耐极限，用反抗行为考验着家长的耐心，常常惹得家长怒火中烧，最后不得不用"武力"来捍卫自己在孩子心中的地位。

实际上，随着孩子年龄的增长，孩子的心理也在不断成熟，不断发展，尤其是在步入小学阶段之后，随着知识的积累、心智的成熟，以及生活经验的增加，孩子对于事情已经有了自己独到的见解和想法。当父母的命令引起孩子的不满时，孩子就会表现出情绪上的排斥，故意与父母作对，这是孩子典型的敌视父母权威，以盲目反抗来发泄不满的表现。父母在了解孩子的这一心理之后，就可以根据孩子的心理特征来应对孩子的反抗行为，而不是依靠"武力"。

孩子不断长大，开始把自己与外界事物逐渐分离开，并且有了自己的独立意识，他们希望得到父母的尊重，以显示自己的强大。这是孩子的心理在不断成熟，父母应该了解并支持孩子心理的发展。然而，很多父母看到孩子故意和自己对着干，就一味地打骂孩子，这并不能从根本上解决问题，反而会导致越打越皮、越大越不听话的后果。当出现这种情况之后，父母再想走近孩子的心理世界就不容易了。

哲哲的妈妈最近十分烦恼，因为她发现自从上了三年级之后，自己的宝贝乖儿子好像吃错了药一样，处处与爸爸妈妈对着干，你让他往东，他偏偏往西；你让他收拾衣服，他非要去叠被子；你让他赶紧吃饭，他非要专心致志地看电视，对父母的话充耳不闻；想要带他出门，他说要学习，真的让他学习，他又要修理自己的遥控飞机……总之就是专门来气爸爸妈妈的，为此，爸爸无奈地称哲哲是个"小倔驴"，没少冲着哲哲吹胡子瞪眼的，但是哲哲面对面色微愠的爸爸，仍然是我行我素，毫不悔改。

虽然爸爸妈妈对哲哲的这些表现十分生气，但也并没有惩罚哲哲。在今年的"十一"长假的时候，爸爸终于忍无可忍地对哲哲施行了"家法"。原因就是在这个假期中，爸爸妈妈原本说好带着哲哲回姥姥家，都已经和姥姥说好了。但是放假之后哲哲却不去了，想要留在家里和同学出去游玩。爸爸妈妈好说歹说他就是不去。没办法，只好取消了原先的计划，但是规定哲哲写完作业之后才能和同学出去玩。

然而哲哲还是没有听爸爸妈妈的话，在放假第一天还写了几个字，第二天就跑出去玩了，到黑天也没有回来，爸爸妈妈出去找了好久才在公园的草地上找到了在踢足球的他们。回家之后，爸爸妈妈不准他第二天再出去玩。第二天哲哲直接就不起床了，爸爸妈妈怎么喊也不起来。后来他趁爸爸妈妈不在家的时候又溜出去了。就算在家的时候，他也是和爸爸妈妈的要求反着来，不让他做的事情他非要去做，让他做的他坚决不做，爸爸终于忍不住揍了哲哲一顿。本以为在"武力"的威胁下，哲哲的行为会有所收敛，谁知道哲哲的"倔驴"行为非但没有好转，反而变本加厉。以前哲哲多多少少还是听一点话的，现在是"明目张胆"地跟爸爸妈妈对着干。在"十一"假期结束之后，妈妈送哲哲去上学，在十字路口，妈妈怕哲哲受伤就牵着他的手，结果哲哲故意挣脱妈妈的手，还闯了红灯，当时真的把妈妈吓坏了。

像哲哲这样的孩子，就是典型的故意与父母对着干，而且很显然，哲哲爸爸的暴力并没有解决问题。处理这样的类似情况，家长们不妨参照心理学上的"巴纳姆效应"。

巴纳姆效应又称为暗示效应。其实，人在生活中无时无刻不受到他人的影响和暗示，借助外界信息来认识自己。而孩子的心理特点决定了他们是很容易受到暗示的群体。孩子与家长对着干体现了孩子刚毅的性格，而暗示效应正好可以起到"以柔克刚"的效果，让孩子在无形的影响下"融化"反抗行为，自发地改变思想，从而真正改正与父母作对的行为。

在巴纳姆效应中，情绪低落、渴望被理解的人是很容易被暗示的。当孩子出现故意和父母对着干的情况的时候，孩子的内心世界也是很挣扎的。所以，此时家长应该试着理解孩子的心理以及孩子的内心困扰，通过暗示，让孩子的内心放松警惕，平易接受父母的建议，而不是采取"以毒攻毒"的专横方式解决问题。

个性倔强的孩子该如何引导

随着孩子年龄的增长，很多父母就会发出这样的感慨：孩子越大越不好管，还不如小的时候呢。相信这是很多家长的心声，原本以为孩子长大了就懂事了，自己就可以放松一点了，殊不知孩子长大一点之后，变得个性倔强，说什么都不听，常常惹得父母生气。

可能孩子在三四岁之前，还没有太多自己的想法，但是随着年龄的增长，心理的不断发展，孩子开始出现一定的自主意识，对于事情有了自己的看法和想法，并希望按照自己的想法去做。另一方面，由于孩子本身的心理成熟度和认知程度的局限，对很多事情的判断还不够准确，这也导致孩子做事情的时候缺乏理性，喜欢固执己见，而且难以被说服。

当然，这也不完全是孩子的问题，很多家长已经习惯了孩子听从自己的话，并不知道孩子长大了就会有自己的想法，还把孩子当成小宝宝来看待。看到孩子没有按照自己的意思行事，父母就认为孩子的性格倔强，甚至为此大发雷霆。在这样的情况中存在两种可能：一种是孩子的确固执己见地坚持自己错误的想法；一种是孩子本身的坚持是正确的，可能是家长的想法有误。但是无论是哪一种情况，家长都要学会控制自己的情绪。因为孩子的年龄有限，他们的心理发育程度也有限，还不能很好地控制自己的情绪和行为，需要父母冷静地对待他们的固执。无论孩子的坚持是对的还是错的，在孩子的眼中他们的坚持都是对的，这从另一个侧面说明了孩子做事有自己的主见，是孩子心理成长的一种表现。如果父母对孩子的坚持大呼小叫、大发雷霆，那么很容易会伤害到孩子的自尊，不但无法解决问题，还有可能引起孩子的逆反心理，破坏亲子关系。

所以，父母在遇到类似的情形的时候，一定要控制好自己的情绪，语气尽量温和一点、委婉一点，尽量以慈祥和蔼的态度来与孩子交谈。比如，孩子非要穿某一件衣服，并且为此大喊大叫，这个时候家长一定不能与孩子一般见识，对孩子叫嚷或打骂，而应当耐心地询问孩子非要穿那件衣服的原因，或者耐心地劝导孩子按照自己的要求去做。当然，只要是无关乎原则的事情，父母完全可以退一步，让孩子按照自己的意愿来做。

圆圆今年8岁了，刚刚升入小学二年级，她的脾气一直都比较倔强，但是爸爸妈妈发现这孩子最近有点变本加厉的迹象。

只要是圆圆决定的事情，无论对错，别人都很难改变她的想法，如果妈妈说她一句，她就会立刻顶回十句。只要让圆圆抓住了一点理，她就会反驳得你有口难言，所以家人很少有人敢说她。有一次，圆圆正在写数学作业，爸爸下班回来之后就站在一边看圆圆的作业，发现圆圆的算法是错误的，就对圆圆说："这个算错了，这样算是没法得出正确答案的。"圆圆看着爸爸指的地方说："我这是举一反三，多角度回答问题，谁跟你一样是死脑筋啊。"一句话把爸爸噎了回去。不过，圆圆算来算去还是算错了，爸爸就教给她正确的算法，就算是这样，圆圆还是一脸的不服气。

圆圆的衣服都是妈妈带着她到商店里由她自己挑选的，要不然就算买回来她也会挑出各种毛病。有一次妈妈带她逛街买衣服的时候，圆圆想买一件深色的小裙子，可是妈妈认为深色的小裙子夏天穿起来肯定会热，就建议她买一件浅颜色的，可是圆圆死活都不肯买浅颜色的，非要买那件深颜色的。妈妈很无奈，在圆圆的坚持下只好买了一件深颜色的小裙子。可是即便如此，圆圆还是高兴不起来，噘着嘴不肯理妈妈，妈妈只好左劝右劝，圆圆才算罢休。

圆圆就是这样的一个孩子，凡事特别固执、倔强，妈妈曾经试过很多的方法来改变她的这种个性，但是效果并不明显，妈妈也不知道该怎么做了。

孩子的倔强、固执是由很多原因造成的，就像例子中的圆圆，很显然她的这种倔强主要与她自身的性格有关。从例子中可以看出，圆圆自己认准的事情，别人很难说服她，她有时候甚至会钻牛角尖。这就说明圆圆的倔强行为是根深蒂固的，主要是受到自身性格的影响。针对这种情况，父母就要多与圆圆进行交流沟通，给她讲明白事理，当然，更重要的是在日常的生活中潜移默化地去影响她、感染她。

和父母讲条件说明孩子思维独立

现在的孩子可能刚刚上小学，甚至还没有上小学的时候，就已经学会了和大人"讲条件"，只要不让看电视就不吃饭，不给买玩具就不好好学习，不带着他去游乐园就不写作业……很多父母拗不过孩子，最后往往在孩子的哭闹声中妥协，结果孩子就会变本加厉，胃口越来越大。为此父母便会后悔不已，觉得不应该在开始的时候就和孩子讲条件，到最后，没有条件就无法安抚孩子。

孩子逐渐长大，到了上小学的时候，其独立思维能力、自我权利意识以及对他人的心理猜测能力都会大大提高，讲条件实际上就是孩子的心理以及思维逐渐走向成熟的一个标志，也是他们动脑子想办法争取权利的表现。他们不仅能够意识到，自己和父母一样有权提出要求，而且还不断地猜测着父母的心理，跟父母"斗智斗勇"。

孩子养成做事之前讲条件的习惯，跟平时父母的教育方式有很大的关系。有的父母在孩子还小的时候，为了让孩子听自己的话，按照自己的要求去做事情，就会提出一些引诱孩子的条件。比如，孩子小的时候可能不肯好好吃饭，为了让孩子能够吃好饭，就对孩子说："只要你好好吃饭，吃完之后妈妈就带你去玩滑梯。"或者为了让孩子晚上按时睡觉，就对孩子说："赶紧睡觉，明天给你买喜欢的奶喝，不睡觉就没有哦。"到孩子上学以后，很多父母更是经常对孩子说："只要考试到前五名，就给你买变形金刚。"这些实际上就是在跟孩子讲条件，久而久之，孩子也就养成了这种习惯。

小花今年刚刚上小学一年级，是一个非常聪明的小女孩。从上幼儿园开始，小花就是爸爸妈妈的骄傲，每次举行什么活动或者考试之类的，小花总是能取得好的成绩，从而得到相应的奖励，幼儿园时获得奖励小红花，上小学之后还有奖状。除此之外，爸爸妈妈每次还会再奖励一下小花，不是一顿丰盛的大餐，就是一个漂亮的芭比娃娃，或者到游乐园玩一天。不过，小花也有时让爸爸妈妈越来越感到头疼，因为现在小花不管做什么事总是要跟他们讲条件，他们经常被宝贝女儿的"讨价还价"弄得没有办法。

为了让小花好好学钢琴，妈妈曾经与小花达成协议，只要她每天认真练习一个小时的钢琴，就答应小花一个条件。刚开始的时候效果很好，小花每天都积极练琴，然后提出自己的条件，当然，也不是什么大的条件，不过是多看一会电视，买一盒彩笔之类的。但是几个月之后，小花变得做什么都要讲条件，现在就连写个作业也不放过。妈妈喊小花过来吃饭，小花马上就说："你让我看完动画片我就吃，不让我看我就不吃饭。"晚上爸爸喊小花赶快去睡觉，小花立刻提出条件："那妈妈要陪着我睡，还要给我讲两个故事，不讲我就不睡觉！"只要没有答应小花的条件，小花就会撅着嘴说："你们都是小气鬼，这么简单的条件都不答应！"跟她解释她还不听，真是让人哭笑不得。

为了改掉小花的这个坏毛病，妈妈也曾经试着不接受小花的条件，但是小家伙的脾气很倔强，跟妈妈对峙，决不妥协，有时还会用哭闹的方式逼迫妈妈妥协。因此，几次的尝试都没有成功，反而让小花变本加厉，更让爸爸妈妈头疼了。

很显然，小花之所以形成"讲条件"这样的习惯，正是因为妈妈在一开始的时候和她讲条件，让她明白了原来可以这样做事情。很多父母在孩子不听自己的话的时候，都会习惯性地给孩子讲条件，比如孩子不肯吃饭就会说"不吃饭就不许看电视"，这其实对孩子会有很大的影响，因为孩子会效仿父母，动不动就讲条件。而且孩子稍微长大一点后，心理逐渐发展，心智逐渐成熟，他们开始有自己的独立意识，开始明白自己也是有权利的，于是开始不断提出自己的条件。也有一些父母在孩子不愿意做某件事情的时候，常常会说："你不听我的话，我也……（不满足孩子的某项要求）"这样，不仅容易让父母失去尊严，甚至还会诱发孩子的报复心理。其实，对孩子从一开始的时候就什么条件都不讲，该提出要求的时候直接提出，并督促执行就是了。这样做，孩子就不可能学会跟父母讲条件了。

先提出很大很多的要求，接着提出较小较少的要求，在心理学上被称为"拆屋效应"。在亲子教育的问题上也有很多这样的例子，比如有的孩子在犯错误之后，担心父母的惩罚就离家出走，父母很是着急，到处寻找，但过了几天孩子安全回来之后，父母反倒不再过多地去追究孩子原来的错误了。

实际上，这里孩子的离家出走就相当于"大要求"，而孩子之前所犯的错误就相当于"小要求"，孩子用的就是心理学上的拆屋效应。因此，父母在教育孩子的过程中，方法一定要恰当，能被孩子所接受，同时，对孩子的不合理的要求绝不能迁就，从一开始就要避免与孩子讲条件。

当然，孩子习惯于讲条件，虽然有很多不利的影响，但也说明了孩子心理的不断发展，并且已经具有了一定的自主意识。所以"讲条件"未必是一件坏事，我们既不能一味禁止，也不要过于迁就，而应该循循善诱，耐心地教育孩子要通情达理。

孩子与父母顶嘴要一分为二地看

孩子在一天一天地长大，忽然有一天父母会发现这个小家伙不听从他们的号令了，居然鼓着腮帮子�’着嘴开始和他们顶嘴了！相信这几乎是所有父母在孩子成长的过程中必然会遇到的问题。据统计，爱顶嘴的孩子约占70%，其实这是孩子成长期的一种非常正常的现象。当然，虽说这是正常的现象，但并不表示这是一种好的现象或者是不好的现象，对此父母不能放任自流，也不能全盘否定，而是要根据具体情况选择最好的处理方法。

研究孩子的心理学我们就可以知道，孩子成长到了一定的年龄之后，其心理会发生变化，也可以说是孩子心理在成长，他们逐渐开始有自主意识，有自己的思维和意愿，对事物也会有自己独到的见解，我们不能说孩子的见解都是不对的，有的时候孩子与父母发生分歧，父母就会对孩子进行压制，结果发现孩子的坚持是对的，所以不能因为孩子与我们想法不一致就认为孩子是错误的。当然，孩子本身在这个时候也不再愿意处处受人压制，不再满足于模仿成人，而是要求独立思考，独立行动。这个时候，如果父母给予孩子过多的干涉和照顾，就会使孩子产生逆反心理，使得他们特别反感。其突出表现就是不听指挥，自行其是，当他们认为事情不合理或者不对的时候，还会选择用顶嘴的方式来反对父母的言行。

欣欣今年7岁多，正处于一个叛逆的阶段。欣欣自从进入这个阶段之后，经常跟爸爸妈妈顶嘴，尤其是跟妈妈，两个人的"战争"就没有停过火。

一个周末的下午，妈妈看着欣欣没什么事，坐在沙发上看电视，就跟欣欣商量："欣欣，反正你的作业也写完了，在家里也没什么事情做，不如陪妈妈去逛街买件衣服去吧？"欣欣听到妈妈说的话立刻就反对说："我才不去和你买衣服呢。"妈妈先是一愣，问她说："为什么不陪妈妈去啊？"欣欣跟个小大人一样，站起来两手一叉腰，说道："有两个理由。第一个，妈妈，你的衣服已经够多的了，我还经常看到你把不穿的衣服送人呢，怎么还要买呢？第二个理由，你每次买衣服都要逛好久，跟着你实在太累了，我不去！"

听完欣欣的"两个理由"，妈妈觉得孩子说的也没有错，就对欣欣说："那我们就不买衣服吧，咱娘俩一块出去散散步总可以吧？你总是看电视会把眼睛看坏的。"妈妈的这个提议，欣欣倒是赞成。于是妈妈就和欣欣一块出去，到附近的公园去转了转，其实也没什么好玩的，转了一圈就往家里走了。在回家的途中，路过一个两元擦鞋店，妈妈看到擦鞋很便宜，而且走了这一圈，自己的皮鞋也有些脏了，就说进去擦擦鞋，正好可以休息一下。

没想到欣欣又将了妈妈一军："你和爸爸不是经常说，我们家买房子借了很多钱，大家以后都要节约的吗？两块钱就不是钱吗？"这句话本应该是妈妈用来教育女儿的，现在反而被女儿教育了一番。弄得妈妈真是又好气又没辙，只好和欣欣一路走回家了。

从上面的例子就可以看出，孩子的顶嘴并不都是无理取闹或者反对父母的，他们也是有他们的一些理由的，这些理由也不一定都是错的。如果我们在教育孩子的时候，只是规范孩子的言行，自己却不去遵守，孩子就会因为大人使用了双重标准而表示强烈的不满，以至于出现顶嘴的行为。正如心理学家所说："一个没有办法有效地让孩子停止顶嘴的家长，往往其自我的控制能力也较差。"比如，我们教导孩子不要挑食，自己却从不吃茄子，那么我们在要求孩子多吃茄子的时候，他们很可能就会说："你说不要挑食，那你自己为什么不吃茄子呢？"就像例子中的欣欣一样，她之所以会跟自己的妈妈顶嘴，很多时候就是因为妈妈言行不一。

另外，父母对孩子的过分溺爱也可能会造成孩子顶嘴行为的产生。如果父母在平时对孩子过分宠爱，则会让孩子对长辈有恃无恐，导致孩子一切以自我为中心，当他们认为父母的言行与平时的溺爱有所不同时，孩子就会产生顶撞行为了。邓颖超曾说："母亲的心总是仁慈的，但是仁慈的心要用得好，如果用不好的话，结果就会适得其反。"

还有一点就是，随着孩子年龄的增长，他们会不断地接触到更多的新鲜事物，如果父母的教育方式还是一成不变，不与时俱进，就无法适应日益接触新鲜事物的孩子。那么，父母的教育理念自然会被孩子拒绝，他们顶嘴的现象也就无法避免了。

孩子在顶嘴的时候，很多父母常常不讲方式、不分场合地批评孩子，而且有些批评还十分尖锐，却并不完全正确，这就很容易伤害到孩子的自尊心。父母不要一直以为孩子还小就什么都不懂，随着心理的不断发展，思维方式的不断成熟，孩子已经有了自己的思想，他们的想法可能比父母的想法更好。可是有些父母见不得孩子顶撞自己，认为自己的权威受到威胁，因此不分青红皂白就对孩子大发雷霆，非打即骂，觉得不把孩子的这股劲儿压下去，孩子就有可能变坏。然而，强制压迫虽然可以暂时消除孩子的表面反抗，但他们常常都是口服心不服，渐渐地就会引起孩子内心的愤恨、埋怨，甚至记仇，最终关上心灵深处那扇与父母交流的大门。

如果孩子真的不再与父母进行交流了，那就有些得不偿失了。孩子的成长离不开父母的正确教导，面对爱顶嘴的孩子，父母要理解孩子在某一段时期的心理特点，在尊重孩子的基础上，采取正确的方式方法引导孩子，让孩子在生理、心理上都健康成长。

孩子受不了批评不全怪孩子

很多人都会用"人小鬼大"来形容现在的孩子，很显然这个形容十分贴切。很多家长在潜意识中总是对孩子的世界持有一种轻视的心理，认为孩子的年龄还小，知识面也非常窄，对世界的了解才只是一知半解。所以，家长们也一直在不自觉地充当着孩子指挥官的角色，不断地告诉孩子哪些是对的，哪些是错的，以此来指挥着孩子的思想和行为。然而，这种命令式的"指教"并不是教育，真正的教育是以平等和尊重为前提的。孩子还小的时候，可能这种命令式的话可以让孩子听从，然而随着孩子心理的成长，他们开始有自己的想法，当大人和自己的想法发生碰撞的时候，孩子就会出现很多的抵抗行为，这时家长的批评就可能会助长这种抵抗。

批评孩子，其实也是对孩子的一种说服，而说服是一种有难度的沟通方式，即便说服的对象是小孩也是一样的。在心理学上有一种"飞去来器效应"，即被说服者在反对说服者时，总是采用心灵"盾牌"来抵抗，从而使得说服者无功而返。事实上，说服者应该通过直接接触和交换意见等方式，使得双方得到情感、思维的交流。这说明即便说服对象是孩子，即便是正确的说教，也要让孩子有回馈信息、发表意见的权利，让孩子有机会表达自己的意愿，而不是单纯地做一个执行者或者被说服者。这就是为什么现在的孩子对父母的批评无法接受的原因，因为他们仅仅只是一个执行者或者被说服者，而没有机会表达出自己的意愿。

俊俊妈妈为了宝贝儿子的事情可真是没少操心，俊俊从小就非常听话，而且家里就这么一个孩子，妈妈就像对待"小皇帝"一样宠爱着他。可是不知道从什么时候开始，乖巧听话的俊俊变得像只好斗的小公鸡一样，只要不顺着他的意愿，他就会乱发脾气，倘若妈妈批评他几句，指正他的行为，俊俊就好像受了莫大的委屈一样大哭大闹地不肯罢休。刚开始，妈妈看到俊俊泪眼婆娑的小脸儿，心疼不已，忍不住就"败下阵"来，不再批评他，而是说很多好听的话来安慰他。俊俊的妈妈想，也许等俊俊长大一些了，他就会懂事了。

可是谁知道随着时间的推移,俊俊不但没有变得"懂事",反而变本加厉。妈妈只要稍微说他那么几句,他就又哭又闹,不达目的决不罢休。有一次,俊俊又做了错事,妈妈生气地说了他几句,他就又哭了起来。这次妈妈狠下心来,面对俊俊的无理取闹没有妥协,任由他哭闹,结果俊俊哭了很长时间,嗓子都哑了。

从这以后,妈妈再也不敢随便说俊俊了,俊俊做了错事也不敢多批评他了,这下俊俊成了家里真正的"小皇帝"。可是,有一天早晨俊俊说什么也不去学校了。妈妈只好去学校了解情况,结果老师反映说,俊俊在学校里太过专横,没有办法融入同学之间,遭到同学的排斥。另外,他平时上课总是做些小动作,不认真听讲,老师批评他,他就在班上发脾气,好几次扰乱课堂秩序。这下俊俊的妈妈可犯难了:在家里,俊俊可以像小皇帝一样被宠爱,可是在学校里谁来让着这个霸道的孩子呢?

俊俊的问题在于固执己见,而俊俊妈妈偏偏忽略了俊俊的性格特点,在尝试改变问题的同时,没有挖掘到俊俊的真正意愿所在,也不去了解孩子的心理,双方之间缺乏适时的沟通,从而使得妈妈的批评反而强化了俊俊的固执行为。当然,面对孩子的错误也不能不分青红皂白就批评。很多家长总是不给孩子任何说话的机会,劈头盖脸就是一顿训斥,以一种居高临下的姿态和专制的角色出现在孩子面前。然而,以这种方式批评孩子一定会引起孩子强烈的逆反心理。

　　家长们应该要了解这个阶段孩子的心理成长特点。孩子在7岁以后，自我意识愈发强烈，因此常有任性、专横、固执的行为出现。家长们应该及时地发现孩子心理的变化以及思维的改变，不要命令孩子或者把思想强加给孩子，更不要一味地批评孩子。只要父母和孩子进行适当的沟通并加以引导，让孩子切实地了解父母的想法，就会避免类似逆反行为的出现。

第三章
叛逆期孩子更易有情绪

青春期孩子的性格、心理变化

青春期的孩子容易思想偏激

偏执是青春期孩子中比较常见的现象，这种行为主要表现为孩子比较认死理，只要是自己认定的事情，就不会轻易改变。而且无论是什么样的事情，在什么场合，孩子都会认为自己是正确的，如果别人与自己的想法、做法不同的话，一定是别人错了。所以，思想偏激的孩子做事绝对化，很容易走极端，还不听别人的劝告。

青春期的孩子侧重于感性思维，喜欢凭感性做事，因此，比较容易出现做事偏激、固执的情况，有时还会做出一些很冲动的事情。但是，世界上任何事情的发生和发展都是有一定逻辑的，如果孩子在日常生活中多用理性思维去思考问题，那么做事就不会如此偏激了。比如，一个同学考试的时候没有考好，他就觉得十分丢人，感觉大家都在看他，在笑话他、议论他。因此走路的时候都不敢抬起头来，在很多人面前也不敢说话了。其实，这就是他自己的思想太过偏执了。如果理性一点思考就会明白：有谁会整天没事干光看你呢？如果有其他同学一次考试没考好，自己会不会整天关注他呢？事实上，没有人有这个闲情逸致，整天盯着别人看。所以，孩子只要能够理性地想一下，心结就能打开，也就不再偏执了。

琳琳正在读初中二年级，熟悉她的人都知道她的想法和做事的方式都十分偏激，因此，没有人敢招惹她，自然，在学校中，琳琳也没有自己的好朋友。

琳琳读小学的时候，成绩非常好，在家也很听话，出门的时候经常听到大家的夸奖。但是自从升入初中之后，琳琳就变得跟个刺猬一样，只要靠近她就会被她"刺伤"，而且琳琳的学习成绩也下滑不少。为此，妈妈经常在她放学后问她学习的状况，这时琳琳就会生气，并大声对妈妈说："你是觉得我不够用功吗？你要是觉得我不努力，你就自己学啊。要不就别管我！"

有一次，在学校里，一个女生走到琳琳坐的位置时正巧咳嗽了一声，琳琳觉得她一定是故意的，是看不起自己，所以马上站起来就开始质问那个女生："你这是什么意思？你凭什么这么对我？"对方还不清楚琳琳为什么这么问，就说："你发什么神经啊，我怎么了？"琳琳就开始动手打架，后来被来上课的老师拉开了。老师问她们为什么动手，琳琳说那个女生骂自己是神经病。

琳琳就是典型的偏执，这种思想在青春期躁动不安的心理因素的刺激下被放大，使之成为易爆的火药库。即使只是别人一个无意的动作，或者别人无意的一句话，都会在琳琳这里被无限放大，甚至因此而引发一场争斗。

　　青春期是孩子由少年向青年过渡的一个重要的时期，在这个时期内，孩子的生理、心理都会有很大的发展和变化，孩子的情绪变化和心理波动也比较频繁。如果父母不及时去关注孩子、引导孩子，孩子可能就会因此而患上各种各样的心理障碍。偏执是青春期孩子典型的心理障碍之一。在这一阶段，孩子思想上有了一定的独立性，对很多事情都有自己的想法和看法。但是对于思想相对不成熟的孩子来说，他们的思想和做法难免都有点固执和偏激。

　　因此，父母一定要对孩子的各个方面都多关注，发现苗头不对就应该及时引导。很多家长非常注重孩子的吃喝或者穿衣打扮，但是很少关心孩子的心理健康。因此，父母在关心孩子的时候一定要在关注孩子衣食住行等方面的同时，多关心孩子的心理健康。

孩子情绪总是大起大落

　　很多父母会发现，孩子进入青春期以后，情绪变化非常多，而且常常是一段时间非常低落，对什么都不愿意理睬，但是几天或者一段时间之后，孩子又像是变了个人一样，十分阳光爱笑了，也不会动不动就生气了。这样两种极端的性格，孩子似乎驾驭得游刃有余，就像是有一个固定的"发病期"一样，时间一过，自己就好了。

　　面对孩子的这些情绪变化，很多父母都会显得手足无措，既不知道是什么让孩子萎靡不振，也不知道又是什么打开了孩子的心扉，让他们从易怒的小狮子变成了温顺的小绵羊。孩子好的时候固然是好，但是在孩子的"心情低落期"时就很难与孩子相处，不但会影响到孩子的学习和生活，还会影响到与他人的关系。再者说，孩子的情绪这样大起大落毕竟不是一件好事，因此，很多父母希望能帮助孩子改正，但是无从做起。

青春期孩子的这种情绪起伏在心理学上被称为"情绪周期"，它反映了人体内部的周期性张弛规律，也叫作"情绪生物节律"。有人认为这种周期性的情绪变化是一种精神问题，其实不然，这种变化只是孩子正常的生理和心理现象，就如同人的智力和体力一样，都具有周期性。

小冰自从进入初三之后，妈妈就觉得有点受不了小冰的坏脾气了，可是你说她脾气坏呢，有的时候又非常听话，还会和妈妈交心。一块出去逛街，可能上午才一块出门了，玩得也开心，到了下午就会"翻脸不认人"，对妈妈十分冷漠。

前几天要期末考试了，小冰每天回到家吃完饭就看书，每次考试的时候，她都会这样积极准备。但是，不只是她紧张，全家都会紧张，爸爸妈妈倒不是怕小冰考不好，而是这几天小冰就像个刺猬一样，见谁就"刺疼"谁。有一天回家，妈妈下班晚还没有做好饭，小冰一看桌子上没有吃的，就开始"咆哮"："怎么回事啊，想要饿死人啊？"妈妈说一会就好了，但是小冰喝杯水便把水杯用力一放，就到自己房间看书了。等妈妈做好饭，让小冰出来吃饭的时候，小冰没好气地说："不吃！你净耽误事！”

爸爸妈妈觉得小冰马上就考试了，不想刺激她，就顺着她，也没有怪她，本想着等她考完再说。可是还有两门课没考的时候，小冰忽然就变得温顺了，回家对爸爸妈妈说话也不板着脸了，妈妈说什么也开始听了。这下轮到爸爸妈妈大眼瞪小眼，不知道该如何做了。

其实，小冰这种大起大落的情绪是青春期孩子的情绪特点之一，青春期孩子的情绪有三个特点：

一是情绪体验迅速。也就是说，这个时期的孩子情绪很不稳定，来得快，去得也快。

二是情绪活动明显呈现两极性。他们的情绪活动很容易由一个面转换到另一个面，甚至由一个极端转换到另一个极端。

三是情绪反应强烈。在情绪冲动时，理智控制作用减弱，很容易做出不计后果的过激行为。

情绪的强烈和不稳定，正是处于青春发育期的孩子身上普遍存在的现象。当然，这与孩子所面临的压力和挑战有很大的关系。青春期的孩子正是学习的关键时期，本身课业负担就非常重。这个时期他们的身体也开始发育，特别是性方面的发育和成熟，这使得孩子积蓄了大量的能量，容易过度兴奋等。他们面对的不是一两个压力，而是多种压力交织在一起，而青春期孩子的大脑和神经机制还没有发育健全，调节能力较弱，面对多方面的刺激和压力，孩子很容易产生心理上的不平衡感。孩子还没有学会掩饰和控制自己的情绪，常常喜怒皆形于色，这样的情况下，情绪就显得忽高忽低，特别不稳定了。

　　虽然说情绪不稳定是青春期孩子的普遍心理状态，但是情绪波动往往会给孩子的生活带来一定的影响，低落的情绪则容易使人生病，危害孩子的身心健康。所以，在孩子的成长过程中，让孩子保持一种稳定而良好的情绪，是父母应该重视的问题。

青春期的孩子如此冷漠

　　在进入青春期以后，随着自身认知水平的不断提高，孩子对身边的很多人和事物都有了自己的看法和主见，而且这个时期的孩子往往有点以自我为中心，喜欢自作主张，不听规劝，不服管教，这就是典型的青春叛逆期孩子的表现。而青春期孩子的叛逆对象一般就是管教自己的家长和老师，尤其是在和家长的相处中,这种叛逆尤其明显。有的孩子是"明目张胆"地和父母对抗，比如直接和父母顶嘴、吵架等。也有的孩子会用沉默寡言来对抗父母，而且对待父母的态度总是冷冰冰的。

　　另一方面，大多数父母在平常都十分关注孩子的衣食住行，感觉对孩子的关爱无微不至，却往往忽略了对孩子感情的关注。当孩子进入青春期以后，很多父母都会发现，孩子和自己之间的对话少得十分可怜，那个以前总是缠着自己不放的孩子，现在变成了"冷面小姐"或者"冷面先生"。这种现象之所以会发生，不仅仅是因为孩子长大了，和父母的代沟变得越来越大了，更是因为父母忽略了孩子的成长，忽略了孩子的情感需要。孩子长大了，就会有自己的想法和情感，或许也会增添很多烦恼和心事。

有时候这些烦恼和心事无处倾诉，孩子就会一直憋在心里，时间长了，就会变得有些压抑，也越来越冷漠。如果这个时候父母主动关心孩子的情感需要，走进孩子的情感世界，帮助孩子排忧解难，或许孩子就会变得开朗、快乐起来！

燕秋是个初中二年级的学生，以前经常缠着妈妈带她出去逛街或者到妈妈的朋友家去做客，和妈妈的关系很好。但是这半年来，燕秋对妈妈十分冷漠，没事基本不会和妈妈讲话，只有妈妈问的时候才会回答，而且是妈妈问一句她回答一句，绝不会多说话。妈妈想要带她出门，她每次都会拒绝。

每天燕秋放学回到家就吃饭，在饭桌上几乎不说话，偶尔爸爸妈妈问些关于她在学校或者学习的事情，燕秋也是心不在焉地回答，要是问得多了，燕秋就直接放下饭碗不吃了，还说："整天问，烦不烦啊？"说着就回自己房间。在家里她就像个"幽灵"一样存在，整天不声不响的不说，还没有一个笑脸，就像爸爸妈妈欠她钱一样。

时间长了，妈妈心里就犯嘀咕了，这孩子是不是有什么心理疾病了呢？妈妈也知道孩子进入了青春期会有很大的变化，但是整天不说话也不笑，她还真害怕孩子得了什么心理疾病。有一天妈妈听到她在自己的房间打电话，听对话应该是和自己同学打的，这时的燕秋不时地就会哈哈大笑，两个人说了半个多小时才挂电话。看来燕秋不是不说话不爱笑，是对着爸爸妈妈才这样的。妈妈总算放心了，知道孩子并没有什么心理疾病。但是，不免又有点伤心，为什么孩子对同学有说有笑，对自己就是张苦瓜脸呢？

例子中的燕秋对同学有说有笑，对爸爸妈妈却没个好脸色，就是典型的青春期叛逆心理的表现。他们内心还是亲近父母的，但是他们又觉得自己长大了，很多事情和父母的想法不一样了，在这之前可能和父母有过争执，出现了叛逆心理，但是可能由于自身性格原因，不能直接表达出来，就采用这种"无言"的对抗。

那么孩子为什么跟同学就有话说，也不板着脸了呢？那是因为孩子和同学是同龄人，有共同的语言和爱好，沟通起来也没有障碍，因此很多合得来的同学就会成为自己的知己，彼此之间无话不谈。这其实是青春期的一种自然现象，父母也不用太过介意。

青春期的孩子如此暴躁

青春期是青少年身心发育的关键时期，在这一时期内，孩子经常会表现出缺乏耐性、脾气暴躁的特点，甚至会对自己的父母、亲友、老师、同学等有侵犯性的言行举止。但是，父母也不要觉得是孩子变坏了，或者是孩子生病了，孩子的脾气暴躁是青春期的一种正常现象。

那么青春期的孩子为什么会出现这样的暴躁性格呢？

从生理学的角度来讲，科学家认为大脑前额叶皮层对感情、道德等情绪有一定的影响，并负责产生行动的神经冲动。青春期的孩子正处于大脑前额叶皮层的发育阶段，并且发育过程伴随着整个青春期。在发育的这一过程中，大脑内会发生一系列的变化，这种变化导致了发育期的青春期孩子有感情判断失常、举止暴躁等表现。只要顺利度过这一阶段，这种行为就会自己消失了，孩子也就会恢复正常了。

从心理学的角度来讲，儿童心理学家认为，青春期是孩子自我意识发展的第二飞跃期，自我意识的突然高涨是导致孩子产生逆反心理的第一个原因。随着孩子自我意识的高涨，他们更倾向于维护好自己的形象，从而获得他人的认可和尊重。但是由于种种原因，往往事与愿违、屡遭挫折，于是孩子们的内心就会产生一股怨气，从而导致他们暴躁行为的产生。

小勇在读高中以前，一直是个十分乖巧的孩子，虽然不能说事事都听父母的，但是有什么事都会认真听取父母的意见。在学校里，小勇也十分受欢迎，从小就成绩很好，人也十分阳光，和同学们的关系都处得不错。

但是，就是这样一个阳光的男孩在升入高中后就完全变了。升到重点高中以后，班里的很多学生都曾经是学习的佼佼者，大家都非常优秀，这样就显现不出小勇的优势了。这个时候，大家也不会只围着他转了，老师也不会那么重视自己了。这让小勇有点不适应，因此，处处想要突显自己，但是并不顺利，反而和新同学的关系闹得很僵。

这样的情况下，小勇变得十分暴躁，经常为一点小事情和同学吵架，有时还会大打出手，好几次都被老师叫到办公室进行批评。有一次还被请了家长。小勇的爸爸妈妈怎么也没有想到，自己乖巧的孩子会在学校里因为打架而被请家长。不只是在学校里，妈妈也发现小勇最近变了很多，总是爱发脾气，有时妈妈说他一句，他就冲着妈妈大喊大叫，甚至还会摔东西，家里好几个杯子都被他摔坏了。有次玩游戏的时候，因为输了游戏就把电脑砸坏了，气得爸爸动手打了他几下。

每次冷静下来之后，小勇也觉得自己做得不对，但是一遇到事情的时候，还是控制不住自己的脾气。

从上面的例子中不难看出，小勇的暴躁脾气就是在自我意识高涨下产生的。从文中可以知道，小勇以前成绩一直很好，因此很受大家的欢迎和重视，但是，升到重点高中以后，这种优势不复存在，因为每个人都很优秀。在这样的情况下，小勇就在心理上产生了一种强烈的失落感和不平衡感，可是一时之间他又无法改变这种状况，因此心中的怨气越来越多，使得小勇就像一个火药桶一样，一触即发。

显然，这种暴躁的性格和行为给孩子带来很多不利影响，不仅在学习上无法静下心来，还会影响孩子的交际。因此，父母在发现孩子出现暴躁情绪之后，应该及时帮助孩子排解这种不良情绪，最好的办法就是帮助孩子把这种不良情绪宣泄出去，这样孩子的心理就会恢复平静。

孤独、自闭怎么办

孩子到了青春期，随着身体上的发育，他们在心理上也会产生种种变化。他们对于父母和老师等之前灌输给自己的种种思想产生了质疑，有的孩子甚至不再相信大人。他们开始希望自己能够像大人一样拥有自己的天地，但是却得不到支持。于是，孩子就觉得自己干什么都不被理解，就连平时挺要好的同学和朋友，现在也不是那么亲密无间、无话不谈了，自己一肚子的心事，不知能和谁说。所以，很多青春期的孩子总是会发出这样的感叹："为什么就没有人能理解我呢？我真的好孤独。"

孤独和自闭总是结伴而行的，因为孤独而自闭，而自闭又导致了孤独，它们就像是两扇沉重的铁门，把孩子的内心紧紧地关闭起来。孩子的自闭和孤独一般表现为情绪低落、悲观、厌世，严重的自闭则会引发自杀的现象。所以，如果孩子出现孤独、自闭的倾向，那么父母应该引起重视，加强和孩子之间的沟通，走进孩子的世界，把孩子的内心拉到阳光下。

夏天本是个十分开朗的女孩，整天笑嘻嘻的，似乎都没有烦恼。但是上初三之后，妈妈就发现她不太爱笑了，开始还以为是长大了，知道收敛自己的性格了。但是时间长了，妈妈就发觉孩子不太对劲，就算是不爱笑了，也不能连人都不理了吧？

现在的夏天整个人就没有精神的时候，见到人也不说话，就是和自己的妈妈也是能不说就不说，原先那个叽叽喳喳的孩子完全变了个模样。而且以前夏天经常带同学来家里玩，现在没有人来家里了，夏天自己也不出去玩了。每天放学夏天就回家，躲到自己的房间里做自己的事情，说她在学习，可是成绩还下降了。妈妈觉得肯定是孩子有什么心事了，但是问了夏天好几遍，夏天也不说。

　　后来妈妈就到学校问老师，孩子最近的表现如何，老师也是连连摇头，说不知道为什么班里的活跃分子现在不活跃了，整天独来独往，也不和同学玩，有什么活动也不参加，就算是集体项目，夏天也是一个人躲在角落中，就是不肯和同学玩。老师建议夏天的妈妈带孩子去看看心理医生，说不定孩子是有了什么心理障碍呢。

　　后来妈妈看自己的开导不见效，就真的带着夏天去看了心理医生，医生说夏天并没有什么心理疾病，之所以出现这样的状况可能是因为孩子处于青春期，这是青春期自闭现象，只要父母多关心、多开导，孩子还是会变回以前的活泼样子的。

　　青春期孩子产生心理自闭现象一般有两种情况：一种是孩子在儿时的一些特殊的经历造成了孩子孤僻、自卑的性格；另一种是孩子进入青春期以后各方面的压力变大，不得不把自己封闭起来。案例中的夏天应该就是第二种情况，她从小活泼，但是在升入初三之后，可能学业压力变大，或者是父母、老师的期望过高，让孩子承受不了，就开始出现这种自闭现象了。

　　心理学上有一个布朗定律，说的是一旦找到了打开某人心锁的钥匙，往往可以反复利用这把钥匙打开这个人的其他心锁。也就是说，对于孩子的自闭现象，只要找到了问题的根源，一切问题就会迎刃而解。比如孩子因为升学的压力导致心理焦虑，继而产生自闭现象。这种情况下，父母就要想方设法打开孩子的心扉，找到这个根源，然后开导、安慰孩子，帮助孩子排除心理压力。

　　所以说，针对孩子青春期自闭现象，父母首先要做的就是和孩子交心，找到孩子自闭的根源，和孩子共同面对现实，解决问题。当然，如果孩子的自闭过于严重，父母要及时带孩子去看心理医生。

都是虚荣心在作祟

可能很多父母都遇到过这样的问题：孩子小小年纪就虚荣心作祟，盲目追求与攀比。虽然虚荣心是一种常见的心态，尤其对于青春期的孩子，他们开始有了自己的独立意识，开始看重面子，渴望被关注。但是孩子一旦形成虚荣心，对其成长就会产生很大的妨碍作用。最重要的是，孩子爱慕虚荣，有碍真正的进步，甚至会形成嫉妒成性、冷酷无情的性格。

教育心理学研究认为，孩子由儿童阶段进入青春期以后，自我的概念开始清晰和明朗，获得他人认可和尊重的欲望变得空前强烈，他们甚至不满意自己的状况，想方设法地来标榜自己、抬升自己，以达到"超越"别人的目的。当然，也有一些孩子是因为自己的家庭经济条件差或者是认为自己长相不佳等而生性自卑，他们希望通过一些外在的因素提升自己、增强自信。但是，不管是出于什么样的目的，这些行为都是孩子在青春期虚荣心理增强的表现。

另外，青春期性心理的发展也促进了孩子虚荣心理的发展。一些少男少女为了增强对异性的吸引和在同性之间的优越感，也很容易变得爱慕虚荣。

小辉的爸爸自己开着一家商贸公司，所以经济条件很优越，原本小辉小的时候也不懂这些，还是和平常人一样，只买一些自己喜欢的，而不管是不是名牌。上学的时候也和同学们关系不错，学习成绩也还算优秀。但是，这仅仅是以前，自从升入初中之后，爸爸妈妈就发现小辉在慢慢变化。

小辉以前也常常要爸爸妈妈给自己买这买那的，由于比较宠爱他，他要什么爸爸妈妈就给买什么。但是，现在小辉要的东西都是有名堂的，穿衣服必须是名牌，不是就坚决不穿。可是上学的时候要穿校服，没法展示自己的名牌衣服，小辉就让妈妈给自己买限量版的运动鞋、篮球鞋，这样一双鞋，便宜的也得好几百，贵的甚至上千。这还不够，上学不能佩戴首饰，但是可以戴手表啊，小辉可不要什么电子表，一定要让爸爸给自己买名表。前几天又刚买了最新款手机，现在他的电子产品都是最新的，手机、平板、电脑都是，而且只要出新款，小辉就让爸爸给自己换。

除了这些之外，小辉每天上学放学，都要让爸爸开着家里的名牌车去接送。小学的时候还喜欢和同学挤公交去上学，现在死活不肯自己去，就算是爸爸有事没法去送他，也必须让司机去送。爸爸要是说让他骑自行车去上学，小辉就会大声说："骑那个多没面子啊，我必须要坐好车。"

看到孩子这么虚荣，父母总是感到很无奈，可是家里就这么一个孩子，不想让他受委屈，只能什么都依着他了。

其实，很多时候，孩子的虚荣心和家庭以及父母的教育有很大的关系。现在很多父母溺爱自己的孩子，认为只有一个孩子，又有经济承受能力，所以舍得买一些高档的玩具、服装等。就像例子中的小辉的父母，明知道孩子有虚荣心不好，但是又不忍心孩子受委屈，什么都依着孩子，这样自然就助长了孩子的虚荣心。也有的父母不注意孩子的修养和教育，喜欢自己的孩子比别人强，总是喜欢打扮孩子，给孩子很多零花钱来显示孩子的与众不同。也有的家长总是喜欢炫耀孩子，只讲孩子的优点，这样孩子在一片赞扬声中长大，很容易形成虚荣心理。

青春期孩子的虚荣心理主要有三种表现：一是衣食住行追求名牌，以此来显示自己的经济实力和所谓的品位。二是爱撒谎，吹嘘自己或家长，比如向同学吹嘘自己，或者炫耀自己家的经济实力等，以此来抬高自己的身价，显示自己的身份、地位。三是争强好胜、不服输，总是认为自己比别人强，如果在比赛或者竞争中输了，就会找理由或者贬低对手，确保自己始终以胜利者的姿态出现。

虚荣心人人都有，就算是大人也会有一点虚荣，这也是十分正常的，因为每个人都希望得到别人的认可和尊重，渴望自己心理上得到一丝丝的优越感。但是，如果虚荣心理过重的话，就会影响到孩子的心理健康，进而影响到孩子的生活和学习。因此，父母一定要帮助青春期的孩子克服虚荣心理，让其健康成长。

自卑而又敏感多疑的孩子

很多青春期孩子的心里都住着一个"魔鬼"——自卑。通常，我们都认为，那些自卑的孩子脾气会更加温顺，更听话，但事实往往相反。每个青春期孩子都是敏感的，那些自信、情绪外显的孩子，他们更善于抒发内心的情感，因而懂得自我排解不良情绪。而那些自卑、内向的孩子，他们会把内心的不快郁结在心中，当他们的自卑被挖掘出来的时候，他们的脾气就会爆发出来，甚至一反常态。

青春期孩子大部分时间都是生活在集体中，与很多同学、朋友在一起，这其中有很多人比自己优秀，孩子在集体中容易把自己和周围的朋友、同学相比。当他们自己的某一面不如别人的时候，孩子的自卑感就油然而生，并把这种不如人的想法积压在心中，甚至不愿意与朋友、同学相处。因此，他们往往很敏感，抱有很大的戒心和敌意，不信任别人，一点芝麻绿豆大的小事也会引发一场轩然大波。

梦梦自从上学后就品学兼优，父母因此感到很骄傲，经常对着外人夸奖她，梦梦在学校里更是受到老师和同学的欢迎。去年的时候，梦梦顺利考上了市里的重点初中。可是，在升入初中之后，新同学们都非常优秀，梦梦在班里没有优势了，因此，整天郁郁寡欢。

梦梦很想好好学习，让自己再像以前一样，让大家羡慕，但是，越是这样想，成绩越是不提高，反而在几次考试中成绩逐渐下滑。父母对她也有些不满意，现在也不大在别人面前说梦梦的学习了。梦梦的压力更大了，逐渐开始出现烦躁、失眠的状况。在这种情况下，梦梦的成绩下滑得更加厉害，有一次考试成绩出来后，居然还有几门不及格。爸爸生气地对梦梦说："你越长大越笨了是怎么着，不提高也就罢了，怎么还一直下降呢？"

听到爸爸这样说自己，梦梦难过极了，她觉得父母一定对自己失望极了，自己可能真的不是学习的料。因此，梦梦在重压之下产生了一系列身心不良的症状：原先的失眠更加严重了，常常半夜了还在看天花板；白天精神总是恍惚，有时还会出现幻听；总是觉得大家都在嘲笑自己，经常忽然就捂着耳朵，显得十分害怕的样子；看到同学多看她了一眼，她就觉得别人在说自己的坏话，开始与人争吵。最后，学校不得不让她休学了。

这个时候父母才觉得女儿的确是病了，也意识到了问题的严重性，决定带着梦梦去看心理医生。

青春期孩子本来就敏感多疑，而例子中的梦梦爸爸说的话深深伤害到了梦梦的心灵。成绩下降，梦梦自己已经很有压力了，父母不但不鼓励她，还说她笨，她就会觉得父母不再爱她了，也会觉得自己真的就是笨，因此陷入深深的自卑中，而这种自卑又加重了她的敏感和多疑，从而使得她的心态急剧恶化。

那么，对于青春期孩子来说，到底是什么使得他们自卑、敏感呢？

一种原因是学习成绩不如人。有些孩子因为学习成绩差或者出现下滑而过分自卑，对自己没有信心，经常为自己的成绩或者其他方面的不足而苦恼，心理脆弱，有时会因此而离家出走，甚至产生轻生的念头，尤其是考试前后、作业太多或学习上遇到挫折的时候。

另一种是家庭条件不如人。有的孩子家庭条件不好，或者是来自单亲、离异家庭，他们会认为自己矮人一截，生怕被同学、朋友笑话，时间一长，自卑也就产生了。

因此，在实际的生活中，父母一定要首先做到对孩子谨言慎行，避免无意中伤害到孩子脆弱的心灵。另外，如果孩子出现自卑和敏感的状况，一定要及时引导，避免孩子出现心理疾病。

熊熊燃烧的嫉妒之火

所谓嫉妒心理，根据《心理学大辞典》的解释就是："嫉妒，是一个人与他人做比较，发现自己的才能、名誉、地位或境遇等方面不如别人而产生的一种由羞愧、愤怒、怨恨等组成的复杂的情绪状态。"

的确，对于青春期孩子来说，他们已经有了升学的压力，开始明白了竞争的重要性，同时，也会不自觉地常常喜欢与他人做比较。但是当发现自己在才能、体貌或家庭条件等方面不如别人的时候，就会产生一种羡慕、崇拜、奋力追赶的心情，这是上进心的表现。但是，他们因为青春期心理发展尚未成熟，对自己各方面的能力还认识不足，所以遇上比自己能力强的人时就会感到不安，很容易产生嫉妒心理。

嫉妒心理是人性的一个弱点，也是一种常见的心理现象，但是它是一种不良的心理状态。莎士比亚曾经说过："你要留心嫉妒啊，那是一个绿眼的妖魔！"由此可见，嫉妒心理是多么的可怕。黑格尔也这样说过："有嫉妒心理的人，自己不能完成伟大的事业，乃尽量低估他人的强大，通过贬低他人而使自己与之相齐。"通过这句话，我们也能清楚地看到嫉妒对人生的危害。

小荷正在读初中二年级，成绩属于班里的中游。这个学期班里重新调换座位，她的新同桌是漂亮的蓉蓉，蓉蓉几乎每次考试都考第一名，人也漂亮，大家都很喜欢她。但是小荷并不喜欢这个优秀的新同桌，因为自从她们两个成为同桌之后，两个人的差距总是那么明显，这让小荷心里十分不是滋味。因此，小荷非常讨厌蓉蓉。

每次考试成绩公布的时候，大家都会夸蓉蓉，老师也会在班上夸奖蓉蓉，而小荷的成绩总是不上不下，十分尴尬。所以，小荷总是在背后说蓉蓉的坏话，因为蓉蓉是班里的学习委员，经常出入老师的办公室，所以小荷就跟有的同学说老师偏向蓉蓉，早在考试之前就把蓉蓉叫到办公室，给她看过试卷了，这样蓉蓉才能考第一。

有一次班里组织元旦晚会，蓉蓉多才多艺，不仅在晚会上表演了唱歌，还担任了晚会的主持人。平常大家都是穿着校服上学的，这次晚会主持的时候，蓉蓉特地穿了一件非常漂亮的红裙子，很多女生都围着蓉蓉夸她漂亮。这个时候小荷就十分生气，还对身边的同学说："你们看看，蓉蓉就是爱出风头，大家都穿着校服，她偏要穿个大红裙子，不就是个主持人嘛，有什么好神气的！"

就因为整天这样说蓉蓉的坏话，嫉妒蓉蓉的才能，两个人的关系也不怎么好，所以，虽然有蓉蓉这样一个成绩好的同桌，小荷的成绩却没有丝毫的进步，反而出现了下滑。整天想着怎么"诋毁"蓉蓉，又知道自己没有她受欢迎，这让小荷心里十分不平衡，越想越气，为此还出现了失眠的状况，脾气也变得十分古怪，加上成绩下滑，让父母十分担心。

事实上，嫉妒心理并不是只有青春期孩子才会有，从幼儿时期一直到成年，每个人身上都或多或少有一点嫉妒心理，只不过是青春期孩子表现得尤为突出而已。例子中的小荷就是这样一种心理，看到自己的同桌成绩比自己好，还受到大家的追捧和欢迎，就在背后恶语中伤对方。而这期间，自己不但没有向优秀的对方学习，反而出现成绩下滑、失眠等现象，足见嫉妒心理对青春期孩子的危害。

有研究表明，嫉妒心理可让人产生一种"无名火"，使人心情烦躁、心境抑郁。而这种消极的心理情绪超过人体正常的生理限度时，就会造成人体机能的失调，可能会导致身心疾病的发生。因此，父母一定要警惕孩子这种不健康的心理，及时引导孩子，避免孩子误入歧途、害人害己。

与青春期孩子的亲子关系

家里多了个叛逆少年

随着孩子成长，越来越多的父母感到前所未有的忧虑和烦恼，对孩子有了越来越多的不解和无奈。曾经的乖孩子转眼间变成了家里冷漠而熟悉的"陌生人"，曾经和父母无话不说的乖乖女变成了不听父母话的火爆女……很多父母对此感到很困惑，不知道孩子为什么会变成这样。父母想要了解孩子变化的原因，就必须先了解青春期孩子的心理特点。

处于青春期的孩子，对成人将自己仍然看作是小孩子这种行为是非常反感的，他们希望父母以及周围的人把自己看成是一个大人，能够把他们当作平等的朋友，能够理解、尊重他们。对于许多事情，他们不再愿意和父母商量，而是希望能够拥有足够的时间和空间自由处理。

然而，对于那些总是习惯于参与孩子一切的父母来说，孩子的这一心理和行为的变化让他们感到措手不及，总觉得孩子变了，于是就会强行参与到孩子的生活中，干涉孩子的决定，这样的话，孩子就会反抗，亲子关系就会变得十分紧张。

小俊所在的初中是一所名校，因为小俊从小就非常认真学习，所以才能考上这样一所学校。现在小俊已经读初二了，成绩也一直不错，但是这段时间有所下滑。爸爸妈妈以为是孩子的学习负担太重了，偶尔成绩下降一点也是可以理解的，而且小俊从小学习就非常主动，因此，并没有重视。

可是前几天班主任打电话来，说小俊最近一段时间学习情绪不高，上课听讲也不认真，好几次老师发现他在看小说或者玩手机游戏。这是怎么回事呢？小俊一直都非常听话，学习上的事父母根本就不用操心的。于是，爸爸妈妈商量让妈妈和小俊好好谈谈，因为小俊和妈妈比较亲近一点。

然而，谈话的结果让父母十分吃惊，小俊根本就没有好好和妈妈说一句话，一直对妈妈爱搭不理的，最后还说妈妈烦，让妈妈闭嘴！妈妈十分生气，可是小俊已经起身到自己房间了，妈妈跟着进去，小俊看到后生气地说："这是我的房间，你怎么不敲门就进来！"妈妈也说："这是爸爸妈妈买的房子，怎么成了你的房间了！"小俊没有想到妈妈会这样说，拿着书包就往外走，还说："好，你们的房子，我不住了，可以了吧？"说着就出门了。

这个孩子怎么回事？这还是原先那个听话乖巧的小俊吗？妈妈实在不明白，怎么一转眼之间孩子就变成这样了，但是，毕竟还是担心小俊，就让爸爸去追小俊了。

很多家长都和小俊的妈妈一样，对孩子突然不听话感到莫名其妙。他们总是在问孩子，把自己的想法说给孩子，责问孩子，但是孩子究竟在想些什么，最近的心理状况是什么样子的，往往并没有关注到。

孩子进入青春期以后，他们的身体发育加快，思维发展到一定完善的程度时便开始思考人生、思考自我，开始被身心成长过程中的许多问题所困惑。此时，他们会想办法去解脱这些困惑，这是人的生存本能。因此，他们常常出现一些反常的举动。有心理学家曾经做过调查，结果发现，10 岁之前的孩子很愿意和父母沟通，他们会把自己的想法说出来。但是进入青春期，尽管父母依然爱着孩子，可是孩子的内心有了新的问题和想法，他们不愿意和父母交流，而是更愿意和同龄人沟通和交流。这是因为父母总是用"家长"的身份和他们交流，孩子得不到平等和认可，他们感觉不被尊重。

在了解了青春期孩子的心理之后，父母应该可以理解孩子的一些叛逆现象了。当然，在理解的同时，父母也应调整好自己的心态，抛却孩子青春期到来时所带来的烦恼，积极地去做孩子最好的心理医生。

说一句顶十句

在生活中，很多青春期孩子的言行十分叛逆，他们要不就不跟父母沟通，要是偶尔说说话，也是一直顶撞父母，往往父母才说一句，他们已经有十句在等着了，孩子们总是认为自己是对的。而父母为了更正孩子的观点就会极力发表自己的观点，如果双方都坚持自己的立场，就很容易形成对立的亲子关系。

青春期孩子情绪起伏比较大，情感变化也很大，并且他们自己可能也很难驾驭。这个时期的孩子多了很多的心事，却又不知道怎么和自己的父母说，或者不愿意和父母说。而父母出于关心的目的，总是会对孩子的反常表现刨根问底，或者有的父母忙于工作而对孩子的变化漠不关心。不管是过于关心还是漠不关心，都会增强孩子的反抗情绪。因此，父母应该放下架子，与孩子平等沟通，做孩子的知心朋友，争取成为孩子倾吐心事的对象和安慰者。

小米马上要升入初三了，原本小米很喜欢和妈妈聊天，学校里有什么新鲜事或者是同学之间有什么事的话，小米回家都会和妈妈说个不停，以前妈妈还经常听得不耐烦，让小米不要再说了，现在可好，不知道为什么这几个月的时间，小米真的什么都不说了，不仅不和妈妈聊天了，连正常对话也变得"不正常"了。

现在小米每天放学后就躲在自己的房间，不是上网和朋友聊天就是玩游戏，有时回家连个招呼都不跟父母打。有时妈妈进去问小米晚上想吃什么，小米也是十分不耐烦地说："随便什么都行。"看着孩子一直在玩，马上就要读初三了，妈妈有些着急，有时会对小米说不要再玩游戏了，多看看书，小米就会生气："我自己的事不用你们管。"看到妈妈经常打扰自己玩，小米干脆在自己的房间门口挂上一个牌子，写着"请勿打扰"。

看到女儿的行为越来越离谱，也不愿意和父母沟通，于是爸爸妈妈决定好好和小米谈一下。在一天放学后就对小米说要开个家庭会议，小米把书包一放，就说："我不参加。"爸爸说家里的人必须都参加，并且要讨论的事情就是小米的问题。小米问："我有什么问题？我什么问题都没有，你们自己讨论吧。"妈妈看到小米的态度，生气地说："你这是对爸爸妈妈该有的态度吗？是不是有些不可理喻呢？"小米瞪着眼说："我就是不可理喻！所以你们不要理我了！"说着就进到自己的房间，还把房门使劲摔上。

爸爸妈妈看到这样的小米，感到十分震惊，原先听话乖巧的女儿怎么变成这样了？总是和爸爸妈妈顶嘴，爸爸妈妈说一句也不行，现在的孩子实在是太叛逆了。

那么，青春期孩子为什么如此叛逆呢？主要有以下三方面的原因：

第一，青春期孩子由于身体发育而产生了一些属于青春期的独特心理。身体上的变化、第二性征的出现给孩子们的心理造成了一些冲击，他们往往会对此感到十分不安、不知所措，因此，就会产生浮躁心理与对抗情绪。

第二，除了身体上的发育并趋于成熟之外，青少年还渴望独立，希望周围的人把自己当作成年人来对待，因此，在面对一些问题的时候他们常常呈现出一种幼稚的独立性。

第三，青春期孩子自我意识增强。社会上各种新奇的事物让青少年们产生兴趣，他们要通过表现个性、追求时尚等方式来满足自己的好奇心，因此，常常要让自己显得十分有个性才行。

当然，社会和家庭教育的一些不足、青少年面临的各种压力，以及生活中的无聊情绪等，也是叛逆心理产生的"沃土"。在孩子出现这样的叛逆心理的时候，会有很多不同的表现，其中就包括一直和父母对着干，在父母对自己说教的时候表示出自己的不满。

在这个时候，父母不要一直抱怨孩子不听话，而是要反思一下，自己是不是正在挑起孩子的反抗情绪，或者孩子真的是对自己有什么意见。父母要多与孩子沟通，找出原因，并有针对性地找出解决办法。

孩子的心怎么这么远

很多家长说，自己的孩子原本是个阳光、开朗的孩子，但是不知道为什么，越长大反而越害羞，不愿意和别人交流了，不仅仅是对别人，就是对自己也变得十分冷淡。其实，这是青春期孩子的一种阶段性心理，在心理学上这一现象被称为"心理闭锁"现象，即孩子把自己封锁起来。在这样的阶段，孩子不轻易向外人敞开心扉，变得孤僻，无论是对外人，还是对自己的父母，都显得十分冷淡，这可以说是孩子从不成熟走向成熟的正常心理反应，是青春期发育过程中的阶段性的心理现象。

"心理闭锁"现象的发生虽然是正常的、阶段性的，但是如果不加以引导，任其发展，就会对孩子以后的健康发展产生不良影响。当孩子出现"心理闭锁"后，孩子就不会轻易向别人吐露真情，父母想要了解孩子的心思就变得十分困难，因此，很多父母就会觉得孩子的心离自己很远，总是抓不到。

圆圆今年15岁，以前的她每天都笑嘻嘻的，只要见到认识的人就会打招呼，和爸爸妈妈相处也十分融洽，尤其是和妈妈，就跟好朋友一样，圆圆有什么心事总是和妈妈说，也喜欢跟着妈妈出去逛街或者到别人家去做客。只要是见到圆圆的人都会夸她爱笑、爱说话。

但是，就是这样一个爱笑的孩子，现在却变得对谁都十分冷淡，见到人也不打招呼了，有时还低着头快步走过去，回到家也不和妈妈说话了，不写作业也是自己在房间玩，或者干脆躺在床上，也不知道想什么，妈妈觉得圆圆根本就没有睡着，只是躺在那里而已。等妈妈喊她吃饭才肯出来，在饭桌上也不说话，爸爸妈妈问一句她才说一句，有时还不回答。

都说青春期的孩子叛逆，但是圆圆并没有其他的变化，不顶嘴，也不打扮，就是不爱说话，妈妈曾经试着和圆圆"套近乎"，想和圆圆一起出门逛街，但是圆圆从来都不去，也不说什么原因，就只说自己不想去，妈妈再问她就不说话了。妈妈还特意让自己的朋友带着孩子到自己家里做客，朋友家的孩子和圆圆差不多大，希望同龄人可以有话说，但是妈妈喊圆圆出来，圆圆只是到客厅坐一坐就又回去了，连声招呼都没打，妈妈对此感到十分不解和无奈，实在不知道圆圆整天在想什么，也不知道该如何与她好好交流。

很明显，例子中的圆圆正是处于"心理闭锁"时期，才会从爱说爱笑变成不爱与人交流，和爸爸妈妈也不说话。处于这一时期的孩子不但与父母不能很好地进行心灵沟通，即使是在同龄人之间也很难找到"心心相印"或者说可以产生心理共鸣的朋友。就像圆圆，即使妈妈朋友的孩子和自己年龄差不多，圆圆还是无法和他成为朋友。

心理研究表明，心理闭锁对青春期孩子的身心发展的危害是显而易见的。在学习上，心理闭锁会妨碍孩子信息的交流，阻碍学习潜能的发挥，降低学习效率，从而严重影响孩子的学习效果与成绩；在心理品质的发展上，心理闭锁将会逐渐削弱孩子的意志力、心理承受能力和整体认知能力，从而危害孩子的身心健康，影响孩子良好心理品质的形成；在人格发展上，心理闭锁让孩子的交际圈大大缩小，使孩子的内心变得狭隘、自私、冷漠，甚至有的孩子还会缺乏同情心和责任感，对孩子健全人格的形成有着极大的危害。

心理闭锁对孩子学习、品质和人格的发展都是不利的。因此父母必须要重视引导孩子的这种心理，及时调整，让孩子重新打开心扉，学会与人沟通与交流。

父母的"嘱咐"变成了 "唠叨"

父母本应该是孩子最愿意倾诉衷肠的对象，可是很多父母觉得孩子进入青春期以后，就不愿意和父母交流了，而原先对孩子的嘱咐，也开始让孩子变得不耐烦。虽然处于青春期的孩子渴望倾诉，也渴望被理解，但是他们更像是一个个锋芒毕露的刺猬，这就为孩子和父母之间的沟通造成了很大的障碍。

作为父母，我们应该知道，青春期对于一个孩子来说，就如同暴风雨的夜晚，他们既是多愁善感的，又是喜怒无常的。孩子在这个时期的感情细腻而多变，需要父母更加无微不至地呵护，一不小心，孩子就可能会成绩下滑、早恋或者结交一些不良朋友等。因此，父母都会对青春期孩子的一举一动相当敏感，总是担心孩子这个做不好，或者是那个没有弄好，经常不断在孩子耳边嘱咐这个，嘱咐那个。而孩子在青春期都会有自己的主见，因此，就会觉得父母十分爱唠叨。其实，父母应该相信孩子，给孩子独立的空间。有时候孩子的一些作为，父母不认同，但也并不能说是孩子做得有多错，只要不是犯什么原则性的错误，不妨让孩子自己去"闯荡"一番。

另外，父母容易忽视的一点是，这一阶段孩子的独立性增强，总希望得到他人的承认和尊重，希望摆脱父母的约束，渴望独立。他们不愿意再像"小孩子"一样服从家长和老师，他们希望获得像"大人"一样的权利。因此，青春期孩子最讨厌的就是父母的唠叨，他们觉得父母这样很啰唆。

小磊是个高二的学生，是家里的独生子，父母对小磊也是关怀备至，什么事情都想替小磊做好，除了工作，父母几乎把所有的时间都用在了小磊身上。以前小磊也觉得十分幸福，经常跟着爸爸妈妈到处玩，妈妈还陪自己一起写作业、一起学习，小磊还经常和同学们炫耀呢，别人也都羡慕他有这样的好爸爸、好妈妈。可是自从升到高中以后，情况就有些变化了，小磊不愿意再和爸爸妈妈一起出门了，对于妈妈的话也不那么爱听了。

上次考试，小磊的成绩下降了不少，妈妈开始有些担心，但是最近孩子都不肯和自己聊天了，妈妈就在吃饭的时候主动问起小磊的学习情况。小磊却不高兴了，说："整天就知道学习，我就得每次都考好才行啊？"妈妈没想到孩子会这样回答，赶紧说："当然不是要你每次都考好，但是我们要分析一下考不好的原因啊。"小磊把刚夹起来的菜又放下，说："要分析你自己分析，我没什么好分析的。"爸爸在一边看不下去了，就对小磊说："妈妈是关心你，怎么对妈妈说话呢？"小磊把筷子放下，说："我怎么说话了？还让不让人吃饭了？你们怎么这么啰唆啊。"

小磊说完就回自己房间了，留下爸爸妈妈在饭桌前尴尬地坐着，妈妈说："这孩子是怎么了啊，以前学习的事都会和我说，现在怎么还说我啰唆了？"爸爸看着小磊的房间叹了口气。

其实，很多父母和小磊的父母一样，看到孩子成绩下降就会赶紧找孩子来问清楚。很多孩子在进入青春期以后，本身的学业压力就非常大，而父母又只关心孩子的学习，没有过多地关心孩子的成长，这样只抓孩子的学习，对孩子的全面发展很容易产生负面的"蝴蝶效应"。

为此，父母想要和孩子沟通，就需要多关注孩子除了学习以外的其他方面，真正进入到孩子的世界中，与孩子像朋友一样沟通了解，不要居高临下的威迫，而是具有亲和力地一点一点感染孩子。这样孩子才能打开心扉，接受与父母交流，才不会觉得父母只是在唠叨。

孩子对父母说的话总是嗤之以鼻

很多父母都感叹，为什么孩子到了初中之后和自己的话越来越少、人也越来越叛逆，甚至父母说什么，他们总是不屑一顾、嗤之以鼻？是孩子的价值观发生了改变，还是父母真的落伍了呢？其实并不是，青春期孩子是一个渴望脱离父母保护的群体，他们并不能完全独立生存，不能独立面临生存的压力、学习上的困扰等，此时，他们只能"空喊口号"，在"行为语言上"反抗父母，于是，和父母唱反调就成了他们宣告独立的重要方式。

很多孩子在进入青春期以后，就不会再像从前那样听话了，不再认为父母说的就是对的。他们总是会对父母的眼光进行挑剔，经常说"俗""太土"等等。这些语言和行为都代表孩子进入青春期了，开始有了自己的思想。心理学家发现：孩子在10岁之前是对父母的崇拜期，20岁之前是对父母的轻视期，30岁之前是对父母的理解期，40岁之前是对父母的深爱期，直到50岁才真正了解自己的父母。10岁到20岁之间是代际冲突最为激烈的时期。这个时期的孩子是最让父母操心、担心和伤脑筋的，的确，大多数这个年龄阶段的孩子，都开始质疑父母，并认为父母的思想跟不上时代。这也是孩子对父母说的话嗤之以鼻的原因之一。

兰兰是家里的乖乖女，对爸爸妈妈的话一直都是言听计从，但是自从升入初二之后，兰兰就变了，经常反驳父母，变得十分不听话了。而且还总是"笑话"父母的一些观点和看法。

前几天妈妈说要带兰兰去商场，现在商场很多东西都在打折，兰兰却说："我这么大了还跟着妈妈会被人笑话的，你自己去吧。"后来妈妈软磨硬泡才让兰兰出门，结果在商场里，两个人的意见从来没有一致的时候。妈妈看见粉红色的裙子很漂亮，让兰兰试一下，兰兰却赶紧摆手说："这是什么啊，装嫩呢？我才不穿。"只要是妈妈拿给她的，兰兰都有各种理由拒绝，不是说太土，就是说太俗了。结果母女二人无功而返，还让妈妈生了一肚子气。

兰兰放暑假了，期末考试的成绩也出来了。班里考第一的还是叫晓霞的女孩。妈妈就忍不住说："晓霞这个孩子就是聪明，还懂礼貌，每次见到就喊阿姨，将来一定有出息。"

兰兰一听，就十分不屑地说："你懂什么呀，她就会装，装懂事、装听话，哪有同学喜欢她啊，就你们被蒙在鼓里不知道罢了。"

没想到兰兰会这样说，妈妈赶紧说："那人家也是第一名，而且每次都是第一，这还是装的？"

兰兰却说："第一有什么用？清华北大毕业的还找不到工作呢，谁还稀罕一个第一啊。"说着就回自己房间了，临走还对妈妈说："你们就是思想落后，唉。"

为什么妈妈挑的裙子兰兰看不上呢？妈妈夸奖晓霞，兰兰为什么要嗤之以鼻呢？其实，这就是青春期逆反心理的表现。我们多次讲道：青春期的孩子独立意识开始慢慢增强，并有了自己的想法，此时，他们希望父母和其他人能够把自己当作大人一样看待，但是父母眼中他们还只是个小孩子。为了让父母改变这一想法，他们就以唱反调的方式来显示自己。

　　显然，孩子的这一心理和态度会给亲子关系带来障碍，让很多父母无法适从。但是父母也不要只是认为孩子不懂事，从而更加约束孩子，这样只会适得其反，引起孩子更强烈的反抗情绪。对待孩子的这种态度，父母应该突破传统的固定的教育模式，注意与孩子的沟通，多尊重孩子，平等地对待孩子，和孩子成为朋友，一起进步，这样孩子就不会再事事针对父母了。

第四章
让孩子适当经受情绪锻炼

增强孩子的自控能力

男孩"人来疯"怎么办

小博是个4岁的男孩，平时乖巧听话。可是家里一旦来了客人，小博就像换了一个人似的，拼命展示自己。他会围着客人撒欢儿，不停地跟客人讲话，让客人手忙脚乱。他还会向爸爸妈妈提出一些过分的要求，爸爸妈妈要是不同意，他就又哭又闹，让大人们非常尴尬。望着在地上打滚的小博，妈妈只好对客人赔笑道："真是没办法，这孩子就是个'人来疯'……"

所谓"人来疯"，指人类自我表现欲的无端彰显。具有"人来疯"行为的多为3~7岁的孩子，这个年龄段的孩子由于大脑皮层神经活动的兴奋与抑制尚未达到平衡，兴奋过程强于抑制过程，导致自控力、意志力都比较差。

这个年龄的男孩格外活泼好动，他们会抓住任何机会展示自己，尤其是在不常见的人面前，这种展示会让他们觉得具有成就感。于是，来家里做客的亲戚、朋友就成了他们的最佳展示对象。

为了吸引客人的注意，"人来疯"的男孩会将自己活泼、表现力强的特点卖力表现出来。不过由于判断能力差，他们无法从别人的回应中判断自己的行为是否正确。即使家长对他们过分的行为加以阻拦，他们也不具备完全的意志力控制住自己。所以，我们就时常能看到这种景象：孩子又叫又闹，家长急得满头大汗却劝阻无效。

很多家长为孩子的"人来疯"犯愁，抱怨孩子太顽皮，无法管教。其实，随着孩子身体系统的发育，到了 10 岁以后，这种行为就会慢慢好转，乃至消失，家长无须过分担忧。

孩子会"人来疯"，与社会经验少有关系。现在的孩子，尤其是生活在城市的男孩，平时很少有与外人接触的机会。试想，如果家里整天来来往往都是人，那么男孩又怎么会对客人抱有如此大的兴趣，非要进行一番"自我展示"呢？"人来疯"的男孩往往生活环境都比较单调，他们天性对世界充满了好奇，喜欢探究人与人交往的秘密。不过，由于缺乏经验，他们还不能很好地掌握与人交流的技巧，出现出格的行为是可以理解的。

家长不要因为孩子"人来疯"就对其大声斥责，甚至予以严惩。孩子也有自尊心，男孩如果为此感到羞愧，则会反抗得更加激烈。家长可以选用其他方式对孩子进行约束。比如当家里来了客人之后，让男孩跟客人问好，然后告诉孩子："先去别的房间玩玩具或者看会书，一会儿客人和爸爸妈妈说完话要看你表演。"这样，孩子就会乖乖地自己待着。等与客人聊完天后，记得一定要叫孩子出来进行表演，满足孩子的表现欲。

如果这种方法对男孩无效，家长即可指出："某某小朋友在来客人时很乖很听话，妈妈很喜欢他。"然后对孩子的撒娇行为冷处理。等客人走后，再告诉孩子他错在哪里，还可以配合罚站一会儿、不给他买某个玩具等惩罚措施。

当然，纠正男孩"人来疯"还得从根源做起，即多让男孩与外人接触，让男孩熟悉待人接物的技巧。平时家长可以多带男孩去公园、商场、图书馆等场所，增加与人群接触的机会。等孩子熟悉了人与人的交往行为后，就不会再出现"人来疯"的行为了。

帮孩子克服厌学的心态

不知道什么时候开始，刘晨觉得每天都只是在做一件事：学习，学习，还是学习。每天的生活也似乎变成了三点一线的简单重复：课堂，食堂和寝室。

英语课开始，打开英语教科书，老师开始讲一堆英语语法，带读课文，然后做练习，再讲解；轮到数学课，打开数学教科书，老师又灌输一大堆数学公式，然后是似乎总不会完结的应用题，做题，再讲解；再到语文课，打开语文教科书，老师写了一堆不认识的汉字——刘晨就不明白，为什么从小学学到现在一直有不认识的字，怎么也学不完？然后讲解段落大意，揣测作者的写作意图，总结中心思想，写老师布置的作文……

刘晨感觉自己很像个重复作业的机器，不明白这样做有什么意义，也不知道这个机器的零件哪天就要坏掉，停止不走；真是讨厌这样没有目标、没有方向、不知所谓的学习啊！

更糟糕的是，之前制订的学习计划和目标一直完成不了。上次月考的成绩又出来了，名次不但没有提前，反而落后了。这可怎么办啊？

刘晨越来越不想学习了。他甚至想："我是不是智力比别人低？还是根本不适合学校的学习生活啊？"

刘晨现在的状态，有个专门的名称：厌学。

厌学是个很普遍的现象，孩子和家长用不着担心是智力出现了问题，因为厌学和智力水平是没有关系的。也就是说，如果孩子出现了这种厌学的情绪，不是他不聪明，不适合学校的学习，相反，如果能像刘晨这样思考问题，反倒证明了孩子的智力水平没有问题，因为他懂得了反思，懂得去思考学习的意义，只是因为一时没有找到答案而苦恼。

总的来说，厌学的原因有两类：内在原因和外在原因。内在原因常常是由于男孩在学习过程中的消极情绪体验和自我认识存在偏差；而外在原因往往是社会、学校、家庭等外部环境的不良影响。

无论是哪个年级的哪个班，班里多多少少都会有一些厌学的学生。他们日常表现为对学习失去兴趣；不认真听课，不完成作业，怕考试；甚至恨书、恨老师、恨学校，旷课逃学；严重的还会在老师管教他时，公然地反抗甚至辱骂、殴打老师。孩子会出现这种情况，除了对为什么要学习这个问题求而不解而产生厌学外，还因为自己制订的学习目标短期内得不到实现而产生了焦虑情绪，进一步加重了厌学的想法。

那么，又该怎样消除厌学情绪呢？

首先，家长应该引导孩子找到学习的乐趣。因为，假如学习是孩子的乐趣所在，那学习的意义就是乐趣。假如孩子认为它是负担，那它就变成了负担。

关键是孩子自己怎么认为的。家长要告诉孩子，学习相对于游戏而言，确实是一件枯燥的事情，可是绝不是他想象的枯燥而无意义的重复，要知道知识在于积累。只有在青少年时期有了对各科知识的日复一日地慢慢积累，才有日后对知识的应用和创新，才有可能成为对社会有用的人才，也才有可能实现自己的梦想。

再说孩子成绩不进反退的事情。问问孩子，他虽然订好了计划，可是有没有切实地按计划执行呢？就算他按计划执行，认为自己很努力了，可是排名还是在往后掉的话，他有没有想过，别人也许比他更努力？

学习有时候会出现"高原效应"，也就是说有一段时间看上去进步很慢，甚至几乎停滞不前。处于"高原效应"的学生有的在很短的时间内，比如一两周就能走出来，有的则要很长，甚至要一两年。这个视个人情况而定。告诉孩子不要害怕，暂时性的退步，不代表什么，也不意味着他就进入可怕的一两年的"高原效应"了，更不能因此而产生厌学心理。

引导孩子想想：反正也要学，怀着高兴的心情也是学，怀着厌恶的心情也是学，为什么不怀着高兴的心情学呢？而且，就算出现了学习上的"高原效应"，只要调整计划，放松心情，然后切实地坚持计划，那么走出"高原效应"的时间也不会很长。孩子一旦渡过了这个难关，成绩将会更上一个台阶！

无论聪明还是笨，都要勤奋

任何目标都是需要经过认真地付出才能够实现的，勤奋努力的习惯最好从小就培养，越小越好。父母在夸奖孩子勤奋努力的同时，也就是在鼓励他继续努力去挑战更高的目标，通过这样的方式可启发孩子认识到对自己的责任，开阔人生。

美国近期的一项研究得出结论：如果一个孩子总是自认为很聪明，很有可能在面对挑战的时候想回避。在一项实验中，老师让幼儿园的孩子们回答问题，她对其中一部分孩子说："你们答对了 8 道题，你们很聪明。"而对另一半孩子换了种说法："你们答对了 8 道题，你们确实付出了巨大的努力。"接下来，这个老师分别给两个部分的孩子布置新任务让他们自己选择，一种是他们在完成的时候也许会出现一些差错但是最终可以学到一些东西，另一种是他们有把握一定可以做得好。结果那些被夸奖为"聪明"的孩子大多都选择了后者，而那些被夸奖为"努力"的孩子大多数选择了前者。

夸奖自己的孩子聪明，会有一个缺陷：孩子在潜意识中认为是由于自己聪明才会一帆风顺，逐渐对自己感觉良好，想着自己的将来一定只会成功不会失败。时间长了之后，就容易对自己的评价不那么客观了。如果他把事情做得很好，他就会认为只是他聪明罢了，一旦他受到了挫折，他的第一反应很可能就是"我并不聪明"，随之对一切都失去了兴趣。这样的孩子将来走上社会之后就会感觉自己有点输不起，甚至会导致终生一蹶不振。

所以，我们最好赞美自己的孩子"勤奋"，当我们在夸奖他勤奋的时候，其实就是在鼓励他继续努力去寻求更多的挑战，这样孩子在遇到挫折的时候便不会气馁，他会始终认为自己不懈努力去做的事情是一件值得的事。

尼克松的家境并不富裕，一家人只能靠种地糊口。父亲在自己的菜园里辛勤劳作，供养着一家人。母亲则是一个有着文化修养的伟大母亲，更多地承担了教育子女的责任。自尼克松出生后，她就用自己的智慧和耐心教育他。在尼克松6岁上学之时，母亲早就教会他读一些书籍了。

尼克松9岁时，父亲卖掉了屋子和菜园、果园，把家搬到了惠特尔。父亲十分勤劳，靠自己的双手辛勤耕耘，努力改变全家人的命运。终于，他有了属于自己的加油站，后来又办起了杂货店，并专门出售自家制的馅饼和蛋糕，将尼克松母亲的手艺绝活推向了市场。

父母的勤劳对尼克松产生了很大影响。他很早就帮忙操持家务，做些力所能及的事，父母经常拿书中的"你必须汗流满面，才得糊口"这句话来教育他。尼克松把这句话牢牢记在心底。尼克松很快就成了家里的得力帮手。在父亲和母亲辛勤劳动的带动下，尼克松充分认识到只有劳动才能创造一切，才能满足自己的需求。给家人帮忙让尼克松深深体会到了劳动的快乐和成果。尼克松回忆到，他每天早晨4点就起床，5点赶到洛杉矶第七街菜市场。他自己挑选水果和蔬菜，把价钱还到最低，选购好的货物用马车送回家，等这些货物洗净、分级，放到店铺后，接着在8点去上学。尽管很辛苦，但每次劳动后，尼克松都感到一种轻松和快乐。因为他靠自己的努力得到了收获。

童年的经历使他一生都保持勤劳，尼克松终生都谨记父母教给他的那句话：人生的目标要靠自己的付出才能实现。在父母的带动下，尼克松也养成了勤奋用功的习惯，这为他以后的成功打下了坚实的基础。

在人生的旅途中，有许多聪明的人常常在最后变笨了，而原本被认为是笨的人，常常在最后变得聪明了。勤奋的人不一定会成功，但是如果你要取得成功，就永远离不开勤奋。在一个学校或者是在一个班级中，通常有两类学生是容易受到老师喜爱的：一种是非常聪明又非常勤奋的，另一种是不算聪明却非常勤奋的。可见，勤奋的孩子，走到哪里都会招人喜欢。

作为父母，不应该为孩子的低智商而气馁，也不要为孩子的高智商而沾沾自喜，而是应该将视角转移，重视自己的孩子是否努力勤奋，并把这种理念传递给孩子，让他们感受到只有努力才能获得父母的认可和夸奖。

优秀孩子必备的情绪智力：专注

一个人的精力和时间本来就是很有限的，在这种情况下，如果选不准目标，几年的时间就会一晃而过。孩子如果想取得突破性的进展，就该像学打靶一样，迅速瞄准目标；像激光一样，把精力聚于一束。一个人只要"咬定青山不放松",长期专注于某一事业,他通常就能成为这方面的专家、成功者。

法国的博物学家拉马克,是兄弟姐妹11人中最小的一个,最受父母宠爱。他的父亲希望他长大后当牧师,因此送他到神学院读书。可他爱上了气象学,想当个气象学家,整天仰首望着多变的天空;没多久他又在银行里找到了工作,想当个金融家;后来他又爱上了音乐,整天拉小提琴,想成为一个音乐家;这时,他的一位哥哥劝他当医生,于是他又学医4年。

一天,拉马克在植物园散步时,遇到了法国著名的思想家、哲学家、文学家卢梭。受卢梭的影响,"朝三暮四"的拉马克确定了自己的奋斗目标,他用26年的时间系统地研究了植物学,写出了名著《法国植物志》。后来,他又用35年的时间研究了动物学,成为一位著名的博物学家。

世界上许多伟大事业的成就者都是一些资质平平的人,而不是那些表面看起来出类拔萃、多才多艺的人。为什么会出现这种情况呢?其实,在生活中我们处处都可见到这种情况,一些年轻人取得了远远超出他们实际能力的成就。很多人对此疑惑不解:为什么那些看上去智力不及正常孩子一半、在学校里排名末尾的学生却获得了巨大的成功,并在人生的旅途中把其他人远远地抛在了后面呢?原因是那些看起来智力平庸的人,往往能够专注于某一领域、某一事业,并长期耕耘不辍,最终实现自己的目标;而那些所谓的智力超群、才华横溢的人,总是喜欢毫无目的地四处游荡，等到蓦然回首时，仍旧一无所有。

文学大师歌德曾这样劝告他的学生："一个人不能骑两匹马，骑上这匹，就要丢掉那匹，聪明人会把凡是分散精力的要求置之度外，只专心致志地去学一门，学一门就要把它学好。"鲁迅也说："若专门搞一门，写小说写十年，作诗做十年，学画画学十年，总有成功的。"

纵览古今中外，凡杰出者，无一不具备超常的专注力。

法布尔为了观察昆虫的习性，常达到废寝忘食的地步。有一天，他大清早就伏在一块石头旁。几个村妇早晨去摘葡萄时看见法布尔伏在那儿，到黄昏收工时，她们仍然看到他伏在那儿，她们实在不明白："他花一天工夫，怎么就只看着一块石头，简直中了邪！"其实，为了观察昆虫的习性，法布尔不知花去了多少个日日夜夜。数学家陈景润数十年如一日地研究"哥德巴赫猜想"。清代著名画家郑板桥，作画50余年，始终"咬定青山不放松"，专画兰竹，不画他物，终于成为擅画兰竹的高手。还有徐悲鸿擅画马，齐白石擅画虾，黄胄擅画驴，而古人唐伯虎拿手的是仕女画。画猫专家曹今奇，从8岁起学画，专画猫，他画的猫曾在中国大陆首屈一指，连许多国外商人也向他高价订购"猫画"。如果他们想行行拿状元，恐怕只能是白白浪费时间。

那么，孩子怎么才能培养专注的习惯，克服"今天想干这个，明天想干那个"的朝三暮四的毛病呢？家长可以提出以下几点建议供孩子借鉴：

第一，找到真正的兴趣所在。兴趣，是推动学习的重要内在动机，往往可以决定一个人一生的道路。有了兴趣，孩子才可能废寝忘食、全神贯注地去做。

第二，不要因一时不出成效而动摇。许多孩子一心想学有所成，这种心情是可以理解的。但过于急切地盼望成功则容易走向反面。

第三，不要被别的有趣的事物诱惑。无论学习还是做事，最忌精神不集中，那样会白白浪费许多时间。正确的做法是认准自己的目标，心无旁骛地努力。

第四，不要怕艰辛，要舍得吃苦。有些人对爱因斯坦在物理学领域的杰出贡献羡慕不已，却很少琢磨他床下几麻袋的演算稿纸；有些人对 NBA 球员的声誉津津乐道，却很少去想他们每人究竟洒下了多少汗水。因此，千万不要只羡慕别人的成果，要准备下些苦功才行。

第五，控制自己的情绪、心态。孩子应学会尽量少受外界干扰，即便受了干扰，也要及时"收回脑子"，这也是锻炼专注力的一个重要方面。

给孩子插上快乐的翅膀

懂得快乐的孩子才能驾驭人生

不快乐的人即使看到阳光也不会感受到灿烂，所以忧郁的眼睛只会看到灰色。不快乐的人在遇到困难的时候总是把问题往不好的方面想，继而退缩、停止不前。不快乐的人不自信，不会镇定地迎接挑战。不快乐的人遇到问题时往往惊慌失措，毫无主见。

你的孩子是否有这样的时候？或悲观忧郁，或在困难面前退缩迟疑和惊慌失措？如果是，那么你的孩子需要学习快乐的智慧。因为快乐的人始终拥有积极乐观的心态，因此也就拥有积极思考和主动应对的动力，也就会具备对人生的掌控能力。

张山和张义是兄弟俩，很小的时候他们就失去父母，相依为命。哥哥张山整天闷闷不乐，总是抱怨生活。弟弟张义却乐呵呵的，快乐地忙来忙去。不幸的是，一次火灾从天而降，虽然得救，但他们却被大火烧得面目全非。

哥哥经常唉声叹气："被烧成这样，我以后怎么见人？还怎么养活自己？还不如死了算了。"弟弟则经常劝哥哥："我们能捡回这条命，就证明我们的命很珍贵，我们是幸运的，应该让我们的生活更有意义。"

哥哥一直自卑自闭，他无法面对别人对他的嘲讽，对生活完全失去了信心。弟弟张义却时常提醒自己："我生命的价值比谁都高贵。"无论遇到多大的冷嘲热讽，他都咬紧牙关昂首挺过去，坚强乐观地生存下来。别人见到的他始终是一副快乐的样子。

一天，弟弟为别人送货，途中见到一个人不小心滑进河里，他救起了这个人。为了报答救命之恩，这个人决定帮助他。凭借着诚信经营，张义从一个积蓄微薄的送货司机，逐渐发展成了一个拥有数百万资产的运输公司的老板。

相同的经历却有着不同的命运，理由很简单，就是看是否拥有快乐的心情和乐观的心态。不幸不可避免，但是命运由自己掌控。用悲伤的眼睛看世界，又如何能看到生命中的阳光？威廉·詹姆斯曾说过："这一代最伟大的发现是：人类若改变本身的心态，就能使生活本身发生变革。"所以，作为父母，培养一个懂得快乐、有着乐观心态的孩子尤为重要。

普希金说过：一切都是暂时的，转瞬即逝……因此，在我们身处顺境时，要学会惜福与感恩；身处逆境时，要学会坚忍和等待，要相信逆境只是暂时的。告诉自己：一切都将会过去。

懂得了快乐，你的孩子就能主宰自己的人生。

家长对于孩子的赞美要有创意

当孩子表现很好时，不要只是说"很好"，赞美要具体一些，说出细节，指出有哪些地方让人印象深刻，或是比上次表现更好。例如，"你今天主动跟警卫伯伯说早安，真的很有礼貌。"

不过，赞美时也要注意，不要养成孩子错误的期待。有些父母会用礼物或金钱奖赏孩子，让孩子把重点都放在可以获得哪些报酬上，而不是良好的行为上。父母应该让孩子自己发现，完成一件事情所带来的满足与成就感，而不是用物质报酬来奖赏他。

1. 教导孩子关怀别人

快乐的孩子需要能感受到自己与别人有某些有意义的连接，了解到他对别人的意义。要发展这种感觉，可以帮助孩子多与他人接触。你可以和孩子一起整理一些旧玩具，和他一起捐给慈善团体，帮助无家可归的孩子。也可以鼓励孩子在学校参与一些义工活动。专家指出，即使年龄很小的孩子，也能从帮助他人的过程中获得快乐，并养成喜欢助人的习惯。

2. 鼓励孩子多运动

陪你的孩子玩球、骑脚踏车、游泳……多运动不但可以锻炼孩子的体能，还会让他变得更开朗。保持动态生活可以适度疏解孩子的压力与情绪，让孩子喜欢自己，拥有较正面的身体形象，并从运动中发现乐趣与成就感。

3. 让孩子感受到生活的美好

有人说生活枯燥乏味，有人说生活盲目空洞，还有人看着耀眼的太阳还在抱怨阳光没有温暖。很多时候，不是生活不给我们惊喜，而是我们的心不愿意静下来去感受。所以灰色的心情下看到的任何事物都是灰色的。生活并不会像想象中那样单调和没有颜色，生活的美好正等待着每一个人一点点去挖掘。

塞尔玛陪伴丈夫驻扎在一个沙漠的陆军基地。丈夫奉命到沙漠里去演习，她一个人留在陆军的小铁皮房子里，天气热得受不了——在仙人掌的阴影下也有 51 摄氏度。她没有人可聊天——身边只有墨西哥人和印第安人，而他们不会说英语。她非常难过，于是就写信给父母，说要丢开一切回家去。

她父亲的回信只有两行，这两行字却永远留在她心中，完全改变了她的生活。这两行字是：两个人从牢中的铁窗望出去，一个看到的是泥土，一个看到的是星星。

塞尔玛一再读这封信，觉得非常惭愧。她决定要在沙漠中找到星星。

塞尔玛开始和当地人交朋友，他们的反应使她非常惊奇，她对他们的纺织、陶器非常感兴趣，他们就把最喜欢但舍不得卖给观光客人的纺织品和陶器送给她。

塞尔玛研究那些引人入迷的仙人掌和各种沙漠植物、动物，又学习有关土拨鼠的知识。她观看沙漠日落，还寻找海螺壳，这些海螺壳是几万年前在这沙漠还是海洋时留下来的……原来难以忍受的环境竟变成了令人兴奋、流连忘返的奇景。

是什么使这位女士内心发生了这么大的转变呢？

沙漠没有改变，印第安人和墨西哥人也没有改变，是这位女士的念头改变了，心态改变了。一念之差，使她把原先认为恶劣的情况变为一生中最有意义的冒险。她为发现新世界而兴奋不已，并为此写了一本书，以《快乐的城堡》为书名出版了。她从自己造的"牢房"里往外看，终于看到了星星。

生活中总是存在很多美好的事物，要想让你的孩子像塞尔玛一样去发现沙漠中的星星，那就首先要给她快乐的心情，培养她乐观的心态，然后再带领着她去触摸和感悟世界。

卡尔·威特小时候，甚至还在妈妈肚子里的时候，父亲老威特就特别注重对孩子进行美感的培养，老威特总是带着威特一点点地认识生活，让威特的眼睛里总是焕发出迷人的光彩。

"在妻子的妊娠期，我让怀孕中的妻子沉浸在爱中，沉浸在优美的音乐、优美的大自然与美术作品间，欣赏文学作品尤其是诗歌，生活在舒适雅致和睦美满的家庭环境里，所有这些带给母亲的感受都会通过遗传传递给胎儿。

在对威特的教育中，我经常带他去大自然，让他亲自感受大自然的一山一水，一花一草，让自然的美丽精致呈现在他的面前，以此来启迪他的心灵，并唤起他对人的品德的爱慕。社会生活也是教育威特的一个重要方面，我经常会引导他在生活中感受人与人之间的友爱和谐。我和妻子还注意家庭环境的营造，努力让威特生活在一个和谐、自由、充满爱的环境中。威特充满了朝气，他总是好奇地看着这个世界，我们要做的就是带他走进来。"

生活就像一幅美丽的画卷，所有的美丽会在我们的眼前徐徐展开，但是别忘了带着发现美丽的眼睛，让你的孩子浸入生活，感受那一份美好吧。

心中充满阳光，世界才不会黑暗

心中充满阳光，世界在我们的眼里就不会黑暗。即使身处逆境，阳光心态也会给我们带来希望。

一位老画家画技炉火纯青，尤其是他画的鸭子极为传神。有人问："听说您曾受到迫害，当时那样恶劣的环境下，您是怎么提高自己的画技的呢？"

"那时我被下放到农村放鸭子，那段时间受尽了别人的嘲讽，连亲人也冷若冰霜。起初我满是绝望，但慢慢地，我发现所有的鸭子的弯弯的眼睛看起来就像含着无尽的笑意。我心里顿时温暖起来，毕竟还有这一百多只鸭子在冲我微笑。久而久之，我便喜欢上了鸭子，我观察着它们的一举一动，在心里不断勾勒，画技反而提高了。"老画家笑着说。

无论我们的处境如何，世界怎样黯淡，生活总有它温暖的一面。只要心中充满阳光，就不惧怕生命中的磨难。心中有希望，就永远不会被打败。

孩子的成长之路上，有顺境，也有逆境，有成功，也有失败，对其态度的不同，发展方向也会大不相同。霍金就是一个很好的例子，他不能行走，不能说话，也不能写字，但他并没有放弃，而是充满追求，从而受到千百万人敬仰。你的孩子是否总是受到一点挫折就退缩了？害怕挫折不是最终的解决办法，应鼓励他振作精神，继续前进，否则他会认为这是个黑暗的世界，从而裹足不前，走向绝望。

当你毕生的积蓄在大火中瞬间化为灰烬时，你一定会悲痛欲绝。但是，一位老人的反应让众人大吃一惊。一场大火吞噬了他毕生的研究资料和所有的财物，他却高兴地告诉夫人和孩子："看，也许我们这一辈子也就见到这么一回。"

这就是爱因斯坦，虽然这场大火让他的心血化为乌有，但是大火并没有摧毁他，他以超然的态度看着自己的心血离去，几年之后，他又"东山再起"。

爱因斯坦的态度让人钦佩，罗斯福的心态更让人折服。

美国总统罗斯福家被盗，家里一片狼藉，很多东西不见踪影。朋友写信安慰他，劝他不必太在意。罗斯福给朋友的回信上说："亲爱的朋友，谢谢你的来信，我现在很平静。感谢上帝，让贼偷去的是我的东西，而没有伤害我的生命；感谢上帝，让贼只偷去我部分东西，而不是全部；感谢上帝，最值得庆幸的是，做贼的是他，而不是我。"

爱因斯坦和罗斯福的精神和态度很值得我们每个人学习。

人生之路，坎坷不平，拥有阳光心情、快乐心态的人才能积极地面对各种不幸，并战胜它。所以让心里充满阳光吧。

家长的理解与支持、信任与鼓励，都是让孩子快乐的源泉。让孩子在一个充满欢声笑语、有充分自由的家庭成长，更容易让他树立不怕艰难的决心，笑对困境。

失落的时候，帮孩子找回积极的情绪

有个年轻人去微软公司应聘，而该公司并没有刊登过招聘广告。见总经理疑惑不解，年轻人用不太娴熟的英语解释说自己是碰巧路过这里，就贸然进来了。总经理感觉很新鲜，破例让他一试。面试的结果出人意料，年轻人表现糟糕。他对总经理的解释是事先没有准备，总经理以为他不过是找个托词下台阶，就随口应道："等你准备好了再来试吧。"

一周后，年轻人再次走进微软公司的大门，这次他依然没有成功。但比起第一次，他的表现要好得多。而总经理给他的回答仍然同上次一样："等你准备好了再来试。"就这样，这个青年先后5次踏进微软公司的大门，最终被公司录用，成为公司的重点培养对象。

如果这个年轻人在前几次受到拒绝之后就失落放弃，便不可能获得最终的成功。

什么东西比石头还硬？什么东西比水还软？然而软水却穿透了硬石，坚持不懈而已。也许，我们的人生旅途上沼泽遍布，荆棘丛生；也许我们追求的风景总是山重水复，不见柳暗花明；也许，我们前行的步履总是沉重、蹒跚；也许，我们需要在黑暗中摸索很长时间才能找寻到光明；也许，我们虔诚的信念会被世俗的尘雾缠绕，而不能自由翱翔；也许，我们高贵的灵魂暂时在现实中找不到寄放的净土……那么，我们为什么不可以以勇敢者的气魄，坚定而自信地对自己说一声"再试一次"!

　　曾有人做过实验，将一只最凶猛的鲨鱼和一群热带鱼放在同一个池子，然后用强化玻璃隔开。最初，鲨鱼每天不断冲撞那块看不到的玻璃，奈何这只是徒劳，它始终不能过到对面去。而实验人员每天都放一些鲫鱼在池子里，所以鲨鱼也没缺少猎物，只是它仍想到对面去，想尝试那美丽的滋味，每天仍是不断地冲撞那块玻璃，它试了每个角落，每次都是用尽全力，但每次总是弄得伤痕累累，有好几次都浑身破裂出血了。这种情况持续了好一些日子，可是每当玻璃出现裂痕，实验人员就马上加上一块更厚的玻璃。后来，鲨鱼不再冲撞那块玻璃了，对那些斑斓的热带鱼也不再在意，好像它们只是墙上会动的壁画，它开始等着每天固定会出现的鲫鱼，然后用它敏捷的本能进行狩猎。实验到了最后的阶段，实验人员将玻璃取走，但鲨鱼却没有反应，每天仍是在固定的区域游着。它不但对那些热带鱼视若无睹，甚至于若那些鲫鱼逃到那边去，它就立刻放弃追逐，说什么也不愿再过去。实验结束了，实验人员讥笑它是海里最懦弱的鱼。

　　不要被假象迷惑住你的智慧的灵光，经历了痛之后依然执着，那才是坚强! 成功往往就在于最后一秒的坚持中。

　　家长面对孩子的失落情绪，最重要的是要有耐心倾听。让孩子把心中的委屈和不满都表达出来，舒缓了他们的情绪之后，再加以疏导。为他们认真地分析原因，和他们一起寻找正确的方法，为他们树立信心。

　　此外还要注意孩子的求救信号。很多孩子在遭受挫折之后，会变得沉默，不爱吃东西，这些都是他们对家长发出的求救信号。如果家长们工作太忙，忽略了这些表现，或者说没有引起足够的重视，孩子的心理就会受到较大的伤害。因此，家长们平时应该多关心孩子们的"小举动"，有的时候，并不是没有新衣服穿、想吃好吃的东西那么简单。家长们切忌简单处理，草草了事。

儿 童 成 长 必 修 课

好性格成就
好孩子

李旭影/编著

吉林出版集团股份有限公司
全国百佳图书出版单位

图书在版编目（CIP）数据

儿童成长必修课 . 好性格成就好孩子 / 李旭影编著
. —— 长春 : 吉林出版集团股份有限公司 , 2021.12
ISBN 978-7-5731-0916-3

Ⅰ . ①儿… Ⅱ . ①李… Ⅲ . ①儿童教育 – 家庭教育
Ⅳ . ① G782

中国版本图书馆 CIP 数据核字 (2021) 第 246875 号

前　言

有一对孪生兄弟，一个非常乐观，一个却出奇的悲观。

有一天，父亲想要对他们进行"性格改造"。于是，他把那个乐观的孩子带到了一间堆满马粪的屋子，把悲观的孩子带到了一间放满漂亮玩具的屋子里。

一个小时后，父亲走进悲观孩子的屋子，发现他正坐在一个角落里，一把鼻涕一把眼泪地哭。父亲看着泣不成声的孩子，问："你怎么不玩那些玩具呢？""玩了会坏的。"孩子哭着回答。

当父亲走进乐观孩子所在的屋子时，发现孩子正在大汗淋漓地用一把小铲子挖着马粪，把散乱的马粪铲得干干净净。看到父亲，乐观的孩子高兴地喊："爸爸，这里有这么多马粪，附近肯定有一匹漂亮的小马，我要帮它清理出一块干净的地方！"

一对孪生兄弟为什么会有这么大的差别呢？主要因为他们看事情的角度不同，而这种看事情的角度在某种程度上是天生的，与天生的气质特征有着密切关系。

我们常说的气质，指的是在情绪反应、活动水平以及注意和情绪控制方面所表现出来的稳定的个体差异，也就是性格。迄今为止，最有影响力的气质研究是托马斯和切斯在1956年发起的。这项研究发现，儿童在出生后的几周就会表现出明显的个体差

1

异。有的孩子很容易哭泣，有的孩子比较安静；有的孩子很容易安慰，有的孩子则需要好久才能平静下来。研究结果也表明，气质是影响儿童日后心理健康的重要因素。然而，托马斯等人也发现，气质并不是恒定不变的，父母的教育能够在相当大的程度上改变儿童的气质。

儿童最初表现出来的气质特点是个性发展的基础，也是个性塑造的起跑线。正是这种差异或特点制约了父母与儿童相互作用的方式，也制约了父母对儿童的教育方式和效果。有的婴儿生下来就对人很冷淡，有的婴儿则相反。于是，那些喜欢别人拥抱、亲吻的儿童就可以从父母那里得到更多的关注，进而会促使父母对他表示更多、更亲热的行动，而态度冷冰冰的儿童则容易引起父母对他的远离和忽视。当然，这里也要考虑父母的个性。一个喜爱安静的孩子可能不讨喜欢说笑的妈妈的欢心，但却可能得到喜欢安静的爸爸的喜爱。

总之，儿童的个性，从一开始就在自身已有的特点与周围的人、周围的环境发生相互作用中发展起来。这也使得孩子看世界的观点有所不同，因此世界带给他的心理感受也不同。

作为父母，越早了解儿童的气质，就可以越早地给孩子提供正确的生活环境，进而更好地理解和体谅孩子在学习上、与人和环境相处上所遭遇的困难，积极地引导孩子，使孩子能够以积极向上的态度与方式去感受世界。

目　录

第四章 "体贴入微的小护士"——助人型孩子

第五章 "聚光灯下的主角"——成就型孩子

第六章 "理智冷静的思想者"——思考型孩子

第一章

什么是性格心理学

为什么说性格决定命运

生活中，我们往往会说"这个人性格很温顺""那个人性格很外向"等，可到底什么是性格呢？对于这个问题，很多人都无法做出明确的解释。

"性格"一词来源于古希腊语，目前关于性格的定义，心理学家也没有达成共识。我国的心理学家认为，性格就是人们对现实稳定的态度和行为方式上表现出来的心理特点，诸如坦率、含蓄、顽固、随和、理智、感性、沉稳、活泼，等等。性格并不是独立存在的，我们每个人在日常生活中的态度及行为表现都可以反映出我们自身的性格特征。

我们每个人所拥有的性格特征并不是在短时间内形成的，而是我们在对社会生活的体验过程中逐渐形成的，而且还受到我们的世界观、人生观、价值观的影响。性格形成之后具有一定的稳定性，但这并不意味着性格是无法改变的。有时，生活中很多的突发事件会使我们的性格发生转变。

心理学家将性格分为积极的性格和消极的性格。积极的性格，如热情、大方、稳重、理智、随和、活泼、心态好等，它可以让人身处逆境时，坦然面对，积极进取，通过坚持不懈的努力，最终获得成功。消极的性格，如自私、傲慢、暴躁、孤僻、懒惰、懦弱等，它则会让人走许多弯路，受许多挫折，最终碌碌无为，甚至导致悲剧性的结局。

能够坚韧不拔、吃苦耐劳的人，可以一步一步地实现自己的人生目标；终日懒散松懈、不求上进、怨天尤人的人，必定一事无成。个性叛逆的人对外界环境采取赤裸裸的反抗，不会妥协，不够委婉，这种性格的人要么成为英雄，要么被环境所吞噬，上演一出悲剧。"兵强则灭，木强则折"，性格过于耿直的人不善于迂回，往往四处碰壁，命运往往容易艰难曲折。优柔寡断的人遇事总是犹豫不决，瞻前顾后，这种人容易因为性格而错失一次次的机会，导致无为、失败的一生。

法国著名作家大仲马曾经说过，人生是由一串烦恼串成的念珠，而达观的人总是笑着数完它。如今，心理学家更是不容置疑地告诉我们：好行为决定好习惯，好习惯决定好性格，好性格决定好命运。性格决定成败，把握住了性格也就把握住了成功；性格决定命运，改变了性格也就改变了命运。如果你不满意自己的现状，就必须要改变命运；若要改变自己的命运，就必须改善自己的性格。

一位心理学大师说过：心理变，态度亦变；态度变，行为亦变；行为变，习惯亦变；习惯变，人格亦变；人格变，命运亦变。换句话说，一个人要想运势好，他的性格首先要好。

生活中我们常可以看到，在同样的社会背景、同样的智商条件下，有的人能大获成功，有的人却处处失败，为什么会出现这么大的差距呢？其实，性格在很大程度上决定了人们各自不同的命运。

性格决定命运，优良的性格品质与成功的人生的关系极为密切，这种关系主要体现在以下几点：

优良的性格造就崇高的理想和高尚的道德。那些有着崇高的理想和追求的人，往往都具备积极主动、乐观向上、开朗大方、正直诚实、信念坚定、富有同情心等性格特征。他们热爱生活，热爱大自然，关心身边的人，关心社会，有着高尚的情趣。一个人的理想和道德情操只有建立在这样优良的性格的基础上才是可靠的。

优良的性格是事业成功的保证。天上不会掉馅饼，世上也没有任何唾手可得的东西。在竞争激烈的社会里，小到一点收获，大到事业的成功，都需要坚定的信念，付出艰辛的努力。只有那些性格刚强、自信、乐观、勤奋、勇于开拓、一往无前、不畏挫折和牺牲的人，才有希望获得事业乃至人生的成功。

优良的性格是人生幸福的主要条件。我们生活在复杂多变的社会中，万事皆存变数，可能一帆风顺，也可能诸事不顺；可能收获成功，也可能遭遇失败；可能得到鼓励，也可能遭受打击。只有具备优良的性格，才能很好地维持心理的平衡，勇敢地面对人生，积极地应对外界的一切突发情况，创造属于自己的幸福。

如果我们对自己的性格有一个全面、清醒的认识，能够站在必要的高度上正确去面对，我们就能很清楚地看到性格与命运的密切联系。

荣格的八种人格

荣格根据"利比多"（libido，即性力）的倾向性，最早将性格分为内向型和外向型。

　　荣格反对弗洛伊德将利比多简单地理解为"性的能量"，他将利比多解释为一种"心的能源"，是一种心的过程的强度。并且他假设其中存在一种"快乐的欲望"，而这种"快乐的欲望"则是荣格性格学的基础。当这种"快乐的欲望"以外在的形式表现出来时，称为"外向"；以内在的形式表现出来时，称为"内向"。而当这种内向或外向成为一种习惯时，我们则称之为"内向型"或"外向型"。现实生活中，我们通常会说某个人性格真内向、某个人性格真外向，这种对性格的分类是由荣格最先提出的。

　　荣格的这种根据利比多的倾向而划分的性格类型在美国逐渐发展成为一种著名的心理测验，这种测验被称为"性向测验"，由此提出了"性向指数"的概念，并且据此进行了一系列的研究。研究结果发现，内向型的人更加关注自己的内心世界，对自己内部的心理活动的体验深刻而持久，通常按照自己的意愿行事，不随波逐流，不容易受到周围环境的影响；对待周围的人和事的态度相对较消极，往往会采取一种敌对或批判的态度，因此很容易与别人产生摩擦，适应环境的能力也较差。外向型的人与内向型的人的性格恰恰相反，他们往往比较关注外部世界，对周围的人和事都充满了好奇和兴趣，通常会根据别人的期待、外部环境的变化来行事，适应环境的能力较强，但是这种人过于关注外部世界从而忽略了自己内心最真实的感受，有时候会迷失自己。当然，这两种类型的性格没有优劣之分，只是不同的人格特质使然。而且每一个人不可能只是单单的外向型或内向型，往往是这两种类型的融合，只是哪一种性格类型相对来说占据主导。

后来，荣格在他发表的《心理类型学》一书中对内向型和外向型做了进一步的阐述。由于内向型和外向型主要是根据个体对待客体的态度来进行区分，因此又被荣格称为性格的一般态度类型。此外，还有性格的机能类型。

荣格认为，人的心理活动有感觉、思维、情感和直觉四种基本机能。感觉告诉我们某种东西的存在；思维告诉我们这种东西是什么；情感告诉我们它是否令人满意；而直觉则告诉我们它来自何方并去向何处。根据两种类型与四种机能的结合，共有八种性格的机能类型，荣格对此进行了描述。

1. 外倾思维型。他们通过自己的思考来认识客观世界，做事都要以客观的资料为依据，思维较严谨。科学家就属于典型的外倾思维型，他们认识世界、解释现象、创立自己的理论体系的过程体现了严谨的思维。但是这一类型的人往往比较刻板，情感不够丰富，个性不够鲜明。

2. 内倾思维型。与外部世界相比，这种人更加关注自己的内心世界，他们对一些思想观念感兴趣，善于借助外部世界的信息对自己内心的想法进行思考。哲学家就属于这一类型。这一类型的人比较冷漠、傲慢，有些不切实际。

3. 外倾情感型。这种类型的人能将外部环境的期待与自己的内心情感结合起来。他们善于交际，喜欢表达自己的情感，性格活泼，对社会活动抱有很大的热情，与外部世界相处比较和谐。但是这一类型的人往往没有主见，缺乏主体性。

4. 内倾情感型。这一类型的人往往过分关注自己的内心世界，对内心有深刻持久的情感体验，能够冷静地去看待周围的人和事。但是他们往往不善于表达和交际，和气质类型的抑郁质比较相似。

5. 外倾感觉型。这一类型的人往往比较注重感官的刺激和享受，善于与外界互动，但是往往只停留于表面，不够深入。他们比较注重享乐，往往很难抗拒美味的诱惑，情感比较浮浅。

6. 内倾感觉型。这种类型的人往往沉浸于自己的主观世界，与外部世界相距较远。但是他们能够以自己独特的方式对外界的信息进行加工，而且体验较深入，能够以独特的方式将这些表达出来。

7. 外倾直觉型。有灵感的人应该说的就是这种类型的人，他们对外界有很好的洞察力，对新鲜事物比较敏感。他们容易冲动，富有创造性，但难以持之以恒。

8. 内倾直觉型。这种类型的人善于想象，性情古怪，对外界事物较冷漠，往往容易脱离实际，他们的思考方式一般很难被人理解，想法比较怪异和新颖。荣格认为，艺术家就是典型的内倾直觉型。

哪些力量塑造了我们的人格

究竟是哪些因素在我们人格塑造的过程中发挥着作用，对于这个问题的争论由来已久，而且存在两种截然不同的观点：一种观点认为，我们的人格主要由先天的遗传因素决定；而另一种观点则认为，影响我们人格的主要因素是后天的环境因素。但是，在长期的争论过程中，心理学家们逐渐达成了共识，认为我们的人格是在遗传和环境两种因素的交互作用下形成的。

在众多人格研究的方法中，双生子研究是人们公认的一种比较客观和科学的方法。这一方法遵循这样的研究思路，对于同卵双生子而言，他们的遗传因素是相同的，如果他们在人格上存在差异，那么这种差异则是由环境因素导致的；对于异卵双生子来说，如果他们从小就在同一环境中长大，那么他们人格上的差异则就归结为遗传因素。采用这一方法进行的的研究表明，人格并不仅仅受到某一因素的影响，而是各种因素共同影响的结果。

首先，生物遗传因素。许多心理学家认为，人格具有较强的稳定性，因此在研究人格的过程中，应该更注重生物遗传因素的作用。很多心理学研究者采用双生子的方法对该问题进行了研究。

艾森克的研究指出，在同一环境中成长的同卵双生子，在人格的外向性维度上的相关为0.61，不同环境中的同卵双生子在该维度上的相关为0.42，异卵双生子的相关仅为0.17。由此可以看出，同卵双生子在外向性的维度上相关要显著高于异卵双生子，这说明生物遗传因素在人格形成中发挥作用。

弗洛德鲁斯等人在瑞典进行了同样的研究。他们选取了12000名双生子进行问卷测量，结果发现，同卵双生子在人格的外向性和神经质上的相似性要显著高于异卵双生子，可见生物遗传因素在外向性和神经质两个维度上有重要的作用。

心理学研究者对成人双生子也进行了类似的研究。20世纪80年代，明尼苏达大学对成人双生子的人格进行了比较研究。在这些双生子中，有些是从小一起长大的，有的则是被分开抚养的。研究结果表明，不论是分开抚养还是未分开抚养，同卵双生子在人格上的相关均要高于异卵双生子。我国的一项历时 20 年的纵向研究结果也表明，人格的许多特质都有遗传的可能性。

尽管通过这些研究，我们可以看出遗传对人格的发展的确有不可忽视的重要作用，但是它的作用到底有多大，对此并没有明确的结论。我们只能说生物遗传因素为我们的人格发展提供了可能性，而且遗传因素对人格发展的作用因不同的人格特质而异。遗传因素对智力、气质等与个体生物因素有较大关系的人格特质的影响作用比较大，而对那些价值观、性格、信念等与社会因素关系密切的人格特质的影响作用相对较小。

其次，环境因素。除了生物遗传因素外，环境因素对人格的发展同样有重要的影响。这些环境因素包括早期的童年经历、家庭环境因素、学校环境因素以及社会文化因素等，都在塑造着我们的性格。

俗话说，"三岁看大，七岁看老"，早期的童年经历对人格发展的影响不容忽视。有研究指出，儿童早期受到的父母的忽视和虐待对其心理有明显的不良影响，使其容易形成攻击、叛逆的人格。斯毕兹对从小生活在孤儿院中的儿童进行了研究，发现这些从小就缺乏亲人关怀和爱护的孩子，长大以后各方面的发展都会受到这一因素的影响，有的甚至患上了"抑郁症"。可见，幸福的童年经历有利于儿童健全人格的形成，而不幸的童年经历则会引起人格上的各种问题。但是二者之间并不存在必然的关系，不幸的童年同样可以磨砺坚强的性格。

家庭环境因素对人格的影响主要体现在亲子关系、父母的教养方式等方面。研究表明，采取民主型教养方式的父母，能够与孩子保持一种平等的和谐关系，懂得尊重孩子，并给予孩子一定的自主权。在这种教养方式下长大的孩子，能够形成正直、活泼、开朗、善于交际、懂得合作等积极的人格品质。

学校是我们接受教育的场所，这一环境中的很多因素都在无形之中塑造着我们的人格。皮格马利翁效应就是一个很好的例子，如果在教育过程中，教师能够给予学生适当的关爱，并将自己的热情与期望投注在学生身上，学生在觉察到这种期望后，就会被这种热情和期望所鼓舞，并试图刻苦努力学习从而不辜负教师的期望。

社会文化因素对人格的影响主要是基于不同的文化背景下对人格的要求不同，比如在传统的儒家文化中，要求女性必须是温顺的、柔弱的，只需要在家相夫教子就行了。不过随着时代的发展和环境的变迁，这种差异已经越来越小了，如今女性同样可以顶半边天。

综上所述，遗传和环境因素都不同程度地塑造着我们的人格，对我们人格的发展发挥着重要的作用，正是二者的共同作用才造就了我们在人格上的差异。

真的是江山易改本性难移吗？

在前面的章节中，我们认为性格是一套稳固的态度和习惯化的行为模式，这就是说性格是稳定的，不会像天气一样变化无常。对一个人进行深入了解之后，我们能够推测他在相同或相似的情境下的态度和行为反应。但是，这不是绝对的。来自心理学的研究表明，性格也是可以改变的。

心理学家称，性格会随着年龄的增长而发生改变。从发展心理学的角度来看，我们的性格总是在外向型和内向型之间转换。婴幼儿时期属于外向型，那时性格还未充分发展，需要借助外界的帮助才能生存下去。进入幼儿期之后，开始转向内向型，因为这一时期，自我意识开始发展，对外界的束缚开始进行反抗。进入儿童期之后，对很多事物充满了求知欲，又开始转向外向型。进入被称为"暴风骤雨期"的青春期之后，他们的自我意识变得更加强大，这一时期属于内向型。进入成年期，逐步体验到现实的残酷和生活的艰辛，认识到必须努力工作，提升自身的价值，为家庭成员的幸福而奋斗，这时由内向型的特质转为外向型。进入老年期之后，开始对自己的人生有了更深入的思考，再度回归到内向型。

有研究表明，心理疾病同样也会引起性格的变化。比如，抑郁症作为一种较常见的心理疾病就会引起性格的变化。通常容易患抑郁症的人在性格上有一些共同点，如追求完美、缺乏幽默感、做事刻板，等等，即使受到一点小的刺激也会让他们的心理产生很大的波动，陷入异常的状态中。除此之外，精神分裂症往往更容易使人格出现转换。这类人在发病前可能会有自闭、敏感、反应迟钝等症状，但是一旦发病就会出现不可思议的症状，严重的还会导致人格的荒废。

年龄上的变化和心理疾病能够导致性格发生变化，中毒导致的精神失常、被洗脑或心智受到他人控制同样会导致性格发生变化。第二次世界大战期间，许多军队因频繁使用兴奋剂，而出现了很多中毒者。这些中毒者的性格发生了很大的变化，出现了恐吓他人、好斗的特点，严重的还会丧失心智。麻醉剂中毒虽不像酒精或兴奋剂中毒那样明显，但还是会使人处于忧郁的状态中，对外界漠不关心。在没有药物作用的情况下，某些非法组织的洗脑或心智上的控制也足以使人的性格发生巨大的变化。有些非法组织所使用的酷刑足以让人陷入孤立和绝望的境地，最终丧失自我认同感。

关于教育的作用，其实已不必再赘述。研究表明，不论是家庭教育、学校教育还是社会教育都对我们性格的养成有一定的作用。举个例子来说，日本对年轻人所进行的调查报告将年轻人分为四类，即孜孜不倦型（为了老师和父母的期望，不懈努力，但是缺乏弹性，容易受挫而崩溃）、我行我素型（与世无争，有时候会逃避现实，不能够积极地适应社会）、焦躁型（不满于现状，经常会有惊人之举，奇装异服，行为不端）和浮躁型（对学习毫无兴趣，爱看电视节目，化浓妆，举止轻浮）。这就需要在教育的过程中对不同类型的性格进行矫正，使他们恢复到正常人的状态。

所以，性格并不像我们之前所认识的那样是不可改变的，上述的年龄、心理疾病、心智控制、教育等都可以使其发生改变。看来只要具备一定的条件，江山易改，本性也是可移的。

人真的拥有四个"真正的自我"

约瑟夫·鲁夫特和哈里·英格拉姆于 20 世纪 50 年代提出，每个人都是由四个层面的自我构成，这四个层面的自我分别是公开的自我、盲目的自我、隐藏的自我和未知的自我。

1. 公开的自我：自己了解，他人也了解，属于自由活动领域。

所谓"当局者清，旁观者也清"说的就是"公开的自我"。比如，我们的性别、年龄、长相等可以对外公开的信息，包括婚否、职业、工作生活所在地、能力、爱好、特长、成就，等等。"公开的自我"的大小取决于自我的开放程度、个性张扬的力度、人际交往的广度以及他人的关注度等。"公开的自我"是有关自我最基本的信息，同时也是自己和他人了解自我、评价自我的基本依据。

2. 盲目的自我：自己觉察不到，但是他人能够了解。所谓"当局者迷，旁观者清"就是指"盲目的自我"。"盲目的自我"一般自己不易觉察，除非别人告诉你。它可能是你不经意间的一些小动作或行为习惯，比如一个得意的或者不耐烦的神态和情绪流露。盲点可以是一个人的优点或缺点。由于自己事先不知道，所以当别人告诉你时，你可能一时无法接受，甚至会惊讶、怀疑、辩解。"盲目的自我"的大小与自我观察、自我反省的能力有关。内省特质比较强的人，往往盲点就会比较少，"盲目的自我"比较小。而熟悉并且能够指出"盲目的自我"的其他人，往往也是那些关爱你、欣赏你、信任你的人。所以，我们要学会用心聆听，重视他人的意见。

3. 隐藏的自我：自己了解，但他人觉察不到。这是自己知道而别人不知道的部分，与"盲目的自我"刚好相反。就是我们不愿意或不能让别人知道的隐私、个人秘密。身份、缺点、痛苦、愧疚、尴尬、欲望，等等，都可能成为"隐藏的自我"的内容。相比较而言，心理承受能力强的人，性格比较自闭、自卑、胆怯、虚伪的人，"隐藏的自我"会更多一些。适度的自我隐藏，能够避免外界的干扰，独守自己的心灵花园，是正常的心理需要。如果一个人没有任何隐私，那么他就会赤裸裸地暴露在别人面前，没有隐私和安全感。当然适度地隐藏自我能够保护自己，但如果自我隐藏得太多，就会将自己封闭起来，无法与外界交流。这样自我就会受到压抑，甚至造成人格的扭曲。

4. 未知的自我：自己和他人都未觉察的自己。这样的自我也被称为"潜在的我"，属于自我层面的处女领域，等待着别人去发现和挖掘。"未知的自我"通常是指一些潜在的能力或特性，或是只有在特定的领域才能展现出来的才华。弗洛伊德所提出的潜意识层面，隐藏在海水下面有无限能量的巨大的冰山，也属于"未知的自我"的层面。"未知的自我"是我们知之甚少同时也是最值得挖掘的领域，所以我们应该尝试着去全面而深入地认识自我，激励自我，发展自我，超越自我，肯定会收获意外的惊喜。

每一个人对自我的认知，都存在公开区、盲目区、隐藏区和未知区。有时候我们可以通过性格测验来了解"公开的自我"和部分"隐藏的自我"，但是测验结果和实际情况还是有出入的。因为在进行测验的时候，被测验者往往有一种"社会赞许"的倾向，为了得到他人和社会的认可往往隐瞒自己真实的想法，所以对于性格测验的结果不能过度依赖。

关于自我的四个层面，对于不同的人而言，每个层面所占的比例不同。有些人可能隐藏得比较少，暴露得相对多一些；有些人可能比较容易聆听别人的评价，对"盲目的自我"了解较多；而有些人总是敢于尝试一些新鲜的事情，试图去挖掘自己性格中未知的部分。每个人都是一个没有谜底的谜，我们只能慢慢地去走近，去了解，去感受。

第二章
影响性格的重要因素

外表也会影响孩子性格吗?

因为搬家,锐锐换了一家新的幼儿园上学。第一天去的时候,妈妈特意为他换上新衣服,还给他拿了几块很好吃的巧克力。锐锐高高兴兴地去新幼儿园上学。但是妈妈下午来接锐锐回家的时候,却惊讶地发现锐锐的新衣服竟然已经被撕破,脸上还有一块淤青。锐锐一见到妈妈就"哇"地哭出声来:"妈妈,他们笑话我,说我瘦,说我矮,我不喜欢他们,我讨厌上幼儿园!"

妈妈望着弱小的锐锐,想不出合适的话来安慰。是啊,锐锐在班里一直是最瘦最矮的孩子,妈妈要经常去幼儿园拜托老师多多关注一下锐锐,但锐锐现在已经5岁了,不能总是受到特殊的保护,是该好好想个办法了。

于是妈妈先带锐锐去医院检查了身体,医生说锐锐的身体没有什么问题,还建议锐锐多进行运动,这样才能强壮起来。

听了医生的话,妈妈给锐锐制订了详细的运动计划。半年后,锐锐比以前强壮了许多,虽然不胖,但很结实,也很精神。现在锐锐总是很自豪地跟妈妈说:"我是班上最有劲的男孩子,现在谁也不敢欺负我了,我还能保护其他的小朋友呢!"

运动不仅改变了锐锐瘦弱的外形,也改变了他的个性。锐锐以前很内向，缺乏自信，很少主动参加班上的活动，现在他经常主动参加活动，而且比以前自信多了。

我们在生活中经常可以看到，有些长相俊俏的人因容貌出众而得意扬扬，同时也比较自信；而那些长得丑陋的人，或是身体有缺陷的人，往往会为外貌苦恼、愁闷，容易滋长否定、消极的情绪。

但是，这并不是说外貌特征可以决定一个人的个性。外貌在个性发展中究竟占有什么样的地位，是产生积极的影响还是消极的影响，完全取决于儿童所处环境中的其他人，尤其是在儿童心目中的"权威人士"对自己外貌的看法，以及儿童本人其他的一些个性特征，特别是一个人的能力和理想。一个外貌出众的孩子可能会由于家庭不和谐、父母教育不当、学习成绩不佳以及不能正确认识自己等原因，变为一个缺乏自信、依赖性极强的人；而一个相貌不佳或者身体有缺陷的儿童，如果在家庭和集体中得到足够的温暖与帮助，自己的能力出众，对人生有正确的看法，而且愿意为自己的梦想努力，最后极有可能在事业上取得非凡的成就，赢得人们的尊敬。

有些研究表明，正常儿童的身体体格与个性特征存在着一定的相关性。那些个子矮小、协调性差且体质相对羸弱的儿童倾向于表现出害臊、胆怯、消极、忧愁的个性特点。相比之下，那些同年龄中长得高的、强壮的、精力充沛的、协调性好的儿童往往具有幽默、乐观、喜欢自我表现、健谈、有创造性的性格。

事实上，虽然体格对个性会产生影响，但是社会因素才是对个性发展起决定性作用的因素。所以父母除尽量让孩子拥有健康的体格外，更要关注孩子的内心，同时不要让孩子养成以貌取人的坏习惯。

孩子能禁得住糖果的诱惑吗？

一家幼儿园的小朋友们正在观看一部动画片，这部动画片引起了小朋友们的热烈讨论。

森林里正在召开一场别开生面的运动会——"看谁能坚持到底"。比赛规定每个运动员必须带上自己最喜欢吃的东西跑完1000米，中途不能偷吃。小羊、小猫和小白兔报名参加了这项比赛。

起跑线上，小羊的脖子上戴着青青的草环，小猫的脖子上挂着一串小鱼，小白兔则拿着一根新鲜的胡萝卜。发令枪一响，运动员们像离弦的箭一样冲了出去，谁都不甘落后。跑到一半，小猫忍不住吃了一条小鱼，"味道太美了！"但它没敢吃第二条，然后一路跑到了终点。小白兔看着自己手里的胡萝卜，也很想咬一口，可是比赛规定不到终点不能吃，于是就把胡萝卜放进了口袋里，让自己看不到胡萝卜，然后继续往前跑。小羊虽然落后于小猫和小白兔，但是小羊忍住没有碰一下青草，坚持跑到了终点。这一切都被裁判看在眼里，最后裁判把冠军给了小羊。

有的小朋友们认为裁判不公平，因为小白兔比小羊先到终点，而且很聪明，藏起了胡萝卜没有吃；有的小朋友则坚持认为裁判是对的，因为只有小羊没有碰青草坚持跑到了终点。究竟谁应该得到冠军呢？这涉及心理学上的"延迟满足效应"。

心理学家米切尔在20世纪60年代曾经对斯坦福大学附属幼儿园的孩子做过类似的实验。实验员在孩子们面前摆上糖果，孩子们可以选择马上就吃掉糖果，但是如果坚持到 20 分钟之后实验员回来，就可以得到两块糖果。有些小朋友抵制不住诱惑，实验员一走就把糖果吃掉了；有些孩子决心熬过那漫长的 20 分钟。为了抵制诱惑，他们有的闭上双眼，有的把头埋在胳膊里休息，有的喃喃自语，有的唱歌，有的干脆努力睡觉。凭着这些简单的技巧，这些小家伙战胜了自我，最终得到了两块糖果的回报。

这个实验表明，儿童抗拒诱惑和延迟满足的能力并不像人们想象的那样——要等孩子上学懂事之后才能形成。这种能力在幼儿时期就已经有所发展，只不过此时儿童更容易受到外界各种因素的干扰。

米切尔的这项研究是从这些孩子 4 岁时开始跟踪研究的，一直坚持到他们高中毕业。大约在 12～14 年后，在这些孩子进入青春期时，他们在情感和社交方面的差异已经非常明显。那些在 4 岁时就能为两块糖果抵制诱惑的孩子长大后有着更强的社会竞争力、更高的效率和更强的自信心，能较好地应对生活中的挫折、压力，他们不会轻易崩溃，自乱阵脚或者惶恐不安。面对困难，他们勇敢地迎接挑战，有自信心，独立性强，办事可靠，能够得到普遍的信任。

禁不住诱惑的孩子中有 1/3 左右的人缺乏上述品质，心理问题相对较多。社交时他们羞怯退缩，固执己见又优柔寡断；一旦遇到挫折，就会心烦意乱，把自己想得很差劲或者一文不值；遇到压力就不知所措。此外，经过跟踪调查发现，能够等待的孩子在学习品质上也比最早拿糖果的孩子更优秀。

这项研究表明，那些能够为获得更多的糖果而等得更久的孩子要比那些缺乏耐心的孩子更容易获得成功。由此可见，培养孩子"延迟满足"的能力对培养孩子的良好性格是非常重要的。那么父母要如何培养孩子的"延迟满足"能力呢？"延迟满足"不是单纯地让孩子学会等待，也不是一味地压制他们的欲望，更不是让孩子"只经历风雨而不见彩虹"，培养这项能力的关键就在于要帮助孩子形成控制、调节自己的情绪和行为的能力。说到底，就是一种克服当前的困难而力求获得长远利益的能力。

培养孩子这种能力的方法多种多样，针对不同年龄段的孩子应有不同的侧重点。

对于1～3岁的孩子，父母可以跟孩子做这样的游戏：在孩子想吃某种喜爱的糖果之前，先和孩子共同完成一个游戏，如果成绩"达标"，就奖励孩子想吃的糖果。另外，"延迟"的时间可以逐渐加长，告诉孩子："刚才你已经吃过一颗糖了，这颗糖要等晚上吃完晚饭才能吃。"这样让孩子学会适当地控制自己"渴望"与"失望"的情绪，并让孩子逐渐认识到"任何东西都不是想要就能立刻得到的"。

而4～5岁的孩子已经有了许多自己喜欢的活动，如果孩子想去游乐园，可以说："这个星期爸爸妈妈很忙，我们下周末去游乐园好吗？"孩子如果参加了舞蹈班，就应该告诉他们："每次都要认认真真地跟老师学，儿童节演出的时候你才能表演给其他小朋友看。"对于参加了棋类活动的孩子，可以告诉他们："不要着急，一步一步地下，坚持到最后你就是最棒的。"

总而言之，孩子的"延迟满足"能力事实上是"自我控制"

能力的一种体现。这种能力并非一朝一夕就能获得。是否要延迟，延迟多长时间，都不是关键所在，关键的是父母要帮助孩子形成一种认识并最终成为习惯：任何愿望都必须通过自己的不断努力来实现。

要时刻保护好孩子的自尊心

李珊是一名小学一年级的美术老师，一天，她给孩子们讲完画画的技巧之后就让他们自己练习。快要下课的时候，她发现甜甜的画纸上什么都没有，于是就问："甜甜，你为什么没画呢？"

甜甜噘着小嘴说："我不愿意画。"

"能告诉老师原因吗？"

"老师，我告诉您，您不要告诉我妈妈好吗？"

"好。"

"上次我在家画画，妈妈说我画得乱七八糟的，什么都不像，所以我现在不想画了。"

甜甜的话让李珊的心情非常忐忑，因为她以前也曾使用过类似的语言。她不知道那样一句无心的话竟然会伤害了孩子的自尊心，也挫伤了他们的自信心。

课后，李珊找甜甜谈了心，并指导她完成了一幅画，第二次上美术课的时候，李珊向全班同学展示了甜甜的作品，并表扬了甜甜。

从那之后，李珊发现甜甜有了坚定的自信心，绘画技能有了明显提高，各方面都进步得很快。

科学研究表明，有高度自尊心的儿童性格活泼，智力发展状况也比较好，他们更善于表达自己的想法，讨论问题时能主动发言，对周围的事物感兴趣，喜欢探索，善于创造，对自己从事的活动充满自信。这样的儿童身体也相对健康，很少生病。而缺乏自尊心的儿童，多半情绪低沉，害怕参加集体活动，认为没有人爱他们、关心他们，也不愿表达自己的想法。

英国作家毛姆说过："自尊心是一种美德，是使一个人不断向上发展的一种原动力。"自尊心是个人对自己的一种态度，是要求自己受到别人的尊重，不允许别人歧视、侮辱的一种积极情感。自尊是健康人格发展的必备要素之一，它对人的认知、动机、情感及社会行为均有重要影响。所以保护自尊心对儿童心理的正常发展以及身心健康的成长都是至关重要的。

要保护好孩子的自尊心，父母要经常从正面表扬、鼓励，努力帮助他们解除心理障碍。

作为父母，营造一个和谐、愉快、宽松、安全的家庭氛围对孩子来说是至关重要的。父母一定要多给孩子关心和鼓励，让孩子独立自主。尊重他们的爱好兴趣，正确对待孩子的学习成绩，尽量使孩子的生活丰富多彩，容许孩子有不同的观点与见解。如果孩子长期生活在相互尊重的环境中，他就更容易形成良好的自尊心。

另外，要尽量为孩子创造成功的情境和体验。成功的体验是儿童获得积极自我评价的基础，是自尊心形成的关键。父母可以给儿童确立一个适当的标准，让孩子通过完成这一标准来获得成功的体验。在确立标准时不能主观地以过高的标准要求儿童，而是要从儿童自身的能力和特点出发，如果标准定得过高，孩子屡遭失败，他们的自尊心就会受到伤害。在孩子达到要求之后，要给予儿童积极的评价，使其体会到成功感。

不过，虽然自尊心对一个孩子来说是十分重要的，但是也要有一个度，如果表现得太强反而会变成人格弱点。有心理学家曾经用气球对儿童的自尊心作了形象的比喻："一个没有气的气球毫无价值，然而气充得太满则容易胀破；只有气充得不多也不少，才会兼具观赏性与安全性。"

那么对于那些自尊心过强的孩子，父母应该怎么办呢？

首先，应该帮助孩子树立适当的挫折意识，让孩子明白人生的挫折就像自然界的风雨一样不可避免；其次，在孩子遭遇挫折的时候，父母要帮助孩子对失败进行分析，找出原因。通常失败有三种原因：一是孩子本身努力不够，二是超出了孩子的能力范围，三是客观因素影响。第一种归因有助于激发孩子继续努力，提高信心，后两种归因应引导孩子正确对待，不要自暴自弃，怨天尤人，今天做不到，以后可能就能做到。

教育可以重塑孩子的性格

人的性格虽不是一成不变的，但一旦形成也会相对地稳定。一般来说，3岁的孩子在性格上已有了明显的个体差异，并且随着年龄的增长，性格改变的可能性越来越小。因此，孩子的性格主要取决于父母的养育方式。

世界上每个人的相貌各不相同，其性格也是千差万别。那么什么样的性格才是好性格呢？一般来说，好的性格应该包括以下几个方面。

1. 饱满的热情

一个人如果缺乏热情，那么他做任何事都不可能成功。热情，对大多数孩子来说，是与生俱来的，然而，要使其不受伤害，继续把热情保持下去，却不容易。因为热情是脆弱的，很容易被诸如考试的分数、他人的嘲笑等挫伤，甚至摧毁。因此，父母要十分注意保护孩子的热情。

心理学家认为，孩子从小无意识地受到父母态度的影响而形成的性格，儿时一般不易发现，进入青春期之后，这些影响才开始显露出来，并且在以后都难以改变。

2. 充足的自信

一个人只有相信自己有能力迎接各项挑战，他才有可能成功。要做到这一点，父母要尽可能早地发现孩子的天资和才能，有意识地去引导他们，鼓励他们具有成功的信心。

3. 热切的同情心

大多数孩子对有生命的动物所遭受的痛苦都是很敏感的。父母经常关心他人，自然会在孩子幼小的心灵中播下同情心的种子。

4. 较强的适应能力

怎样培养孩子的适应能力呢？最好的方法是尽早用成年人的爱心和感情去对待孩子，使他们能早日成熟，避免由于过分幼稚和脆弱而禁不起来自社会的各种打击。

5. 满怀希望

这种特性能使人在黑暗中看到光明，并敢于迎接挑战。要想使孩子对生活充满希望，父母本身就应该是乐观主义者。如经常教育孩子：失败乃成功之母。这样，当困难来临时，孩子就不会畏缩不前，而是会挺起坚强的脊梁，去战胜困难。

父母的教养方式是影响孩子性格发展的重要因素。曾有人将几百名4岁幼儿的父母按其"权威"和"关爱"程度分成溺爱型、忽视型、严厉型、关爱型、理智型五类。在这五种教养类型中，孩子的发展水平表明，溺爱型、忽视型家庭中长大的孩子，其各方面发展的水平都较低。在思想上接纳孩子的非期望行为，行为上部分限制的关爱型父母培养的孩子，其智力发展较快。思想、行为都部分接纳非期望行为的理智型家庭教育，则使孩子在各方面的能力都高人一等。可见，较好的教养方式对孩子优良品格的形成具有积极作用。

同时，父母常常是孩子的偶像，他们的一举一动都会被孩子模仿。生活中我们常常会发现，父母和孩子在举手投足、一颦一笑之间都有着惊人的相似，像是在一个模子中刻出来的。这虽然说明了遗传在孩子性格形成中的特别作用，但似乎更能说明后天环境对孩子性格影响的巨大作用。

这就是不仅父母与孩子之间存在着奇妙的相似之处，就是同一父母所生的兄弟姐妹之间，在言谈举止中也有或多或少的相似之处的原因。所谓"近朱者赤，近墨者黑"。现实生活中，我们也常常发现，夫妻二人感情较好的，他们的性格会越来越相似，这与他们日厮夜守，天天生活在一起有很大的关系。

因此，环境对性格形成的作用也是不容忽视的，为人父母者，还应努力为孩子营造一个良好的成长环境。

古时候孟母为了让儿子有一个良好的生活环境，不惜三次搬家，这就是"孟母三迁"的故事。孟子最终没有让母亲的苦心付诸东流，终于成为中国历史上伟大的思想家。

现代人大多受客观条件的限制，不可能再像孟母那样因对周围环境不满而频繁搬家，但父母至少可以为孩子营造一个良好的家庭环境。

孩子性格的形成与早期生活习惯有着密切的关系，这一点尚未引起人们足够的注意。常听到有的父母抱怨孩子胆小、娇气。殊不知，正是父母自己无意中错误的育儿方式造成了孩子的这种毛病。培养孩子性格品质要从小抓起，从建立良好的生活习惯着手，如饮食、睡眠、自理能力训练等，这些习惯就是孩子日后的习性。

常与他人交往的孩子在处理人际关系方面有很强的能力，在人面前显得落落大方；相反，与人交往较少的孩子多会形成文静内向的性格，羞于与人交往，一说话就脸红，表情和举止极不自然。因此父母还应该为孩子创造一个良好的家庭环境，让孩子学会与人交往。

父母的情感态度对孩子性格的导向作用十分重要。现代父母的情感流露比以往更明显，频率和强度更高，这样会使孩子变得非常脆弱和具有依赖性，在娇宠中变得批评不得，甚至父母说话的声音稍高一点，孩子也会因此受惊而大哭不止，显示出脆弱的性格特征。一般情况下，娇气脆弱的孩子常缺乏足够的心理承受力，一旦受到挫折就容易出现心理障碍。

再则，如今独生子女多，父母的悉心照顾表现在各个方面，对孩子的很多事情进行包办或限制。这些过分"担心"的心理，不可避免地通过言行举止显露出来，对孩子起到暗示作用。不少父母在孩子想参加某项活动之前，总是向孩子列举种种危险，结果使孩子产生了恐惧的心理，并因此畏缩不前。年龄愈小的孩子愈容易接受暗示，父母的性格特点极易潜移默化地传导给孩子。

有的父母还把孩子的身体健康寄托在各种食品和药品上，而不是让孩子在阳光、新鲜空气和户外中锻炼身体。一般来说，体弱多病与性格懦弱之间有着一定的内在联系，因为病儿会受到父母更加细心的照顾和宠爱，从而助长了其软弱性格的形成。这种保护过度的育儿方式，会使孩子的性格具有明显的惰性特征，表现为好吃懒做，缺乏靠自身能力解决问题的内在动力。

另外，恶劣的环境可能导致孩子恶劣的性格，这也就是在社会风气极度不良的情况下，容易导致青少年犯罪率呈上升趋势的原因。所以专家们一再呼吁：保护未成年儿童，让孩子远离毒品、暴力、色情等。

孩子性格的形成一方面取决于先天遗传，一方面取决于后天生活的环境。身为父母，在注意纠正自己性格中的不足之处，并努力为孩子营造良好的成长环境的同时，还应注意与孩子多谈心，多关心孩子，随时了解他们的所思所想，发现他们成长中的一些性格缺陷，并及时给予纠正，如果等到孩子性格已经成型后再纠正就很困难了。

澳大利亚心理学者罗拉黑尔这样概述性格形成中遗传与环境

的作用：

1. 在心灵与思想的一些特性上，家庭成员之间存在遗传这个事实；

2. 在许多个别的性格特质中，哪一个会得到发展、能发展到什么程度，则由环境因素决定；

3. 若是先天已经具备非常强的性格特质，则在任何环境中都可以得到发展。

从罗拉黑尔的结论中，我们可以得到这样的启示：父母在为孩子营造成长的环境时，要注意发现孩子身上潜在的特质，为孩子该特质的发掘与发展创造一个最佳的环境。

俗话说，性格决定命运，性格是影响孩子一生生活、学习、交往的最本质、最关键的要素。

良好的性格会让孩子始终采取各种积极的言行，还能够极大地调动孩子的积极性并激发其潜能，能够最大限度地发挥孩子的创造性，从而使得他更接近成功。不良的性格会使孩子表现出各种不良的心理和行为，甚至会使他在生活中采取错误或极端的言行，最终会导致孩子的人生走向一个错误的方向。

第三章
如何培养孩子的好性格

早期教育直接影响孩子性格的形成

每一位父母都期望孩子健康、快乐、成功。同时，面对竞争日益激烈的社会，不少父母担心自己的孩子将来能否适应社会，成为竞争中的优胜者。事实上父母可以通过早期教育，将这些美好的愿望化为现实。

越来越多的心理学研究表明，早期亲子关系及教养方式，直接影响儿童未来的心理健康状况、情感成熟水平、社会交往能力、兴趣、爱好等非智力因素的培养，而这些因素与学业及事业的成功、爱情的顺利、婚姻的美满有着非常密切的联系，其影响远胜过智力因素对孩子的影响。

特别值得一提的是，孩子3岁前，父母与孩子的关系尤为重要。父母是孩子第一个人际对象，是孩子的第一任老师。孩子在与父母交往中，逐渐形成了如何看待自己，如何认识世界的较为稳定的心理倾向，由于此时孩子的记忆尚未形成，这种心理倾向隐藏在意识的底层，潜在地决定着他们的自信心、安全感、独立性、人际交往模式、兴趣爱好乃至许多终生不变的行为习惯。

例如，由于母亲对孩子采取厌烦、训斥或粗心大意的态度，不能及时满足孩子的各种生理需求，长此以往，孩子便会形成不被接纳的潜在自我意识，长大后，他们会表现出缺乏安全感，无缘无故地自我怀疑，悲观、缺乏信心，并且会因为怀疑恋人对自己的感情而遭受爱情乃至婚姻的挫折。

再比如，父母对孩子的态度粗暴、缺乏关爱，会导致孩子对父母关系疏远、敬畏，长大后，这种感情将重现在他们与一切权威人物的关系中，他们疏远老师、害怕领导，影响上下级关系的正常发展。

总之，不良的亲子关系是许多心理问题的根源，不幸的是，即使存在早期亲子沟通问题的人们知道自己的问题所在，仍然终其一生都难以改变。

同样，家庭教养方式对孩子的健康成长也至关重要。下面是几种类型的父母对孩子性格的影响：

1. 民主型父母

既是权威又是孩子的朋友，他们给予孩子一定的自主权，遇到问题全家共同讨论决定。这种家庭中成长起来的孩子，比较独立、自信，有责任感，具有较强的解决问题的能力。

2. 溺爱型父母

对孩子过度保护，不信任孩子的能力，凡事喜欢大包大揽，结果他们的孩子往往胆小、依赖性强，独立解决问题的能力差。

3. 专断型父母

一切自己说了算，不尊重孩子的意见，容易引起孩子的逆反心理，同时，孩子很容易学会父母的专断作风，从而表现出偏激的性格特点。

4. 放任型父母

对孩子采取放任自流的态度，缺少关心和帮助，因此，他们的孩子极易受社会上不良青年的拉拢，走上违法犯罪的道路。

心理学家艾里克森认为，历史背景＋生理条件＋性格特点＝一个人的命运。父母在孩子性格的造就上起着至关重要的作用，从这个角度讲，说父母是孩子命运的决定者，并不过分。

许多父母虽然非常爱自己的孩子，希望他们将来能生活幸福并有所作为，却往往因为方法不当，结果事与愿违。

专家提出以下建议，供为人父母者参考。

1. 如何对待三岁前儿童

0～3岁是人生重要的一段时光，是整个人生的基础。在这一时期，儿童形成了某些关键性品质，如安全感、自信心、独立性（或相反，如不安感、自卑感、依赖性）。俗话说"三岁看老"，这些品质一旦形成，终生难以改变。

这一时期，父母的主要任务是耐心、及时地满足孩子各种生理需求，给孩子较多的关注和身体接触，如对话、亲吻、抚摸等。父母要注意培养儿童的注意力，不要干扰或打断其自发的活动。心理学研究表明，注意力的持久性是儿童智力水平的标志，三岁的儿童在从事自己感兴趣的事物时，注意力最长可保持20分钟左右。

其次，父母不要刻意纠正儿童在语言及行为方面的错误，比如，婴儿在2岁左右都会有或轻或重的口吃现象，随着时间的流逝，这种现象会自然消失，父母不必紧张，过分的纠正反而会使口吃加剧，适得其反。

如果儿童偶尔学一两句脏话，父母也不必惊慌，因为他们仅是出于好奇，只要引不起别人的关注，儿童很快就会失去对脏话的兴趣。

最后，父母本身也要加强自身修养，不要当着孩子的面谈论有关孩子的事情，更不要当着孩子的面相互争吵、打骂，对邻居、同事说长道短。

总之，这一时期父母要尽可能给孩子提供一个和平、安全的环境，多鼓励他们尝试新事物，发现并培养一切健康的兴趣，避免任何形式的指责、打骂。

2. 怎样教育学龄前儿童

3～6岁时，儿童的主要活动是游戏，儿童通过游戏不仅加深了对世界的认识，而且，建立了真正的伙伴关系。父母不必急于让儿童学习文化知识，因为对这段时间的孩子来说，游戏比知识更重要，儿童可以在游戏中自由地展现自己，充分发挥自己的想象力。

事实证明，游戏是孩子未来创造力的真正源泉。此时，父亲应该抽出较多的时间陪伴孩子，让儿童感受更多的理性规则，从而提高自控力。

这一时期，儿童的理性思维已经萌芽，自我意识得到了充分的发展，并且习得了判断正误美丑的社会标准。父母应尽量避免当面对孩子做出评价。如果父母经常提及孩子的短处（尤其是当着外人的面），孩子会形成强烈的自卑感和逆反心理。

同样，如果父母经常赞扬孩子，孩子就可能一味追求赞美而丧失对事物本身的兴趣，做事急功近利，缺乏耐性；过度赞扬还会使儿童的挫折耐受性减弱，导致听不得批评，甚至对批评做出过度反应如出走、自杀等。

理性的体罚是没有害处的。父母在体罚前给儿童分析为什么错了，以及该不该受罚，这样不仅没有害处，反而有助于培养儿童勇敢的品质。相反，如果父母控制不住自己的怒气，非理性地打骂孩子，不仅不利于孩子改正错误，反而会给其身心造成严重伤害。

最后，警告这一时期孩子的父母：你既要把他们当孩子来照顾，又要将他们当作成人来尊重，切勿将他们的悄悄话泄漏给别人，否则他们既不信任你，长大后也有可能难以成为可信赖的人！

教育的关键就是培养孩子的好性格

父母不可能永远充当孩子的保护神，也无法让孩子的未来尽善尽美，父母能帮助孩子做的最重要的一件事，就是培养孩子的良好性格，让他们勇敢地走向前，创造属于他们自己的幸福。

人的一生很短暂，想要功成名就，往往要经过艰辛的努力，能够努力、探索、争取并最终取得成功的人，大多数都是性格坚强、乐观、自信、刻苦的人，他们永不言败，在困难面前不退缩，勇于创造，富有恒心。

父母都希望孩子成才，除了必要的智力投资，从小培养孩子良好的性格也非常重要，因为孩子性格决定了其一生的命运。

什么样的性格是孩子们所需要的呢？

1. 快乐活泼

孩子从小要快乐活泼，爱笑，无忧无虑、无拘无束，不呆板，不胆怯，但并不吵闹多动。真正活泼的孩子应该是表情、动作、感知、双手、思想五方面的活泼以及口齿伶俐。还有一种活泼是内在的，表现为喜欢提问、讨论、辩理、识字读书等，外表看起来反而显得比较安静。

2. 安静专注

活泼有外在和内在的表现之别，而内在的活泼就表现为安静，无论哪种活泼，专注都是必要的。玩也要专心致志地玩，全身心都倾注在游戏里，才能更多地感受到快乐，获得更多的收获。否则心猿意马，注意力涣散，该动该静都不能做到，做事不能坚持到底，这样就很不好。学习时也会难以专注，智能发展也会受到性格的不良影响。

3. 勇敢和自信

凡是成功的人，必定是强者和有自信的人，懦夫是无缘于成就的。

孩子的勇敢、自信表现在"不怕"上，不怕黑、不怕疼、不怕苦……这是孩子"自我意象"好的表现。也就是说，自信的孩子总觉得自己是个好孩子，很能干，因而也很快乐，这一切，跟骄傲、没礼貌、不友好完全不能等同。

4. 独立自主

成功者总是自我意识强，独立自主，相信自己的力量。

很多成功人士在很小的时候，就已经有独立性了，比如大名鼎鼎的比尔·盖茨，他小学时就利用课余时间去图书馆做兼职为自己赚零用钱了。

有独立意识的孩子小时候自己睡觉、自己玩、不过分依赖大人，会做自己力所能及的事，喜欢自己处理自己的事情。

5. 爱劳动，关心人

从小爱劳动的人以劳动为快乐，富有同情心，会从关心父母开始，关心周围的人，会关心父母做事累不累、受伤疼不疼、生病难受不难受，也会留意不打扰别人，所以勤劳和善良是密不可分的。孩子从小有这样的性格，就一定是个道德高尚的人。

6. 好奇心和创造性

具有这种性格的孩子喜欢问"为什么"，表现为面对新奇的事，肯用眼睛看、用手摸、用耳朵听、用脑子想，更关键的是，会用心感悟。他们喜欢别出心裁，与众不同，精益求精，喜欢动手试验，喜欢搞小发明等。有着以上充满求知欲望和创造精神的孩子，求异思维和发散思维优于常人，自学能力也比较强，将来会是开拓型、创造型的人才。

那么，作为父母，怎样让孩子形成好的性格呢？以下几点至关重要。

7. 要让孩子有强烈的自信心

当孩子对自己充满信心时，他才有可能战胜困难。父母要注意发现孩子的天赋，有意识地去诱导他们，鼓励孩子建立必胜的信心。

8. 要让孩子有饱满的热情

无论任何事，有足够的热情，才能取得成功。对大多数孩子来说，热情生来就有，但热情很脆弱，很容易在挫折中被伤害，甚至被摧毁。因此，父母要格外留意，保护孩子的热情不被伤害。

9. **要让孩子富有同情心**

大多数孩子对生命是敏感而关切的，比如他们看不得小动物受伤害。如果父母经常关心他人，孩子幼小的心灵就会播下同情的种子。

10. **要让孩子有较强的适应能力**

让孩子了解父母也有一定的难处，帮助孩子们尽快成熟起来，这样可以避免由于孩子过分幼稚和脆弱而经不起各种打击。

11. **要让孩子充满希望**

父母要教会孩子对生活充满乐观，在黑暗中看到光明，就能让孩子敢于迎接挑战，遇到困难就能勇于面对，遇到危险就会临危不惧，从而培养孩子坚强的个性和韧劲。

按照孩子的天性培育孩子

在独生子女占大多数的当今，父母对孩子的溺爱和偏爱已成为一种病态现象。很多父母不管孩子是否愿意接受，对孩子的所有日常生活都事无巨细地大包大揽，并按照自己设计的蓝图左右孩子。有的父母不在乎孩子是否分得清五谷杂粮，是否懂世情、明事理，只要孩子能考上名牌大学，当上美术家、钢琴家……什么要求都可以答应孩子，什么事都可以为孩子代劳。

随着这种教育方式和教育观念的发展，很多孩子的天性在这种特殊而几乎变味的父爱、母爱中迅速泯灭。如同鲁迅在《我们现在怎样做父亲》一文中说的那样："一待放到外面来，则如樊笼的小禽，不会飞鸣，也不会跳跃。"——这是一件多么可悲的事情！

其实，育人如同育树，家庭教育中尊重孩子的天性至关重要，让孩子自由发展，可以促进孩子完整人格的形成。

在具体的家庭教育中，我们可以根据家庭生活的规律，尊重孩子的天性，按照孩子的天性来进行教育。从家庭生活的小事做起，从小处着手，可以获得很好的效果。

糟糕的是，在家庭教育实践中，很多父母并没有意识到这一点。

小波的爸爸给小波报了钢琴班，让他学钢琴，但小波喜欢足球，不想学钢琴。

小波是在爸爸的逼迫下去学习钢琴的，因为小波一说不爱学钢琴，爸爸就责骂小波，还说有了钢琴特长，考大学可以加分！

小波总是对小伙伴们说："我最恨钢琴，恨不能把琴砸坏了！为了学钢琴，我爸爸打骂我很多次了。"

小伙伴就问："那你喜欢什么呀？"

小波伤心地说："我想踢球，我舅舅送给我一个足球，但刚玩了两天就被我爸爸扔出去了。爸爸天天盯着我，哪儿都不让我去！"

孩子心中的幸福就是有一个宽松和谐的成长空间，现在很多孩子却失去了这样的机会。小波的快乐被爸爸无情地忽视。小波特别难过，以后跟小伙伴在一块儿踢足球的日子什么时候才能回来啊？

从天性来说，孩子天生就是探索者，有着强烈的探究和学习欲望，好奇心驱使孩子一次次地尝试，不怕困难、不怕失败，直到掌握为止。正如孩子学走路，绝不会因害怕摔跤而放弃。这比很多成年人面对困难时的态度要强得多。孩子往往喜欢自己动手做事，在做的过程中寻找答案，并把新的信息储存在大脑中。这些信息储存得越多，他将来的智力水平就会越高，学习新的技能就会越快。

詹天佑是中国首位铁路工程师，负责修建了"京张铁路"等工程，有"中国铁路之父"之称。

詹天佑小时候不喜欢读书，却十分喜欢摆弄机械，常和邻里孩子一起，用泥土做成各种机器模型。有时，他还偷偷地把家里的自鸣钟拆开，摆弄里面的构件，提出一些连大人也无法解答的问题，村里人都很佩服这个孩子。但是詹天佑的母亲不是很喜欢孩子整天玩那些机械设备，于是警告过詹天佑很多次："你以后再敢玩这些东西，不许你吃饭！"

好在詹天佑有个开明的父亲。詹天佑的父亲认为："既然孩子喜欢，就让他玩吧！"他还鼓励詹天佑做自己喜欢的事情。

事后证明，正是小时候的兴趣成就了詹天佑。经过后来的努力，詹天佑终于成为了中国铁路的第一人！

顽皮是孩子的天性，许多孩子正是在顽皮中发现秘密，获得真知。如果父母对孩子的顽皮粗暴干涉，那无疑就扼杀了孩子的天性。

试想一下，如果詹天佑有个跟母亲一样专制的父亲，詹天佑就很可能成为一个碌碌无为的人，但开明的父亲却有效地保护了詹天佑的兴趣，使他能够继续追求自己的梦想。

现在不少父母一门心思只关心孩子的考试成绩，孩子的"业余爱好"在他们眼里就是不务正业。事实上，一张一弛是文武之道，一个孩子玩不好，那肯定也就学不好，这是许多父母没有认识到的。

詹天佑的父亲对待孩子的做法值得我们很多父母借鉴。

其实，在孩子成长过程中，学习固然十分重要，但如果孩子只有单调而乏味的学习生活，就可能会在成长的过程中出现一些不健康的心理表现，比如厌学、易怒、感情脆弱、多攻击性。久而久之，孩子会失去认知能力，没有成就感，没有上进心，对身边的人和事都极端冷漠，在最初人格形成时，在心里种下不良因子。所以说，在家庭教育中，父母一定要清楚地认识到，孩子的求知欲是对生活的最初发现，也是他们认识生活、热爱生活的开端。

孩子只有在成长中有这种好的开端，在人格的形成过程中，才会同样有一个好的开端。

总之，孩子来到这个世上，只是一张白纸，但我们不能完全用成年人的眼光来要求孩子，要适当地给他们一些空间，让他们去描绘自己"心中的乐园"，让他们在玩乐中去学习知识，学会生活，学会做人。父母只要做好引导和看护工作即可。

把家变成孩子的乐园

父母有义务把家变成孩子的乐园，这个乐园，并不是允许孩子放纵，而是爱的殿堂，让孩子从中感受到爱和快乐。

家庭环境对于孩子心智的发育尤其重要。在温暖且充满爱的家庭中，父母能尊重孩子的独立人格，接纳孩子的各种合理想法，鼓励和赞美孩子的良好表现，这样不但可以帮助孩子发展健全的人格，还能激发孩子的潜能，从而使孩子变得更聪明。父母如果能抱着热情、民主的态度去教育孩子，而不是冷漠、独裁，孩子的身心就会得到更好的发展。

国内某机构开展了一次针对 3000 余名学龄儿童心理状况的调查，其中一个问题是"你最怕爸爸妈妈的是什么"。答案五花八门，令人惊诧的是，最多见的答案并不是"怕爸爸妈妈打我"，而是"我最怕爸爸妈妈生气，怕他们吵架"。

有一个答卷写得很生动：

"我最怕爸爸生气，他生气的样子可凶啦！把妈妈都气哭了，我吓得像一只小老鼠，心里直扑腾，饭也吃不下去……"

无独有偶，某市对接受劳教孩子进行的一次失足原因调查结果显示：家庭破裂、父母之间经常争吵、家庭生活涣散、盲目追求物质享受、对孩子放任自流、溺爱娇惯或任意体罚，几乎概括了所有被劳教孩子的家庭状况。

试想一下，在这样的家庭中长大的孩子，他的心理怎么可能健康？

作为父母，怎样营造适合孩子成长的家庭环境，专家给出如下建议：

1. 相爱的父母才能让孩子感觉快乐安全

一个生活在幸福家庭的孩子，每天被爱包围，他看到的世界当然是快乐安全的，他会觉得人与人之间也是充满爱的。相反，一个生活在家庭暴力中的孩子，他所看到的世界就是恐惧和冷漠的，他心里留下的阴影是难以磨灭的。

父母相爱，才会给孩子幸福祥和的家庭氛围，即使夫妻之间出现矛盾，也不要当着孩子的面争吵甚至相互伤害，否则会对孩子的成长造成不利的影响。

2. 珍视孩子的独特个性

每一个孩子都是独一无二的，他们有独特的个性和独特的潜能，会表现出极为明显的个体差异。他们的成长有快慢、先后之别，这很正常。父母要了解自己孩子的独特个性，让孩子顺其自然地成长与发展，给他们提供适合他们特性的教育，不要拿周围的孩子跟自己的孩子做无谓的比较。

3. 理性对待孩子的未来

每个孩子都有自己的成长道路，父母应该相信孩子可以自己做出正确的选择，不要替代孩子完成本该由他自己完成的事，更不能对孩子过于苛求。

渴望孩子"成龙成凤"的结果很可能是期望越大，失望也越大。父母应该理性对待孩子，尊重他们的兴趣、选择和独特的发展。

4. 让孩子有一个快乐的童年

每个人的人生只有一次，童年或者少年的快乐是人一生中极其宝贵的财富，父母要珍惜孩子应有的快乐，如同珍惜他们的生命，这是孩子健康成长的基础。

5. 父亲对孩子的重要性不可取代

一项心理测试是有关"没有父亲"的家庭对孩子造成的影响。这里所说的"没有父亲"是指家庭中没有父亲或父亲长期不在孩子身边，以及父亲虽然同孩子一起生活，但投入在孩子身上的时间很少。

测试表明："没有父亲"的男孩子智力往往偏低；普遍缺乏好奇心和探索精神；"没有父亲"的孩子比"有父亲"的孩子成绩偏低很多。

可见孩子的教育需要父亲和母亲共同完成，父母不能相互推卸责任，很多家庭只有母亲负责孩子的教育，这显然是不够的，是对孩子的不负责任。

父母共同教育孩子，更能赢得孩子的尊敬，这是一个良好家庭所必需的。

6. 父母一定要信任孩子

父母的信任对孩子来说尤为重要。

父母越信任孩子，孩子就会越讲信用。相反，父母不信任孩子，孩子越可能对父母撒谎。

有些父母，生怕孩子交上坏朋友或早恋，不愿或者不敢给孩子自由的空间，甚至采取监听电话、偷拆信件、偷看日记等方式来监视孩子。这样的做法不仅不能教育孩子，反而严重伤害孩子的感情，引起孩子的强烈逆反，造成更严重的后果。

7. 言传身教，以身作则

家庭是一所学校，虽然没有固定课程，但家庭环境、人际关系、父母的文化素养及道德标准，都会深刻地影响孩子。孩子用模仿来学习、认知世界，父母是孩子第一任老师，也是孩子最初模仿的对象，父母的言行会潜移默化地影响和教育孩子。父母一定要以身作则，在生活和学习上都要给孩子做好榜样。

8. 人格独立平等

在良好的家庭环境中，家庭成员之间的人格是完全平等的，父母不应因孩子年幼就漠视孩子。

平等是创造家庭良好心理氛围的前提。任何的不平等都会对其他家庭成员造成压力。比如孩子过于被娇宠，或者父母过于霸道，都会给家庭中其他人造成压力、产生心理隔阂。只有在平等的家庭环境中，孩子才会重视家庭事务，也更易于接受父母的建议。

一个幸福快乐的家庭，父母与孩子应该沟通顺畅，彼此体谅、尊重。父母要给孩子足够的自由，同时教孩子对自己的行为结果负责，这样的家庭氛围，才能更有利于孩子的健康成长。

积极调整孩子的放纵和任性

任性是孩子性格容易发生的不良倾向，表现为高度的以自我为中心，想干什么就干什么，不听劝告。任性是一种不正常的心态，是孩子要挟大人满足自己某种需要的手段，如果不予以纠正，长大后就容易形成偏执、狭隘的性格。

一天，苏苏约了一个小朋友到家里玩。两个孩子玩得很愉快。可在即将结束游戏时，那个小朋友忽然从包里取出一辆遥控小汽车。小汽车顶上，亮着个红灯，闪啊闪的。

"给我玩，给我玩。"苏苏开心得不得了，"我玩一下。"

"好，就玩一下，"小朋友倒也大方，"玩一下我就要回家吃饭了。"

苏苏好奇地拿起小汽车，上上下下地翻看了一番，然后用遥控器指挥着它，在房间里绕起了圈子。绕了两圈，小朋友就把车收回包里，坚决地要回家了。苏苏留不住小朋友，只好任由他离去。

"妈妈，我要小汽车。"小朋友走后，苏苏向妈妈提出了要求，"我也要小汽车。"

"好，"苏苏妈满口答应下来，"明天去买，今天商店关门了。"

"不，我要小汽车，我现在就要。"苏苏坐到地上，哭叫起来。

"你这孩子，怎么这么不听话。"苏苏妈急了，一把拉起苏苏，"都答应你了，你还想怎样？"

"我现在就要小汽车！"

"唉，这孩子怎么变得这么任性！"苏苏妈悄悄地叹口气，"快去睡吧，明天就买。"

然而，苏苏却一直没有安静下来，反反复复地重复着那句话：我要小汽车。

苏苏妈妈刚加班回家，疲惫不堪，还被苏苏的任性气得没办法，只能无可奈何地摇了摇头，叹气道："唉，这孩子，总是这么任性。"

任性，是指一个人不顾客观环境和条件，自己想说什么就说什么、想做什么就做什么、想怎么做就怎么做，任何人的劝告和阻拦都难以发挥作用的一种性格品质。任性的主要特征是放任自己，对自己的行为不加约束。

现在独生子女越来越多，任性的孩子也越来越多。孩子产生任性的原因主要有三个方面：

一是孩子受认知水平的限制，不善于从其他人的角度考虑问题，只考虑自己的需要、自己的情感。尤其是 3~4 岁的孩子，由于活动能力比 3 岁前大有进步，所以在活动中追求自主，力图表达自己的意志，进入了所谓"第一反抗期"，常常不肯按父母的意图办事。

二是由于家庭教育不当，父母对孩子过分溺爱，对孩子百依百顺，甚至明明是不合理的要求也迁就答应，养成了孩子以自我为中心的习惯。一旦有不顺心的事，孩子就会大哭大闹，直到父母让步为止。孩子很快发现，只要自己坚持，父母总会让步。于是，养成了任性的性格特征。

三是父母对孩子采取高压、强迫的教育方式，过多地责骂孩子，也容易使孩子形成固执、任性的坏脾气。

孩子任性是不懂事的表现。如果父母对孩子爱抚过多，要求过少，甚至有求必应，那么孩子任性往往比较严重，不易纠正。

那么，怎样纠正孩子的任性呢？

1. 讲清道理

在孩子任性、吵闹的时候，父母不要劈头盖脸地严厉批评，更不能打、骂，可以因势利导，正面耐心地讲道理，给孩子说明不合理的要求不能满足的道理。由于孩子对周围事物认识不足，所以对自己应该做或不应该做的事分不清楚，同时自制能力又很差，父母讲道理时应浅显、简短、有趣，用讲故事的方式把问题讲清楚。如 3~4 岁的孩子睡前非要吃糖果不可，妈妈就可以讲一个简短的龋齿是怎样形成的故事；遇到电视里有医生治牙病的画面，可叫孩子看一看，对得牙病的人的痛苦给以强化，这样孩子就不会在睡前吃糖果了。

2. 必要时来点惩罚

比如对孩子的哭闹，不予以理睬，即使他不哭闹了也要冷他一段时间，待他沉不住气主动接近大人时，抓住这个时机，严肃地向他讲清楚不满足他无理要求的原因，指出他任性的不对，让他保证再不这样做。只有这个时候，批评才是有效的。如果孩子是在公共场所发生任性行为，应严肃地予以制止，将孩子带离现场，并宣布中止活动，待孩子平静下来后，再继续活动。

3. 不要百依百顺

对孩子的合理要求，父母要支持鼓励。对孩子不合理或过分的要求，父母决不能毫无原则地迁就，应表示坚决地不允许，并让孩子知道什么可以做、什么不可以做、什么必须做。父母决不能因为孩子的哭闹而放弃对孩子的严格要求。要知道，如果孩子的企图第一次得逞，以后就会习以为常，由着性子来。伟大的思想家培根有一句意味深长的话："你知道用什么方法一定可以使你的孩子成为不幸的人吗？这个方法就是百依百顺。"因此，父母应注意不能对孩子的不合理要求让步。

4. 父母之间的意见要统一

父母之间意见要统一，而且同祖父母之间的意见也要统一，防止孩子有"空子"可钻，否则父母的正确意见难以付诸实施。例如，当孩子任性时，往往是父亲动手打孩子，母亲忙着护孩子，外婆出来拉孩子，甚至相互埋怨、指责、争吵，这就更加助长了孩子的任性。所以,父母在教育孩子的问题上千万不要产生分歧。即使有分歧,也不要在孩子面前表现出来。

5. **转移孩子的注意力**

转移孩子的注意力,这是对年龄较小孩子的有效教育方法。如 2 岁的孩子一定要做不该做的事时,可把孩子抱走,让他玩平时喜欢玩的玩具,这样大脑皮层的兴奋点转移了,孩子也就不会硬要做不该做的事。

总之,对待孩子既不可溺爱、百依百顺,也不可过分限制以硬对硬,而是要有爱护、有要求,既不用糖果、饼干引诱孩子,也不用棍棒拳头威胁孩子,任性的毛病是可以纠正的。

顽强和执着是搏击风雨的盾牌

培养孩子坚强的意志品质,尤其需要父母的榜样力量。懒懒散散,生活懈怠,做事没有信心、经常半途而废的父母,是难以培养出具有坚强意志品质的孩子的。

由于家庭条件优越,很多孩子从小不太可能经历艰难困苦。这就使得他们很容易产生依赖心理,也很难养成坚强的性格。然而,孩子将来所要面对的却是复杂的社会,难免遇到挫折和困难,没有坚强的性格,是不能适应激烈的社会竞争的。

美国心理学家威蒙曾经对 150 名有成就的智力优秀者做过研究,发现智力发展与三种性格品质有关:一是坚持力,即勇敢面对困难,并坚持到底;二是善于为实现目标不断积累成果;三是有自信,不自卑。可见,坚强的性格对人十分重要。

不同的教育方式，造就孩子不同的意志力和自信心。比如有的孩子坚韧不拔，有的孩子精神独立，有的孩子就不能承受一点挫折，有的孩子胆小怕事，有的孩子自理能力差。

为了培养孩子良好的心理素质，使孩子具有坚强的意志、活泼开朗的个性和健康向上的心态，父母应从小注意锻炼孩子的意志，重视对孩子的自信心和勇敢精神的培养。

性格是长久养成的对现实的态度和与之相适应的习惯方式，是人格的一个重要方面。性格不由智力决定，但性格与智力相互联系、相互影响。坚强的性格有利于调动人的积极性、主动性和强化脑细胞活动，使人在学习和工作中产生超常的效率。

在现实生活中，人的性格是多种多样的，在各种各样的性格中最优秀的性格是坚强性格，具有坚强性格的人具有坚持力、自制力，能不怕困难勇往直前，在学习生活中不断取得成功。

那么如何培养孩子坚强的性格呢？父母们不妨从以下几点做起：

1. 给孩子独立锻炼的机会

如让孩子单独活动，同生人谈话，与小朋友来往，独立完成作业等。即使有一定困难也要让孩子自己去做。因为只有让孩子经常完成具有一定难度的事情，他才能体验到克服困难后成功的喜悦，从而增强自信心并变得坚强起来。

2. 要求孩子从小事做起

千里之行，始于足下。从小事做起，持之以恒，是磨炼意志的好方法。许多在事业上有成就的人，都曾通过小事情磨炼自己的意志。

著名科学家巴甫洛夫，以工作精确、细致著称。他写字十分工整，像印刷出来的一样。原来在年轻时，他就是把工工整整地书写作为自己磨炼意志的开端的。

我国体育名将周晓兰，在球场上吃苦忍痛、意志坚强，也与她小时候在小事上的磨炼分不开。上小学时，她常因看电影而耽误功课，在父亲的帮助下，她从克制看电影做起，功课做不完，就把电影票退掉，再好的电影也不去看。经过一段时间，她战胜了自己，并培养出了很强的自制力。

正如著名文学家高尔基所说："哪怕对自己一点小的克制，都会使人变得强而有力。"因此，父母培养孩子的意志品质，要从孩子"小的克制"入手。从小事做起，只是起点。培养坚强的意志品质，要随着孩子的成长而进步，从小到大，从易到难，从低到高地磨炼孩子。当孩子能够迎接越来越大的挑战的时候，一个意志坚强的孩子就站在你面前了。

3. 劳其筋骨，增益其所不能

大家知道，"劳其筋骨"是磨炼意志的重要方法。适合孩子的一些劳动、体育活动，能使孩子坚强起来。长途远足，爬山，跑步，游泳，较重的劳动……可供选择的内容很多，父母要指导孩子选择，关键在于坚持。当然，其前提是避免盲目性，不能冒险，不能脱离实际。要教育孩子：明确行动的目的，选择适合的内容和方式，一旦行动，不达目的不罢休，才能练出好身体。

4. 相信和尊重孩子

试着让孩子担负一定的责任，从而培养孩子的自我要求能力和坚持力。心理学认为，让孩子担任一定角色可以使其性格向这个角色靠拢。如某幼儿园的一个幼儿个人卫生不好，让他负责检查其他小朋友的卫生后，他自己的卫生状况明显好转，并且在其他方面，如自尊心、责任心、协调性等方面也都有明显改善。这个例子说明孩子的性格受大人期望的影响较大，所以在日常生活中，父母应把孩子当作坚强的孩子来培养。

5. 让孩子保持健康的身体

一个身体虚弱的孩子对自己的身体没有信心，心情不好，必然怕这怕那，对人对事积极不起来，性格也就很难坚强起来。相反，孩子的身体素质好，有信心，有勇气，就容易培养自信坚强的性格。

6. 培养孩子积极的良好品德

良好的品德受人喜爱和尊重，知识和智慧使人有信心。人的各种心理品质是相互影响的，培养各种积极的良好品德，都能有效地使孩子的性格变得坚强起来。

7. 要求孩子做一些力所能及的事情

如要求孩子摔了跟头不哭，打针不哭等。父母应利用孩子的好强心理，在孩子未哭时给予鼓励，如孩子真的不哭，那么就要及时强化效果。如有的孩子不愿意去幼儿园，常在送他去幼儿园时大哭大闹，那么父母一方面要设法消除孩子去幼儿园的不适心理，另一方面应鼓励孩子"去幼儿园不哭的孩子才是勇敢的孩子"，一旦孩子不哭了，应及时鼓励，加上适当的奖励，这样孩子就会逐渐形成坚强的性格。

8. 防止因性别差异而形成偏见

有的父母认为，男孩子玩布娃娃没出息，女孩子不应该玩冲锋枪。好像女孩子生来就应做饭带孩子，男孩子生来就应该舞枪弄棒，做大事业。成人这种偏狭的观念极不利于孩子性格的健康发展。过早的女性化会损害女孩子的独立性和自信心，过早的男性化也会影响男孩的细致性和敏感性。

9. 对孩子要有耐心

有些孩子虽然一心想独立自主，凡事都坚持自己做，但实际上却往往心有余而力不足，每件事情都无法做好，如吃饭时把桌面搞得一团糟，衣服穿得东歪西扭。有一些急性子的父母没时间等待孩子慢吞吞、无秩序的自主行为，所以凡事一手包办以提高效率和节省时间，这不但会剥夺孩子自主学习的机会，同时也会使孩子形成依赖心理。因此专家强调，父母一定要有耐心，让孩子慢慢学着自我探索成长，千万不可操之过急，凡事为孩子代劳，只会使孩子永远也长不大。

另外，好奇、爱发问也是孩子最大的特点，父母在面对孩子提问时，不要急于给孩子一个标准答案，以免影响孩子独立思考的判断能力，最好是解释出前因后果慢慢启发诱导。

总之，坚强的性格某种程度上决定了人的成长。当遇到复杂的问题需要果断做出决定时，性格坚强的人就会沉着冷静地加以分析、判断，最终做出决定，而性格软弱的人则可能优柔寡断、瞻前顾后，最终把事情弄糟。

坚强的性格对孩子成长如此重要，想要提高孩子素质的父母，就不能忽视这个方面。

从容果断能谋大事

德国诗人歌德说过这样一句富有哲理的话："长久迟疑不决的人，常常找不到最好的答案。"我们的祖先也给过我们这样的教训："当断不断，反受其乱。"决策果断是一种宝贵的人格品质。然而，在现实生活中却有很多人因缺乏这种优秀品质，在关键时刻迟疑、拖拉、犹豫不决，以致错过成功的大好时机而以失败告终。

很多父母也知道培养孩子果断性格的重要性，但往往不能明确界定孩子的某些行为是不是优柔寡断，是不是缺少主见。比如，很多父母都喜欢问孩子："爸爸好，还是妈妈好？"孩子可能会回答："爸爸好，妈妈好！"刚开始，父母听了可能还会很高兴，觉得孩子聪明乖巧，年龄不大就懂得不厚此薄彼。可是久了，父母可能就会发现，对丁这样的孩子，当你问他两样东西哪样好时，他也总是回答这个好、那个也好。这其实就是没主见的表现。

那么，父母要怎样做，才能让孩子养成遇事果断选择，有主见的性格呢？专家给父母提出了以下一些建议：

1. 让孩子明白鱼与熊掌不可兼得

很多孩子跟妈妈一块儿逛超市的时候，总是这也想要、那也想要，妈妈不给买，就大哭大闹。这跟父母平时溺爱孩子，什么都由着孩子有关。父母的这种行为使孩子养成了不懂得取舍的习惯。因为孩子觉得，自己要什么就会得到什么，至少哭闹之后就会得到自己想要的东西，那为什么还要取舍呢？全都要岂不更好？

对于孩子的这种想法，父母一定要及时加以引导和改变。平时，父母可以经常要求孩子做出唯一性的选择。比如，父母可以拿着苹果和香蕉问孩子吃哪个，并提醒他只能选择一个。对于孩子模棱两可的回答，要提出批评，而如果孩子做出了果断的决定，则要给予表扬。时间长了，孩子就会懂得"鱼与熊掌不可兼得"的道理。

2. 让孩子自己做选择

每次和孩子上街的时候，在经济允许的范围内，尽量让孩子自己挑选所需的物品。这时孩子会非常高兴，主动性极强。而对于孩子要买的众多物品，父母要提前规定他可以选取的数量，否则以后就不带他出来买东西。这样做，尽管孩子心有不甘，但慢慢地，孩子就会变得果断起来，因为他已知道果断地选择，比什么都得不到要强得多。

3. 尊重孩子自己的决定

给予孩子做决定的机会，可以培养孩子的果断性。所以，日常生活中，父母要给孩子发表意见的机会，并支持孩子合理的决定。切忌对孩子的生活做出全方位的强制规定。

例如，父母可以以征求意见的方式，让孩子决定是买变形金刚还是买小汽车、星期天活动的内容，是逛公园还是打电子游戏。

父母这样做可以让孩子觉得自己也有做决定的权利，在这种感觉的作用下，孩子往往就会拿出自己的果断来。

4. 引导孩子迅速做出合理的决定

未经深思熟虑就做出决定是鲁莽冲动，而深思熟虑后迟迟不能决断则是优柔寡断，这两种行为是与果断相对立的。父母既要教会孩子仔细思考，审慎地做出选择，又要引导不能决断的孩子尽早做出决定。

父母可以给孩子讲有关鲁莽冲动、优柔寡断和坚决果断的故事，让孩子自己说出哪种性格好。遇到具体的问题，也要让孩子说出怎样做才是对的，并果断地付诸行动。

5. 督促孩子坚持自己的决定

果断的品质还包含着做出决定后把决定贯彻到底的素质，即对孩子毅力的要求。

父母可以在孩子做出决定后，与孩子达成口头或书面的协议，规定明确的奖赏与惩罚条款。当然，惩罚条款一定要由孩子自己提出，父母只要觉得合理，就要严格督促孩子执行。

6. 让孩子变得更自信

充满自信的孩子是不会犹豫不决的。帮助孩子克服优柔寡断的最好办法是让孩子肯定自己的能力，坚信自己什么都能做。

在幼儿园里，当老师提出一个问题的时候，有些孩子总爱悄悄地和旁边的小朋友交流，明显地表现出缺乏自信。而当老师问他："你知道答案吗？"他会点点头，但眼睛仍在左顾右盼，顾及周围人对他的看法。

有些孩子过于敏感，凡事都会想很多。在行动之前总是会有长时间的权衡，以他自己的角度来考虑行为的后果，结果造成了孩子的欲做还休，犹豫不决，缺乏果断的判断力，从而产生不自信的表现。

比如，有个孩子在妈妈接他放学回家的路上对妈妈说："妈妈，今天小朋友都去围着老师呢。""那么你呢？""我也想，可是已经没有位置了。""好哦，下次你第一个上去好不好？""好的。可是别的小朋友也会没有位置的。"

对于这一点，做父母的应该尽快寻找突破口，帮助孩子改变这种心理状态，千万不要把它归咎于孩子的个性而置之不理。父母平时应给孩子较多的鼓励和认可，当孩子犹豫不决或打退堂鼓的时候，告诉孩子："你会做好的。没问题。爸爸妈妈都相信你！支持你！宝贝，去吧！"这样给孩子打气，孩子有了信心，自然也就不会犹豫不决了。

7. 不要对孩子犯冷热病

日常生活中，年轻的父母常会因各种事情的影响而产生心理波动。心情好时，对孩子亲近爱怜，关怀备至；心情不好时，则对孩子训斥打骂，往孩子身上撒气。父母随着自己心情好恶的变化而对孩子忽冷忽热，会对孩子的身心健康产生很大的影响。

父母对孩子的态度不同，孩子不能完全明白。当孩子没有做错什么事，却受到父母的冷遇或训斥时，会使孩子感到莫名其妙，有时又感到万般委屈，在父母面前无所适从。久而久之会就造成孩子在言行上优柔寡断，遇事六神无主。

作为父母，不管自己的心情好坏、空闲还是忙碌，对孩子都要一如既往，该指导的时候悉心指导，该关心的时候体贴关心，使孩子觉得父母永远爱自己、关心自己，从而给孩子一种稳定感、安全感和信任感。孩子有了坚强的后盾，往往就会有果决的底气。

另外，父母培养孩子果断的品质，要因孩子的年龄、性别等的不同而区别对待，千万不要认为那些成功的教育方法对自己的孩子都适用的。只有有针对性地选择那些适合自己孩子的教育方法，才能培养出做事果断、有主见的孩子。

让孩子永远拥有一颗上进的心

上进心是指一种积极向上、追求进步的心理特征。如果一个孩子有强烈的上进心，他就有了学习的积极性和接受教育的自觉性，就能发挥自身的潜能和激情，就能健康、有序地朝着成功的方向发展。

如果一个孩子上进心比较强并且能够持之以恒地保持下去，即使他的智商不太高，他也能取得较好的成绩，将来成为对社会有用的人。相反，孩子比较聪明，但如果没有上进心的话，孩子的成绩也不会太理想，他也很难取得成功。因此，在家庭教育中，针对上进心的教育非常重要。

孩子的上进心和进取精神是自我意识的一种表现，是健康成长、努力成才的重要动因。气可鼓，不可泄。父母在家庭教育中培养孩子上进心的时候，要依据每个孩子的特点，用"爱"和"教"相结合的方法，提高孩子的思想境界，让孩子憧憬未来，思考人生，从而产生一股积极向上的力量。

父母可以在家庭教育中采取以下方法，来培养孩子的积极性，激发孩子的上进心。

1. 发现孩子的特长

每个孩子都有自己的特长，父母只要细心观察、耐心寻找就能发现，然后从这一特长着手，激发孩子的上进心，让孩子肯定自己的价值。

可以引导孩子讲自己的理想，确定目标。例如，孩子喜欢唱歌，可以让孩子向往一下成为登上央视舞台、向亿万观众一展歌喉的感受，等等。再让孩子把这种上进心转移到学习上去。

2. 多肯定孩子的进步和优点

很多父母总喜欢拿自己孩子的缺点跟别的孩子的优点比，会特别注意自己孩子的缺点，对孩子刻意指责，这容易给孩子造成困扰。其实，孩子的优点更值得肯定，这是孩子积极进取不可缺少的辅助力量。而缺点也并非不可改变，一旦孩子有改变缺点的表现，父母应给予赞许，让孩子从鼓励中获得力量，激发孩子的上进心。

3. 为孩子确立一个合理的奋斗目标

给孩子确定一个切实可行的短期目标，让孩子通过努力，体会到成功的喜悦，从而激发上进心，慢慢形成他积极进取的态度。

4. 不断让孩子设立小目标

小目标设立了就尽量完成，这样可以增强孩子的信心，要适当给孩子精神奖励和合理的物质奖励，以此来提高孩子的积极性。也要教育孩子，说到就要做到，不能半途而废。这样继续下去，孩子就会学会给自己设立目标，就会有奋斗的方向，有进取的动力，这样他自然会不断地为达成目标而努力，最终就会成功。

5. 孩子失败的时候给予鼓励与安慰

在孩子失败的时候，父母应该给予孩子积极的同情、安慰和鼓励。这样可以使孩子建立自信心，促使孩子继续上进。

6. 通过榜样的例证进行引导

父母可以给孩子讲科学家等有作为的人物小时候上进心强，从而成才的故事，这样可以增强孩子的进取心。

爱迪生、达尔文、爱因斯坦等小时候学习成绩都不好，长大之后，他们也都取得了了不起的成绩，关键是自己的努力。

也可以以身边熟悉的人为例子，更直观更生动，教育就更加有效。

7. 找出孩子缺乏上进心的原因，激发孩子的上进心

孩子都有一定的上进心，但有些孩子受到挫折后，上进心会锐减，最后萎靡不振；有些孩子是因为成绩平平，没有体会到成功的喜悦，从而阻碍了上进心的发展。父母要找出孩子缺乏上进心的原因，并采取相应的方法，从而使孩子成为有上进心的孩子。

第四章
"体贴入微的小·护士"
——助人型孩子

人格特点：助人为乐，甘于奉献

小雨从小就是个可爱的女孩，知道大人们喜欢什么，总是按照大人们的喜好来说话做事，常常被家里的亲戚和周围的邻居夸赞。小雨上了小学之后，在学校里也特别受老师和同学的欢迎，因为她总是帮助老师和同学做这做那，是老师的好帮手，同学的好伙伴。小雨最高兴的事就是受到大家的肯定和表扬，但是，一旦她做了什么没有被别人注意到或是没有被别人肯定，她就会变得情绪低落。小雨总是觉得周围所有人都需要她的帮助，没有她的帮助是不行的。

小雨身上体现了典型的助人型人格特点——乖巧懂事，总是能敏锐地察觉到别人的需要，渴望得到父母和他人的爱，很在意别人的评价，总是有一副热心肠，不计付出地帮助有需要的人。

助人型孩子性格温和友善、随和，乐善好施，能主动帮助别人，是个热心肠。他们总是细心地照料同龄的小朋友或者弟弟妹妹，他们希望自己所爱的人都能够幸福快乐，为了这个目标，他们不争不抢，总是自我牺牲。而他们也在自我牺牲与奉献中得到精神上的满足。

助人型孩子很注重朋友，喜欢时时刻刻都与朋友待在一起。

放学后和朋友一起游戏，一起写作业，总是积极认真地经营着自己的友谊，他们能够设身处地地为朋友出主意，想办法，排忧解难。他们这样的行为能够得到朋友的好评，而这些好评也是助人型孩子最看重的。

助人型孩子非常乖巧，知道如何能让别人高兴，能迅速发现自己身上吸引他人的地方，还能针对不同的成年人做出不同的表现。他们对父母体贴孝顺，总是尽力让父母高兴，照看宠物，关心弟弟妹妹，对谁都有求必应。他们天生有一种引起人们怜爱的天分，和朋友聊天的时候，他们会把别人喜欢的说话方式和话题时刻记在心里；和长辈交流的时候，也知道如何控制自己的言谈举止，让自己得到长辈的喜爱。助人型孩子大多开朗外向，总是让人心情愉悦。他们喜欢在众人面前做一些滑稽的表演或者唱歌跳舞等，来引起别人的注意，并以此来博得大家的好感。

助人型孩子对于别人的需求特别敏感，总是希望自己能够成为别人生活中不可或缺的同伴或者帮手。在助人型孩子的心里，他们最渴望得到的就是别人的爱，但是他们的世界观是"想要获得爱，就必须要有所付出"，因此他们会认为只有用自己的付出满足他人的需求之后，才能换得别人的爱，换得自己在他人心中的一个重要的位置。让他们最感到满足的事情就是看到自己的付出得到别人的肯定，这会激起他们心里强烈的成就感。

从自我认知方面来看，助人型孩子对自我的感觉来自他人的反应。绝大多数情况下，别人的赞许能够激发他们做出最出色的表演，而他们也知道自己迎合他人是为了确保获得他人的爱。他们会把自己分成若干份，每一份都分给不同的亲人、老师和伙伴，但是很难有人能完整地看到他们到底是什么样子。因为助人型孩子从很小的时候就存有这样一种认知——要获得爱，就必须把不被接受的方面隐藏起来。

助人型孩子对他人的批评十分敏感，内心很容易受到伤害。这类孩子心思细腻，情感起伏很大。他们对长辈的训斥非常敏感，同时如果朋友对自己不够关心，他们也会认为自己遭到了背叛，会产生一种灰心丧气的感觉。如果他们实在无法忍受，也会不顾自己以前的形象大发雷霆。助人型孩子虽然以帮助他人为己任，但是他们也需要别人用良好的评价来回报自己。如果对方没有像自己期待的那样感激和重视，就会失落甚至不悦。

实际上，助人型孩子的心理是希望用自己的乖巧赢得别人的爱，然后用这种爱作为武器去干涉对方。

性格枷锁：牺牲自己满足他人，拒绝求助

助人型孩子总是把别人的需求摆在第一位，这源于他们的价值观——付出是获得爱的唯一途径。他们觉得想要从别人那里获得什么，就必须先要有所付出。要想被大家喜爱，就必须被别人需要。他们很害怕被众人排斥和忽略。为了引起别人的重视，占据别人心中的位置，他们甚至会以牺牲自己的需要和感受来不计一切地去迎合和满足别人。久而久之，在他们的心中就形成了一道自困的枷锁，把自己的真实感受和需要深深锁在了里面。

助人型孩子往往过于重视他人眼中的自己，为了得到别人的

爱，他们很小的时候就学会把自己最好的一面呈现给别人。为了保持良好的人际关系，他们甚至会不惜牺牲自我，努力改变自己去帮助他人，所以助人型孩子所说的话、所做的事往往是出于取悦他人的目的，一般情况下人们很难从助人型人格的人嘴里听到批评和不满的话。很多时候，他们为了做好别人眼中的自己，常常牺牲掉了那个真正的自己。

此外，助人型孩子无时无刻不在侦查别人的需要并及时予以帮助，满足他人的需要可以让他们获得最高层次的满足感，有些时候为了得到满足感，他们甚至可能会主观臆想出别人的"需要"并出手相助。这其实是出于一种满足私欲的自私心理，但是他们是绝不会承认自己是自私的。

助人型孩子的行为模式是通过热心帮助别人来肯定自己，从而让父母、老师和同学接纳欣赏自己。所以当有人向他们请求帮助时，他们自然开心不已，也会有产生自豪的感觉。但是，他们在别人身上投入的时间和心力越多，希望得到的回报也越多，而他们希望看到的回报方式只有一种，那就是对方只亲近和喜欢自己一个人。这也就反映出了助人型孩子内心强大的占有欲。一旦对方的表现不像他们所期待的那样，他们便会感到失望，甚至还可能向对方施加压力，试图控制别人。

助人型孩子太爱帮助人了，这种性格难免给人"帮倒忙"的感觉，或是帮了忙，他人不领情的时候，反而会产生极度的失落感。因此这类孩子的父母一定要告诉他们帮人要适度的道理。可以让孩子在每次帮助人之前先冷静地想一想，确定对方是否真的有此需要以及是不是真的希望得到你的帮助。此外，父母还要给孩子打一针"预防针"，告诉他如果自己提供的帮助对方没有领情的话，自己要如何接受。提前做好这种心理预期和调适工作，可以更好地缓解孩子在心理上的失落感，使他能够保持积极良好的心态。

另外，作为助人型孩子的父母，应当引导孩子勇敢面对真实的自己，打消他们怕给人留下不好印象的顾虑，鼓励他们诚实地表达自己的真情实感。最主要的是要让孩子明白，每个人都有自己的优缺点，没有必要为了迎合别人而隐藏自己的缺陷或者压抑自己的情绪，同时还要多肯定他们，让他们感受到来自父母的爱，这可以提升助人型孩子的安全感。

开锁密码："你的存在就是最珍贵的礼物"

助人型孩子的后天性格是怎么形成的呢？研究表明，在6周岁之前，如果爸爸很爱孩子但是爱的方式不正确的话，很容易让孩子成长为助人型性格。孩子虽然理解爸爸的爱，但是因为爸爸爱的方式不对，所以孩子不能轻易接受爸爸的爱，对爸爸的感情有爱有恨，十分复杂，对于这种复杂的感情自己的内心还有一种负罪感。

由于这种负罪感，他们总是想补偿父亲，同时又想得到父亲的爱，所以就会对爸爸的需求特别敏感，时间长了，他们就变得特别善于发现他人的需要，并形成热心帮助他人的性格。

每个助人型孩子的身上仿佛都装有一个敏锐的雷达，随时侦测目标人物的需求。他们最大的成就感就来源于满足他人的需要并得到所期望的回报和反馈，而最怕的就是被别人拒绝，因为这不但会伤害他们的"面子"，还会折损掉他们的"私心"，也就是通过帮助别人以获取爱的目的。

虽然助人型孩子乐善好施，但也存在强迫别人接受他们好意的模式或标准，这也会让他们变得以自我为中心，失去理性。值得父母注意的是，孩子最大的问题就是常以他人的需要为首，而忘了自己真正的需要，并且他们很怕向别人说出自己的需要，因为他们会认为那样的自己是无能的，而且会削弱自己在他人心中的地位。

那么，父母如何帮助助人型孩子解开人格中存在的枷锁呢？

首先，助人型孩子的父母扮演的应该是安抚者的角色，不要对孩子过分严厉。比起其他的孩子，父母应该对助人型孩子倾注和表达更多的情感，同时还要安抚孩子时时刻刻都想要通过付出来获得爱的焦躁不安的情绪，抚平他们由于没能得到回报时所产生的失落、难过的心情，并及时拔除他们因为心理失衡而产生的嫉妒的毒刺。

助人型孩子对爱的渴望极其强烈，他们所做的一切都是为了获得爱。因此父母的肯定是激励他们的良药。如果你有一个助人型孩子，那么就千万不要吝啬你的爱意，只要告诉他你爱他，不管他做什么，或是有什么缺点，你还是一样的爱他。告诉孩子："你的存在就是上天给我的最好礼物，而不是因为你做了什么事情我才会喜欢你。"你要让孩子真切地感到你对他的爱是无条件的。

只有源源不断的肯定，才能鼓舞助人型孩子勇敢地面对真实的自己，说出自己的需求和想法。

此外，助人型孩子最在乎的就是自己能否给他人留下一个好印象，所以当着别人的面批评他，甚至只是稍微严苛的教导，对他们来说都是一种可以摧毁心灵的打击。身为父母，绝对不要在人前批评助人型孩子，更不要当着孩子的面把他和别的孩子做比较。要记住，对助人型孩子的一切教导都要放在"幕后"进行，也只有这样的"幕后"教导，才会收到良好的成效。

助人型孩子总是担心别人受到伤害，所以很少表达自己的真实想法。长此以往，他们会渐渐忘掉自己的需求。父母应该常常询问他们是否有喜欢的东西，让他们养成不盲从、勇于表达想法的习惯。当助人型孩子直言不讳地说出一句话或是出现了"一反常态"的直言行为，父母一定要及时给予鼓励，因为他们能出现这样的行为必然是克服了内心"想要做好人"的强大压力的。父母及时的奖励对他们而言非常重要，这种肯定有利于培养助人型孩子正直诚实的性格，防止他们走进阿谀奉承的误区。

培养技巧：

告诉孩子爱别人也要爱自己，帮他设定付出底线

在班里，如果有孩子向助人型孩子借转笔刀。他会非常爽快地把转笔刀给这个同学，还会热心地问道："你铅笔够不够用？橡皮呢？要不把我的尺子和圆规也都拿去用吧！"如果这个孩子没有推脱，那么助人型孩子极有可能一股脑地把自己的文具全都

递给对方；如果对方表示拒绝，助人型孩子会非常不满，心里会犯嘀咕："你为什么不需要呢？"

助人型孩子非常愿意分享，他会拿着爸爸妈妈给他买的零食、玩具等与同学或者邻居家的小朋友一起玩，如果玩伴玩得很开心或是很高兴地接受了他递过来的东西的话，那么助人型孩子就会显得非常开心，手舞足蹈。如果对方表示拒绝的话，那么他就不高兴了："这么好的东西你都不要？"

助人型孩子最懂得如何表现自己来获得他人的欢迎，但这种迎合有时就会成为他们的负担，因为他们并不是心甘情愿地牺牲自己的。可以这样说，助人型孩子是舞台上的演员，他们所展示的只是别人想看到的，而不是真正的自己。他们可以扮演不同的角色，但这些不同的角色也会让他们产生混乱。他们常常会陷入一种深深的困扰中，会看不清到底哪一个才是真正的自己。

助人型孩子很容易陷入这样一种恶性循环中：当他们不断通过付出来满足别人的需要时，他们不惜以忽略或牺牲自己的感受和需要为代价，去迎合他人，设法令更多的人喜爱自己，以此来施展自己的"爱心"。但这有时也会给别人带来被操控的压力，最终把自己和身边的人都弄得疲惫不堪。

助人型孩子最容易被自己的"好"所拖累，所以作为他们的父母，最重要的就是帮孩子卸掉"行善"的包袱，引导他们多去关注自己的真情实感和内在需要，提醒他们帮人也要有底线，永远不要为了帮助别人而让自己陷入负面的情绪，防止他们在付出与回报的权衡中迷失自我。

要避免孩子活得太累，助人型孩子的父母就要教孩子几招委婉拒绝别人的技巧，并且在传授拒绝技巧的同时，还要给他们讲讲为什么要拒绝以及拒绝可能带来的后果，这样就让他们产生一个心理预期，提高他们对可能产生的后果的心理承受能力。当然，父母要明确告诉孩子，有的时候，拒绝不一定表示自己"不好"，也并不会由于你的拒绝而损坏了你在他人心中的印象。总而言之，要扫清孩子的一切潜在顾虑，让他勇敢地去行动。

父母还要告诉孩子帮助别人和干涉别人的区别。助人型孩子总是想帮助别人，但有的时候热心过度，可能会好心办坏事。他们还可能为了"帮助别人"而打断别人的谈话或者是随便乱动别人的东西，让人厌烦。因此父母一定要告诉他们哪些行为是真正的助人行为，哪些行为是干涉别人的行为。

助人型孩子非常看重与他人的相处，喜欢时时刻刻与朋友待在一起。其实这类孩子的父母也要教会孩子享受独处的时光，让他们懂得独自一人也可以生活得有滋有味，这同样是一个人必须具备的生存能力。

第五章
"聚光灯下的主角"
——成就型孩子

人格特点：讲求效率，积极进取

有个男孩的数学、物理和化学等理科成绩一直很好，但语文和历史成绩很差。上了高中之后，学校每个月和每个学期都会按照所有学科总成绩排名顺序评定优秀个人。这个男孩为了得到优秀个人的荣誉，便更加努力地学习理科科目，将文科科目放在了一边。虽然他每次都被评为优秀个人，但是偏科现象非常严重，可是他却毫不在乎。因为他觉得：他的目标就是争优秀，只有这样才会被老师、同学和父母认可，才能体现出他的价值。文科成绩差不要紧，等到高二分班的时候去报理科就好了。

这个男孩的身上体现的就是典型的成就型人格的特征——积极进取，精力充沛，讲求效率，重视成就和表现，注重个人形象，爱以优胜劣败来看待自我价值的高低，希望成为大家的焦点，乐于接受挑战。

成就型孩子的性格和身体都很活跃，身体以及脑部的发育比同龄人略快。当同龄的小孩还在蹒跚学步的时候，成就型孩子很可能已经稳步行走了。在成就型孩子的心中，他们认为受到夸奖往往是因为自己的所作所为以及取得的成就，而不是他们自己。随着年龄的增长，他们会逐渐认识到，获得他人认可和爱的途径是要有成功的表现，因此他们学会了如何去进行自我推销，如何把自己塑造成他人需要和认可的理想角色，这一特征在15～20岁这个年龄段尤为突出。的确，成就型孩子往往是有能力的，只要他们愿意进入某个群体，他们就一定有办法把自己变成这一群体中的"明星"。例如，当他和优等生以及模范生在一起的时候，他们就会按照优等生和模范生的水准来调整自己，所以无论他们身处怎样的团体，他们都不会成为可有可无的边缘人物。

成就型孩子特别喜欢学习，其他类型孩子的父母可能或多或少都会面临孩子不爱学习的难题，但是这类孩子的父母完全不用担心这个问题，因为成就型孩子完全不用父母督促，就会乖乖地拿起书本主动去学习。只要是成就型孩子认为符合他目标的学习内容，那么他就会努力认真地去学。当然，他学习的目标也是取得好成绩来满足他的成就欲望，得到老师和父母的夸奖以及同学们的羡慕。

成就型孩子大多数学习努力，成绩优异。他们思路清晰，组织能力强。即使他们对学习不是很感兴趣，他们也能在其他方面锋芒毕露。他们通常多才多艺，适应力强，有闯劲，常常希望自己在所有领域都高人一等。所以，成就型孩子总是一副胜券在握又忙忙碌碌的样子。

成就型孩子是实用主义者，特别在意自己人前的形象，虽然在家的时候可能仪表不整，但是一出家门一定很光鲜靓丽。成就型孩子非常在意自己在别人眼中的形象，举手投足大方得体，有强烈的自我表现欲望。他们喜欢让别人看到自己好的一面，喜欢出风头，而且富有激情，喜欢跟人打成一片。成就型孩子的目标感很强，他们通常能够把握住通往成功的机会，并且无所畏惧，勇往直前。但是如果你说他们有野心，他就会不太舒服，矢口否认；当你把"有野心"换成"有远大理想"的时候，成就型孩子就会开心地承认"本来就是"。成就型孩子是乐观的，凡事喜欢往好的方面看，这是非常好的。

不过成就型孩子也有自己的缺点，那就是他们有时候过于自信，甚至演变为自负，常常出现自吹自擂的情况。他们有时候会忽略朋友之间单纯的友谊，而只是想要表现出强烈的求胜欲，在不如自己的朋友面前趾高气扬。所以，他们身边的朋友有时候会对他敬而远之。他们还有一定的自恋倾向，总是认为自己是最出色的一个。当第一名的"皇冠"出现在别人头上时，他们就会感到内心遭到了重创，认为自己是一个失败者。

性格枷锁：嫉妒心强，爱出风头

灵灵是个爱美的女孩，从小就有个明星梦。小的时候，她总是喜欢穿上妈妈给她买的漂亮裙子，站在客厅里唱歌跳舞，要求爸爸妈妈和爷爷奶奶必须要围着她，做她的观众，并且一定要在她表演后给她最热烈的掌声，否则她就噘着小嘴闹脾气。到中学的时候，灵灵的明星梦更甚了，她总是梦想着有一天可以站在绚丽的舞台接受众人的追捧和倾慕，无数的鲜花和掌声都围绕着她。用她自己的话说就是，她所有的努力都是为了让更多的人崇拜她。

成就型孩子的终极梦想是做别人眼中成就不凡的人，他们需要通过别人的赞美来获得内心的安定，并且认为这种赞美取决于自己做了多少努力，而并非自己是谁。例如，这种类型的孩子想要讨得父母的喜爱，他一定会努力学习并争取取得全校第一的好成绩，或者是当着父母的面积极主动地做家务。他们从来没有想过自己获得父母的爱只是因为自己是父母的孩子，只有当自己获得了耀眼的光环时他们才觉得父母是爱自己的。

　　不可否认的是，成就型孩子的行动力是非凡的，他们做事讲求效率，非常懂得专注于能体现出自己潜能的东西，因此他们会是极其出色的实干者。成就型孩子在行动时似乎总有使不完的劲，他们的能力和竞争力确实很强，不仅能坚持完成自己的任务，还在集体活动中以高亢的热情和积极的态度激励所在团队的每一个人，进而提高整体的士气。

　　此外，成就型孩子还是极具启发性的交谈者，能够激励他人勇挑重担，坚持将事情出色地完成。也正因如此，成就型孩子在人群中具有很强的吸引力，很容易吸引身边的人。他们最聪明的一点还在于能够准确地知道如何去吸引他人，如何让他人对自己感兴趣。他们就像一块磁铁，身上散发着一种引人注目的绚丽光芒。

　　没有成就，不被认可是成就型孩子最害怕的事情。如果有人说成就型孩子一事无成，那么他的内心就会受到严重的伤害，产生一种挫败感。成就型孩子认为只有荣誉和成就才能体现自己的个人价值，他们把自己的价值体现在获得的鲜花、掌声、头衔和光环上。换句话说，成就型孩子就是把自己的个人价值建立在别人的价值观上，通过获得别人的肯定来肯定自己。他的基本欲望是被大家接受。如果他们有了成就，大家一定要给他掌声，这样他才会感觉舒服；如果大家都不知道他取得了成就，那么他就会感觉很不开心。也正因如此，成就型孩子会渐渐地忘记自己的情感，一心想要用出色的表现来获得他们所需要的爱和肯定，换句话说，就是他们喜欢用出风头来赢得别人的喜爱，这对他们的健康发展是很不利的。

成就型孩子很喜欢争强好胜，喜欢不断地推动自己向前走，在他们眼里没有"退缩"这个词。他们喜欢接受挑战，会把自己的价值与成就连成一线。在追求成功的过程中，成就型孩子难免会显得有些急躁，做事缺乏深思熟虑，所以也可能会出现事倍功半的情形，这自然会严重影响成就型孩子的健康成长。

当成功的光环没有戴在自己头上，他们往往会对成功的那个人表现出极强的嫉妒心，他们会变得非常急躁，显现出躁郁型性格的行为方式，疯狂想要获得成功。如果实在做不了有成就的事，他们也可能会做一些不好的事情来博得大家的关注。如果他们的成功被其他的人、事、物干扰的话，那么他一定会排除所有干扰，为了达到这个目的甚至会不择手段。在这个过程中的行为，很可能会对他们的发展造成极其不利的影响。

开锁密码："妈妈爱的是你，跟成绩无关"

有个成就型的女孩非常崇拜她的爸爸，因为她爸爸在工作中取得了很多奖项，这些大大小小的奖状奖杯都摆在家里最显眼的位置上。每当她看见这些奖状奖杯时，她都会在心里对自己说：

我一定要努力做好每一件事，争取像爸爸一样有成就，这样爸爸就会更爱我了！

成就型孩子的内心深处早已把他人给予的爱与自己的表现画上了等号。父母的肯定是他们认识自己的途径。成就型孩子在心里对给予自己关心照顾和肯定的父母是极其认同的，他们常常会主动找出父母对自己的期待，然后尽力达成它，以此来获得更多的肯定和关爱。

成就型孩子在小的时候，由于非常渴望家人的赞许或认可，他们会将家人的喜好与期待内化为自己的行为标准和目标。他们希望看到家人因自己的优异而表现出骄傲和自豪，这是他们追求成就的最大动力，甚至不在乎为此放弃自己真正的喜好和追求。

所以，成就型孩子在很小的时候，就已经学会把自己的价值观建立在优异的表现上。他们认为，只有靠自己不断努力，做出令人满意的事情，才有可能获得家人的爱。换言之，他们觉得家人之所以爱自己，不是因为自己是这个家庭中的一分子，是爸爸妈妈的孩子，而是因为自己有优异的表现和卓越的成就。

为了修正成就型孩子的这种错误观念，父母应当经常这样对他们说："做最真实的自己，即使你不是最出色，也很可爱，因为我们爱的是你，不是你的成绩。"父母要告诉自己的孩子，即使没有得到赞赏，没有拿到第一，父母对他的爱也不会因此而减少一分。父母要随时向孩子传递这样一种信息："我为你自豪，即使你做得不好，我还是以你为骄傲，因为你是我们独一无二的宝贝。"

在培育成就型孩子的过程中，父母要注意一定不要拿他和别人做比较。成就型孩子最怕的就是别人认为自己没价值，而把他与别人进行比较的行为可能会使其受挫，所以成就型孩子的父母最好不要拿他们与别人做任何比较，更不能拿别人的优点对比他们的缺点，这会让他们感到十分沮丧，甚至可能出现极端的想法和倾向，做出既不利己也不利人的事情。

由于成就型孩子太在乎能否做好家人眼中优秀的自己，所以当自己的真实感受与家人的要求产生矛盾时，他们会调整自己来配合家人，并且家人的性格越不好，他们就会越小心翼翼，抛弃自我的程度也就越深。

另外，要注意的是，即使自己的孩子的确非常优秀，也不要在别人面前夸耀孩子的成绩。如果孩子总是得到称赞，就会渐渐把别人的关注看得越来越重，那种不正常的追求成就的心理就会得到强化。而一旦某一次没有做到最好，他的内心就会产生失落的感受。成就型孩子本身就很刻苦努力，重视自己的成绩。在这样的情况下，如果父母还是十分重视成绩，那么就会给孩了造成不必要的心理压力。在孩子已经非常重视成绩的情况下，父母不要再给孩子加压，而是应该试着淡化成绩在孩子眼中的重要性。

同时，成就型孩子喜欢为自己设定目标，而这些目标往往超出其能力范围，一旦没有办法实现，他们就会把责任推到他人身上或者找其他借口，还会产生强烈的挫败感，这很容易诱发他们愤恨的仇视心态。所以，父母要尊重孩子的能力，不要做太多的干预，对他们的期待要适度，同时还要注意帮助他们把目标调整到合理范围内，让这个目标可以通过努力去实现。

培养技巧：

让孩子正确认识成功，不要太注重别人眼光

一位成就型人格的人讲述了这样一次经历：

我刚上小学的时候，有一次跟着学校的舞蹈团做汇报演出。因为我个子太小而且跳得也不熟练，所以就被老师安排在了最不起眼的角落里。当时我就想，我一定要站在最前排，让所有观众都能看到我。为了这个目标，我偷偷地练习了半年。当我终于被老师调到第一排，站在舞台上接受台下热烈掌声的那一刻，我激动得差点流下眼泪来，因为我终于成功了！

成就型孩子通常是活在众人的眼光和虚拟的内心世界两种环境里，他们坚信只有表现得最好才能展现自己的个人价值，而唯有获得成功才能令自己的人生更有意义。他们对成功的定义常常是非常简单的：那就是获得别人的关注。为了达到这一目的，他们追求时尚，吸引别人的眼球，他们树立很高的目标并且为了这个目标不断努力；他们甚至不惜利用朋友间的友谊来获得别人的关注。

成就型孩子的性格惯性促使他们热衷于追求成就感。他们会朝着目标勇往直前，在过程中遇到的任何阻力和妨碍他们达成目标的人和事都会被他们一一解决，这当中自然也包括自己内心的感受，特别是负面情绪。他们解决负面情绪的办法就是自欺，最常见的一种情况就是他们为了塑造成功者的形象从来不肯承认自己的失败。如果你对一个成就型孩子说他的某种做法是失败的，

他一定会运用聪明的头脑选择另外一种途径来证明他是可以达到目标的。但是这样的自欺情绪，会让成就型孩子很难面对真实的自己，让他永远活在自己的谎言中无法自拔。实际上，成就型孩子的潜意识是拒绝接受真正的自己的，与此同时，他们还会把所有的精力都倾注在修饰自己的完美形象上。但是，他们并不愿承认这种修饰行为，他们会形容这只是"换一种方式而已"。可这种行为在别人眼里，就是一种哄骗或吹嘘的感觉。显然，如果在交往中给人留下这种不好的印象，是很不利于人际关系的拓展的。

为了改变成就型孩子对于成功的错误认识，父母可以从以下几方面帮助孩子，从而让他们更好地适应社会：

首先要教会孩子以平常心看待得失。作为成就型孩子的父母，应该给自己的孩子一颗平常心，让他知道人不可能永远是胜利者，不能因为一次的失败而气馁。成就型孩子通常无法忍受失误和失败，因为这会让他们陷入绝望中不能自拔，仿佛自身的价值在一瞬间消失殆尽。这时候，父母应该让孩子明白别人不会因为一次失败而否定他，只要他努力了，就是对自己最好的证明，同时也要告诉孩子失败也是成长的必经之路。

此外，在教育成就型孩子的过程中，应该告诉孩子过程比结果更加重要。称赞孩子的时候，不要笼统地夸奖孩子说："你是最棒的！"而是应该针对孩子的某一个具体的行为或事件告诉孩子他哪里做得出色；不要过分强调结果，要表扬他努力的过程。成就型孩子喜欢参加一些能够有胜负之分的活动，其实父母可以引导孩子去参加一些与竞争无关的纯粹帮助别人的活动，让他们理解这样没有胜负的活动也是很有意义的，在这样的活动中也可以收获快乐，比如可以让他们去参加一些社会公益活动或者和小伙伴一起去野营、排练话剧等需要合作的活动。

最后，父母一定要端正孩子的竞争心态，让他们养成正直和公平竞争的品行。成就型孩子的内心时刻都存有一份竞争的心态，恨不得所有的事情都能与他人一较高下，有的时候为了达到目的甚至不择手段。身为成就型孩子的父母，应该从孩子小时候就有意识地端正他的竞争心态，告诉他竞争的目的是锻炼自己、提高自己的能力，而不是为了获得第一。

如果成就型孩子能够在健康的环境中成长，他们大多能成为能力出众、能向着目标脚踏实地努力的人，他们能够尊重别人，同时也能赢得别人的尊重。

第六章
"理智冷静的思想者"
——思考型孩子

人格特点：沉静独立，善于思考

牛牛就像个小问号一样，每天都有数不清的问题，而且提出的问题都是奇奇怪怪的。比如他会问妈妈人为什么要吃饭，问爸爸为什么白天出太阳而到了晚上却是月亮。上了小学之后，他又开始围着老师和同学问问题。但这些似乎还远远满足不了他的好奇心，于是他开始存零用钱，买来了《十万个为什么》《儿童知识大百科》等书，平时一写完作业就会打开书专心地研究，主动去寻找问题的答案。

飞飞是个很安静的有些内向的男孩，他很少跑出去和邻居的孩子一起玩，平时就自己闷在房间里看书，不过他不像同龄的男孩子那样喜欢漫画、侦探故事，反而喜欢阅读一些很深奥甚至有些冷门的专业知识。他不太喜欢和家人交流，大人给他什么他都乐于接受，从来不会向家人主动要求什么，更不要说因为没有满足自己的愿望而和父母闹情绪。实际上他也喜欢和亲戚家的表兄弟玩，并很开心很投入，但即便如此，他也很少会主动提出再到亲戚家去玩。绝大多数的时间，飞飞都保持在独处的状态中，并且自得其乐。

牛牛和飞飞具有典型的思考型人格——沉静、独立、不善交际、喜爱阅读、乐于思考却很少积极行动，愿意长时间独处，不希望被人打扰，不善于表达内心的感受，总是将自己抽离于外部世界。

思考型孩子是不倦的学习者和实验者，特别是在专业或技术类的问题上。他们喜欢详细了解，乐意跟随求知欲去研究他们想要弄清的知识。对那些深奥的科学，尤其是能够解释人类行为的系统知识，他们总是表现出强烈的兴趣，而且总是能够对事物进行高度分析，具有很强的逻辑思考能力和挖掘真知的潜能。

对于思考型孩子来说，他们的终极理想就是用自己的思考找出宇宙中一切的脉络，然后分析出一些非常有价值、并能帮助社会进步的观念，最后把每个人都纳入最完美的轨道。他们很少去关心财富和物质享受，他们不会把自己有限的精力花在追求世俗物品上，而是会把时间和精力全部投入到精神学习和追求中。

这类孩子通常理解力很强，最擅长的是理论性、逻辑性强的学习研究。他们热衷理智思考，对数据、研究结果、分析方法等特别敏锐，能够迅速从诸多混乱的材料中找出它们之间的某种关系、逻辑或者模式，因此思考型孩子的理科成绩通常比较好。

因为这类孩子总是能从自己的精神生活中找到巨大乐趣，不会为琐事浪费时间和精力，所以他们的日常需求很少，个性十分独立。正是由于这种心无旁骛的专注力，使他们能够把自己的注意力从情感中抽离出来，集中精力进行逻辑思考。如果给他们一个自由宽松的研究环境，不用其他事情去干扰他，那么这类孩子一定能展现出他惊人的思维潜力。

其实思考型孩子是九种人格类型中最容易观察出来的一个类型，因为他们的身体反应和情绪表达都比一般孩子平淡，他们的习惯性动作是双手交叉抱在胸前、上身后倾，面部表情冷漠，喜欢皱着眉头。这类型的孩子说话的时候，总是喜欢用淡淡的语调刻意表现深度，甚至可能把一件原本很简单的事情，故意兜兜转转地讲得很复杂。他们讲话的时候，还喜欢把"我想""我认为""我的分析是"之类的口头语挂在嘴边，以此来反映他们所说的话都是经过大脑思考后再讲出来的。因此，这种类型的孩子常常会呈现出一种与他们年龄不相符的睿智。

性格枷锁：行动迟缓，习惯一个人解决问题

思考型孩子希望自己能够成为既有知识又能干的人，他们最害怕的就是因为自己的无知显得无助和无能。为了让自己充满知识的能量，他们具有很强的求知欲，而且在追寻知识的过程中，表现得非常独立，不喜欢被别人干涉。

对于不了解的事物，他们会主动收集资料，然后把所有材料集中在一起做进一步的分析和了解。在他们眼里，不了解的事会令他们感到十分不安全，所以拥有思考型人格的人终生的奋斗目标就是获取更多的知识，让自己对每件事都了如指掌，也让自己在面对任何问题时都能知道如何去应对。

但是，思考型孩子也有一个缺点，那就是行动缓慢。他们拥有超强的好奇心，对未知知识有着强烈的兴趣，而且很想成为某个领域的专家，因此他们会投入相当惊人的精力和时间去研究学习。但是，他们是"思想的巨人，行动的矮子"，由于总是担心自己的计划做得还不够好，所以他们即使已经有了非常漂亮完美

的计划，也往往因为自己还停留在搜集资料准备的阶段或还在不断修正自己的作品而迟迟不愿意发表成果。他们会进一步去寻找更多的资料来检测现有的资料，经过一番缜密的求证之后才会采取行动。所以思考型孩子做事总是慢吞吞的。虽然做事的结果大多时候会令人十分满意，但是他们有时候也会因为过于小心翼翼而错过一些发展的大好机会。

由于思考型孩子通常比较沉静、独立且不善交际，他们对自我独立的空间有着很高的诉求，这是他们的性格使然。作为思考型孩子的父母，应该尊重孩子的这种天性，给予他们足够的空间去思考和处理自己的问题，尊重他们的决定，不要强行为他们做主，要让他们独立自由地去发展，也不要对他们的发展方向做出过多的干涉。对于思考型孩子来说，要做什么，要学习什么，他们自己很清楚。

此外，思考型孩子相对于其他的同龄孩子来说具有更强的专注力和认真的作风，而且他们的兴趣也比同龄的孩子多得多，并且五花八门，涉及各个方面。这的确是好事，但是如果希望思考型孩子能够把一个兴趣作为个人特长长期地学习和研究下去，父母就要想办法保持孩子对这件事的浓厚兴趣和强烈的好奇心。值得注意的是，由于思考型孩子倾向于独自行动，所以父母最好不要直接去干涉孩子的兴趣活动，只需要及时提供给他们必要的帮助，让他们的尝试活动能顺利进行下去就可以了。

另外，由于思考型孩子总是疑虑重重，对自己的计划或者即将采取的行动不自信，所以父母应该在加强孩子的自信心方面多多关注。虽然思考型孩子总是显露出一副不需要有人从旁支持协助的样子，但是在大多数思考型孩子的心里，还是很希望能有人不断鼓励他们，给他们自信的。不过，由于思考型孩子的一贯行为作风，他们的这种心情一般很难直接表达出来，所以作为思考型孩子的父母，应该在平时多注意孩子的行为表现，因为很多心理活动是可以通过外在的身体语言和情绪变化表现出来的。父母通过一段时间的观察和适当的沟通，找到孩子在需要支持时会出现的动作或情绪上的变化，就可以有针对性地鼓励他，提升他的自信心。

思考型孩子通常性格内向，不会主动与他人接触，这种习惯性的独自解决问题的性格会让他们在未来的发展中受到限制。要解除孩子的这种心理性格枷锁，父母就要多多向孩子灌输这样一种认识——世上的无形资源是取之不尽、用之不竭的。如果能回归到人群中用心生活并多多与他人接触，就能给自己带来更多的无形资源。

如果能够让孩子变得勇于采取行动而且善于与他人交流，思考型孩子就会拥有睿智的头脑和坦然的心态，就能够轻松地面对自己的未来。

开锁密码："你的意见对妈妈非常重要"

宁宁是一个典型的思考型男孩。他很小的时候就不会向任何人过多地解释什么，哪怕是自己受了委屈，他也不愿意去解释，他总是觉得这种解释是无谓且浪费时间的。他心里总是认为人们要明白的早晚会明白，不明白的再怎么解释都不会明白，不如省下时间去做自己的事。宁宁在学校里也常常独来独往，不愿意参与集体活动，大部分时间都是一个人研究他感兴趣的东西，很多同学背地里都叫他"小老头"。

思考型孩子总是以观察者的姿态与群体保持一定距离，自己却经常产生被孤立的感觉和疏离感。他们外表看起来很淡定，但是内心往往隐藏着恐惧，总是处于防备状态。因为思考型孩子的这种特点，所以很多思考型孩子的父母都曾担心过孩子是不是患上了某种社交障碍，但实际上，绝大多数的思考型孩子虽然在外人面前很害羞，但是在自己的世界里还是很快乐的，他们会对诸如阅读、演奏乐器、做小型生物实验等心智活动或可以发挥想象力的事物特别感兴趣，能自己一个人玩得废寝忘食，所以他们的心理还是能够健康发展的，父母大可不必为此过于担忧。

思考型孩子对自己的独立空间非常重视，甚至希望父母也不要入侵自己的小世界，在他们的心中，与父母家人之间最理想的关系是——互不要求，互不干涉。他们希望父母不要对自己有什么要求，因为他也不会对父母有什么要求，并且这些孩子的确也是这么做的，他们极少向父母要求什么，大部分时间都是一个人静静地做自己的事情。

不过，不要因此以为他们对待父母是一种疏离的态度，他们也常常会思考自己能为家人做些什么。可是当他们经过一番观察后，会觉得自己根本没有给家人帮忙的空间，这时候他们就会产生在家里找不到自己位置的不安感，于是只能退回到自己的内心世界，不与家人发生过多的关系，然后努力培养一种不常见的技能，期望以后能有机会为家人做些事情，令家人刮目相看。

对待思考型孩子，父母的态度一定要亲切平和，不要表现出过分的亲密，因为他们喜欢与他人保持距离。如果需要让孩子做某件事时，一定要采取请求的语气，用生硬的命令语气会引起孩子的反感。再有，当孩子肯表达出他们想法的时候，父母一定要认真地倾听，最好是能就某件孩子感兴趣的事和孩子共同研究，这可以让孩子产生知己般的亲切感，从而慢慢放下心中的防备。而且，当孩子表达自己意见的时候，父母要及时地对孩子说："谢谢你的意见，你的意见对我们来说非常重要，以后你要多说说你的想法。"父母千万不要对孩子说："你不能提出这样无理的请求。"因为思考型孩子本身就是很少提出要求的，而一旦鼓足勇气突破自己后却得到这样的评价，思考型孩子就会把自己深深地锁在内心的世界里，不肯再出来了。

很多思考型孩子在家里都有过紧张的感觉，他们有时会把父母的关心变成压力，压得自己透不过气来。因此，一个轻松愉快、自由民主的家庭环境对于思考型孩子的健康成长是必要的。作为思考型孩子的父母，一定要尽力去营造这样的家庭氛围，让孩子有一个自由的空间去放松他的身心，让他能够以轻松愉快的心情去面对新的生活。

培养技巧：给孩子思考的空间，鼓励他及时行动

诺诺从小就喜欢自娱自乐，读书的时候更是全神贯注。如果有人在他身边让他别玩了，他总是很不耐烦，皱着眉头，一脸气

愤的样子。他学习成绩还不错，思维能力强，总是对一些奇奇怪怪的事情感兴趣，最近就迷上了宇宙和不明飞行物。他平时一言不发，可一旦提到他喜欢的话题，他总是两眼放光，说起来滔滔不绝。

不过，诺诺是个标准的"行动的矮子"。上一次，老师让他给同学们讲一讲宇宙的事情，他在家准备了好长时间，搜集了很多资料，但是在最后一刻，还是跟老师说自己还有很多问题没有准备好，如果同学们问这个他不知道，问那个他也不知道，他还需要继续准备。最后这件事也就不了了之了。

思考型孩子给人的印象就是冷漠和被动，他们能够对外部世界长时间保持不干涉、不参与、不涉及的状态。即使这样他们也没觉得不妥，反而很享受这种一个人独自思考、独自学习的状态。他们能够把自己完全投入到内心世界里去思考，但是几乎不会与别人讨论。他们热衷思考，性格冷静，很少出现思想混乱、情绪激动的状况。

另外，思考型孩子对知识的探索和需求是永远得不到满足的，当别的孩子在玩游戏或者做其他休闲活动时，他一定是坐在自己的书桌前如饥似渴地看着书，皱着眉头研究他感兴趣的东西。在他们心里，做出一番成就和实现自我价值的唯一途径就是通过知识成为某方面的专家。

因为思考型的孩子非常看重自己的私生活，喜欢独处和沉浸在自己的小世界里研究问题，不喜欢受到他人的干扰，所以父母应该理解孩子，给他们独处的时间和空间，让他们能够安心地思考问题。同时，思考型孩子神经敏感，讨厌噪音，所以父母也要尽可能给孩子创造一个安静的环境。房间的装饰最好也不要采用大面积的能给人带来强烈刺激的色彩，也不要用色太多，要尽量使用一些让人冷静的淡雅色彩。

无论做任何事情，思考型孩子都喜欢在大脑中进行一番严密的思考，这可以从他们的口头用语中表现出来。所以，父母永远不要催促孩子做决定，而是要给他们足够宽松的时间和独处的空间，让他们进行思考和衡量后再引导他们说出自己的想法。更要注意的是，即使他们的想法有缺陷或者还不够完善，也要在肯定的前提下再进行下一步引导，而不能直接否定孩子的想法，并且把自己的想法强加给他。思考型孩子容易形成心理负担，在大多数时候并不愿意说出自己的想法，因为他们害怕遭到批评，所以父母要鼓励孩子说出自己的想法，在鼓励他们的时候，首先要卸下他们的心理负担，可以这样对孩子说："在什么情况下我们都理解你。"这样会让孩子更容易接受父母的帮助。

思考型孩子大多数不能及时采取行动，并且不喜欢直接参加实践活动，父母应该通过旅行或者野营等活动使孩子认识到书本上的知识和直接体验是有区别的，有些事情不去体验就永远无法得知其中的奥秘，让他们充分理解参加活动或者采取行动对于自己的知识是大有裨益的。比如当孩子对海洋感兴趣的时候，可以带孩子到海边去感受一下海水和沙滩；当孩子对树木感兴趣的时候，可以带他到植物园去触摸真正的植物，让他对自己的知识又有了拓展而感到高兴。

第七章

"与世无争的世外高人"
——和平型孩子

人格特点：温和友善，自得其乐

小静是个"没脾气"的女孩，好像从小就没有什么事情能惹她生气。她特别喜欢洋娃娃，但是妈妈带着她到商店去挑选洋娃娃的时候，她又不知道选哪个，总是眨着眼睛看着妈妈说："妈妈，我不知道哪个娃娃好看，你帮我挑！"有的时候，她有些愿望妈妈没有满足她，她会显得很不高兴，但是一转念就会忘了，好像什么事情都没有发生过一样继续做自己的事。如果别人有什么事情想要询问她的意见，她永远都是挂着一副茫然的表情回答"我不知道"。

小静就是一个典型的和平型孩子——温和友善，很少发脾气，非常能忍耐，很少记得不快乐的事情，害怕做决定，害怕与人冲突，容易妥协，不善于表达自己的意见，优柔寡断，能够很好地配合他人。

和平型孩子心地善良，性情温和，是别人眼中的"乖宝宝"。他们的情绪通常不会有太大的起伏，他们害怕冲突，最希望的就是维持当下的现状永远不要出现变化。在这九种人格中，和平型孩子的欲望是最低的，他们追求的是内心的平静，所以他们的愿望也最容易达成。这类孩子认为，只要自己的内心是平静的、生活是安稳的，那么其他一切都不重要。因此，他们总是一副无欲无求的样子，做起事来也是不紧不慢的，给人的整体感觉有点闷。

他们不喜欢把内心的情感展现出来，向往生活在一个无忧无虑的世界，害怕与别人发生纠纷，所以总是委曲求全，常常迁就长辈和朋友。即使面对自己不情愿的事情也会点头称是，所以他们总是接受别人的建议，常常无法提出自己的主张。

和平型孩子心态平和，不会给别人带来压力，而且在朋友有困难的时候会主动伸出援手，所以朋友很多，但是他们不会主动与别人结交，而是等着别人来接近他们。虽然朋友看起来很多，但是真正亲密无间的朋友往往只有少数几个。他们善于倾听朋友的心事和苦恼，从来不会把自己的想法强加给别人，能够急他人之所急，想他人之所想，所以和平型孩子的人际关系通常很好。

和平型孩子说话时语气平淡，语速慢且声音低沉，他们的言语间极少表现出他们的情感变化,最喜欢说的话就是"随便"和"无所谓"。此外，他们的表情大多数时候也不会有太大变化，和平型的男孩不喜欢笑，也懒得笑，常常面无表情；但是和平型的女孩笑起来非常甜美，招人喜欢。

和平型孩子害怕变动，懒得思考，是贪图安逸、懒惰消极的一类孩子，他们认为一切如常、不用思考是最好的。他们在学习上不喜欢用功，总是怀着"顺其自然"的心态。"事情总会解决的""总会有人帮我的"，和平型孩子总是会这样自我安慰。

和平型孩子追求的是与整个外部世界的融洽，他们认为只有这样才是对的，才有安全的保障，所以他们极少把注意力放在自己身上，总是花费大部分时间去关注外部环境，并通过妥协和忘记自己的真实想法和情感来达成与外界的匹配。他们觉得自己的存在、付出并不重要，重要的是整体上的那种归属感和舒适的感觉。也正因此，和平型孩子很容易受到外界环境的影响，所以身上可能会具备所有人格类型的特点。由于生长环境的不同，有些和平型孩子可能会变得温柔敦厚，有的则可能成长为独立刚强的人。

性格枷锁：内心胆怯，害怕冲突

和平型孩子认为只要自己乖乖的，就会赢得父母和周围其他人的喜爱，就能获得恬静愉悦的生活。在他们的想法中，他们觉得只有把自己塑造成一个与人为善的形象，与别人融为一体，才能保证和谐、无忧无虑的生活，生活中的宁静才能不被任何突发事件干扰，所以他们很害怕因为自己的想法不同而引发冲突，更担心因此失去他人的关爱。他们总是放弃自己的想法，关注别人的反应，顺应别人的要求，让自己的行为符合既有的模式，以"我不想受到影响"的心态来缓解自己的压抑，不断降低自己的需要。这些特点都很容易让和平型孩子丧失追求自我成长的动力，这也是他们未来发展的障碍。

和平型孩子喜欢简单、安静、日复一日的生活，他们的情绪通常很稳定，也很能包容别人，能给人带来很好的安慰。不过，由于他们习惯将别人的感受和目标当成是自己的，并且以此来寻求一种平衡和和谐，所以在他们的世界里几乎不存在自己要为之奋斗的目标。为了迎合他人的感受和目标，他们会不断降低自我需求，渐渐地，自我意识就会慢慢消失。对于一个处于成长期的孩子来说，自我意识的发展程度与他未来的心理成熟程度和心理水平有密切的关系，所以这种一贯怠惰的模式如不加调整，就会对孩子将来的发展产生不可逆的影响。

一旦自我意识消失，他们就会习惯性地放弃思考，不知道自己的真正需要，不会设定自己的目标，也不会做出决定自己未来的选择等等。懒得进行思考、盲目跟随别人的意见是和平型孩子的最大特点，他们总是摆出一副什么都无所谓的架势，时间久了，周围的人可能也会渐渐忘了他的存在，更不用提顾及他们的感受了，所以和平型孩子害怕冲突的这种个性也不利于他们与别人建立坚实的关系和亲密的友谊。

和平型孩子是出了名的不愿面对困难，对于自己不能实现或难以突破的东西都采取逃避的态度。和平型孩子经常强调别人处境的优势，并以此作为摆脱自己困境的借口。如果有人对他说："如果你努力一点肯定比现在的成绩好，你看某某同学就因为努力取得了很好的成绩……"这时候和平型的孩子一定会回答说："某某比我聪明，所以肯定比我学得好。"在父母和其他人看来，他只要努力一点，就能做得更好，但是孩子自己则往往会想"只要保持平和就够了，做得那么好有什么用呢"。其实，和平型孩子很多时候就是被这种"无所谓"的态度困住了自己的发展潜能。

对于很容易就受到他人情感影响的和平型孩子来说，说"不"也是一件相当困难的事情，对别人说"不"就像自己遭到拒绝一样难受。他们更愿意对他人点头，同意他人的观点，而不是公开表达自己的反对意见，因为他们很害怕因为自己的不同声音而导致不和谐或冲突的出现。

虽然和平型孩子习惯于配合和服从，不轻易发脾气，只会无声地反抗，但他们也有不愿认同的时候，如果他们心底反对的声音积累到一定程度，愤怒达到顶峰，这时候他们的情绪如果直接发泄出来的话，就会达到火山爆发一样的效果，无论别人怎么劝都无济于事，这会让周围那些已经习惯和平型孩子温柔平静性格的人们大吃一惊。

开锁密码："宝贝，你是怎么想的"

丹丹是科学兴趣小组的成员。每次小组成员跟老师一起讨论实验步骤的时候，丹丹总是不说话，等到其他人都说完之后，她才在老师的催促下慢悠悠地说出自己的想法。有时候，当她说完自己的想法，有同学提出异议，她就会马上说："是啊，我也觉得我的想法有问题，你说得对！"

丹丹是一个典型的和平型孩子，这种孩子总是给人一种毫无主见、容易妥协的印象。如果让他和其他人一起发表意见，他一定是最后一个说话的，而且通常是对别人的肯定。即使他偶尔提出了不同的意见，也总是底气不足，只要有人稍有疑问，他就会马上妥协。

其实这是由和平型孩子一贯的思维模式决定的。他们习惯于凡事都站在他人的立场去思考，以至于忘了自己的观点。因为只有当他和别人表示一致时，才会觉得自己的行为是符合维持外界和平宁静的需要的。出于这种行为思考模式和价值观，和平型孩子很小的时候就有从不同角度理解不同的人的心理的能力，他能够理解不同立场的出发点，因此他的随声附和可以说是建立在理解的基础上的。此外，这些孩子很害怕发生冲突，当周围的人出现对立的情况时，他们会感到左右为难，甚至会害怕因此破坏自己平静的内心，因此他们总是迫不及待地想要通过自己的妥协来避免冲突，保持周围环境和自己内心的平静。

如果爸爸妈妈就和平型孩子应不应先写作业的问题进行讨论，双方各执一词，互不相让。爸爸说可以先玩一会儿再写作业，妈妈则坚持说小孩子必须要有良好的习惯并且要建立规律的作息时间。这个时候如果爸爸先和孩子说"你没有必要一定要先写作业，先休息一会儿也可以"，那么这类孩子会说"我也觉得是"；如果紧接着妈妈又对他说"小孩一定要养成先写作业的好习惯"，那么孩子就极有可能又掉过头来附和妈妈："老师也说应该先写作业。"不仅在家如此，和平型孩子在外也会经常附和别人的意见，哪怕这些意见原本就是相互矛盾的。看到孩子这种情况，很多父母都为孩子没有主见而发愁，担心这样的孩子以后在复杂的社会中无法立足。

那么父母可以做些什么来帮助和平型孩子更好地适应社会呢？

1. 让孩子表达自己的意见，让他们学会说"不"

和平型孩子虽然外表看起来很容易得到满足，但是内心总是觉得别人对自己漠不关心，所以很少表达真实的意愿，父母应该教会孩子堂堂正正地表达自己的意见和要求。从发展心理学来看，人类所学的第一个抽象概念就是用"摇头"来表示"不"，这个动作是自我概念的起步，它不仅代表着拒绝，也代表着选择，而每个孩子都是在通过选择来形成自我、界定自我的。所以和平型孩子的父母有必要教会孩子如何拒绝他人，如何对别人说"不"，父母不妨为孩子做一个生动的亲身示范，教会他们用得体的方式拒绝他人。

2. 让孩子学会选择，并为自己的选择负责

从日常生活中的小事开始，让孩子学会自己选择和决定，比如今天要穿什么鞋子去上学，在商店想买哪个布娃娃。开始的时候，孩子可能不知道怎么选择，但是为了孩子的未来，父母要有耐心，直到他们学会选择为止。此外父母也不要过于保护孩子或者替孩子承担责任，如果孩子受到了朋友的影响做了错事，那么首先要做的是询问孩子遇到的状况，随后鼓励他们为自己的行为负责。

总之，作为和平型孩子的父母，应该有意识地去问孩子："宝贝，你是怎么想的？"并且要直接告诉孩子，爸爸妈妈需要他的意见，此时孩子就会把表达自己的意见当作维持内心和环境和谐的需要，也就自然而然地表露心声了。此外，当他说出自己的想法时要及时给予肯定。对于和平型孩子来说，得到父母的肯定是最有力的鼓励和最高层次的赞誉。

培养技巧：激发孩子斗志，让他勇敢接受竞争

在父母关爱中长大的孩子大多为和平型，他们和父母之间没有矛盾，父母也会尽量满足他的要求。而且在这样的家庭中，大

多夫妻感情和睦。即使父母之间感情不和，给孩子的爱却是足够的，这样家庭中的孩子也会成长为和平型。这样的孩子性格随和，而且在家里没有感觉过内心的纠结，所以体会不到外部的矛盾。一旦他离开家门，开始上幼儿园和小学，就会经历一些外部环境的纷争，但是面对这些纷争，他一般会选择回避。

其实，要改变和平型孩子内心胆怯害怕冲突的缺点，应该从家庭环境开始做一些改变。和平型孩子大多性格内向，做事瞻前顾后，没有魄力，这时候就需要给他们一些适当的刺激和活力。爸爸妈妈应该让孩子多接触一些鲜艳的色彩，他们不喜欢灰暗的色调，就把他们放到充满阳光的屋子里。

父母也不要因为孩子是文静的乖宝宝，不出去玩也不会闹脾气就总是把他们关在屋子里。和平型孩子需要一些能够培养他们积极心态的游戏。可以每天带着孩子去游乐场玩耍，或者根据能力让他们参加一些他们一定能完成的活动，培养他们的自信心。需要父母注意的是，虽然要让孩子适应竞争的环境，但不可操之过急，不要一开始就让和平型孩子参加激烈的竞争性活动，比如跆拳道等，这会让他们对户外活动产生反感。

另外，父母要利用好大自然这个天然教室。和平型孩子天生对大自然有一种亲近感，因为大自然中没有那么多的纷纷扰扰，可以让他们心境平和，并且可以寻找到一种安全感。父母应该经常带着他们到郊外尽兴地游玩，释放孩子全部的活力。另外要注意的是，到了郊外不要频繁更换活动地点。

为了让孩子有勇气战胜困难，首先要鼓励孩子勇敢地面对困难，而不是一见困难就退缩逃避。值得注意的是，当和平型孩子面临困境的时候，仅仅是简单地告诉他"逃避不是解决问题的方式"或者只是一味安慰他们是起不了任何积极作用的，因为他在心里早已经为自己寻找了足够多的理由并且进行了过度的自我安慰，此时如果父母再安慰他一番，那就会让孩子在以后面对困难的时候更加消极。那么父母怎样做才能更好地鼓励孩子面对困难呢？最好的方法是跟孩子一起把需要面对的问题摆上台面，并给他足够的时间来正视这个问题，然后父母和孩子一起找出问题的原因所在。当然，在这一过程中，父母要时刻提醒自己孩子才是主角，父母要做的是引导孩子认识到问题产生的原因，而不是一股脑把问题的根源和解决方案直接灌输给孩子。因为找出一个解决困难的办法只是这个过程的次要目的，主要目的是让孩子完成一次主动思考的过程，让他学会摆脱事事都让别人拿主意的依赖心理。

第八章
"多愁善感的林黛玉"
——浪漫型孩子

人格特点：情感细腻，想象力丰富

阳阳和朵朵是一对人见人爱的双胞胎姐妹花，家人、邻居和老师都觉得姐妹俩一样漂亮可爱，但姐姐阳阳却并不这么认为，她总觉得妹妹性格乖巧，比自己更受大人欢迎，而且觉得即使是一样的衣服，妹妹穿着也比自己好看。慢慢地，她就变得有些闷闷不乐了。

有一次，朵朵发高烧，妈妈在她身边照顾了好几天，晚上还搂着她一起睡觉，阳阳看着满脸焦急细心照料朵朵的妈妈，便跑到厕所里哭了起来。后来她说，当她看到妈妈照顾朵朵的时候突然觉得特别害怕，她觉得妈妈只爱朵朵一个人，自己被妈妈抛弃了。

阳阳是一个典型的浪漫型孩子——敏感、情绪化、占有欲强、害怕被人拒绝、容易沮丧或消沉，爱和他人做比较，常常产生被遗弃的感觉，既重视又害怕人际交往，富有幻想和创造力，乐于追寻生活的美好。

浪漫型孩子从小身上就散发着一种浪漫的气质，他们认为自己是优雅的小公主或者是风度翩翩的小绅士，他们的身体语言十分优雅，动作很慢，语调柔和，措辞小心翼翼。其他类型的孩子小的时候都可能会出现调皮捣蛋的现象，但是浪漫型孩子很少会有什么大动作，说话也是慢条斯理，从来不会用大嗓门去喊。

浪漫型孩子从小就体现出了敏感和爱幻想的倾向，他们的注意力总是集中在远方，关注的也总是些遗失的事物。他们经常会从对缺失物品的关注中找出一些美好的感觉并深陷其中，这种运用自己的想象力去关注遗失的美好和眼前的缺陷的惯性使他们对眼前的现实毫无兴趣。比较矛盾的是，虽然他们对美好的事物有着敏锐的知觉，但是他们又觉得这些美好的事物总是与自己擦肩而过，因此又常常会感觉到分外失落。

浪漫型孩子似乎天生对忧郁、哀伤等感觉有着比常人更深的理解，细腻的感情和天赋的同情心让他们有种将身边细微的东西提升到更高层次的感受中的能力。他们富有创意、喜爱幻想，重视沟通，善于聆听，情感诚实，坚持认为所有的情感都需要立刻得到回应。

浪漫型孩子是非常感性的人，他几乎每分每秒都在用心感受周围的一切，因此他们的情感就显得更为细腻，更容易将外界的事物延展到一个大多数人都看不到的层次，这一过程充分展现出了他们的创造才能。他们思想浪漫富有创意，拥有敏锐的感觉和独特的审美观，为这个世界增添独特的色彩，是浪漫型孩子的强项。他们总是想要创造出独一无二、与众不同的形象和作品，所以总是在不停地自我察觉、自我反省以及自我探索。他们认为自己具有创造美好事物的责任与义务，并且相信自己有能力可以做到，所以他们一直在努力地脱离平凡，以达到在这个世界上生存的意义。

除了细腻的情感和丰富的想象力这些优点外，浪漫型孩子很容易陷入嫉妒的负面情绪当中。他们产生嫉妒心的直接原因是他们不明白为什么别人能够得到幸福而自己却不能。因为情感细腻敏感，所以他们很容易发现自己和别人不一样的地方，如果别人有而自己没有、偏偏那又是自己很想要的东西时，浪漫型孩子就会忍不住羡慕甚至是崇拜对方，更严重的就会产生不正常的嫉妒心理。当浪漫型孩子起了嫉妒心，他们不会像某些类型的孩子那样去中伤或是诋毁他人，比如向老师或父母说他嫉妒对象的坏话，他们的做法是陷入更深的忧郁中难以自拔，从而更难合群，更深地将自己与外界隔阂起来。而浪漫型孩子的这种心思别人很难猜出来，只会觉得他们性格很奇怪，最后导致别人更不愿意与他们过多接触。

性格枷锁：性格孤僻，喜欢独处

一个浪漫型人格的人曾经这样回忆自己小时候：

我小的时候不喜欢运动或者室外活动，也不喜欢和小朋友们一起玩。大多数时候我都是待在家里看书打发时间，有时候看到感人的童话还会泪流满面。经常是我自己玩到很晚才去睡觉。

浪漫型孩子大多数性格内向，喜欢独自一个人做事，总是尽量减少和他人相处的时间，总是沉浸在自己天马行空的想象世界里，或者总是思考解决问题的办法。当然，也有些浪漫型孩子性格外向，但他们虽能够和朋友融洽相处，却不会向朋友敞开心扉，表面上看他和朋友们有说有笑，可内心却感觉自己是游离于群体之外的一个孤独的个体。

浪漫型孩子表面看起来非常情绪化，常常给人捉摸不定的感觉，他的喜怒哀乐变化非常明显，常常发生于一瞬间，而周围的人通常跟不上他的思维，不明白他为什么突然就好像变了一个人一样。此外，浪漫型孩子总是摆出一副事不关己的懒散姿态，就好像外界所有的事情都与他无关。浪漫型孩子会让人觉得是一个怪脾气的人。

实际上，浪漫型孩子是一个矛盾体，他们一方面觉得自己很难沟通却渴望他人能了解自己，另一方面又不屑于为自己的世界观和感受向外界做出任何解释，于是就显得非常情绪化，令人难以亲近，给人留下怪脾气的印象。其实这种孤僻的怪脾气不过是浪漫型孩子用来掩饰自己的保护色，他们最害怕的就是自己没有特点，和其他人没有区别。要他们去承认自己只是一个平凡的人太困难了，而且他们觉得就算自己表达出了自己的想法，其他人也绝对不会明白。所以他们干脆放弃了表达，藏在自己的世界里，与世隔绝。

由于浪漫型孩子对世界的看法，他们常常会感到别人唾手可得的幸福对他们来说遥不可及，而这一切都是因为自己是一个存在感不足的人，他们总觉得自己是被这个世界遗弃的，并为此感到郁郁寡欢，这种情绪别人很难体会到，而他们又懒得去解释，最终他们就成为别人心里神秘而不好接近的对象，人们很难主动去拉近和他的距离。

浪漫型的孩子多少还有些"艺术家的脾气",这个特性也让他们显得不太合群,可能别的孩子凑在一起玩闹,而他则一个人静悄悄地躲在一个角落里专心干着自己的事情。随着自我意识的发展,他开始意识到自己与他人经常有不同的想法,但是其他人又不能彻底了解自己的内心,再加上他总是羡慕其他人拥有很多自己没有的东西,这令他很难在现实的朋友圈里得到满足,因此就只好顾影自怜,更深地沉浸在自己的幻想世界里。

如果浪漫型孩子遭遇了挫折,他们的自怜情绪就会变得更加严重。他们会以最快的速度返回到自己的小世界中,脱离与外界的联系,拒绝别人的帮助。他会停止一切活动,最终彻底丧失希望,认为没有人能理解他的内心。

实际上,浪漫型孩子的这种孤僻和喜欢独处的特质是因为在他们的价值观中,如果他们和别的孩子一样,他们就不会得到应有的关注。而这种孤僻和独处正是能够显示他们与众不同的重要手段。所以作为浪漫型孩子的父母,当面对孩子所谓"怪脾气"的种种表现时,应当给予他们充分的理解和宽容,而不是变本加厉地去数落和埋怨他。

开锁密码:"你很可爱,好好享受每一天"

有个女孩儿,在她小的时候,爸爸非常宠爱她,总是背着或抱着她到处去玩,给她洗澡,晚上给她讲好听的故事,轻轻哼着儿歌拍着她直到她甜甜睡去。后来她慢慢长大了,爸爸自然也就不会再像她小时候那样和她有过多的身体接触了，因此她觉得自己被爸爸遗弃了，无论爸爸如何逗她哄她，她还是整天郁郁寡欢。

　　如果换成其他类型的孩子，这样的事情可以自然而然地接受，也不会产生难过失落的感觉，但浪漫型孩子就会把这样微不足道的细节无限放大，最终产生一种被抛弃的感觉，进而陷入一种忧郁的状态中。

　　如果孩子在父母消极甚至不正确的教养方式下长大，就容易感到孤独。在浪漫型孩子的眼里，自己与父母的关系是若即若离的。他们总感觉自己处于家庭的边缘，觉得自己跟谁都不像，因此就容易产生一种被抛弃的恐慌。同时他们自认为与父母的感情不深，最主要的原因是他们感觉父母看不见自己的特质，并且他们往往也无法在父母身上找到自己想要认同的特质，因此很多的浪漫型孩子产生过自己是被父母领养或者是被抱错的孩子的想法。

　　当浪漫型孩子还很小的时候，他们就对自己的一些小缺点和自己所缺乏的东西特别敏感，总是觉得正是因为这些他才不被父母所爱。这里要澄清的是，有一些浪漫型孩子在成长过程中可能确实是孤单的，如父母离异或父母关系不好等，但并不是所有的浪漫型孩子都真正经历过被遗弃和没人理会的事。一些成长在正常家庭的孩子，同样可能成长为浪漫型孩子。比如这个孩子有一次因为生病，妈妈精心照顾了他好几天，但当他病好之后，妈妈自然就相对少了一点关心和照料。这其实是很正常的一件事，但是浪漫型孩子就会极端地认为妈妈不理会自己、不再爱自己了，于是被遗弃的感觉又产生了。所以，并不是所有的浪漫型孩子一定有个缺少爱的童年，只是他们在心里会把被遗弃的感受无限放大。

如果想要浪漫型孩子健康快乐地成长，父母就要在孩子面前多多扮演朋友和知己的角色，多与孩子进行交流，尤其要注重心灵上的沟通和关怀，让孩子感到你是理解他、能真正了解他的感受的。

浪漫型孩子有这样一种特质，就是一旦发现有人能感受他的情绪和想法的时候，他们就会产生一种心有灵犀的感觉，并且很容易与之亲近，这会令他忘记失落，变得开朗起来。

浪漫型孩子的父母最好将自己的关爱源源不断地传递出来，这可以有效减少孩子被遗弃的感觉。父母要注意的是，浪漫型孩子天生有一种忧郁的气质，所以不要指责孩子总是有不好的情绪，也不要因此担心自己不能给孩子所期待的安全感。要重视日常生活中的交流沟通和情感交融，当孩子说出他的想法时，不要过多地指责，或是过于强调自己的感受，只要他能够在父母那里获得存在感，自然就会觉得安全了。

虽然很多父母都或多或少地做过敷衍孩子的事情，但是对浪漫型孩子千万不要这样做。因为其他类型的孩子可能察觉不到你的敷衍，但是天生敏感的浪漫型孩子很容易察觉他人的真实情绪，父母的敷衍之词对他们而言就是不爱自己的意思，这会让他们特别难受，并唤起他们内心不幸的体验。

不过,浪漫型孩子也有优点,他们在健康的状况下,通常会成长为有创意、内心平和的人,所以父母应该鼓励孩子:"你是个美丽、可爱的孩子。不要紧张,好好享受你现在拥有的每一天吧!"经常提醒孩子享受当前的开心状态有助于孩子忘记那些内心的忧郁,能够让他们变得乐观起来。

培养技巧:
让孩子时刻感受到爱,引导他珍惜已有的事物

小凡有一双巧手。她从上中学的时候就觉得自己和别人不一样,但那个时候必须要穿校服,这令她觉得特别不舒服。后来上了大学,她就经常把买来的衣服花些心思做点小修饰,是加一条花边,或是配一些其他饰物,这样她的衣服就显得与众不同,自然也就令周围的女孩儿都艳羡不已。每当身边的朋友向她投来艳羡的目光时,她就会觉得她是与众不同的,也为此感到特别开心。

浪漫型孩子所追求的是一种与众不同的特性,并总是倾向于以此来彰显自己。他最怕的就是自己和别人没什么两样。很多时候,他们通过跟身边人比较,总觉得自己与众不同但很难被他人了解,同时还觉得其他人拥有很多自己没有的东西,所以浪漫型孩子在现实生活中总是很难得到满足。由于在现实生活中得不到满足,浪漫型孩子就会通过幻想构建起自己的理想世界,制造出一些无人之境,从而让自己的情绪得以发泄。因此,浪漫型孩子就会显得比较情绪化,令他人难以捉摸。

　　浪漫型孩子对自己与别人的差异总是特别敏感，甚至会对自己所欠缺的东西产生梦幻般的向往，总觉得得不到的才是最好的。针对浪漫型孩子这种敏感且容易自扰的性格，父母无须挑剔他们的敏感、情绪化和感情用事，而是要给他们更多的爱护和关心，让他们感受到父母的爱与支持，最重要的是强化他们这样一种观念——每个人都是完整且被爱的。

　　要使浪漫型孩子的情绪保持平稳，父母需要掌握一些巧妙的"脱敏法"，用来去除孩子心中那根敏感的刺。最好的办法是鼓励孩子相信自己的直觉，让他们尝试各种行动，并事先帮他们扫清所有可能产生顾虑的障碍。需要父母格外注意的是，这类孩子不开心的时候往往会选择独自来处理不开心的情绪。所以父母在平时的生活中要多留意孩子的情绪变化，然后再进行有的放矢地引导和帮助。

　　此外，浪漫型孩子总是有意无意地把注意力放在遗失的美好上，而忽视眼前原本已经拥有的一切。他们习惯破坏眼前的成就，去换取对那些还未得手的事物的向往。这种破坏力是惊人的，无论是多么辛苦获得的，他们也不会在意，因为他们只关注生活中缺失的东西。拥有的东西在他们眼里是毫无价值的，而他们对不属于自己的东西的渴求常常会使自己陷入不能自拔的地步，这会使他们的情绪受到干扰，也影响了行动力的发挥。因此，浪漫型孩子很可能会被自己的不知足害了自己。

　　浪漫型孩子的不知足并不是因为他们想要的东西太多，而是他们天生的性格倾向所致。他们习惯凡事都与他人做比较，而结果往往是发觉他人所拥有的比自己好、比自己多，所以常常产生一种被遗弃的悲观心态。当父母了解孩子的这种心理机制之后，可以引导孩子多去看看自己拥有的东西，用一种感恩的心态来看待身边的事物，这样可以有效避免孩子产生不良的情绪。

此外，父母还要引导孩子在人际交往中感受他人的爱。浪漫型孩子虽然会给人以清高的印象，但是在一对一的情况下，也能表现得可亲可爱。因为他们不喜欢很多人的聚会，所以在学校里会显得很不合群。但是在个人对个人的交往中，他们就不会感到孤单，父母可以邀请几个孩子合得来的小朋友到家里做客，为孩子创造交友的机会。

第九章

"注重细节的小·监察员"
——完美型孩子

人格特点：责任心强，乖巧听话

然然是个优秀的女孩儿，在学校里成绩优异，也担任着学生干部，是个名副其实的模范生。她在家里懂事听话，爸爸妈妈要求她做的事情，她全都做得井井有条，即使有时候对父母的要求有些不满，最终也还是会把这些不满压在心里，因为在她的心中，父母的要求是自己应当遵循的习惯，对父母的反抗和抱怨是错误的，是不可以的。

虽然然然很优秀，但是她的父母有时候还会有些担心。因为这个孩子把规矩看得过重。比如在学校里，一旦发现有同学违反纪律或者出现失误，她马上就会对那个同学大发雷霆，不留余地地批评。这样做的结果就是然然俨然成了同龄人中的"小老师"，虽然是为了同学好，但也难免引起别人的反感。

然然具有完美型人格的典型特征——这类孩子心中有一个崇高的道德标准，要求自己严守纪律，严格按照长辈所教导的方式做事，认为有人做了不正确的事情就应当被制止。

完美型孩子有较高的自我要求和期待，希望自己的一举一动都无可挑剔。他们通常会强迫自己服从于大人的行为标准，将长辈的期待看作是一条行为准绳。他们永远像个懂事的"小大人"，凡事都力求尽善尽美，眼里揉不得半点沙子，并且不允许自己做出任性的孩子气行为。他们对同龄孩子的游戏也不感兴趣，也不太合群，如果有弟弟妹妹，他们通常会扮演父母的角色，因此他们的心理年龄常常比实际年龄成熟。

无论做任何事，他们都有一套自己的标准和原则，并且这一标准和原则多数是建立在父母所要求的基础上的。他们对规矩特别敏感，不允许自己做出任何越轨的行为，并且也看不惯别人不守规矩的行为。在他们眼里，规矩高于一切，当自己的某些想法或情绪与心中的规矩发生冲突时，他们会想尽一切办法拼命压抑住它们，否则便会陷入强烈的自我批判中，甚至会做出某些自我惩罚的行为。

同时，他们也要求其他人能够像自己一样守规矩，所以常常担任"批判者"或者"老师"的角色，批评不守纪律的同学，自以为是。如果看到其他孩子冒冒失失、调皮捣蛋，他们会从心里觉得那些孩子都不是好孩子。

完美型孩子极具责任感，不管在哪里负责什么样的工作，他们都会速战速决，但是因为任何事情都追求完美，所以往往会用掉很多时间。可当有些事情付出了努力仍然没有成效的时候，他们就会失去面对困难的勇气，倾向于放弃；一旦有些事情不适合自己就会停止，不会再去挑战第二次；面对自己不擅长的领域，他们会畏首畏尾，不敢轻易尝试；如果他们觉得某一件事自己做不到完美，达不到极致，从一开始他们就不愿意去尝试这件事。

对于完美型孩子来说，最大的痛苦来自别人的批评。因为他们骨子里对完美的追求是永无止境的，所以一旦事情没有达到自己的预期，他们就会进行严厉的自我批评，如果在这个时候又遭到别人的批评，那无异于火上浇油，然后会陷入深深的自责中不能自拔，这对他们的心理健康是非常有害的。

此外，完美型孩子处事客观，克制力强，所以过分的紧迫感和责任感让他们时时处于紧张状态，很难像其他的孩子那样天真烂漫。

完美型孩子总是努力按照师长的要求来做，并希望以此来换取父母的爱。在他们的潜意识中，只有事事做到最好，别人才能喜欢自己，所以长辈要经常夸奖孩子，千万不要对他们说："失误是不对的，是不允许的！"这会让孩子在无形中钻入完美主义的牛角尖，不会变通。

性格枷锁：规矩高于一切，过于追求完美

完美型孩子从很小的时候就是个"小大人"。例如在幼儿园里，如果老师对小朋友们说："大家乖啊，把手背在后面坐好。"有的小孩依旧调皮捣蛋，爱搞小动作，但完美型小孩绝对不会这样做，他会一直背着手乖乖坐在那里，如果有人不听老师的话，他还会举手向老师报告，提出自己的批评。

在完美型孩子的眼里，规矩就是一切，任何破坏规矩的行为都是不允许的，所以他们也时刻审视着自己以及周围的人和事是否符合自己的标准，加上过于追求完美极致的个性，使他们时刻处于一种紧张的状态中。

一个完美主义者曾经这样描述自己小时候的状态：

我是个很认真的人。上小学的时候，做了功课，老师会要求我们带回家给父母签名，表示看过了。可是如果看到爸爸妈妈的签名是歪的，我就会没来由地想要对自己生气，然后会把整篇作业重新写一遍，让他们重新签名。

但凡完美型孩子"看不过去"的事物，他们都会拿出来品评一番，这是完美主义者的特征之一。完美型成年人每遇到一件事或是一个人的时候，总是会很自然地拿出他心里那把标尺把眼前的人或事衡量一番，做出比较。如果比较的结果是比较符合或超出他的标准，那么完美型人会认为这是"应该"的，并不会因此而说出任何赞美的话或者表现出激动的心情；但是如果所比较的对象没有达到他的标准，那么他会产生强烈地想要批评这个对象的冲动，如果环境允许，他会直截了当地提出批评，甚至会不顾对方的感受，使用非常激烈的言辞。这是完美型人的性格惯性。

同样的，完美型孩子也是个"小批评家"。在很小的时候，他们心里的标准和规矩可能是父母或其他长辈建立的。随着年龄慢慢增长，与同龄人相比，他们会较早制定出自己的一套标准。当身边的家人、学校的同学和老师或者周围的玩伴出现不符合他们标准的行为，或者是有他们看不过去的事情发生时，他们绝对不会容忍，会不留情面地直接指出来。因为他们认为遵守规则是一件理所当然的事情，所以他们批评别人的时候不会有任何感受，也不会留意别人的感受，因此完美型孩子常会给人留下一种

"不近人情、吹毛求疵"的印象。

完美型孩子很少知道自己真正想要从生活中得到什么。因为他们只知道去做正确的事情，却不知道自己想要做的事情。他们总是有不满的情绪，这种不满实际上是因长期的恼怒累积而形成的，同时易产生不满的现象也说明了这些孩子只是为了满足别人的期望而强迫自己努力行动，并非发自内心地想要去做这件事情。

其实完美型人格的人很容易陷入这样一种恶性循环中——发现令他们感到不满的状况时，他们会立即陷入一种恼怒的情绪中。但是这种恼怒的情绪很快就转化为一种更深程度的自责，最终他们会把这些没有达到要求的事物的成因归咎于自己，认为是自己不够好才引起了令人不满的结果。即使他们发出怒气，也会因为发怒这件事本身而感到内疚，并为此耿耿于怀很长一段时间，觉得一切都是因为自己还不够好。

在这种心理状况下，完美型孩子很容易陷入一种紧张不安的情绪中，所以父母要关注孩子的情绪变化，教会他们调节情绪，放松自我，寻求一种平和的心境，让孩子健康快乐地长大。

开锁密码："玩就要玩得酣畅淋漓"

在上小学之前的成长过程中，如果孩子与父亲的关系不是很好，孩子很可能成长为完美型孩子。

在亚洲的传统家庭中，父亲常常扮演着一个不苟言笑的严肃角色，很少直接向孩子表达爱意。所以东方家庭中的孩子总是有些害怕父亲。这样的家庭中生长的孩子会认为，在父亲面前是不能追逐打闹，调皮放肆的，应该行为端正，如果让父亲失望，后果是很严重的，轻则训斥一番，重的就免不了一场皮肉之苦了。

另外，即使父亲很温柔慈爱，但是由于种种原因不能总是和孩子生活在一起的话，也可能会让孩子成长为完美型孩子。因为在这些孩子眼里，父亲与一位客人并没有什么两样，他们不会对父亲产生依赖的感觉，也不会对父亲撒娇或者索要一个亲密的拥抱。父子之间产生了距离，这就会让孩子在父亲面前总是紧张，事事小心，希望做到完美。

为了让孩子学会放松，不要被规则束缚住手脚，父母应该打造一个有利于完美型孩子成长的生活环境。

首先，可以在家里为孩子打造一个能够随心所欲表现自己的私人空间。完美型孩子能把任何事物都整理得井井有条，他们喜欢事物井然有序，即使是房间有些乱，他们也能清楚地记得什么东西放在什么位置，不喜欢别人进入自己的领地，也不喜欢别人乱碰自己的东西。父母应该尊重孩子的个性，并且要专门为他们准备一个抽屉让他们随意摆放自己的东西，即使抽屉再乱，也不要批评他。

另外，还要在家里营造一种轻松的气氛。完美型孩子总是处于谨慎或者紧张的状态，所以父母不要用过多的规矩去束缚他，因为他已经为自己设定了很多规矩而且绝不会违反，如果父母再强化规矩这一方面，孩子就更容易陷入过度追求完美的境地。父母可以在吃饭的时候试着说一些轻松的话题，让孩子慢慢打开话匣子，和孩子愉快地聊聊天，制造一家人的开心时刻。完美型孩子经常会排斥幽默和玩笑，父母应该引导他学会用幽默和玩笑来提高自己的交际能力，可以向他们推荐一些合适的幽默童话或者漫话等等，让他们放松身心。也可以一家人定期举办"讲笑话大赛"或者"扮鬼脸大赛"，让一家人在一起开怀大笑。如果父母能够放下平日里的威严面孔，跟孩子一起追逐嬉闹，孩子也会感到轻松。

那么如何在活动中改善完美型孩子的性格特征呢？这样的孩子适合什么样的活动呢？

完美型的孩子因受自身思维方式的限制，即使在做游戏的时候也希望自己表现得最好，所以常常被规则束缚，不能尽情地玩耍。当孩子因为在游戏中表现不好而自责的时候，父母可以这样对他说："宝宝是不是特别开心啊？爸爸妈妈看到你刚才笑得好灿烂啊！"也就是引导他不要专注于游戏中的条条框框，而是让他感受自己心情的放松。时间长了他们就会明白，生活不都是快节奏的，也有闲适的一面。可以多让孩子参加一些放松身心的活动，比如捏泥巴、涂指甲等，也可以是跳舞、散步等，只要能引导孩子享受生活，游戏的形式并不重要。

所以，为了让孩子摆脱凡事都追求完美、陷于规则中不能自拔的状况，父母要经常告诉孩子："你是个好孩子。玩就要玩得酣畅淋漓，让自己快乐最重要！这样开开心心的你最可爱了！"

完美型的孩子如果能在健康的环境中成长，那么他们将来就会成为聪明稳重、富有人情味、有强烈责任感的领导者。

培养技巧：鼓励孩子放松，接受世界的不完美

完美型孩子天生有着很强的自律性，所以作为他们的父母，应当扮演孩子指导者的角色，为孩子领路和疏导孩子的情绪，而不是帮孩子制定这样或那样的规矩和目标。

如果你家里有一个完美型孩子，请给予他百分之百的信任和自主权，相信他自己就可以做得很好。但是必须要保持和孩子的沟通，随时观察他的情绪变化。当孩子出现困惑时，要及时帮他理清头绪，解决困难。完美型孩子为了追求完美总是会给自己施加很大的压力，所以父母要时刻鼓励孩子放松心情，去努力接受世界的不完美。

完美型孩子在生活中要学习的重点就是放松自我，找回内心的平静。完美型孩子的父母可以带着孩子多去大自然中走一走，这有利于放松孩子紧张的神经。此外，还应让孩子尽量减少批评别人的次数，提高他们的接受能力，让他们感受到包容的可贵。在平时的生活中，父母对待孩子的态度要积极宽容。因为即使只是犯了一个很小的错误，孩子也会自责不已，所以这时候父母要做的是允许他们的言行稍微散漫些，鼓励他们去做自己想做的事情。要用自己的宽容去影响孩子，让孩子不再苛求自己。

完美型孩子在成长过程中由于各种各样的原因，使他们过早成为一个"小大人"，同时给自己的内心拉了一道"警戒线"，这道警戒线把本来的"小孩"死死地挡在了内心的深处。但实际上，这个内心深处的孩子却永远不会消失，即使成年后，他们的内心深处同样还是会有个爱玩爱闹、天真无邪的孩子。完美型孩子在

成长期由于强烈的责任感，使他们放弃了发现和享受乐趣的过程，这对他们来说实在有些不公平。所以完美型孩子的父母有义务把完美型的"小大人"重新变回一个"孩子"，让他去玩、去闹，抛开生活中的条条框框，敞开心扉去感受快乐，这对完美型孩子的身心发展是大为有益的。

此外，让完美型孩子明白"金无足赤，人无完人"也是非常重要的。要让他们知道不完美才是人生的常态，要允许自己、也要允许他人有不完美之处。当他们的心慢慢变得开放时，轻松和平静的心情自然也就随之而来了。

那么怎样让完美型孩子去接受别人的不完美呢？首先就是要教会孩子学会欣赏别人的优点。完美型孩子很小的时候就感觉自己有很多东西可以教给身边的同龄人，这时候父母要提醒孩子：你可以做别人的好老师，但是不要期望别人会立刻改变，否则会给别人带来太多的压力，别的小朋友会因此而疏远你。要学会欣赏他人的优点，肯定他人的行为，当别人做了或说了某些你所喜欢的事情时，要去称赞他们，肯定他们，这会让你更受欢迎。

另外，完美型孩子的最大优点就是守规矩，而最大的缺点是太守规矩。他们很容易被自己内心的"条条框框"局限，进而阻碍自己发展，所以完美型孩子的父母要有意识地培养孩子做事的灵活性，尽可能多地提醒和引导他从不同的角度看待问题，鼓励他在做事的时候多想出几种解决方案，并和他一起去尝试每种方案的可行性。

第十章

"富有正义感的超人"

——领袖型孩子

人格特点：雄心勃勃，控制欲强

王宁提起自己的儿子总是一副哭笑不得的表情，因为儿子虽然年纪不大，但已经是街巷里有名的"大人物"了。这个孩子从小就身强力壮，信心十足，有很多小朋友跟着他，是名副其实的"孩子王"，在所有的玩伴中都是"他说了算"，否则就会以一种很强势的态度压制对方，或者干脆不让对方加入到他的团队中。他还有一种"路见不平拔刀相助"的大侠风范，和别的小朋友一起玩的时候，如果有大一点的孩子欺负小一点的孩子，他一定会挺身而出去"主持正义"，而且爆发出来的力量往往能把那些大孩子吓得乖乖听话。

这个孩子的身上体现出了领袖型孩子的典型特征——不拘小节，敢作敢为，喜欢替别人做主和指挥别人，不喜欢受人支配或控制，个性冲动率直，被别人触怒会立即反击，不易服输，不愿求人。

领袖型孩子很容易让父母头疼，他们是典型的"小霸王"，做事有些独断专行，雄心勃勃，总是想支配别人，完全不受父母的控制。领袖型孩子的体内似乎充满了能量，必须时时刻刻尽情释放才能让他们心情平静，所以领袖型孩子常常是大喊大叫的，说话的时候总是喜欢用命令式的语气，而且语调坚定。这些孩子的情绪变化非常快，容易翻脸，所有的情绪都表现在脸上，高兴就高兴，不高兴就不高兴，喜怒哀乐一看便知。

领袖型孩子对权力特别着迷，他们认为只有掌握权力并且能控制整个局面时，才能获得安全感和成就感。为了追求权力，他们永远都是精力充沛的。与他人交往时，领袖型孩子身体里的支配欲会蠢蠢欲动，他们恨不得让周围所有的人都听从自己的指挥。伴随他们这种欲望而来的，往往是严重的自我膨胀，这在人际交往中是非常危险的，会不可避免地与人发生激烈冲突。

只有当他们能够控制整个局面的时候，他们才会感到安全；只有当他们能够反抗别人制定的准则时，他们才会感到自己的力量。领袖型孩子希望他们能同时拥有制定限制和打破限制的权力，这就会令他们的行为出现两极分化——一方面，他们会以非常严格的要求来规范自己和他人做出正确的行为，另一方面他们又会做出那些被禁止的事情，这就很容易招致他人的反感。

领袖型孩子除了喜欢控制别人之外，还充满了正义感，他们眼里的世界总是充斥着各种各样的困难和不公平的事件，他们认为只有通过自己的努力把自己变强，才能保护周围脆弱的人，才能维持世界的公平，并以此来换取别人的尊重。在这种心理机制下，领袖型孩子会产生一种强者的心态，释放出一种凡事都要尽全力的能量，所以他们的身上会散发出一股强而有力的霸气和攻击性。

领袖型孩子坚信凡事都要靠自己，不能依赖他人，但另一方面却希望所有人都依赖他们。如果发现某些人身上有自己看不过去的行为习惯，或是做了什么他们认为有失公平的事情，他们就会毫不留情地指出来，完全不考虑具体的情况和周围的环境，也很少去考虑别人的感受。他们最希望看到的就是对方低头认错并接受他们教育的状况，然而现实情况往往并非如此。长此以往，这类孩子那种坚强自信的个性会在别人眼里演变为张扬跋扈与自高自大，让所有人都远离他。

性格枷锁：性情暴躁，独断专行

领袖型孩子对权力的追逐，来自他们固有的价值观：只有掌握权力，自己才能变得强大，才能保护自己和别人，才能维护世界的和平正义，才能获得尊重。孩子在这种观念的指导下，为了追逐权力充满了斗志，为人强悍，性格暴躁，虽然刚正不阿但又独断专行，时时刻刻都表现出一种强大的控制欲。当他面前出现了阻碍自己完成目标的问题时，或者当他们发现无论自己多么努力都不能伸张正义时，他们就会像愤怒的狮子一样暴躁，最后令自己疲倦不已，别人纷纷躲避。这种暴躁的性格和独断专行的行事风格是领袖型孩子最沉重的性格枷锁。

这些孩子总是给人一种高高在上的距离感，再加上说话总是粗声粗气的，不知道根据场合给别人留情面。很多领袖型孩子都有过与人发生冲突的经历，而且他们的角色永远是欺负别人的那个，他们的这种个性让很多不熟悉的人很害怕和他们相处，甚至不敢跟他们接近。

苏苏的能力很强，从小就是小伙伴中的"小领导"，上了小学之后也一直奋力争取班干部的职位。她看起来非常享受那种可以领导别人的感觉，喜欢把所有的权力握在自己手里，但却有些独断，不给他人说话的余地。例如，每次和班里同学召开班级会议时，她只要听到有人提出不同于她的想法，就立即打断对方，绝不允许对方再说下去；和朋友一起玩也是如此，每次她都要拿主意，很少关心朋友的想法。在周围的同学及朋友的眼里，她是个很强势也很霸道的女孩。

天生的领袖气质造就了领袖型孩子的领导潜能，这种类型的男孩从小就有着超前于年龄的霸气和男子汉气魄，女孩在这一点上也不输于男孩。这些孩子天生就喜欢权力和控制，既会受到自身欲望的驱使去追逐权力，也会运用自己的权力去帮助自己和他人。

领袖型孩子在集体中很容易被大家视为英雄人物，因为他们往往极具号召力，能让人激情澎湃，但是他们不一定懂得尊重别人。他们总爱把自己摆在很高的位置上，这就很容易使他们产生"高处不胜寒"的感觉，这对他们人际关系的建立是很不利的，所以也会在某种程度上对他们今后长远的发展造成一定阻碍。

此外，领袖型孩子对权力的过分关注，很容易给周围的人带来莫名的压力，而且总是认为自己心中的真相就是客观事实，一旦认定了自己的观点，他们会摒弃一切反对意见，任何不同的意见或者建议都会成为他们攻击的目标。这种固执的个性让别人不愿意去接近他，更不要说对他提出合理的建议了，所以领袖型孩子很容易因为这种个性失去获得有效建议的机会，这会减慢他们成长的速度。

在领袖型孩子的世界里，他们坚信"要么满载而归，要么满盘皆输"，非此即彼，在他们的世界里没有灰色的中间地带。要解开孩子的心结，首先要让他们学会用心观察和体验生活，学会分享，学会发现世界中的真善美，而不要让他们只关注世界上的不公平。领袖型孩子具有很强的责任心，坚强的意志，还有不怕困难的精神，所以这类孩子如果能够得到很好的引导和协调，他们在今后的成长过程中会脱颖而出，成为优秀的领导者。

开锁密码："做事要雷厉风行，不要目中无人"

领袖型孩子喜欢那种高度投入、充满能量的活动状态，他们做事几乎都是依循自己的冲动而进行的，很少去考虑自己的动机。正因如此，相对其他类型的孩子来说，领袖型孩子是不受约束的，他们能够迅速地把大量精力投入到自己安排的活动中，一旦欲望出现就会很快付诸行动。这种雷厉风行的做事风格，能够让健康状态下的领袖型孩子在第一时间抓住最好的发展机会，以最好的状态展现个人能力，并且在行动过程中进一步提升自己的综合实力和个人影响力。

但是，因为他们过度追求权力，并且受到强烈的控制欲的影响，他们有时候会表现得目中无人。其实领袖型孩子通常能够找到切实可行的方法来减轻别人的麻烦或者心理压力，如果能够克服人际交往中的障碍，他们具有可以让自己和周围的人生活得更加幸福的潜能，而且极有可能在长大之后在自己的活动领域中做出一番成就。

为了改善领袖型孩子的人际关系，父母应该帮助领袖型孩子更好地适应生活。首先要教会孩子基本的社交礼节，让他学会使用"谢谢""对不起"等礼貌用语。领袖型孩子总是不拘小节，而且他们总是觉得自己有义务去指导、纠正他人，所以他们很少会对别人说"对不起""谢谢"之类的话。这时候父母要有意识地言传身教，让他们懂得礼节在社会交往中的重要性，尤其是要懂得怎样对别人表示感谢。

领袖型孩子常常会因为心直口快而得罪别人，所以父母应该将训练孩子说话技巧作为改变孩子的重点工作来做。当孩子说出不合时宜的话时，父母要告诉他这么说话会让别人感觉不舒服或是难堪，但是必须要肯定孩子的初衷，随后再告诉孩子同样的意思换另外一种方式表达出来会更易被人接受。如果父母能够长期这样做的话，就可以让孩子在不知不觉中接受建议，改变自己的行为方式。

很多集体中的"小领导""小干部"都有过这种困惑："为什么我做的一切都是为了同学好，但他们却都离我远远的？"其实这都因他们自视甚高。因此，领袖型孩子的父母就要有意识地引导孩子放低姿态，让他们懂得亲和力的价值。在领袖型孩子的眼里，帮助他人就是对弱者的施舍。所以在面对请求他们帮助的人的时候难免会表现出一种高高在上的感觉。为了能够让他们理解亲和力的价值，父母要仔细观察他们的言谈举止，在他们表现出亲切友好的时候，要及时提出表扬，时间长了，爱的种子就会在他们的心里生根发芽，当他们带着爱心去理解和帮助别人的时候，自己也会找到心灵的平静，脾气也就不会那么暴躁了。

领袖型孩子倾向于高估自己的力量，觉得自己很重要，并希望借此来使别人对自己心生畏惧，迫使别人服从。当他们所希望的与现实情况不一致时，就很容易大发雷霆，因此训练这类孩子控制情绪的能力也是很重要的。例如可以让他们在每次将要发脾气时先冷静三分钟思考一下有没有必要、值得不值得发脾气等，引导他们正确面对问题并且正确认识自己的能力，还可以教他们一些客观评价自己的方法，防止他们陷入极端的情绪中。同时要让孩子知道，如果一定要和别人较量，一定要先看清形势，有时候用妥协和对话的方式也可以解决问题，而不一定要大吵大闹甚至大打出手。

培养技巧：提高孩子情商，让他淡化对权力的追逐

领袖型孩子性格中最大的枷锁就是对权力的追逐和控制别人的倾向，他们喜欢领导者的位置，希望能够用自己的能力来控制局势，希望能够战胜其他强劲的竞争者。所以，从童年开始，他们的生活就充满了斗争。一旦感到自己失去了控制能力，他们就会感到厌烦和枯燥，或是感到身体里过剩的能量在不断冲击着，急需发泄。这种情况下，领袖型孩子很容易不断制造麻烦，他们经常通过与人打架、干扰别人的生活，或者是小题大做、无理取闹来发泄体内过多的能量，此时他们变得非常不受控制，在惹怒

他人的同时也把自己推向了负面情绪的深渊。

领袖型孩子的外在能力和行动力是不容置疑，也是不需要父母担心的，更需要父母关注的是他们内在个性特质的发展过程，要重点培养的也是孩子的内在品质。很多领袖型的成年人因为喜欢冒险，大多有过大起大落的经历，出现这种大起大落主要是因为他们情商不高。

要提高领袖型孩子的情商，父母可以试着这样做：

1. 教给孩子如何平息怒气

让孩子懂得和平的价值，告诉他武力有时候并不能解决任何问题。告诉他在情绪激动的时候可以选择离开让他生气的地方、深呼吸几次或者在心里默默地数数。另外，父母要在孩子成功平息怒气的时候及时夸奖他，强化他避免正面冲突的心理。

2. 让孩子自由地展现内心柔弱的一面

领袖型孩子虽然外表强悍，但他们却有一颗婴儿般柔弱的心，充满爱也容易受伤。可他们认为展现这样的一面是软弱的表现，所以总是把这一面隐藏起来，只有在信任的人面前才会表现出真实的自己。所以父母在孩子表现出脆弱或者亲密的时候，要有意地去迎合，并且要告诉孩子这一丝的脆弱并不会影响他的形象，相反，只有勇于表现自己情感柔弱面的才是真正的强者。另外要注意的是，这种类型的孩子只在自己信任的人面前才会表现出这样的一面，所以父母与孩子平时相处时要真诚、率直，如果父母遮遮掩掩或不遵守约定，很容易使孩子产生被背叛的感觉。

3. 使孩子养成有规律的生活习惯

领袖型孩子很难坚持做某件事情，他们为了转换心情，可能会暴饮暴食或者彻夜专注于某件事，所以父母要引导他们养成良好的生活习惯。父母可以与孩子制定相关的生活准则，并引导他们持之以恒地遵守，不要中途放弃。因为领袖型孩子有破坏规则的倾向，所以父母要让他们切身体会到规则的重要性。

4. 父母可以为孩子安排一些可以抑制兴奋情绪的活动

白天，尽可能地为孩子提供玩耍、奔跑的自由空间。傍晚或者临睡前，为他安排一些可以平静心情的活动，比如沐浴、冥想或者读书等。如果到了时间孩子仍然没有睡意，可以让他继续玩一会儿，直到他的兴奋感得以消除。

5. 培养孩子的团队合作精神和爱心

为了培养孩子的合作精神，可以让孩子多参加一些团体活动，比如足球、篮球比赛等，这时候他们会知道团队合作的重要性，要取得最后的胜利，不完全在于自己，而在于团队合作。平时也可以让孩子养养小动物或者植物，让他体会到照顾别人的快乐。对待领袖型孩子，父母千万不能说出"软弱是无能的表现，不能轻易相信别人"这样的话。

此外，色彩也可以帮助领袖型孩子抑制暴躁的性格，父母应该让他们多接近柔和的色调和天然色调，他的房间最好以象牙色或者米黄色为主色调，孩子穿的衣服也尽量不要选过于艳丽的颜色，应该多穿一些代表温和、稳重的灰色服饰。

第十一章
"焦虑多疑的小·曹操"
——怀疑型孩子

人格特点：注意力集中，责任感强

小威有着同龄孩子少有的踏实稳重。无论是父母还是老师，都会很放心地把事情交给他来完成。只要给小威明确的交代，他就能出色完成任务，因此他是深受他人信任的。但是小威最害怕的是被人赋予"决定权"，他很害怕由于自己的决定失误而导致任务失败。在父母和老师的眼里，小威是个可以信赖的好孩子和好学生，但却独独少了些担当的魄力。很明显的一点是，每次班里竞选班干部，他都会躲得远远的，即使老师和同学都很看好他，他也绝不会参加竞选。

小威是个典型的怀疑型孩子——待人主动忠诚，做事小心谨慎，为别人做事拼尽全力，特别顺从父母，有些孩子也会表现出很强烈的反抗性，他们不喜欢引人注意，不喜欢变换环境，性格忧虑多疑，充满矛盾，缺乏安全感。

怀疑型孩子也被称为"忠诚型孩子"，忠诚是他们最大的优点。他们为人真诚，以身作则，做事善始善终，很注重承诺，有责任感，一旦答应了别人，给了别人承诺，他们就是不吃不喝不睡也要完成承诺，因此绝对是一个值得信任的好帮手。

怀疑型孩子的团体意识很强，一旦在集体中获得别人的信任和依赖，他就会恪尽职守，认真履行自己的职责，毫无保留地为团队贡献自己的力量，所以这种类型的孩子在学校里是很受老师和同学欢迎的。

怀疑型孩子很讲义气，对待自己人忠心耿耿，在对方遇到危险时总是能够出手相助。如果能够有朋友或者团队支援怀疑型孩子，他们就会很自信，既信赖别人，也信赖自己，此时的他可以最大限度地展示出他的优势和潜能。

怀疑型孩子是不愿意在团队中担任领导的，他们只喜欢跟随那些能给他们明确行动指示的人，因为只有这样才能让他们感到安全。所以，怀疑型孩子对于团队的忠诚是建立在安全感的基础上的，一旦失去了这份安全感，或者认为自己没有得到信任，那么怀疑型孩子就会以最快的速度转变成团队特立独行的人，要么明确反抗，要么对团队成员退避三舍，独来独往。

怀疑型孩子的工作能力是很出色的。当他们处于制度明确、组织架构清晰的工作环境或是面对一系列非常明确的命令时，他们会完成得非常出色，加上被赋予的义务和责任使他们内心的疑虑顿消，他们会充满力量，踏实作战、勇往直前、浑身散发着迷人的光辉。不过，怀疑型孩子如果不是生活在团队中，他们靠一己之力是没有办法生存的，他们最害怕的就是得不到别人的支持和引导，所以他们即使工作再出色，也不愿意在团队中担任领导或是做某项决定。

怀疑型孩子希望自己总是处于可以预料和控制的状态下，但是这种安全第一的想法往往让他们过于小心谨慎，有时候甚至会显得木讷，不够灵活，缺乏自信。不过这种小心翼翼的性格在团队生活中也有好处，这会让他们行事充满计划性，善于发现和防范别人发现不了的陷阱，同时也能够帮助团队中的其他人走上正轨。

性格枷锁：缺乏安全感，爱猜疑

丁越说，不知道从什么时候起，自己总是被一种焦躁疑虑的情绪困扰着。他的疑心病很重，有的时候在班里看见有些同学围在一起交头接耳地说说笑笑，他就会情不自禁地怀疑同学们在谈论他的是非，在议论或嘲笑他，然后就开始莫名地焦躁。丁越知道自己这种心理很不好，但也不知道如何调整。

小曼是个眼泪很多的胆小鬼。爸爸每次去上班，她都哭哭啼啼，不舍得和爸爸分开。而且她还有杞人忧天的毛病。有一次在电视上看见了一个火灾的画面，从此她就陷入了恐慌之中，每天晚上都会担心家里着火，经常睡着睡着就惊醒，然后把妈妈摇醒，让妈妈去检查有没有关煤气，有没有拔下电源插头……小曼的脾气也很怪，可能前一秒还玩得好好的，下一秒就会突然发脾气。

怀疑型孩子的洞察力很强，这也正是他们的潜能所在。他们能够轻易感受到身边的人哪个心里高兴却装得很平静，哪个内心悲伤却面带微笑，这有时甚至会让大人们感到惊讶，奇怪为什么身边的人和事都逃不过孩子的眼睛。

其实这与怀疑型孩子的思维模式有关，他们天生就充满了警觉性，认为这个世界充满了威胁和危机，所有的事物都难以预测和肯定，人与人之间也很难建立起真正的信任，如果轻易相信别人的话就只会让自己的处境更不安全。所以他们总是在仔细辨认着周围的情况中哪些是有利的，哪些是不利的，这样他们就可以在潜在的威胁和问题变得一发不可收拾之前做出适当的预防措施。

怀疑型孩子对安全感的渴望促使他们对潜在的危害和威胁具有一种先天的直觉，一眼就能看出环境中可能存在的问题，并立即采取措施趋利避害以确保周围每个人的安全，这无论是对他们本身还是对他们周围的人，都是有极大帮助的。

怀疑型孩子对潜在的危险和问题的想象力十分丰富，总是不自觉地放大危险性，所以做事经常犹豫不决，对事情过于认真。他们总是想得太多又没有决定的魄力，所以在采取行动前总是充满困扰。如果你仔细观察过怀疑型孩子，就会很容易发现他们从很小的时候就喜欢说"慢""等等""让我想想"等词语，而且跟别人说话的时候，声音总是颤抖的，不敢直视对方的眼睛。

怀疑型孩子在遇到困难时通常会出现两种选择，一种是逃得远远的，另一种就是闭着眼睛跳进火坑，一面瑟瑟发抖一面继续作战。如果选择逃避，他们就会表现出顺从的样子，以避免他们心中认定的某些伤害；如果选择面对，那么他们就会勇往直前，用带些冲动的行动去掩盖自己的不安情绪。无论哪种反应，怀疑型孩子从心底都是不会相信他人的。

怀疑型孩子从小就对世界怀有一种悲观的看法，觉得世界上有很多坏人和不可预测的事，所以自己必须特别小心，极力顺从，这样才能防止自己受到伤害。他们总是在告诉自己不要轻易被事物的表象所迷惑，必须要深入探索真实的情况。正是因为这种观念，使得怀疑型孩子长期怀有一种恐惧和疑惑的心理，很难去相信别人，做事畏首畏尾，与任何人都保持着一定的距离。

可以说，他们最大的枷锁就是生活在一种矛盾的情绪中，他们一方面很希望得到大家的喜爱和认同，另一方面又止不住地想要抵抗和质疑别人，所以怀疑型孩子有时候会非常乖巧听话，有时候又会公开反抗别人，给人一种捉摸不透的感觉。

要解开这类孩子的心理枷锁，父母要面临的首要任务就是必须让孩子知道，人与人之间是值得互相信赖和依靠的。

开锁密码："无论什么时候，我都会保护你"

假如你是怀疑型孩子的父母，要让怀疑型孩子去办一件事。刚开始的时候你会很细心地指导他，直到他把这件事出色地完成。等你确定你不给他指导，他也可以轻车熟路地完成这件事的时候，你自然就不会再向开始那样去仔细地去指导他，而是会放手让他独立去做。但是怀疑型孩子的内心却不是这样想的，他甚至可能会因此产生恐慌，心中充满被抛弃的悲凉情绪：爸爸妈妈是不是不管我了，他们是不是不在乎我、不爱我了？

怀疑型孩子天生就被一种焦虑和不安全感所笼罩。在他们童年的时候，他们最重视的就是自己的父母，很害怕受到父母的冷落，得不到父母的支持。所以怀疑型孩子强大的洞察力最早就是从观察父母的态度开始的，而且在察言观色的过程中还养成了犹豫不决的坏毛病。

他们总是会产生一种无助感，但是这并不意味着怀疑型孩子的父母没有给孩子足够的关爱。因为即使是很爱自己孩子的父母，也可能会让孩子在一瞬间产生得不到信任和支持的失落感。孩子的人格类型有一部分是天生的，并不是所有的孩子都因此对父母产生怀疑，可怀疑型孩子就会因此觉得自己是被孤立的小孩，并且时时刻刻都充满着焦虑。随着年龄的增长，他们又从焦虑中发展出了怀疑的特质。所以，他们对父母的感情是矛盾的，一方面为了得到认同而想要服从，另一方面又因为未能获得信任而蓄意反抗。面对外界的问题，他们常常"心有余而力不足"。他们害怕被人抛弃，怕没人支援。由于心灵深处的这种恐惧，他们不知道面对一些可以信赖的人的时候究竟是该依赖还是该独立，所以总是给人若即若离的感觉。

怀疑型孩子的想象力过于丰富，而且所想象的内容几乎总是悲观的，这就导致了他们多疑的世界观。他们总是习惯于去想象最糟糕的情况，而很少去考虑最好的情况。他们会不自觉地去寻找环境中对他们有威胁的线索，而把那种对最好情况的想象视为一种天真的幻想。怀疑型孩子很渴望安定，看重安全，他们的内心时刻对预测不到的未来有一份深深的焦虑和恐惧。为了安抚这种不安的情绪，怀疑型孩子发展出了两种不同的行为模式——保守沉默和冲动莽撞。在九种人格特性中，其他的人格都只有一个性格，但是怀疑型孩子有两种，一种是对抗性怀疑型，另一种是逃避性怀疑型。而且一般情况下，怀疑型孩子在人前和人后的表现是不一样的，如在家是逃避型，在外通常是对抗型，反之亦然。也就是说，几乎所有的怀疑型孩子都存在两种性格，只是所占的比重不同。

对抗性怀疑型的孩子会主动寻找危险，并显出强烈的进攻性，而逃避性怀疑型的孩子则选择逃跑，以此来回避这种恐惧。但他们的心理是相同的，那就是失败带来的恐惧感要比成功的期望大得多。所以他们在计划一件事的时候，总是会想到"出错了怎么办"，并因此迟迟不敢行动。这严重阻碍了他们的行动和发展的脚步。

为了培养他们的行动力，父母可以试试这样的方法。如果家里有件事情需要有人做决定，可以试着问问孩子"你认为该怎么办"，其实大多数的怀疑型孩子都能很有条理地说出他的想法，因为他早就在心里清清楚楚地想好要怎么做了。这时候父母要趁势鼓励他说："你说得很好，就这么做吧，出什么问题都没关系，还有爸爸妈妈呢！"听到这样的话，他就会立刻高高兴兴地动手去做了。

其实想要解开怀疑型孩子的心理枷锁，就一定要保证孩子有个安全的心理环境，父母最应该扮演的角色是他们的保护者和引导者，应该无条件地为孩子提供心灵深处的支持和抚慰，引导他们凡事都要向积极的方面看。当他们产生焦虑不安的情绪时要宽容并表示理解，而且要给予适度的安慰。总之，父母一定要让孩子相信自己是安全的，无论在什么时候，父母都会保护他，不会扔下他一个人。

培养技巧：让孩子保持冷静，学会相信他人

怀疑型的孩子总是缺乏安全感，所以他们总是渴望得到强有力的保护，因此他们常常遵从周围大多数人的意见，忠于职守，总是努力和其他人友好相处以确保自身的安全，希望以此来得到别人的信任，得到别人的保护。对于他们来说，家人和朋友是十分珍贵的，他们喜欢和自己信任的人在一起，共同面对"竞争对手"。

不过又因为他们对周围的一切总是抱着一个怀疑的态度，所以常常会在心里质疑他所看到的或者听到的事情。如果他们一旦发现保护者的言行自己无法理解，他们马上就会出现排斥和反抗。

对抗性怀疑型的孩子固执、叛逆，喜欢对别人冷嘲热讽，总是对比自己强大的人抱有敌意，时常对他们的权威提出疑问和反抗。这样的孩子其实是想用自己的积极进攻改变自己的被动地位，同样也是为了摆脱恐惧感，获得安全感。

而逃避性怀疑型的孩子并不是一味逃避且没有其他的想法，当看到别人违反纪律的时候，他们的内心就会产生怀疑："为什么只有我遵守这些规矩呢？"如果这种想法没有得到及时疏解，那么他们随后会出现两种情况，一种是内心不安，继续逃避；另外一种就是产生颠覆一切的冲动，所作所为让人大跌眼镜。那些平时看起来很温和的怀疑型孩子，当压抑许久的愤怒爆发时，往往会让所有人害怕。有研究表明，历史上很多反抗君主暴政的起义领袖都是怀疑型的人。

有时保守沉默，有时又冲动莽撞，并且这两种行为方式会突

然发生转换，总是让人感觉很紧张，你永远不知道这些怀疑型孩子下一步到底想要怎么样。所以父母要帮助孩子学会冷静，学会客观地分析事情。

要想让孩子保持冷静，最重要的就是要让孩子感觉到无所不在的安全感，只有这样他才能情绪稳定，不会过度顺从或者过度反抗。父母要给孩子创造一个充满安全感、氛围温馨的家。这种类型的孩子总是提心吊胆地生活，他们害怕自己吃的饭是否绿色健康，担心自己出门的时候会不会遇到抢劫，害怕会不会发生地震。所以父母要时刻关注孩子的心理状况，一旦孩子出现惶恐不安的表情，一定要温柔耐心地询问孩子出现了什么情况，然后抱抱他，告诉他不管什么情况爸爸妈妈都会保护他，不会抛下他，让他的心情恢复平静。

怀疑型孩子的精力充沛，但总是把精力放在担心未来的事情上，所以父母不要让他无所事事，要给他安排一些有趣的事情做，用这些事情来转移他的注意力。

此外，怀疑型孩子似乎总是和每个人都保持着距离，他们和父母并不是特别的亲密。如果仔细观察他们的交往情况，你也会发现虽然他们看起来有很多的朋友，并且也表现出一副融入其中的样子，但实际上并没有几个能够真的让他们放开戒备完全展现自己的人。

怀疑型孩子的父母要告诉他们："事实上你对别人的不满只是表明了你对别人的态度，别人对你可能不是这样看的，实际上，并不会有人想要刻意伤害你。在你的生活中，肯定有那么几个人，他们总是无微不至地关心你而且值得信任，你可以随时找到他们诉说自己的痛苦，寻求心理安慰。"要时时刻刻向孩子传达这样的观念，如果依然没有发现孩子身边有他信任的朋友，就要鼓励他主动去与人交往。另外父母还要给孩子打好被人拒绝的预防针，让孩子在心里明白即使被人拒绝也是很正常的，这并不值得焦虑和恐惧。

虽然怀疑型孩子不太容易与人建立亲密关系，可当他们一旦认定了一些朋友，绝对会是忠诚可靠的好伙伴。怀疑型孩子看似很淡漠，不会总是对别人甜言蜜语、嘘寒问暖，但只要别人有需要，他们绝对是第一个伸出援手的，所以他们更有可能收获长久的友谊。因此怀疑型孩子的父母只需引导孩子学会敞开心扉交朋友，而不必担心孩子没有知己，因为这类孩子的关系网通常是属于不烦琐但很坚实的那一类，也就是说，虽然他们跟人的关系很难建立，不过建立之后通常会比较稳定且持久。

第十二章
"活泼外向的开心果"
——活跃型孩子

人格特点：喜欢探索，动作夸张

淘淘小朋友人如其名，是个小淘气包，从小就特别好动，一刻都不得安静，整天像个小猴子一样上蹿下跳。他在学校里也是这样，上课时精力不集中，一会儿写张纸条，一会儿在本子上画幅画。做作业的时候也很难静下心来，总是三心二意，草草了事。不过，淘淘也是家里人的"开心果"，他个性开朗，总是高高兴兴的。当爸爸妈妈工作劳累一天回到家，他就嘻嘻哈哈地想尽办法逗他们开心，每次也都能把爸爸妈妈逗得哈哈大笑。而且有时候因为他的淘气，爸爸妈妈会狠狠地批评他，当时他会看起来满脸不高兴，可用不了多久，他的脸上就会重新绽放笑容，把刚才的事情抛到九霄云外，所以爸爸妈妈批评他的时候也不会有什么心理负担。

淘淘是典型的活跃型人格——性格外向，精力充沛，乐观开朗，过度活泼好动，想法多样而且有时候不切实际，逃避责任和压力，很少有负面情绪，贪图享受，追求充满刺激的生活，喜欢冒险。

在九种人格类型中，活跃型孩子是最外向最活泼的一个，这种类型的男孩就像个小猴子一样整天上蹿下跳无法安静，这种类型的女孩也是大大咧咧、敢作敢为，几乎没有女孩的安静气质，是别人眼中的"假小子"。

活跃型孩子精力旺盛，很难在一个地方安静地待一会儿。他们的动作总是很大，如果让他们坐着，他们一定不会端端正正地坐在那里，而是会不断地扭动身体，一副坐立难安的样子。他们说话时身体动作和手势都很大，表情也会很夸张，要么不笑，要么一定是咧开大嘴痛痛快快地笑个够，在他们的脸上很少会出现含蓄的微笑。他们还喜欢用不屑的眼光瞪着周围的人，不过并不是因为生他们的气，只是因为他们觉得这样很好玩。活跃型孩子总是有点"口无遮拦"的倾向，说话喜欢一针见血，大有"语不惊人死不休"之势。这种性格有时会让身边的人开心不已，但有时候也会因为场合的问题使人陷入尴尬。

活跃型孩子似乎永远不知道什么是累，他们总是有做不完的事情把自己的一天塞得满满的，每天晚上回到家都是一副意犹未尽的样子。即使回家的时候已经很累了，如果他们发现了什么有趣的东西，还是能马上拿出热情继续游戏。

他们很善于发现快乐，不仅让自己的生活充满乐趣，还能够全身心地投入到欢乐的海洋中。他们是天生爱玩的类型，适应能力很强，不管在什么环境下都能找到可供嬉戏的素材。他们喜欢探索，善于尝试新鲜事物，并且有足够的精力去营造各种刺激。

在别人眼里，他们是爽朗活泼、富有魅力的孩子，而他们自己也会有一点儿自恋倾向，总是认为自己非常优秀，而且对此深信不疑。不过，这些孩子的快乐来得快去得也快，他们的计划永远赶不上变化，而且行事散漫，没有计划。当他们高兴的时候，可以很快地完成一件事，可如果不在状态就会一拖再拖。

不过，最令活跃型孩子苦恼的是，这个世界充满了规范和限制，这让他们感到被束缚。所以他们才会通过追寻自由和快乐以逃避痛苦、脱离规范。他们最理想的生活是多姿多彩、充满无限可能的，所以他们不屑于外界的限制，总是表现出一副爱谁谁的姿态，口头禅也常常是"管他呢""先……再说"这一类表示不屑的话。

性格枷锁：专注力差，害怕挫折

活跃型孩子固有的思维模式使他们认定每个人都应该努力破除各种障碍，致力去寻找美好欢乐的体验，同时避开所有不美好的感觉。因此，他们最害怕的就是失去快乐，只有在快乐的环境下，他们才能摆脱内心的恐惧并感到安全。在他们心中，永远充斥着"我要想办法让自己快乐起来"的欲望，正因如此，当活跃型孩子面临痛苦、麻烦时，他们也会选择以玩乐的方式来麻痹自己，逃避这些负面却真实存在的问题。这种想要逃避的心理，正是活跃型孩子性格中最大的枷锁。

只想要快乐的经验而不想遇到挫折感受痛苦，实际上这也是在给自己设限。要解开活跃型孩子的心结，最关键的是要帮助孩子认清现实并勇敢面对生活的喜怒哀乐，让他学会承受，培养他勇于担当的品质。

父母鼓励孩子勇敢行事是正确的，但是由于活跃型孩子不喜欢生活中的条条框框,所以如果父母不分情况地去鼓励活跃型孩子勇敢地去做事,那么活跃型孩子极有可能会犯下一些严重的错误,让父母后悔不迭。所以面对活跃型孩子,父母最好还是在理智地限制他某些行为的基础上再去鼓励他,另外还要教会他为自己的行为承担相应的责任,不要让他过于无拘无束,否则只会让他更变本加厉地逃避。

另外,活跃型孩子还有一个很大的性格缺陷,那就是他们活跃的性格让他们的热情和兴趣来得快去得也快。在准备一项计划的时候,他们通常会充满热情,但是过了最初的计划阶段,开始进入实施阶段后就会丧失最初的热情,并且兴趣会慢慢发生转移。

对活跃型孩子来说,最难做到的就是"坚持",他们的兴趣的确很广泛,而且头脑灵活,善于运用大量的设想和理论来代替枯燥而艰苦的工作,但如果不能坚持把想法和计划完成,那么所有的计划都只能称为空想。所以活跃型孩子的这种专注力差的特性,使他们很可能错过某种特长潜能的发展,最终与成功擦肩而过。

活跃型孩子不喜欢接受规范的教条限制,喜欢我行我素,他们总认为"只要我喜欢,没有什么是不可以的",所以他们行动有点散漫。他们很害怕沉闷及束缚,所以在做事的时候很少会列出一份详尽的计划,更多的时候是随性而为,想做就去做。

活跃型孩子不论担任什么角色,一旦丧失了兴趣就想溜之大吉。他们从来不会怀疑自己的能力,在事情做到一半的时候,他们可能会想:"做到这个程度就差不多了。"然后就会放弃再去寻找新的刺激。这种散漫的个性，其实是很不利于活跃型孩子在某些方面的长足发展的。有的时候，他们还可能会被自己的这种散漫个性连累，给人留下不好的印象，白白浪费很多机会。

活跃型孩子的生活目的似乎就是不惜一切代价寻找快乐，他们需要源源不断的新鲜刺激点燃生活的激情，激起自己的生活兴趣，所以有些时候他们会为了获取快乐而冲动行事。这种冲动在与人交往的过程中表现得很明显，他们总是喜欢根据自己的心情和兴趣转移话题，很少去倾听别人的需求，照顾别人的感受，所以他的这种冲动性格也会给他们的人生发展带来一定的阻碍。

开锁密码："遇到困难，我们一起面对"

活跃型孩子在很小的时候就喜欢挑战和冒险，即使面对那些会令其他孩子非常恐惧的事情，他们也总是表现出一副满不在乎的样子。有的孩子小时候很害怕虫子之类的小东西，但活跃型孩子会把它们抓在手里研究，并表现出"有什么好怕的？它们很好玩啊！"的样子。父母从他们身上根本找不到任何焦虑恐惧的影子，好像就没有什么事是能让活跃型孩子感到困难。活跃型孩子给人的感觉一直是轻松、阳光、快乐的。父母们常常会在心里问自己，是不是这类孩子天生就不懂得什么是困难，什么是害怕呢？

其实，活跃型孩子和其他类型的孩子一样，内心深处都潜藏着深深的恐惧，不过他们处理这种恐惧的方式却跟别的孩子不同，比如怀疑型孩子在面对困难的时候总是时刻充满了忧虑，表现出一副谨小慎微、惴惴不安的样子，而活跃型孩子则采取大而化之、满不在乎的方式，他们习惯用一种寻找快乐的方式来掩盖或者逃避内心的恐惧。如果父母认为活跃型孩子天生胆大不知道什么是困难的话，那真是误解他了。其实他们在某些时候也是个"胆小鬼"，害怕面对困难，在他们的行为越夸张的时候，很可能正是他们越觉得害怕的时候。

除了故作轻松地面对恐惧之外，活跃型孩子由于兴趣广泛，他们做事情常常会出现虎头蛇尾的情况，因为一旦在完成这件事情的过程中遇到困难，这种类型的孩子就会觉得这件事没有乐趣，马上就会丧失对它的热情，转而去寻找下一个有趣的事情。所以，活跃型孩子表面上看起来似乎总是不会遇到困难，但实际上是他们一遇到困难就逃跑了，这种承受不了挫折的个性其实对活跃型孩子的发展是很不利的。

那么活跃型孩子的父母要怎样帮助孩子摆脱这种个性呢？首先来了解一些父母在这种类型的孩子眼里是什么样子的。活跃型孩子认为自己人生最大的挫折就是来自外界的条条框框，而父母是最早给他设置这些规矩和要求的人。在他们眼里，父母虽然能够给自己足够的照料和关爱，但他们总觉得父母存在一定的问题，感到父母并不是可靠的持续的养育之源。

因此他们在面对父母的时候，常常会产生一种受挫感，他们不认为自己可以依靠父母来获得自己需要的东西。

为了帮助孩子养成面对困难不退缩的性格，父母应该经常跟孩子说："不管在什么情况下，我们都会照顾你的。有了困难和挫折，不要害怕，爸爸妈妈会帮助你渡过难关。"千万不要对孩子说："依赖别人是弱者的表现。"因为这种类型的孩子本来就不喜欢请求别人的帮助,如果父母总是用这种说法强化他的心理,那么他肯定会与父母越来越疏远。

父母首先要帮助孩子延长专注于某一件事情的时间。当活跃型孩子对一件事情过于投入时,他们心里反而会生出负面情绪,这种专注让他们感到恐慌,进而他们会同时关注多种事物来逃避这种恐慌。所以当父母看到孩子专注于某一件事情的时候,即使有话想对孩子说也要忍住。还可以注意一下孩子喜欢玩的游戏,可以从游戏入手提高他们的专注力。

要培养活跃型孩子的坚持习惯,比较有效的方法是帮助他把大目标分解成一个个小目标。每当孩子完成一个小目标时,就要和他一起庆祝,分享他达成目标后的喜悦,同时鼓励他向下一个目标前进。孩子熟悉这种完成目标的方式之后,要引导他自己去制定每个小目标。当他们把这种做事方式变成习惯,自然而然也就能够做到坚持了。

培养技巧:

生活有欢乐也有痛苦,学会承担才能成长

一位活跃型的成人这样回忆自己的童年:

我从小就很聪明,鬼点子特别多,还特别擅长搞恶作剧。每当看到周围的人因为我的某些行为笑得前仰后合的时候,我总是会产生一种特别的满足感和成就感。我的精力特别旺盛,有好多感兴趣的东西,而且我很小的时候就很会自娱自乐,流行的游戏

和活动几乎没有我不会的。我觉得人生就是用来追求快乐的，活着的目的就是体验无休止的快乐。

这就是活跃型孩子的典型心理。他们总是希望过一种享乐的生活，把人间所有的不美好化为乌有。他们喜欢纵情于娱乐，喜欢物质生活，喜欢享受，喜欢探索新事物，不喜欢受管束，不喜欢遵守规矩，总是希望生活中充满了刺激、冒险和各种各样的选择。他们总是马不停蹄地寻找通往快乐的捷径。

活跃型孩子的脑子里想的都是一些积极的和对未来的美好幻想，而且时常沉醉于这种快乐的气氛里。可是因为孩子的年龄很小，心智发育不成熟，所以他们的计划总是充满了不切实际的幻想和不具备可行性。不过，他们是很难通过自己的理性思考认识到这一点的。他们永远有无数的计划，而且灵活多变，但是真正实现的却没有几个。这种思维惯性很容易让他们陷入一种不务实的态度中去。不过活跃型孩子的胆子其实很小，只要是受到过伤害的事情他们就绝对不会再尝试第二次。对于痛苦和规范，他们常采取一种逃避的方式。为了逃避痛苦，活跃型孩子总是用快乐将自己的生活填得满满的，不留一点喘息的时间，所以他们很容易陷入一种疲于奔命的怪圈。又因为他们太执着于享乐，所以轻则轻佻浮夸、没有责任心和专注力，严重时就会发展成一个贪图享乐、沉溺幻想、没有上进心的人。而长期积压在内心的痛苦，也极有可能在大量累积后突然爆发，导致某些身体疾病。

所以父母为了提升孩子的幸福感，就一定要让孩子明白人生中既有欢乐也有痛苦，我们不仅要学会享受快乐，也要学会承担痛苦。如果想要活跃型孩子拥有健康的身心，最重要的就是陪在他们身边，与他们一起体验生活中各种不同的感受。要让孩子知道，困难、痛苦和悲伤并没有想象中的那么可怕，这些感受和快乐一样，都是生活的一部分，而且正是有了痛苦等负面的感受，才会让快乐显得非常珍贵。虽然所有的父母都希望自己的孩子拥有一个快乐的童年，但是对于活跃型孩子来说，让他们适当地去感受一下令人难过的场面，对他们的健康成长是大有帮助的。

另外，父母要培养孩子的责任感，告诉他们不能一遇到困难就逃跑，把失败的痛苦全都留给别人，要让孩子学会为自己的行为负责。活跃型的孩子喜欢新鲜事物，有着很多看似完美的计划，而且他们喜欢拉上朋友一起参与。但是一遇到困难或者自己失去了兴致，就会把事情扔给朋友。父母应该时刻提醒孩子，这种没有责任感的行为会给朋友带来麻烦。

活跃型孩子的父母应该成为孩子的调控者。当他们精神涣散、三心二意或是难以坚持的时候，要帮他们踩稳油门，帮助他们脚踏实地地坚持把一件事情完成；当他们一时兴起、冲动莽撞或者过度活跃的时候，要及时帮他们踩住刹车，控制他们的速度，避免他们横冲直撞留下隐患。

如果活跃型孩子能够得到父母很好的引导，他们会表现出活泼开朗的优点，懂得珍惜快乐和幸福，但是如果家庭没有很好地塑造孩子先天的性格，活跃型孩子就有可能成长为回避困难、不知满足、贪于享乐的人。

儿 童 成 长 必 修 课

破译孩子的
行为密码

李旭影/编著

吉林出版集团股份有限公司
全国百佳图书出版单位

图书在版编目（CIP）数据

儿童成长必修课.破译孩子的行为密码/李旭影编
著. —— 长春 : 吉林出版集团股份有限公司，2021.12
ISBN 978-7-5731-0916-3

Ⅰ.①儿… Ⅱ.①李… Ⅲ.①儿童教育－家庭教育
Ⅳ.① G782

中国版本图书馆 CIP 数据核字 (2021) 第 246878 号

前　言

　　每个孩子刚出生的时候，都是父母眼中最完美的天使。可是，随着他们一天天的长大，经常会出现一些令父母感到困惑，甚至是不可理喻的行为，比如爱扔玩具、喜欢黏人、打人骂人、习惯狡辩、顶撞父母，等等。

　　当父母面对孩子"所犯的错误"或"不端的行为"时，有的父母可能会觉得孩子的内心世界单纯得如同一张白纸，不需要去破译他们的行为密码，结果，这些父母很可能会在习惯的忍耐中听天由命；也有的父母可能会把着眼点放在控制孩子的行为上，结果，对待孩子或连哄带骗，或急于批评，搞得全家鸡犬不宁。然而，大多数情况下，孩子身上不当的行为或令人讨厌的行为并没有减少，甚至愈演愈烈。

　　其实，养育孩子是一件极其复杂的事情，而孩子的内心世界更是尤为复杂，这就导致孩子的行为必然是多种多样的。可以说，孩子的每一个行为都存在着与成年人完全不同的行为心理。也就是说，父母仅看孩子的表面行为，是无法真正了解孩子内心所想的。如果父母对孩子行为背后的内心世界一无所知，并且不能以一种使孩子感觉自己被理解、被倾听的方式，对他们的行为作出回应，甚至意气用事地给孩子贴上各种负面标签，并予以斥责或是惩罚，只会让问题陷入恶性循环，让亲子关系渐行渐远。

父母只有用心去思考孩子行为背后的内心世界，才能从行为细节中发现"蛛丝马迹"。父母只有读懂孩子行为背后的真正原因和意图，才能有效地解决孩子的行为问题，使孩子健康成长。父母若想破译孩子的行为密码，了解孩子行为背后的心理原因，就需要弄明白孩子的思维方式，如此才能帮助孩子表达自己的情感和需求，帮助孩子理解他们的行为，架起亲子沟通的桥梁。

那么，要如何打破父母与孩子之间的隔膜，破译孩子的行为密码呢？《破译孩子的行为密码》这本书将为你提供当务之急你最需要、最实用的答案。

《破译孩子的行为密码》通过对孩子黏人、打人、骂人、说谎、爱哭、爱破坏、任性、自私、占有欲强等一系列最具代表性的行为案例进行分析，为你一步步揭开隐藏在孩子行为背后的心理秘密，同时从鼓励孩子、消除孩子的焦虑心理、培养孩子独立思考的能力、帮助孩子克服厌学情绪、培养孩子的自信心、教孩子学会与人合作等方面入手，为父母引导孩子规范自身行为提出诸多中肯、实用的意见。

对于渴望破译孩子的行为密码的父母而言，你当前最需要的并非是什么高深的理论、专业的论述，而是浅显易懂、指导性强的真实案例。本书贴近实际生活，通过生活中常见的案例给出实用性的分析，深入浅出地引导父母破译孩子的行为密码。本书在编写的过程中，得到了一些心理学专家的指导和支持，专业性强，不仅适合每一位父母阅读，而且也适合所有儿童教育工作者阅读。

目　录

1

第七章　良好的社交能力助力孩子成长

第一章
读懂孩子内心，才能读懂孩子行为

孩子为什么爱扔玩具

宋梅家的孩子 9 个月了，最近喜欢上了一个新游戏——扔玩具，见什么扔什么，而且越扔越开心。只要东西拿到手上，他常常不遗余力地扔出去。宋梅以为是孩子不小心把玩具掉在地上的，于是就弯腰去把玩具捡起来，但是每次刚把玩具还给孩子，他又会用尽力气扔出去。这样反反复复好多次，宋梅这才发现原来孩子是在故意扔东西，于是就不再理他了。可是看到孩子眼泪汪汪地依旧用手指着地上的玩具，宋梅只好又一次次地去把玩具捡起来给他。

很多 9～10 个月的孩子都会出现扔东西的情况，父母总是苦不堪言。其实，孩子喜欢扔东西并不是他存心捣乱，而是由这个时期孩子的年龄特点决定的，这是一件好事，因为扔东西代表着孩子长大了，他开始对世界进行探索。

儿童心理学家认为，"扔东西"是孩子学习过程中的必经阶段。到了一定的年龄，孩子就会对事物的因果联系非常感兴趣。比如，偶然把球扔出去的时候，孩子发现球是滚动的。开始他并不知道是自己的原因引起了球的滚动，但是经过多次的"偶然"，孩子就发现了"必然"，发现自己扔的动作引起了球开始滚动的效果。这让孩子意识到自己具有某种力量，并且发现自己和其他物体之间存在着某种关系。同时，在扔东西的过程中，孩子还意识到自己与动作对象之间存在区别，这是自我意识发展的第一步。而孩子在扔东西后，东西总会掉到地上，并且不同的东西会发出不同的声音或者产生不同的改变，这对孩子来说是很新鲜的体验，于是就有了对世界最初的探索。

另外，孩子反复扔东西也可能是想向大人显示自己的力量，渴望得到大人的表扬。刚出生的时候，孩子的手部动作还不灵活，不能够拿住东西。但是随着个体的发展，他发现自己不仅能够拿东西，还可以把东西扔出去了。这让他异常兴奋，认为自己又学会了一项大本领，所以非常高兴地进行多次重复，同时也希望引起父母的注意，给予他表扬。

当然并不是所有扔东西的行为都是孩子在探索和发现新世界或者显示自己的力量，有时候他们是想向大人传达某些信息。比如，当孩子把自己手边的东西扔在地上的时候，他可能是因为发现长时间没人关注自己，于是想吸引家人过来和他一起玩；如果他把盖在身上的被子扔在地上，很有可能是告诉父母他热了，父母要细心留意孩子的需求。而在这种扔东西的过程中，孩子和父母之间就建立了"授受关系"，这也为孩子最初的社交活动拉开了序幕。

为了孩子的健康成长，父母应该充分满足孩子"扔"的欲望，为孩子提供扔东西的环境。

当然，当孩子把大人的贵重物品或者手机扔出去的时候，也千万不要发火，因为孩子不像大人那样有"爱惜物品""不把东西弄坏"的意识。所以，为了防止孩子造成不必要的损失，父母最好把贵重物品或者易碎的东西保管好，放在孩子拿不到的地方，然后让孩子玩一些不容易摔坏的玩具，比如铃铛、小球等。

但是凡事都要有一个限度，在孩子扔东西的时候，父母可以制定一些必要的规矩。例如，可以告诉孩子球可以扔着做游戏，但食物就不能扔在地上。如果父母不能花许多时间为孩子捡东西，那么可以让他坐在铺有垫子的地板上，自己去扔东西。当孩子自己爬过去或走过去把东西拾起来的时候，要及时给孩子鼓励，这样可以避免孩子养成"丢"东西的坏习惯。

孩子喜欢扔东西，父母不必烦心，这只是一个很短暂的过程。当孩子学会正确地玩玩具和使用工具后，他的兴趣会逐渐转移到更有趣的活动上，"扔东西"的现象会自然消失。

但是如果孩子到了 2 岁，仍然喜欢随意扔东西，那么就应该让孩子改掉这个坏毛病了，因为这个时期已经不再是孩子扔东西的特定时期了。

孩子为什么总是说"不"

　　妈妈带着刚满 3 岁的女儿丫丫和她的表哥去踏青。路上，妈妈说："丫丫，让哥哥拉着你的手走，这样不会摔倒。"丫丫想都没想就很坚决地吐出了一个字："不！"妈妈听了，就继续劝她说："哥哥拉着你会很安全的！"丫丫还是倔强地说："就不！我就不！"于是，妈妈就让丫丫表哥主动去牵丫丫的手，这可把丫丫气坏了，她大哭起来，不仅把哥哥的手甩开了，还一屁股坐在地上不走了……丫丫妈妈感到很奇怪："女儿最近怎么总是这样反常呢，这么倔强，情绪也很暴躁，以前那个温顺可爱的女儿去哪里了呢？"

　　正常情况下，一周岁左右的孩子就已经可以步行甚至小跑，他们发现即使没有父母的帮助，也可以去自己想去的地方。与此同时，孩子也开始对各种新鲜事物产生兴趣，思维也逐渐形成，并且开始试着表达自己的意见。

　　当孩子 2 岁左右的时候，运动能力、思维方式以及语言能力的发展让孩子学会表达自己的想法和主张。这时候的孩子，任何事情都希望亲自去做，很讨厌大人的帮助，比如洗脸的时候会拨开父母的手；还不会用筷子，却偏偏要自己拿筷子吃饭，如果帮他摆正拿筷子的方法，他还显得很不耐烦，会大发脾气。

　　父母突然发现原本乖巧可爱的孩子怎么好像变了一个人一样，无论父母要求他做什么，他都是一样的回答——"不！"很多父母为此烦恼不已。

其实当孩子说出"不"时，父母就应该意识到自己的孩子长大了，并且正在形成自我意识，从此开始逐渐独立，不再任何事情都要依靠父母了。"不"可以说是孩子向父母发出的独立宣言。

面对孩子的独立，父母应该高兴并且支持孩子的尝试。当孩子开始说"不"并且一切都要自己去尝试的时候，父母一定不要批评孩子，更不能对孩子的失误冷嘲热讽。

比如，当孩子一定要自己吃饭，最后却打翻了饭碗时，父母千万不能说："非要自己吃，打翻了吧！"这是对孩子独立要求的否定，会延缓孩子自我意识的形成。如果父母不顾孩子的想法，总是用命令的态度来对待孩子，这会让孩子感到耻辱，还会磨灭他想独立完成某一事的意识，最后的结果只能是父母自己吃苦头。因为如果孩子小时候不能表达自己的意见，到了容易产生困惑的青春期甚至成年后，他可能会因为情绪不能自控而出现更大的问题。

当孩子自我意识形成的时候，他很可能会提出很多无理的要求，这个时候父母要怎么办呢？难道就听之任之吗？当然不是，这时就需要父母开动脑筋去引导孩子形成好习惯了。

比如，当孩子自己不会穿衣服，给他穿上后他又偏偏哭着要脱下来坚持自己穿的时候，父母不要训斥孩子是在制造麻烦，而是要表扬他能够自己试着做事情。父母也可以不跟孩子说自己的目的，只把孩子放在特定的环境里。比如，孩子应该睡觉的时候，父母可以直接把孩子抱到床上，这样就可以减少被孩子拒绝的机会。如果孩子仍然大喊："我不睡觉。"父母可以说："不是让你睡觉，你可以在床上玩一会儿。"

其实，父母如果意识到孩子的反抗是长大的体现，每天都为孩子的成长而感到高兴，这样不论抚养的过程多么艰难，父母也不会感到累，反而会体验到看着孩子成长的乐趣。

"人来疯"宝宝心里在想啥

"小麻雀"是爸爸送给女儿的昵称，这个孩子从小就活泼好动，今年已经4岁了，虽然依然是个小淘气，但也会坐下来安静地玩玩具或者看看书。爸爸经常觉得女儿长大了，开始懂事了，非常开心。可是，每次带女儿去亲戚家或者参加婚宴，又或者家里来了客人的时候，小家伙就会马上恢复"小麻雀"的本性，变得特别兴奋，欢呼雀跃，大喊大叫。一会儿打开电视，把音量放到最大；一会儿上蹿下跳，模仿动物的叫声；一会儿又把洋娃娃抱出来，在客人面前玩过家家……如果爸爸妈妈制止她这种行为，她反而会闹得更厉害。

相信很多家长都遇到过这种尴尬的场面，甚至平时乖巧、礼貌的孩子也不例外，一旦有客人来了就无理取闹、撒野，弄得父母很难堪，不知如何是好。为什么孩子会出现这种"人来疯"的现象呢？

儿童心理学家认为，家长的过度溺爱或者严厉的管束都有可能造成"人来疯"现象。

我们知道，现在的孩子大多是"独生子女"，平时就是全家围着孩子转，无限地满足孩子的一切要求，导致孩子"以自我为中心"的意识特别强烈。孩子觉得自己的地位"至高无上"，而且已经习惯了这种待遇。但是，在家里来了客人或者到别人家里做客时，父母关注的焦点发生了转移，把主要精力放在招待或应酬上了，对孩子的行为和心理状态没有平常那么敏感，孩子一下子感到自己从"宝座"上摔了下来，心理落差很大，所以要通过任性、不听话等方法来引起父母、客人的关注，这实际上是在提醒父母：还有我呢，不要把我忘记了。

过度严厉的管束也会引起孩子的"人来疯"现象。平时家长不让孩子与外界接触，孩子就像笼中的小鸟，被抑制了爱玩的天性。如果家中来了客人，而且客人还夸奖孩子活泼，这时候家长又很宽容，不好意思当着客人的面训斥孩子，孩子就会敏锐地感觉到这种变化，利用这个机会来解放自己。

另外，父母要反思自己的家庭生活是不是过于平静，日复一日，气氛单调，所以有人来做客打破了往日的平静，给孩子带来强烈的刺激，使孩子"人来疯"。

那么，面对孩子的"人来疯"，父母应该怎么做呢？

首先，父母应该改善家庭教育方法，平时要多给孩子机会与外界接触，多与人交往，以减少看见客人时的新鲜感。家里有客人来时，让孩子与客人接触，学会问好和招待，使孩子懂得一些待客之道。同时还要注意把孩子介绍给客人，这样可以使孩子感觉到自己并没有受到冷落。大人们交谈的时候，如果不需孩子回避，就尽量让他参加；如果需要孩子回避，也不要把孩子单独支到一边，可以派出父母中的一个去陪他。

其次，当孩子有"人来疯"行为时，家长不要急于改变这种情况，因为直接的说教可能会使孩子产生逆反心理。为了改正孩子的"人来疯"状况，家长应该试着和孩子玩在一起，等孩子消除了戒备心之后，再有针对性地慢慢沟通和解决问题，而不要一味强硬地要求孩子改正。

再次，在批评孩子的行为的时候，也要注意方法。如果孩子还小，家长应该抓住时机及时教育，让他清楚自己错在什么地方。要对孩子讲清楚，这种行为是不礼貌的，大家都不喜欢。但是，最好不要采取过激的态度，那样不仅会让客人尴尬，孩子也听不进去。如果孩子比较大了，最好不要当着客人的面教训他，因为这时候的孩子自尊心很强，如果当着别人的面批评他，揭他的短，会让他觉得很难为情。

最后，家长也可以利用孩子的"人来疯"，引导孩子在客人面前展示自己的优点和其他特长，出于一种爱在别人面前炫耀自己的心理，孩子在客人面前的表现往往比平时好。

偷东西的孩子就是贼吗

小童今年 5 岁，聪明伶俐，是个帅气的小男生。这天下午放学后，妈妈把他从幼儿园接回家，就去厨房准备晚饭了。客厅里响着轻柔的音乐，一向顽皮的小童，今天居然也安安静静地在屋子里看起了画册。

妈妈从厨房里探出头来："小童今天好乖。"小童拿起画册，兴冲冲地说："妈妈，这本故事书好好看！"

看到那本书，妈妈的脸沉了下来。原来，并没有人给他买过这本书。"你怎么会有这本书呢？"小童紧紧抱着那本书，喊道："这是我的！"

"瞎说，爸爸妈妈没有给你买过这本书。"

"我的……是爷爷买给我的。"

爸爸回家后，妈妈把这件事情告诉了他。

晚饭后，爸爸对小童说："小童，我们去看看爷爷好不好？"

小童一听，似乎明白了爸爸的意思，连忙说："我明天还要上学呢，不想去了。"

"爷爷给你买了这么好看的书，不去谢谢爷爷多没礼貌啊！"爸爸又说。

小童见事情没法再隐瞒，就羞愧地道出了事情的原委："今天下午，我看见欢欢的桌子上放着这本书。我很喜欢，就趁她不注意拿回来了。爸爸，我错了……"

"这怎么得了，才5岁的孩子就学会说谎，还偷别人的东西，长大以后还不知道会怎么样呢……"妈妈指着小童怒气冲冲地说。

在这种情况下，很多父母都会担心自己的孩子有小偷小摸的倾向，其实这不过是情绪发育过程中的正常现象。著名心理学大师皮亚杰认为2~7岁的儿童的思维属于"前运算阶段"，是从表象思维向抽象思维过渡的阶段。处在这一阶段的孩子，往往分不清什么是"你的""我的""他的"，他觉得只要是自己喜欢的东西，都可以把它带走，年龄越小，这种现象就越普遍。因此，我们不能把孩子的"顺手牵羊"称之为"偷窃"。

但是，对孩子的这种行为听之任之也是不可取的。必须让孩子知道，在没有得到许可的情况下，拿走别人的物品是绝对错误的行为。父母必须要在孩子的世界里建立"所有权"的观念——让孩子清晰地知道，什么是别人的，什么是自己的。同时也要让孩子知道，在拿别人的东西之前，需要得到对方的同意。

其实，建立所有权观念，应该从小做起。在家里，应该有明确的"所有权"概念，这个东西是爸爸的，那个东西是妈妈的，这个东西是孩子的。另外，不仅要建立孩子的所有权观念，而且家长还要学会尊重孩子的所有权。例如，当需要拿孩子所拥有的物品时，要先征得孩子的同意，归还时还要对孩子表示感谢；如果有小朋友想要借孩子的物品，告诉他们这个东西是孩子的，让他们去征求孩子的意见……一旦孩子感到自己的所有权得到了尊重，那么他在不知不觉中也就学会了尊重他人的所有权。

怎样剪断父母的"小尾巴"

4岁的男孩天天最近经常缠着妈妈，成了一个不折不扣的"小尾巴"和"醋坛子"。

天天以前都是自己睡觉，最近忽然要求妈妈和他一起睡。有一天，妈妈给他讲完故事，看他已经闭上了眼睛，便想悄悄离开。不料妈妈刚一动身，他就猛地睁开眼睛，拉住妈妈的衣服央求道："妈妈，我想和你一起睡。"

另外，如果妈妈带着他到公园，他也不愿意离开妈妈去和其他小朋友一起玩。如果勉强和小朋友玩了，一旦看到妈妈在对某一个小朋友笑，他就会马上冲过来抱着妈妈，对那个小朋友"示威"："这是我的妈妈！"

妈妈对此非常发愁，她想儿子这么黏人，长大后怎么成为一个有担当、能独立处理问题的男子汉呢？

其实这是一个很正常的现象。因为当孩子4～5岁的时候，他进入了情感表达的敏感期，他的情感世界会被父母的爱唤醒，他对情感也产生了更加深刻的认识。所以，这个时候的孩子特别喜欢跟父母在一起，感受来自父母的温暖。这就是为什么孩子会忽然变得特别依恋父母的原因。

此外，这时候的孩子还希望父母能够把爱都给他，不能分心，否则他就会怀疑父母是不是不爱自己了。所以，如果父母去忙别的事情，或者跟其他的小朋友稍微亲近些，甚至父母笑着跟别人说话他都会很难过，会马上跑过去阻止父母做这样的事情，有的时候甚至会哭闹不止。

那么这时候的父母应该如何满足孩子的情感需求，让孩子顺利地走过情感敏感期呢？

首先，父母要尽量满足孩子的心理需求。孩子处在情感敏感期时，一般都会表现得比较"脆弱"，所以父母一定要理解孩子，尽量去满足他的心理需求。比如，当孩子晚上要求父母抱着他睡觉的时候，如果父母同意，他的感情需要就得到了满足。其实，表面看来是孩子要求妈妈抱抱，而真正的意思却是说自己想要得到父母更多的爱。当父母哄孩子睡觉时，可以一边拍着孩子一边说："爸爸妈妈喜欢宝宝，爸爸妈妈会永远爱宝宝的！"这样孩子的心理需求就会得到满足，孩子就会很快安然入睡。

其次，父母要给孩子表达感情的自由。因为此时孩子的语言能力发展并不完善，但是他们又急于表达自己的情感，所以处于情感敏感期的孩子总是喜欢亲吻父母，会经常往父母的怀里钻。其实，这不仅是孩子向父母索取爱的过程，也是向父母表达爱的过程。这个时候，父母应该高兴地接受孩子的感情，配合孩子，一定不要用自己的主观意识去解读孩子的行为，或者根据自己的心情去回应孩子。

不过值得注意的是，虽然孩子对父母产生依恋是正常的，而且是成长过程中的必要阶段，也为孩子将来能够成功地与他人和睦相处打下基础，但是孩子的这种依恋不能长时间地存在下去。随着年龄的增长，到了上小学的时候，孩子还是强烈拒绝和父母

以外的任何人亲近，这个时候就属于过度依恋了。这种过度依恋
对孩子来说并不是好现象，所以，父母千万不要因孩子眼里总有
自己而感觉甜蜜，要知道，这种甜蜜的背后隐藏的是孩子成长的
问题。

孩子为什么离不开他的破枕头

2岁的小哲有一个蓝色的枕头，这个枕头从小哲一出生就陪伴着他，小哲非常喜欢这个枕头，时时刻刻都离不开它，甚至有时候去奶奶家过夜也要抱着自己的枕头。

现在这个枕头的枕套已经破了，而且看上去很脏，妈妈就自作主张换了一个新枕套。不料小哲发现之后大哭大闹，一定要原来的那个枕套。妈妈没有办法，只好把那个旧枕套补了一下还给了小哲。

孩子依恋枕头或者布娃娃的行为是一种典型的儿童恋物现象，但是父母不必害怕，因为这不是个别现象，很多小孩子都会出现这样的恋物现象。这种恋物现象与孩子早期的生活是分不开的。幼儿时期的孩子会通过各种感官体验来满足探索世界的需求或者安抚自己的情绪。比如，吸奶嘴、手指是为了满足口腔吸吮的欲望；抚摸被角、毛巾、毛毯、棉布等物品是为了寻找触觉的舒适感。

一般来说，8~9个月大的孩子就会开始对柔软、触感好的东西表现出强烈的喜爱，比如衣服、毯子、玩具娃娃等。这些物品被称作"过渡期对象"，它们能给孩子带来心理安慰。在孩子的心里或者潜意识中"这些东西就是父母，爸爸妈妈是我的。"

为什么这些物品被称作"过渡期对象"呢？因为此时的孩子正处在离开父母、获得精神独立前的过渡状态，如果孩子想要离开父母、获得独立，就必须找到能暂时替代父母的东西，而这些东西就是孩子眼中的"无价之宝"，是无论什么东西都取代不了的。

孩子在睡觉或者承受较大心理压力的时候，会表现得更加依恋这些物品。比如，当孩子身处医院等让他感到害怕的环境或者是陌生的地方时，他就会通过抚摸喜爱的物品来让内心安定下来。

通常情况下，孩子在 4 岁时注意点得到转移，对过渡期对象的需求也就不会那么强烈了。在孩子 4 岁前强行阻止恋物行为会给孩子造成压力，是不可取的。

如果孩子长大之后依然有恋物行为并且还出现了性格孤僻、不善交际和忧郁敏感等情况，这就要引起父母的注意了。因为只有当孩子与父母没有形成良好的依恋关系时，他才会对一件物品产生病态的依恋。如果孩子对父母的信任感减弱，孩子的恋物行为就会变得更严重。这时候父母要去请教专业的医生，并且要为孩子准备"迁移载体"，使孩子无法对依恋物"专情"。当然，最重要的是加大对孩子的感情投入，增加与孩子的接触和互动，让孩子有安全感。修补好出现问题的亲子关系才是解决孩子病态恋物癖的根本。

如果孩子只是单纯地依恋某件物品，并没有出现性格上的缺陷，那么父母其实没有必要紧张，也没有必要强行制止这种行为，因为那可能只是孩子形成的一种习惯而已，并不是心理问题。

孩子总是欺负同学怎么办

8 岁的轩轩散漫、冲动、好斗，言行极具攻击性，一年级下学期就闻名全校：成绩门门红灯高挂，调皮捣蛋得出奇。老师见他头疼，同学见他害怕，上课破坏纪律，下课欺负同学，一会儿把同学的球抢过来扔掉，一会儿把女同学正在跳的橡皮筋拉得有十来米长，一会儿又故意用肩去撞对面过来的同学。如果谁说他一句，他就会对对方拳打脚踢。

孩子之所以欺负人，其实是调动了自己的心理防御机制，将自己所遭受的虐待和承受的痛苦转移到别人的身上，并从这个过程中取得心理上的平衡。孩子往往不懂得如何恰当地运用心理机制，那些曾经受过家庭虐待、遭受父母遗弃的小孩多数会选择这种心理防御机制。他们不敢或没有机会将父母带给他们的愤怒直接返还给父母，就把这种愤怒转移到另一个对象上去了。这些"替罪羊"多为更加弱小的孩子，甚至是一些小猫、小狗等宠物。

孩子转移不安的方法通常是采取攻击性行为，也就是欺负别人。攻击性行为不单单指动手打架，它在不同的年龄阶段有不同的表现形式。幼儿园阶段主要表现为打架，是一种身体上的攻击；稍微长大一些的孩子更多的会采用语言攻击，谩骂、诋毁，有意给对方造成心理伤害。从性别上来分析的话，采取暴力攻击的多数是男孩，女孩以语言攻击居多。

通常具有这些暴力行为的孩子，家庭都不太和谐。培养出暴力孩子的家庭通常也存在暴力父母，孩子经常会被父母的暴力手段惩罚，这会使孩子产生一种抵触情绪，并把这种恶劣的情绪"转嫁"到别人身上，找别人出气。有时候父母喜欢看一些暴力电影，经常玩暴力游戏，这也会在无形中影响孩子的行为。此外，家长过度的溺爱也会造成这种惹事"小霸王"。有时候，父母看似为孩子好的一句话也会引起孩子的暴力行为。

有儿童心理专家曾经提出过这样一个观点：那些总是欺负别的小朋友的孩子，其实在心里觉得自己是非常弱小的。的确，只有那些觉得自己非常弱小的孩子，才会通过欺负别人的方式来证明自己的强大。但是很明显，孩子的这种自我意识是非常不健康的。

为了改正孩子的攻击行为，父母应该注意以身作则，停止自己的攻击性言行，创造一个良好家庭气氛；要注意少观看有暴力镜头的电影、电视剧，不让孩子玩有攻击性倾向的玩具；不要鼓励孩子的攻击性行为，要引导孩子进行换位思考，让孩子慢慢放弃用暴力解决问题的方式。

第二章
孩子的破坏行为要理解

孩子打人有原因

王莉很苦恼地跟好朋友抱怨说："我家宝宝最近不知道怎么回事，简直变成了一个'暴力分子'。他总是喜欢打我的脸，打我的头，有时候会狠狠地拽着我的头发不放手。对他奶奶也是，下手特别狠。而且他只打和他亲近的人，要是邻居哄哄他、抱抱他，他都不会动手。"

相信很多小宝宝的父母都会有这样的烦恼，这是为什么呢？难道低龄的孩子都有"暴力倾向"吗？

关于这一点，儿童心理学家为孩子做出了辩解：

婴幼儿打人的行为是他们表达爱的一种方式。每个孩子都能感受到家长对他的爱，可是因为孩子还没有掌握语言，也不知道怎样更合适地表达自己的爱，所以他们只能用最简单的表达方式——打人，来向自己亲近的人传递自己的感情。

不过这是对于年龄很小还不会说话的婴儿来说的。随着孩子年龄的增长，尤其是在孩子能够自己走路和说话之后，很多家长就不再像孩子小时候那样去关注孩子的每一个动作和每一个表情了，但孩子对家长关注的需求却丝毫没有减少，这时候孩子难免会产生失落感。如果孩子偶尔打人被父母发现，父母大多会教育孩子打人是不对的，但是孩子却发现原来打人是吸引家长注意的一种方式，只要他有打人行为，他就可以成功地获得父母的关注。因此，打人的行为就成了孩子吸引家长注意力的一种手段。由此家长也可以知道，如果自己对孩子的打人行为不那么敏感，那么孩子就不会用这种手段来吸引家长的注意了，他也就不会把打人变成一种习惯。

对于孩子打人的这两种情况，家长应该分情况解决。

当孩子用打人表达爱的时候，家长应该教会孩子正确表达爱的方式，比如亲吻、拥抱、握手等。

对于年幼的婴儿来说，他们还没有灵活地掌握语言，也不会用其他的方式来表达自己的爱。所以，在这种情况下，家长最应该做的就是教会孩子正确地表达自己的爱，而不是把注意力放在孩子打人这种行为上。

孩子学会了表达爱之后，忽然又出现了打人现象，那这时候父母就要反思是不是自己给孩子的关注不够多，导致孩子为了吸引家长注意而打人。家长要注意的是，虽然孩子长大了，活动的范围也变广了，但是孩子对大人关注自己的需求并没有减少，不要因为孩子可以自己玩了就减少对孩子的关注。

骂人的孩子不一定是坏孩子

第一次听到孩子冷不丁地说出："我打死你""你是猪"等骂人的话或者其他脏话时，大多数父母想必都是心头一震，大声斥责："你这是跟谁学来的？""谁教你的？"这些不好的话当然不是孩子自己想出来的，而是孩子听见别人说，然后跟着学会的。

孩子会跟着学别人说的话，这就是学习语言的过程。骂人、说脏话也是一样的，孩子并不知道自己所说的话的意思，他们只是在重复自己刚刚学到的语言。另外，当孩子学会骂人、说脏话的时候，这意味着他的社会关系正在逐渐扩大，已经超越了单纯的家人范围。家长不必因孩子骂人、说脏话而过分担心并认为孩子有什么问题，家长要认识并接受孩子的这种成长过程。但是，这并不是说家长可以允许孩子用脏话来表达想法，当孩子骂人、说脏话的时候，家长要告诉他如何正确表达自己的思想。

在孩子 2 岁半左右的时候，孩子的自我意识开始萌芽。这时候，孩子忽然惊奇地发现，语言是一种神奇的力量：语言能让人发脾气，能让人伤心落泪……正是因为这个原因，孩子开始快乐地尝试语言的力量。其中骂人、说脏话也是他们体验语言力量的一种方式。

由于家长对这些骂人的话和脏话非常敏感，所以当孩子使用这些语言时，家长或者会强行制止孩子，或者会对孩子大发雷霆。家长的这种表现反而让孩子更加深刻地感受到了语言的力量，体会到了语言带来的快乐，所以他们就更加喜欢使用这些语言。

那么，当孩子运用这些骂人或诅咒的语言，家长应该如何科学地对待呢？

一天早上，郑丽正在给3岁的女儿穿衣服，女儿忽然来了一句："臭妈妈，你真坏！你弄痛我了！"郑丽心头一惊，但并没有在脸上表现出来，反而平静地对孩子说："衣服穿好了，快去洗漱吧！"女儿脸上露出有些惊奇的表情，但她不甘心，嘴里不停地喊着："臭妈妈、坏妈妈……"郑丽假装没有听到，仍然忙着手里的家务。最后，女儿终于沉不住气了，她一边摇妈妈的胳膊，一边对妈妈说："妈妈，我在说'臭妈妈'！"

郑丽依然一脸平静："是，妈妈听到了。乖女儿，我们该吃早餐了，去吃饭吧！"

女儿有些奇怪地结束了这个无趣的游戏。

之后的一段时间里，女儿开始全面地运用这种语言，叫奶奶"老臭奶奶"，叫爷爷"臭老头"，有时候还会专门跑到有些严肃的爸爸面前喊道："臭爸爸！笨爸爸！"

但是全家人都对此没有反应，依然该怎么对待孩子还是怎么对待孩子。原来，郑丽已经偷偷跟全家打过招呼了：不管孩子运用多么"恶毒"的语言，我们都不做出任何反应。

没过几天，女儿终于彻底放弃了这个无聊的游戏。

　　孩子第一次骂人、说脏话的时候，大部分情况不是为了表达生气的情绪，而是淘气。

　　他只是发现语言具有力量，就一边试验语言的力量，一边与身边的人玩"激怒你"的游戏。但是，如果家长对孩子的游戏不做反应，孩子很快就会主动放弃这个"无聊"的游戏。

　　对待 2 ~ 6 岁这一年龄段孩子的骂人行为，家长没有必要对孩子发怒或者急于纠正孩子的行为，而是应该对孩子的这些语言不做任何反应。但是如果孩子长大后，并且已经明白骂人的目的后还出现这种情况，父母就应该非常严肃地指出这样做是不对的，并且让孩子改正并保证不再重犯。

我的孩子是个破坏王

在刘老师的心理咨询室里，坐着小亮母子俩。

小亮是一个聪明伶俐，又很调皮的小家伙，讲起话来手舞足蹈，有意思极了。小家伙在咨询室里一点儿都不害怕，反而做出各种各样奇怪的表情，惹得刘老师哈哈大笑。

看着小亮的"表演"，妈妈觉得又好气又好笑，她问道："刘老师，我这孩子是不是有多动症？您看他这样子，没有一刻能安静下来。我们家里的东西几乎被他拆了个遍，现在弄得家里垃圾一大堆，简直成了废品收购站。刚开始的时候，他只是拆拆闹钟等小东西，因为都是小东西，我们也没在意，心想坏了再换一个就是了。后来，这孩子就变成了见什么拆什么，前几天把我的电脑主机给拆了，还把一些主要零件也弄坏了，害我花了2000多块钱才修好。为此我狠狠地揍了他一顿，原以为他会改好，可是安分了几天他又开始折腾。我们这工薪家庭哪经得起他这么折腾啊。"听完妈妈的诉说后，刘老师给小亮做了检查，排除了小亮有多动症的可能。那么小亮为什么这么爱搞破坏呢？

有很多孩子像小亮一样，非常喜欢把家里的闹钟、收音机、电视等拆开，想看看这些东西为什么能工作，会发出声音；有一些孩子的破坏行为则表现为经常扔他人的玩具和文具；还有一些孩子喜欢在墙壁上乱涂乱画、摔东西等。这一切在父母眼中都是搞破坏的行为，但是这些行为其实是有很多类型的，父母应该细心地去观察，不能简单粗暴地采取打骂形式来应对孩子的破坏行为。

像小亮这种看到闹钟能走、收音机会唱歌、电视机能显示画面等新鲜的东西就想知道原理的孩子，其实是强大的求知欲在吸引着他"搞破坏"，他们对这些现象往往十分好奇，想了解其中的原理。这些孩子中可能有些愿意与父母共同探讨，有些孩子则更愿意自己动手弄明白。如果父母总是没有时间和孩子一起来探讨这些东西，或者指导孩子去拆卸，那么这些孩子的行为在许多父母的眼中就变成了具有极端破坏力的行为。

而那些喜欢拿别人的物品撒气的孩子，有可能是因为遭到了别人的欺负或者讥笑，但是又没有人帮助他正确地处理，他内心想反抗，又不敢付诸行动，于是只能把怒气指向了别人的物品，通过破坏这些物品来发泄自己心中的不满。

还有一些家庭，孩子没有得到父母足够的关爱，没有感受到家庭的温暖。在这种情况下，孩子就有可能通过破坏物品来发泄心中的怒气，同时期望以此引起父母的注意。

还有一些在溺爱中长大的孩子，长期为所欲为，也有可能会产生摔门、摔椅子、撕衣服等破坏性行为。

当发现孩子出现破坏性行为时，很多家长的反应首先是愤怒，然后不分青红皂白地对孩子一顿打骂。对孩子的这些行为，家长首先要做的应该是耐心地与孩子交流，找出孩子出现破坏行为的深层原因。

如果孩子的破坏性行为是出于好奇，父母就不应该责备孩子，以免抹杀孩子的学习兴趣。这时候，父母可以跟孩子订立一个规定，对于一些比较便宜的物品，父母可以提供参考书，让孩子单独进行探索；对于一些较为昂贵的物品，比如电脑、电视等，父母可以抽出时间与孩子进行共同研究。让孩子能够在成人的指导下进行研究，这不仅能减少物品的损坏情况，还能更好地满足孩子的好奇心，增强孩子的兴趣，而且也可以让孩子学会适当约束自己的行为。对于那些通过破坏来报复、发泄内心不满的孩子，父母可以与孩子共同商讨解决问题的可行途径，使孩子明白破坏他人物品的报复行为并不是解决问题的有效办法，从而学会采用更恰当的方式来解决问题，既不破坏自己与同伴之间的关系，同时也能够很好地表达自己内心的愿望。

有些长期被溺爱的孩子，一旦父母没有满足他的要求，他就会赌气，故意损坏东西，以此来要挟大人，发泄对父母的不满。对于这种故意破坏物品的行为，家长绝对不要姑息迁就，既要严厉批评，也要让孩子为自己破坏物品的行为负责。比如，故意摔坏玩具，就至少在半年内不买新玩具；砸坏了碗碟，告诉孩子两周内不能吃他最爱吃的冷饮，省下的钱用来买新的碗碟。这样孩子受到惩罚后，就会在脑海里留下深刻印象，就不敢再由着性子发脾气了。

孩子为什么故意"考砸"

一位心理学专家曾经说过："医生的孩子经常生病，老师的孩子不爱学习，是我在咨询过程中经常会遇到的案例。"

小枫是一个小学生，他学习很努力，在一般的随堂测验中总是表现出色，但是一到了大型考试，像是期中、期末考试，他总会考砸，几乎没有例外。

小枫的父母都是教师，他们想尽了各种办法，可就是无法帮孩子提升大考时的心理素质，无奈之下，妈妈带着儿子来看心理医生。

母子俩见到心理医生后，妈妈先发了一通感慨："我是优秀教师，在全市都很有口碑，我教出了那么多优秀的学生，但就是教不好自己的孩子，我觉得自己很丢脸。"说完这番话，她用"恨铁不成钢"的眼神看着小枫。小枫把头垂得很低，不肯看妈妈的眼神，也不和心理医生对视。

听完妈妈的话，心理医生请她离开咨询室，留下小枫做心理咨询。在妈妈离开的一瞬间，小枫把头抬起了一点，而且脸上的那种羞愧马上就消失了，取而代之的是一种倔强的神情。

心理医生一下子看出小枫那倔强的表情下隐藏的是对妈妈的不满。小枫说在家里感到很压抑，爸爸妈妈总是太在乎他的成绩。每次大考结束后，拿到成绩单，发现成绩不怎么样时，他的心里一开始总是闪过一丝快感，然后才会觉得又考砸了，又让爸爸妈妈失望了。

听小枫这么说，心理医生顿时明白了，实际上小枫内心深处是不想考取好成绩的，这种一闪而过的快感才是问题的根本所在。

心理医生告诉小枫的妈妈最好别再盯着小枫的学习，放手一段时间。小枫的妈妈犹豫了很久，但还是答应试一试。结果在期末考试时，小枫取得了优异的成绩。

案例中小枫的大考成绩不佳的原因是他对父母的教育方式不满，他的潜意识中存在这样一种心理：你们最在乎这个，那我就偏偏不给你们这个。但是你们不能怪我，我努力了，肯定是你们教我的方式有问题。其实，很多青少年有和小枫一样的心理，只不过是没有意识到而已。他们只是隐隐约约地在拿到糟糕的考试成绩后闪过一丝快感，或故意做错一件事，因为"捣乱"被批评后反而会得到一种满足。

其实，这些都是典型的"被动攻击心理"。这种心理就是用消极的、恶劣的、隐蔽的方式发泄自己的不满情绪，以此来"攻击"令他不满意的人或事。在孩子中，最常见的表达方式就是有意无意地做错一些事情，惹得父母特别生气。结果，父母因此对孩子进行一番攻击。看上去是父母攻击了孩子，实际上是孩子在内心深处故意惹父母生气。

这种心理其实很不健康。当事人不能用恰当的、有益的方式表达自己不满的情感体验。

尽管他们知道应该与人沟通，寻找解决办法，但是却极不愿意去做，更不愿大大方方地表达出来。而是采取只有他自己才清楚的、将事情越弄越糟的"宣泄"方式来使自己的心理获得某种平衡。这种不健康的心理行为如不及时纠正，必带来可怕后果：当孩子进入社会时，他会把最初只针对父母的被动攻击心理演变一种比较恶劣的人格心理。

一般出现"被动攻击"情况的孩子，他们的父母都会有以下三个共同点：第一，对孩子的期望很高；第二，对孩子的控制欲非常强烈，生怕孩子遇到任何挫折，于是希望尽可能完美地安排孩子的一切；第三，不允许孩子表达对父母的不满，他们认为孩子最好的优点就是"听话"。

这三个特点结合在一起，会让孩子感到窒息，并对父母产生深深的不满。要改善这一点，最好的方式就是"适当放手"，即父母给孩子制定一个基本的底线——认真生活不做坏事，然后让孩子去选择自己的人生，只在非常必要的时候才去帮助孩子。

父母还要注意家庭中的沟通氛围，要保证孩子在家里可以直接对父母表达情绪和不满。因为如果孩子心中产生了不满，却又被禁止表达，那么他们就会通过这种"被动攻击"的方式表达出来。

因此，要消除孩子故意"考砸"和"捣蛋"的行为，最好的办法是做个理解孩子的父母，尊重他们的思想，让他们为自己做主，允许他们有自己的秘密，给予他们充分自由独立的空间。

孩子犯了错误总是狡辩怎么办

田女士是一个尊重孩子的妈妈，一般不会强迫女儿做什么事情，因此女儿也思维活跃、能言善辩。不过现在田女士却面临着一个困惑：女儿越来越喜欢狡辩，无论做什么事总有自己的理由，不愿意听取父母的建议。比如，孩子见到田女士的好朋友从来不叫阿姨，田女士告诉她这样不礼貌之后，她还是不叫，而且还列举了各种理由：我不喜欢叫；我不喜欢这个阿姨；我当时想睡觉等。几乎所有的问题，只要她不想做，都有很多理由。田女士不禁为孩子的表现担心起来。

在一个自由、喜欢讲道理的家庭中，孩子比较容易养成能言善辩、自作主张的行为习惯，相应地，也容易变得不愿意听取别人意见，喜欢一意孤行。好的教育应该让孩子既有主见，又能听取别人的合理意见，并对自己的行为做出调整。这样的孩子对自己和他人的意见具有较强的分辨能力，不至于演变成顽固地坚持自己想法的人。

讲道理是值得提倡的教育方法，但是为什么很多父母感到对孩子讲道理没有用呢？

对于孩子来说，尤其是 12 岁以下的孩子，他们的心理发展特点是以形象思维为主，还很难理解许多抽象的名词概念，因此这时候对孩子的教育应该以行为训练为主，最好不要用讲大道理的方式进行。比如，当孩子不喜欢叫"阿姨"的时候，不必讲很多为什么不叫"阿姨"是错误的大道理，只要培养孩子礼貌待人的行为习惯就好。

另外，家长还要反思自己是不是在某些时候对孩子的狡辩表示了赞赏的态度。比如，在有些时候，孩子"狡辩"后，家长会说："你这小嘴还挺能说！""你还挺有主意！"还有的家长会用假装生气的态度对孩子说："不许狡辩！"但是却心存对孩子的欣赏。这种潜在的欣赏比直接的表扬更让孩子有成就感，于是他知道了：反驳父母的建议反而能获得父母的好感，所以不听取父母建议的习惯就这样形成了。

此外，父母还要注意一种情况，虽然在大多数情况下，父母的要求和做法都是正确的，但还是不能忽略孩子的态度和意见。在这个多元化的时代，教育的难度增大了。在我国多年形成的文化中，总是希望孩子听话。可是如今的孩子有了自己的思想，对家长不再言听计从，有时候甚至还会站在家长的对应面。面对这种情况，家长应该与时俱进，转变观念，和孩子一起成长。时代进步了，不能把自己看不惯的事物通通看作"大逆不道"。

要对孩子进行正确的引导，学习与孩子沟通的技巧，建立良好的关系，而不是单纯地责怪和打骂。

父母应该鼓励孩子说出自己的想法，不要以"小孩子不懂什么"为理由剥夺孩子表达自己的权利。如果孩子长时间得不到尊重，就会变得不自信，失去应有的创造力；或者会变得非常叛逆，无论什么事情都要进行狡辩，与父母关系恶化。父母在给孩子建议时应该为他留下一定的自由选择空间，让孩子感到配合父母的建议是快乐的、身心愉悦的，这样的话他合作的积极性就会提高。

孩子遇到困难只会哭鼻子怎么办

常听一些家长说，孩子一遇到困难就哭，比如玩积木、拧瓶盖什么的，只要是弄不好，就会大发脾气，开始大哭。

2岁多的欣欣在玩新买的积木，她第一次玩这种拼插的塑料积木，由于拼插的接口不一，需要仔细观察找准相对应的接口才能拼插好，这对她而言是一次新的挑战。玩了一会儿后，欣欣碰到困难了——两块积木怎么也插不到一起去！欣欣小脸憋得通红，用尽全身之力再试一次，还是不行！她气急败坏地把玩具往地上一扔，大哭起来："这个玩具不好，拼不进去，我要扔掉它们！"

很多孩子遇到困难也像欣欣这样，喜欢哭或者发脾气，比如扣子扣不上、玩具会插不进去、剪纸剪不好……碰到这样的挫折时，烦躁得不得了。孩子为什么一遇挫就哭呢？

这是因为孩子年龄小，各项能力不足，某些大人能轻而易举地完成的事情，对于孩子来说却无比困难。这时，大人要做的是安慰他，告诉他做不好是因为他还是个孩子，力气不够，手还不够灵巧，多多练习就会做好的。孩子慢慢会明白他做不到不是因为自己不够好，只要多多练习并且时间够长的话，他最终一定能成功。

每个父母都希望自己的孩子能够独自面对社会的压力，越能抗压，说明孩子越强大。

其实，锻炼孩子的抗压能力，家长不必刻意制造挫折，只要利用生活中的"挫折"即可。在孩子遇到挫折而哭闹时，家长要充分信任孩子，相信孩子有抗挫折的能力。孩子在克服困难后会产生成就感和自豪感，感觉到自己的"力量"，并激发下次面对挫折时而能勇于挑战的信心。

但是，有些父母却非常乐意去干那些为孩子扫清前进障碍的活。其实，在最初的时候，每个孩子遇到困难时，都有一种强烈的内心需求：想通过自己的力量去思考、探索、克服，哪怕这个过程历尽千辛万苦。所以，孩子在碰到成人提供不必要的帮助时，他们会反抗会哭泣。但是如果成人长期给予孩子不必要的帮助，孩子就会依赖于成人的帮助，不去尝试、不去探索，更不会去自己思考了，遇到困难直接找大人求助，自己不会解决。这种情形才是令人担忧的。

在孩子看来，不必要的帮助等于成人在对他说：你不行，我帮你。这样，他不会认为你在帮助他，他更多感受到的是成人的不信任和轻视。孩子只有通过自己一次次的尝试而解决问题后，才能得到自豪感和成就感，从而建立自信。这比成人对他泛泛地说"你真棒"要有用很多。

有些成人意识到了不必要帮助的弊端，但是有时候却克制不住帮助孩子的冲动，尤其是在孩子某些事情完成得很糟糕或是让家长胆战心惊的时候，就会情不自禁地对孩子施以援手。比如，当孩子笨拙地提起裤子，裤子没有整理好的时候，父母会情不自禁地想帮孩子把裤子整理好；又比如孩子颤颤巍巍地想跨小水沟似乎又跨不过去的时候，家长会忍不住一把把孩子提起来，帮他跨过去。这样其实破坏了孩子独立完成一件事情的完整性，给孩子传递的信息是：孩子什么都不会做，什么都做不到，要在大人的帮助下才会成功。

所以，家长要尊重孩子所做的努力，尊重孩子的劳动成果，哪怕这个结果不太完美，甚至有些糟糕。在当今世界，事业的成败、人生的成就，不仅取决于人的智商、情商，也在一定程度上取决于人的抗挫折能力。不仅是成功，幸福的人生一样需要较强的抗挫折能力，这样孩子在任何挫折面前才能泰然处之，永远乐观。

孩子任性其实是一种心理需求

生活中，经常可以见到一些孩子特别任性，为达到某种目的哭闹不止，把家长搞得精疲力竭。

4岁的明明看到邻居小弟弟的电动小汽车与自己的不太一样，他急于探究这种区别存在的原因，于是明明在夜里无休止地哭闹着，任性地坚持要妈妈给自己买一辆和邻居小弟弟的小汽车一模一样的小车来延续自己的探索活动。

人们往往把这种任性归咎于家长对孩子的娇惯，其实这种结论过于简单和武断。

美国儿童心理学家威廉·科克的研究表明，孩子任性是一种心理需求的表现，与父母的娇惯没有必然的联系。他指出，幼儿随生理发育开始逐渐接触更多的事物，但对这些事物的正确与否，他们却不能像成人那样做出准确而全面的判断。孩子只会凭着自己的情绪与兴趣来参与，尽管有些参与行为会对他们不利。

处于独立性萌芽期的幼儿，对一切事情都想亲力亲为、想弄个透彻，这原本是好事。但是，孩子肯定有他的幼稚性和不成熟性，不可能像成人一样理性。因此，孩子的这种"亲力亲为"的心理行为，往往会不合情理地表现出来，这就导致了我们所说的任性。家长有时需要换位思考，从孩子的角度去看待他们的行为表现，对其要求不可包办代替或断然拒绝，而要根据当时的实际情况采取不同的措施区别对待，毕竟孩子任性有时也是一种心理需求，应该得到尊重。

但是，绝大多数家长是以成人的思维更多、更全面地考虑结果，往往忽略了孩子的情绪和兴趣。实际上，这些兴趣与要求正是孩子心理需求的一种表现形式。这些事情表面看起来是孩子太任性，在无理取闹，其实真正的原因是孩子好奇的心理需求没有得到满足。当这种心理需求得不到安抚和满足时，孩子只能以哭来表示抗议。

随着孩子的成长发育，他们越来越多地接触更多的事物，这些事物带来很多意想不到的困惑，孩子总希望通过自己的方式来解决自己心头的疑问。如果明明哭闹的时候，妈妈能够问明原因并理解他的心理需求，并及时表扬明明爱动脑筋，再讲清楚在当时的情形下无法满足他的要求的原因，大概明明就不会哭闹了。

另外，3岁左右的孩子正兴高采烈地玩的气球，被妈妈不小心给碰破了，孩子便哭闹不止。妈妈因此会认为孩子任性，无理取闹。如果妈妈当时可以从孩子的心理角度去分析，便会明白这是因为孩子已经把这个彩色气球拟人化，把它当作自己的玩伴，气球破了，"玩伴死了"，自然会使他伤心欲绝。婴幼儿的这种心理得不到理解和安抚时，无奈中只能以哭闹来抗议。

总之，面对任性哭闹的小孩，对其进行严厉的批评毫无意义，父母应该把重点放在分辨孩子哭闹的原因上，再想些帮助他的办法。否则，孩子的任性就会越来越严重，这实质上是一种与

家长对抗的逆反心理，多因家长初始没有理解和重视他们的心理
需求所致。所以，年轻的家长应该多了解孩子的心理，从而理解
和接受孩子的心理需求。

"为什么"没有错，回答有技巧

孩子总是有着无比强烈的好奇心，他们从不在乎自己所问的问题是否可笑，也不会去想父母是否能回答自己的这些问题。尤其是当孩子到了快要入学的年纪时，他们会变成"十万个为什么"。他们见到什么问什么，想到什么问什么。"为什么有的豆子是青色的，有的却是黄色的？""为什么妈妈穿裙子，爸爸从来不穿？""天为什么是蓝的？""月亮为什么不会掉下来？""我们为什么会有五个手指？""我是怎么来的？"……

如果父母对孩子的问题能够认真、充分地解答，孩子会感到被尊重，好奇心也得到满足。所以，父母应该保护好孩子的好奇心，认真回答孩子的每个问题。如果当时实在没有时间和精力去解决孩子的问题，也要在自己空闲的时候，给孩子解答。有时候，孩子问的问题可能自己也解决不了，或者给孩子解释不清，那么应该告诉他，这些是自己不能解答的，或者告诉孩子等到他长到一定的年龄，才能听懂这些东西。

但是，在实际生活中，当孩子们不断地问"为什么"时，父母一般都会不胜其烦，就算有耐心的父母，也未必有能力一一解答孩子的问题。

所以，在问问题的时候，孩子们常会"碰壁"："小孩子不懂的不要乱问！""不是告诉你了吗？你怎么这么事多？""你怎么这么多事？我也不知道！"……于是，这个小家伙伤心地走了，他这才知道原来问问题需要一些条件，原来问问题是错误，原来大人也有不知道的时候……于是，很多小孩子都乖乖地闭上嘴巴，看到一些新鲜的事情，也不会马上就大喊"爸爸妈妈，那是什么？"所以，我们会发现，孩子越长大，问题也就越少了，家长也再不需要费尽口舌地告诉他，这是什么，干什么用的，为什么会出现这样的现象。

可惜的是，孩子天生的好奇心在问题消失的时候，也随之慢慢消失了。这是一个失败的教育的开始。随着好奇心的泯灭，孩子就不再去主动认识世界了，自然而然地，孩子认识世界的能力也降低了。同时，他们也很少再有主动获得知识的快感。随之而来的，也就失去了本身应该具有的独创性，而这才是他们人生中重要的东西。一个人没有了好奇心，没有了独创性，也就没有了主动认识问题、解决问题的能力。

其实，父母回避孩子不断问问题的心理虽然可以理解，但是不能提倡。父母在孩子心中的威严并不完全建立在"博闻多识"这一条上，对事情的态度、对孩子的信任和尊重、在工作上取得的成绩、夫妻之间的评价都会影响孩子对父母的认识。如果父母在平时的生活中很积极，面对困难也毫不气馁，那她在孩子心目中就会有很好的形象，即便遇到问题不会回答，孩子也不会因此改变对父母的崇拜。

另外，承认错误是一种勇气，承认自己的无知更需要勇气。当父母在孩子面前真实地说出自己也不知道的时候，孩子与你的距离会更近。当然，承认自己不知道还只是回答问题的第一步，如果只说一句"我也不知道"就走人了事，会让孩子感到失望。当孩子提问的兴致在没有回答的情况下大减时，父母不妨说："虽然我现在不知道答案，但是我知道在哪里可以找到答案。让我们去图书馆寻求神秘的答案吧！"听到父母的这番话，孩子会马上兴奋起来，想去图书馆探个究竟。

不要因为怕自己丢面子，怕在孩子面前没有权威，随便编个答案告诉他，这对孩子没有任何好处。在他没有知道事情真相之前，会把你的答案当作真理，告诉别的小朋友。这样，带给他的很可能是嘲笑和讥讽，而当他知道真相之后，就会不再相信你了。

独立解决问题的能力是拉开人与人之间的差距的重要指标，当孩子向你提出难以回答的问题时，不要回避或假装知道，把真实的情况告诉他，让他学会独立解决问题，这样他才能成长得更扎实、更健康。

孩子是在自残吗

孩子为了达到某种目的，有时会出现用头撞墙或地板，打自己耳光等伤害自己身体的行为。父母说一句"不行"，孩子就能哭得背过气去。

这是因为，孩子周岁后开始明白"不行"这句话的意思了。于是，当自己的要求得不到满足时，他们会用头撞墙、扔东西来表示心中的不满。但是，这和大人们认为的带有明显目的性的自残行为不一样，这不过是无法自如地控制情绪的一种表现。

就像有断奶期一样，在情绪发育的过程中，孩子也有一个表现厌恶和负面情绪的阶段，这是孩子发育过程中的自然现象。虽然存在个体差异，但1岁半前的孩子不可能完全掌握、调节冲动的能力，还处于熟悉和学习的阶段。因此，1岁半前的孩子只会用过激行为表现与愤怒相关的情绪，对于这种现象，父母要给予理解。

孩子心里生气，却不知该如何表达，所以才会打自己或是用头撞墙。这里并没有"这样做，爸爸妈妈就会注意我"的意思，因此只要父母注意安抚孩子的情绪，孩子一会儿工夫就会好转，仿佛什么都没有发生一样。

从大脑的发育过程看，故意让妈妈发火或有目的性的自残行为多发生在孩子3岁以后。3岁后的孩子再出现打自己或撞墙等行为，才可能是有意的。但这种情况下，仍然应该先了解上述行为发生的原因，并从根本上解决问题，不分青红皂白地批评孩子是错误的。这种情况下，父母应该采取如下解决措施：

首先，不要吓唬孩子，注意安抚情绪。对于孩子缺乏自控而出现的行为，不要吓唬孩子，而是尽可能地去安抚他的情绪。过于严厉的训斥只会让情况继续恶化。比如，如果孩子有故意用头撞墙的习惯，可以在房间里事先铺好垫子，反复撞了几次后，他们就没兴趣了。

其次，引导孩子自己收拾残局。通过这种方式可以告诉孩子，他们的行为会带来怎样的后果，必须对自己造成的后果负责。孩子正处于自我意识的形成阶段，会对自己的行为感到自责。在收拾残局的时候，孩子可以减轻这种自责，也有利于孩子自我意识的开发。

最后，不要被孩子的情绪影响。孩子发生过激行为的时候，父母千万不能被孩子的情绪影响。父母乱发脾气，只会进一步刺激孩子，导致更加极端行为的发生。

因此，父母需要做出理性的判断，耐心对待。这时候，不妨深吸一口气，静静等待孩子平复紧张的情绪。一般情况下，用不了 10 分钟，不用大人劝，孩子就会安静下来的。这时候再对他说："这样发脾气可不好呀！"可能效果会更好。即使孩子听不懂父母的话，他们也会知道自己的做法是解决不了问题的。而且，他们也会明白父母不会理睬这样的行为，做了也没用，只是使自己更加不高兴而已。慢慢地，他们就会改变做法。

有时候，为了观察自己不在时孩子的行为，或者希望孩子自己恢复平静，父母甚至会故意躲起来。其实，诱发孩子自残的一个重要因素就是孩子离开父母后的不安全感，所以这样做只会刺激孩子，是绝对错误的。

总之，即使孩子还听不懂很多话，父母也要让他明白他的行为是错误的。1岁半前后的孩子还不能完全听懂父母的话，但是通过父母的表情或者动作能够明白什么该做、什么不该做。如果耐心地给孩子讲道理，孩子也会意识到自己做错了事。父母讲完道理后，要一如既往地抱抱孩子，让孩子知道虽然他做错了，但是父母能够理解他的行为，而父母对他的爱是永远不会改变的。

喜欢爬楼梯的孩子

在走的敏感期中有一个特殊的时期，就是孩子对攀爬楼梯的敏感期，这一敏感期一般在 2 岁之前出现。当孩子把所有的注意力都放在一件事情上，并反复地重复这件事情时，我们就可以知道，孩子的敏感期到来了。

在这个敏感期中，孩子开始喜欢在楼梯上爬上爬下，他们先用手判断上下楼梯之间的空间距离，然后试着用脚来判断。因为成年人总是担心孩子这样做会有危险，并且觉得孩子用手触摸楼梯非常不卫生，所以常常阻止、破坏这一敏感期的正常发展活动，对于大多数孩子来说，这一敏感期往往会滞后到 2 岁半甚至 3 岁才出现。

2 岁半的彤彤家住平房，所以她在 2 岁之前并没有走过楼梯，有时去商场也都是坐电梯，而且是由妈妈抱着的。在放暑假的时候，父母带着彤彤去小姨家住了一个多星期，小姨家的房子是两层的，每次上楼或者下楼都是要经过楼梯的。第一次走楼梯，彤彤显得有些胆小。早晨起床后要到楼下吃饭，彤彤站在楼梯边上，一动不动地盯着楼梯看。妈妈走到她的身边伸出手，彤彤赶紧把自己的小手放在妈妈的手里，然后跟着妈妈爬楼梯。

大人走路或者上下楼梯都是有目的的，但是孩子却是没有目的的，他们只是在练习，因此会不断重复地上下楼梯。

著名教育家蒙台梭利说过，孩子走的敏感期是孩子的第二次诞生。从孩子出生开始，经历了抬头、坐起、爬的全部过程。在孩子第一次尝试通过自己的努力而迈出第一步时，孩子的身体就开始走向独立了。

当然，孩子也不是一直在走，当孩子一旦学会了走路，那么就不会想要自己走路了，他开始重新从母亲的怀中寻求温暖，于是他想尽一切办法让你抱着他。这个时候，孩子走的敏感期已经过去了。

第三章
孩子的语言行为有深意

孩子爱上了骂人、说粗话

很多孩子在刚刚开始学说话的时候并不懂得什么样的话是好的、是礼貌的，什么样的话又是不好的、没有礼貌的。所以，他们只要觉得好玩就会说。但是，随着孩子对父母或其他人的话的模仿，孩子有时就会发现，有些话说出来能让人产生很强烈的情绪变化。

比如，他会模仿父母对别的孩子说"小调皮"，然后就会发现大人对他这句话特别注意，有时还会哈哈大笑，他就会觉得很有意思；或者他模仿父母的话对别的小朋友说"我揍死你"时，小朋友就会哭着跑开，而家长就会生气，会教训他，这让他体会到了说这样的话的力量，然后孩子就会"迷恋"上说这样的话。

当然，孩子对话语的使用是随心所欲的，他们并没有什么坏的想法。父母如果了解孩子的这种心理，就不会对孩子的这种行为过分担心了。

峰峰已经2岁半了，妈妈总是觉得峰峰特别的调皮，除了睡觉，几乎没有安静下来的时候，可玩是孩子的天性，所以妈妈并没有刻意阻止他。但是，最近几天，妈妈觉得峰峰有些过分了，因为他好像喜欢上了骂人。

晚饭后，峰峰想要去广场玩，可是妈妈还有很多家务要做，就对峰峰说让爸爸陪他去，可是峰峰坚持让妈妈去，看到妈妈不去，就噘着小嘴说："坏妈妈！"妈妈有点生气，就拉着脸说："你刚才说什么？"看到妈妈生气，峰峰没有害怕，反而说得更多了，什么"臭妈妈""屁妈妈"都说出来了。妈妈扬起手来假装要打他，峰峰就边跑边对着妈妈做鬼脸，嘴里还是说着那样的话。每次都是这样，只要妈妈越说他，他就说得越起劲。

峰峰不只对妈妈这样。妈妈下午下班回来后，邻居经常会跟妈妈告状，说峰峰今天又骂人了，有时是骂别的小朋友，有时连大人也会骂。晚上妈妈就会教育峰峰不要再骂人了，可是峰峰总是嬉皮笑脸的，转头就忘了。这让妈妈一时头疼不已。

其实，这是孩子在语言敏感期中经常会出现的状况，大多数孩子都会经历这样一个时期。当孩子说出这种似乎很伤人的话时，对方往往会有比较强烈的情绪波动，父母可能会生气，要是其他的小孩子还可能会被吓哭。对于这样的结果，孩子非常乐意看到，因为这会让他们感觉到语言的力量，他们也会发现使用这样的语言，会引起更多人对他们的关注，甚至还会因为得到更多人的关注而有自豪的感觉。

所以，家长也不要太过在意，而且，不管是骂人，还是说了一些类似诅咒的话，孩子都并没有那样的本意。孩子说那样的话，其实并不知道这句话的真正含义，只是觉得他们这样说，人们就会立刻有反应，他们就觉得十分好玩，十分新奇。于是，他们就不停地重复这种行为，仅此而已。这样的行为在几个月之后自然就会消失，只要度过了这样的敏感期，孩子就不会不停地说这样的话了。

当然，说脏话是不对的，如果父母不加以管教，也可能让孩子养成说脏话的坏习惯，长大之后更加不好改正。但是，父母也要讲究方式方法，采取有效的措施来制止孩子，帮助孩子健康成长。2 岁的孩子已经可以理解一些浅显的道理，能分辨简单的是非曲直。所以，父母可以用一些简单的语言和孩子讲道理，告诉孩子说脏话是一种不文明的行为，大家都不喜欢说脏话的孩子，这样孩子慢慢就会理解和接受的。

对悄悄话着迷的孩子

2 岁左右的时候，是孩子运用语言的敏感期。一般在 2 岁的时候，孩子已经基本掌握了语言的发音，他们会慢慢发现很多不同的语言表达方式，并且可以尝试这些不同的表达方式，他们会对此感到新奇。在这样的心理作用下，孩子就会出现一个接一个的奇怪行为，这些都是有阶段性的，可能这两天孩子喜欢大声喊话，过两天又会迷恋上说悄悄话。对此，父母要了解孩子的心理，尽量配合孩子的行为，让他们得到心理的满足。

讲悄悄话是 2 岁多的孩子探索语言魅力的一种形式。他们可能会突然神秘地趴在父母的耳边说一些小秘密，而且一定会在说完之后，期待地问父母"听到了吗"。如果这个时候父母说没有听到，孩子就会再重复刚才的动作，直到父母说听到了为止。这时，父母就要理解孩子的这种心理，尽量满足他们，配合他们，和孩子一起感受两个人建立秘密空间的神秘感。

小雪才 2 岁多，但是在大人眼中却是一个机灵鬼，人小鬼大，主意多。最近，小雪又有了一个新的爱好，就是说悄悄话。她经常站在妈妈面前说："妈妈，你过来，我跟你说……"却并不大声说出来，非要让妈妈弯下腰，她凑到妈妈的耳朵前，举起小手半捂着嘴说，说话的声音也总是非常小，说完了再变回正常的音量，问妈妈听见了吗。如果妈妈摇摇头表示没有听到，小雪就会不厌其烦地再说一次悄悄话。

妈妈有时间的时候还好，如果妈妈在忙的时候，小雪也这样缠着妈妈说悄悄话，一遍两遍也听不清楚，妈妈就会有些着急和不耐烦，就会让小雪大声说。小雪就嘬着嘴不说话了。

悄悄话有时会让孩子觉得十分自豪，他们沉迷于这样的神秘感，还会要求别人也一样小声说话，可能他们觉得这样具有一种不被别人知道的神秘感，可以引起他们的兴趣。如果这个时候，父母不能了解孩子在这个敏感期中的这种心理，就有可能对孩子的这种行为耐不住性子，让孩子大声说话，孩子便会失去诉说的乐趣，也就不会再说了。就像小雪一样，原本希望和妈妈说悄悄话，但妈妈因为听不到而让她大声说的时候，她就涨红了脸，不再说了。

因此，作为这个年龄段孩子的父母，一定要了解孩子这段时期的心理特点，试着用孩子喜欢的方式交流。这样才能与孩子好好沟通，同时可以提升孩子的语言能力，还可以满足孩子的心理需求。

当然，有的孩子说悄悄话是出于一种防备的心理，在众人面前或是有陌生人的时候不敢说话，于是就找可以信任的人来说悄悄话。对于这样的孩子，家长要有意识地锻炼孩子的说话能力，在一些公共场合，尽量鼓励孩子大声说话。

孩子说话有点口吃

任何事物的发展都是有规律的。虽然孩子在 2 岁的时候已经可以说出差不多 20 个词汇，并且可以进行基本的对话和交流，但毕竟由于年龄小，心理发展极不成熟，语言表达能力也处于流畅表达的初期，想说的话虽然可以表达出来，但是流畅程度却并不理想，有时还不能完全表达出来。这是因为孩子在这个年龄段，由于受到心理发展和大脑发育的限制，还不能迅速选择与自己的想法相匹配的词汇。

当然，面对这个年龄段孩子的"口吃"现象，父母不必担心害怕，因为这个阶段的"口吃"并不是真正意义上的口吃。真正的口吃是一种心理恐惧症，它并不是什么器官的功能性疾病，而是一种心理疾病。孩子在语言发展初期表现出的这种口吃，只是语言与思维的合理脱节。随着孩子的成长，当他们掌握的词汇量足以表达他们的思想时，当他们的心理逐渐发展，已经可以选择合适的词汇表现自己的思维时，"口吃"的现象就会消失。

毛毛虽然只有 2 岁，但基本上什么都会说了，还经常和妈妈顶嘴，自己有什么想法，也会告诉妈妈。但是，毛毛只能说非常简单的句子，只要句子一长，毛毛就会不自觉地"口吃"起来，而且越是急于表达的时候，这种情况就会越严重。

一天下午，妈妈在厨房做饭，毛毛从外面跑回家，着急地喊："妈妈，妈妈——"妈妈听到毛毛的声音有些着急，还以为出了什么事情，就赶紧从厨房出来，看到毛毛气喘吁吁的样子，连小脸都涨红了，就问他："怎么了，毛毛？"毛毛因为有些着急，也有些兴奋，他说："妈妈，我……我……告诉……你……你，那……那个……有个人……嗯，那……"说了半天，毛毛也没说明白，妈妈还急着去做饭，就打断了毛毛，说："毛毛不要急，慢点告诉妈妈，有一个人怎么了？"可是毛毛可能要说的是刚才在外面遇到的事情，有些长，不知道该怎么表达，所以说起来还是口吃。妈妈看着这样的毛毛很是着急，就大声说："别结巴！好好说话！"

毛毛并没有觉得自己口吃了，也没有发觉自己说话慢，看到妈妈凶巴巴的样子，就更加着急了。结果，毛毛什么也不敢说了。

显然毛毛的妈妈有些吓到孩子了，因为孩子并不觉得自己是"口吃"，他只是在思索用什么样的词来表达自己的想法。所以，面对这个年龄段孩子所出现的这种现象，父母一定要有耐心。孩子慢慢就会找到适合的词句，然后经过几次"口吃"之后就会把自己的意思表达出来，父母可以根据听到的话慢慢重复一遍孩子想要表达的，然后再让孩子说一遍。这个时候，孩子因为已经将想法理清楚了，就可以比较顺畅地表达了。如果孩子不会表达或者表达的意思不对的时候，父母可以纠正孩子，告诉他们正确的词语，让孩子再重复一次。经过几次这样的训练，孩子就不会感觉到自己有"口吃"的毛病，心理上也不会受到伤害，词汇量也会不断增加。

孩子似乎有点"自私"

在孩子 2 岁多的时候，很多家长就会发现，当其他小朋友来家里玩耍的时候，自己的孩子不愿意和别人分享自己的玩具，也不愿意让别人看他的故事书，即使是自己平常不喜欢的玩具，只要别的小朋友拿起来，孩子也会立刻抢回来，坚决不允许别人动他的东西。自己的东西不让别人玩也就算了，当带着孩子去户外玩耍的时候，只要见到别的小朋友手里的玩具好玩，就会跑过去不由分说地抢过来，还振振有词地说："我的！"然后强行占为己有，妈妈也会因此被孩子弄得十分难堪。

这种情况表明孩子开始在心里构建一个自我，开始出现自我意识了，他们会逐渐把自己和周围的环境和人区分开。当然，这个年龄段的孩子心理发展极其不成熟，还不能清楚分辨什么是自己的，什么是别人的，所以有时就会抢夺其他小朋友的东西。

笑笑虽然只是个刚满 3 岁的孩子，但却十分"自私"，妈妈拿她一点办法也没有，每天都给她讲道理，想让她学会分享，可一点效果也没有。

平常的时候，笑笑也经常到邻居家玩，每次去都是玩小妹妹的玩具，有时还非要带走喜欢的玩具。妈妈每次都强迫她给小妹妹放下，并且告诉笑笑如果想玩的话第二天可以继续来玩。但是笑笑根本不听，非说玩具是"我的，我要拿回去"，妈妈觉得十分不好意思，邻居笑着说让她拿回去玩玩再送回来，一听到这样的话，笑笑就开心地拿回家了。

但是，如果小妹妹到笑笑家玩，笑笑有那么多玩具，却一个也不让小妹妹玩，人家拿一个，笑笑就抢过来，说："这是我的。"就算是自己原本不想玩的玩具，这个时候也统统要拿回来自己抱着。最后小妹妹一个玩具也没有拿到，就气呼呼地走了。等小妹妹走了，笑笑也就不玩玩具了。

有的孩子在这个年龄段已经开始上幼儿园了，但即使在幼儿园中，他们上学时所带的东西也坚决不允许别人碰一下，就连老师也不可以拿他们的书包，就算是帮忙也不可以。有的孩子书包里的东西太多，自己又小，可能会背不动，但是他宁愿自己拖着书包走，也不愿意让老师帮忙，只是因为这个书包是他的，他必须亲自拿着。当然，自己带来的零食更不愿意与别人分享。在这个年龄段的孩子，什么都是"我的"，好像他们唯一的事情就是看着自己所有的东西，除此之外的任何事情都不重要了。

这些时候，父母常常感到不解，甚至感到难堪，觉得没法改变和说服孩子，甚至习惯性地把孩子的这些行为解释为自私的表现。如果这种现象再持续下去，家长就会说，我的孩子怎么越来越自私了，什么都不让别人动，动不动就说"这是我的，这是我的"。实际上，孩子这个阶段的表现跟自私是毫无关系的，我们一定要区分清楚自我和自私的关系。自私是指在利益上发生冲突时，我们选择了损害他人利益而满足自己的利益，这种行为才叫作自私。那么自我呢？指的是一个人可以按照自己的意愿、情感、心理和意志的需要行使自己的计划、支配自己的行为。那么，孩子为什么会有这样的表现呢？

孩子在出生的时候，是没有自我的，他和世界浑然一体，孩子的成长过程就是一个心理自我建构的过程。在这个心理建构的过程中，最初孩子是通过占有属于自我的东西来区分自己和他人的，当孩子占有了自己的东西，当这个东西完全属于他的时候，孩子才能够感觉到"我"的存在，这也是孩子的自我诞生的标志。

此时的父母应该满足孩子的这种心理需求，不要谴责孩子的行为，这样，我们就给了孩子一个构建自我的良好环境。

"不"成了孩子的口头禅

1~3岁被心理学家埃里克森称为"自主与羞怯和怀疑的冲突"的阶段。在这个阶段，孩子会主动形成一种与外界的关联感，尝试着去认识自己的能力。他们渴望控制自己的心理需要和倾向，争着抢着要自己洗脸、洗手、穿衣服，喜欢按照自己的意愿去探索外面的世界。如果此阶段父母没有干涉孩子，让孩子去做想做的事情，孩子就获得了自主，就会觉得自己是独立的，很容易形成自信的人格。

孩子在1岁左右的时候，还处于认识自己身体的阶段，他们开始感知自己的身体不同于外界物体。到了2岁以后，孩子就可以到处跑了，他们的探索欲望更加强烈，心理成长也更快，迫切地想要展示自己的实力。到了这个时期，孩子就喜欢用"不""我自己来"来反抗别人。到了3岁的时候，孩子的自我意识会更强烈，喜欢自己动手做事情。所以，对于这个年龄段的孩子，如果事情没有什么危险，完全可以让孩子自己去做，父母最多教教孩子怎么正确操作。

朗朗马上就要3岁了，但是妈妈发现朗朗还不如小的时候听话，现在越来越难管教了。吃饭前，妈妈说："朗朗，洗小手了！"朗朗把手往身后一背，说："不洗小手！"妈妈刚一转身，他抓起一个馒头就往嘴里塞。

朗朗从前挺有礼貌的，但是那天家里来客人的时候，妈妈让他打招呼，他嘴巴一闭就是不吭声。妈妈和客人聊天的时候，他又做出各种夸张的动作，妈妈让他不要做了，他噘着嘴说：“不要。”搞得妈妈非常尴尬。

妈妈告诉朗朗不能碰插板、插座什么的，有危险。可是朗朗就喜欢在电源旁边抠抠摸摸，害得妈妈只得每次用完电器就拔掉电源，并把插座堵上。而且，最近不知道朗朗从哪里学来了一句口头禅，总是说：“我不，我就不！”有时候还歪着脖子好像故意和妈妈叫板似的。妈妈气急了就忍不住打朗朗的小屁股，可是看着小人儿哭得厉害，妈妈就忍不住心疼了。

可是过不了多久，同样的事情还会上演。妈妈说：“每次孩子的脾气上来，都把我气得火冒三丈，我真的一点儿办法都没有了！”

其实，上例中的妈妈要是懂得孩子的心理发展过程，知道孩子在3岁左右会进入一个什么样的阶段，会有什么样的表现，那么她的情况就会好多了。

在孩子3岁左右的时候，自我意识的进一步发展使他们开始抗拒和拒绝别人的要求，开始有意识地练习使用自己的意志，比如用说“不”来显示自己的强大。他们陶醉在自己发出“不”这个声音的快乐感觉里。不管是和父母、老师还是小朋友在一起，也不管自己到底喜欢不喜欢、愿意不愿意，他们都用“不”来回答。

　　孩子为什么热衷于说"不"呢？这跟孩子的心理发展阶段有关。在这一阶段，孩子自我意识迅速增强，在这之前，孩子的自我意识还不成熟，他们会时常把自己和周围的事物混为一体。随着语言和运动能力的发展，他们与周围环境的接触越来越多，自我意识也就逐渐形成了。于是，他们开始学会表达自己的愿望和要求，他们希望自己拿主意，构建自己能够主宰的疆域。他们之所以会用"不"来反抗父母，无外乎是希望自己的行为得到父母的认同，希望自己对这个世界饶有兴致地探索不受到限制和干涉，让自己充分地发展自我。

　　所以，当孩子开始频繁地说"不"来拒绝你的时候，不要把孩子的行为定性为"不知好歹"，更不要对孩子进行惩罚，而是把这个当作孩子长大的信号，给孩子做想做的事情的机会，不去触碰孩子的底线。这样做不但利于孩子自我意识的形成和发展，还有利于孩子各项能力的提高。

第四章
孩子叛逆行为背后的心理

喜欢和小朋友争抢玩具

孩子在2~3岁时刚刚开始建立"我"的概念，此时，正处于自我意识萌芽的时期，这个阶段的孩子还不能将自己跟其他的事物完全区分开来，当然也不会站在别人的角度去思考问题。因此在孩子的眼中，只要是自己喜欢的，就可以成为"我的"，自己也就可以随便玩。父母会发现此时的孩子经常会抢夺其他小朋友的玩具，自己的玩具却不舍得给别人玩。

似乎大家都有这样一种心理，就是别人的东西总是比自己的好，孩子也是一样，越不属于自己的东西，对他们的吸引力就越大。有的时候，同样的玩具在家里根本不会玩，但是看到别的小朋友玩得开心，他就会觉得这个东西非常好玩，就想要得到这个玩具。可当父母把自己家里同样的玩具拿出来，孩子并不喜欢，依然喜欢别人手中的那一个。

池池已经2岁8个月了，但是最近池池有一个行为让妈妈十分生气，就是看到其他小朋友手里拿着什么好玩的玩具或者自己没有见过的新鲜玩意，就会一声不响地抢过来，抱在自己的怀里，有时玩完会还给人家，但是如果自己没有玩够的话就会直接拿回家。

有一次，妈妈带着池池在楼下玩，池池拿着挖掘机玩具在挖土。正好有一个小男孩也在那里玩，小男孩手里拿着几个小汽车在玩。刚开始的时候，池池只是蹲在路边，拿着自己的挖掘机看那个小男孩玩。可能觉得小汽车很好玩，看着看着池池就走到小男孩的身边，伸手拿过一辆小汽车自顾自地玩起来。那个小男孩一看自己的玩具被人抢走了，就哇哇哭起来。妈妈听到哭声就过来要求池池把玩具还给人家，可是池池把小汽车抱在自己的怀里，死活不肯松手。

最近池池经常这样，有时干脆把别人的玩具直接拿回家，家里现在还有好几件别人的玩具呢。妈妈打也打了，骂也骂了，实在不知道该怎么教育这个霸道的孩子。

从上面的例子中我们可以看到，虽然孩子在这个年龄还有很多的道理并不懂，有些行为也是因为到了这样的一个自我意识的敏感期才会产生，但是这样的抢夺行为，对孩子并没有好的影响。如果父母放任不管的话，长此以往孩子就会真的形成霸道、任性的性格，对孩子心理的健康成长是十分不利的。因此，对于孩子的这种行为，父母首先要抱着理解的态度，不能责怪孩子，或者处罚孩子。但是，也不能任其发展。

其实，孩子的这种任性的、霸道的行为并不是不能教育的。在孩子抢走别人玩具的时候，父母要及时介入，告诉孩子：这个玩具是别人的，你可以玩，但是必须征得别人的同意。经过劝说，孩子可能就会懂事地去询问别人的意见。当然，有的孩子比较执拗，可能并不会听从父母的建议，执意去抢夺，这个时候父母可以为孩子提供一个好的方法，比如拿自己的玩具和别人交换着玩等，给孩子树立一个交换的意识。

对孔情有独钟

在儿童心理学家蒙台梭利看来，有两样东西与人的智慧密切相关，那就是舌头和手。当孩子能够自由地使用自己的手时，手就成了他展示智慧的工具。

孩子用手去抓东西、扔东西等，就是孩子在用手探索。随着孩子的成长，他就会用手去插孔，像插吸管、钥匙、瓶塞等，而且会反反复复地做这个动作。实际上，孩子用手插孔来探索空间也是在提升他的动作能力，锻炼他的手与眼睛的协调能力，同时也锻炼了手部的肌肉，增强了他的专注力。

在空间敏感期时，孩子出现插孔等行为是十分正常的，这表明孩子的手有足够的灵活性。

刚刚3岁的齐齐有很多玩具，而且这些玩具还在不断地变多，妈妈并没有给齐齐新买玩具，这些玩具都是齐齐自己搜集的。原来夏天到了，很多人都会喝饮料，街上也有很多别人扔掉的饮料瓶子、牛奶盒子之类的东西，齐齐都会搜集起来带回家，然后就会玩很长时间。你可能会问，这样的东西有什么好玩的呢？但对于齐齐来说，这些东西却比妈妈买的玩具小汽车还要好玩，他每天都会不厌其烦地把吸管插到饮料盒的插孔里，然后再拿出来，再插进去，就这样他可以安静地玩上一个小时。

有些饮料盒子的插孔非常小，齐齐的小手无论如何都对不准那个小孔。但是齐齐也不生气，就一直努力去尝试。后来，经过不懈努力，他好不容易才把吸管插了进去，齐齐还长长地出了一口气，就好像刚才一直在屏住呼吸一样。

现在齐齐已经很容易就能把吸管插到饮料盒的插孔里了。尽管如此，齐齐还是对这件事情非常感兴趣，每次到街上，只要看到牛奶盒子就会带回家。有时，齐齐也会带回一些盖着盖子的饮料瓶子，他会把盖子都拧下来，然后再盖上去。拧下来的时候容易，但是往上盖的时候却常常出现差池，这个时候，齐齐又会发扬他不放弃的优点，一点点地摸索，直到最后成功盖上并拧紧盖子。

很多父母看到孩子无缘无故地到处插孔时，就会感觉孩子是在捣乱，有时会不耐烦地呵斥孩子。这些父母显然是不了解孩子在这一敏感期的心理，只是想把孩子培养成一个听话的、循规蹈矩的孩子，于是才会想方设法地约束孩子的这些"破坏性"行为。

但是，很多父母眼中的乖宝宝的感受空间的能力、想象力、创造力、智力潜能、动作协调能力都会比较差。其实，孩子到处插孔的行为并不是在捣乱，只是探索空间的正常表现。父母只要欣赏孩子的游戏过程就好，也可以适当地引导孩子，切记不要呵斥，更不能打骂孩子。

垒高成了孩子的新游戏

孩子通过抛撒、移动物体来探索空间，感知他和物品、空间之间的关系。

孩子在 1 岁多的时候就能把积木垒得高高的，而且也会推倒积木，若家长因此会觉得孩子十分可爱，并为孩子的这一举动开心不已，孩子就会对这件事情更加感兴趣。但是这个时期的孩子对垒高有兴趣大多是因为父母等的反应，他们喜欢这样的反应，而不是对垒高这件事情本身感兴趣。

孩子在 3 岁左右的时候，往往垒高就成了他们非常喜爱的一种游戏。他们会把积木一块一块地垒起来，然后推倒，再垒高，再推倒……不厌其烦。不仅仅是积木，有时他们还会把家里的东西搬到一起，摆起来，然后推倒，摆起来，推倒……其实，垒高是对空间感受的一个过程，这个敏感期有可能会推迟到孩子的小学阶段。

可以这样说，将物品垒高的过程就是一种积极主动的思维过程和心理不断发展的过程。在不断地垒高、推倒、重垒的过程中，孩子逐渐建立了三维空间感，并促进了孩子的视觉、触觉、想象力和创造力的发展，同时促进孩子心理的成熟和大脑的发育。

"哗"的一声,2 岁 6 个月大的希希又将豆子撒了一地。这已经是第三次了，妈妈看了看满地的豆子，再看看兴高采烈的希希，就知道暂时不能指望希希能将豆子归位了。妈妈就走过去把豆子再收起来，希希很快就发现妈妈在不停地将豆子归拢，这个发现让希希更起劲地将豆子撒到其他的地方。伴随着豆子"啪啪啪"落地的声音，希希的脸上露出微微的惊喜。

不只是豆子，希希还喜欢把积木堆高再推倒。一天下午，希希认真地把积木一个一个摆好，再一点一点摆上去，逐渐增加了高度。但是，还没有垒到多高的时候，积木就自己倒塌了，虽然希希很喜欢推倒积木，但似乎并不喜欢积木自己倒下去，于是赶忙又开始重新垒高。这次，希希拿着积木，有些迷惑，不知道该怎样摆才不会倒塌。这时妈妈给希希指了指体积大一点的积木，希希就把大的积木放在下面，再在上面逐渐放小的。果然，这次积木没有垒到中途就倒塌。

在妈妈的帮助下，城堡很快就垒完了。看着高高的城堡，希希开心地笑着，但是没过几秒钟，希希就伸手将城堡推倒了，自己还开心地拍着手哈哈大笑。每次希希都会把全部的积木推倒，一个都不剩，然后再开始新一轮的搭建工程。每次这样反复垒高，推倒，再垒高，再推倒……这样希希可以玩一个下午，乐此不疲。

由于孩子是通过物体的位置来感知空间的，而且孩子对空间概念的理解都是在游戏中获得的，所以，父母可以借这个机会让孩子了解更多的空间概念。就如上面例子中的希希，在垒高的过程中感知空间，在和妈妈一起玩游戏的过程中了解空间概念，并且明白了大的物体放在下面就会比较牢固的道理。同时，在拿物品并垒高的过程中，孩子的肢体肌肉也得到了良好的锻炼，手、眼、脑的并用也逐渐趋向协调。

所以，父母要支持孩子的垒高游戏，不要因为自己觉得这样重复的游戏没有意思，就禁止孩子垒高。

孩子乐于给物品找主人

其实，秩序敏感期最早在孩子 3 ~ 4 个月大的时候就出现了，但是因为孩子不会表达，而父母又对此不太了解，所以很多情况下，父母常常会误解孩子的意思。当孩子 3 岁左右的时候，他就会对秩序非常敏感，而且，这个时期的孩子已经善于表达了。

对于处于这个敏感期的孩子来说，秩序真的很神奇，他们会把所有的东西都按照原有的顺序摆放，因为在他们看来，周围的环境就是一个彼此相连的整体，已经在他的头脑中留下了深刻的印象，这就是秩序。只有在有秩序的环境中，孩子才会感到安全。这是这个时期孩子的心理特点，父母了解了孩子的这一心理特点，也就明白了孩子为什么如此执着于秩序。因为在没有安全感的环境中，孩子很难对周围的环境进行有效的认知，所以他们常常会哭闹。

贝贝 3 岁了，她的秩序感非常强，家里的东西都要按照一定的顺序摆放，吃饭的时候每个人都有每个人的位置，不仅自己必须坐在那个位置上，还不允许爸爸妈妈交换位置。除此之外，家里的每样东西贝贝都知道它的主人是谁，只有主人才能用，如果别人用了，贝贝就会生气。

有一次妈妈下班回家，在换拖鞋的时候，正好爸爸的拖鞋就在一边，于是妈妈就直接换上了爸爸的拖鞋。这下贝贝可不允许了，对妈妈说："这是爸爸的拖鞋，你不能穿，不能穿！"非让妈妈换下来不可，可是妈妈有些累了，并没有理贝贝的要求，而是直接坐在沙发上了，贝贝就走到妈妈身边给妈妈脱鞋，抬不动妈妈的腿就开始哭。最后妈妈没办法了，就换下来了，这下贝贝才不哭了，并把爸爸的拖鞋放回原来的地方。等爸爸回家后就赶紧跑到爸爸的身边，把爸爸的拖鞋递上去，还不忘向爸爸告妈妈的状。

上面例子中的贝贝是在给物品找主人，这是3岁左右的孩子处于秩序敏感期的一种常见表现。由于孩子需要一个有秩序的环境来帮助他们认识事物并熟悉环境，所以他们就会喜欢给物品找主人，并且认为他所遵守的原则每个人都应该遵守。在秩序敏感期阶段，孩子对这个陌生的世界已经开始有了自己的感知与认识，在他的脑海中逐渐形成了一些固定的秩序。一旦他所熟悉的规则被打乱，孩子就会感到无所适从，甚至因此感到焦虑，用哭泣、发脾气来要求物归原主。

孩子总是与父母对着干

　　3~4岁的孩子在很多方面都与父母作对，当然，并不是真的与父母作对，而是孩子已经进入人生第一个心理反抗期——执拗敏感期。孩子的执拗敏感期来源于秩序感，处于这个时期的孩子有一个明显的特征：凡事都要听我的，都是我说了算。如果父母拒绝他，他就会变得非常烦躁，哭闹不止。

　　康康现在3岁多，是个十分可爱的小男孩，但他的性格很倔强，妈妈常常说康康非常"拧"。有时候，康康本来玩得好好的，却会突然因为一件很小的事情就闹起来，而且怎么哄都不行，哭得相当厉害。使他停止哭泣的唯一的方法就是必须把康康带回原来的地方，让他按照自己的意愿重新做一遍。

　　一个星期天，门铃响了，康康快步跑过去要开门。可是，他还没有走到门口，奶奶已经将门打开了，姑姑高兴地走了进来，一把抱起康康。然而，康康见到姑姑并没有表现出一副开心的样子，反而"哇"的一声大哭起来，好几个人都劝不住。过了一会儿，康康稍微冷静下来了，他非让姑姑走出去再按一次门铃。这下，所有人都明白了，妈妈只好让姑姑按照康康说的，转身走到门外，关上门，假装刚刚来到家里。当门铃再次响起来的时候，康康亲自走过去把门打开，这下康康才高兴地让姑姑抱着了。

为什么孩子会在执拗敏感期表现得性格急躁、乱发脾气，那么"拧"呢？父母想要和这个时期的孩子和平相处，就应该了解孩子形成执拗敏感期的原因，了解孩子的心理变化和心理需求。

首先，因为孩子自我意识的增强，他会发现自己与世界并不是一体的，而是分离的。随着他生活范围的进一步扩大以及探索能力的不断提升，孩子就会发现，自己能控制的事物越来越多，他就会体验到自我的强大力量，从而敢于向父母挑战。

其次，因为这个年龄段的孩子的思维是直线型的，在孩子眼中，世界上的事物是以不变的程序和秩序存在的，是不可逆转的。孩子在做某些事情的时候，他的头脑中会形成预先的设想，假如这些设想被人打破，他就会特别气愤。这时，父母应该理解孩子的这种思维发展过程，顺其自然地对待，孩子的逻辑就会逐渐发生变化。

孩子似乎有点暴力

通常从 3 岁开始，随着孩子自我意识的不断加强，自我意识与他人意识逐步分化，孩子对父母的建议和指令常常会不听从、固执己见，甚至开始反抗，心理学家称之为执拗敏感期。

另外，3 岁的孩子心智发育还不成熟，他们的情绪控制能力还比较弱。他们一旦感到自己的心理需求没有得到满足，就会用很直接的方式表现出来，比如哭闹，甚至是用攻击的方式。此时，我们大人往往会认为孩子是在故意作对。其实，孩子只是忠于自己的想法、并不是针对某个人。3 岁孩子的思维水平还不高，也不够灵活，他们的做法常常让我们觉得呆板，再加上他们的时间观念不强，做事情的忍耐度不够，凡是想要做的事情就想要立刻完成，达不到目的就会反抗。

早晨起床的时候，3 岁半的楠楠吵着要穿那双有米奇图案的鞋子。平常楠楠就爱穿那双鞋，但是妈妈昨天把鞋刷了，现在还湿漉漉的呢！

于是，妈妈就对楠楠说："那双鞋子太脏了，妈妈已经帮你刷了，现在还很湿呢，不能穿。我们穿小白鞋好不好？"可是楠楠根本就不听，大声说："我要穿米奇那双鞋，我喜欢穿米奇那双鞋！我不穿小白鞋！"一边大声说着，一边把妈妈递过来的一双小白鞋扔到地上，死活不穿。

妈妈觉得楠楠实在是无理取闹，再磨蹭下去上幼儿园就该迟到了，就对着楠楠的屁股打了两下。楠楠马上就哭了起来，却也没有再大声吵闹了，而是坐在床边让妈妈给她穿上了那双小白鞋。

谁知道，中午放学后，妈妈去幼儿园接楠楠的时候，老师竟然向楠楠的妈妈告状说："今天这孩子不知道是怎么了，趁着别的小朋友不注意，就用手使劲拍小朋友的屁股，拍完就跑开，这一上午就把好几个小朋友打哭了！"

很多孩子在执拗敏感期内会出现暴力行为，对身边的人进行攻击，而孩子之所以会出现这样的行为，一定是因为他受到了自己认为不公平的待遇。不可否认，孩子就是环境的一面镜子，大人怎样对待他，他就会怎样对待别人。就像上面例子中的楠楠一样，她之所以会打小朋友的屁股，就是因为自己被妈妈以同样的方式打了屁股。由此可见，父母的暴力行为是会在孩子的身上延续的。

因此，对待孩子的执拗和反抗行为，父母一定要合理疏导，只要不是原则性的问题就尽量满足孩子的要求，让孩子顺利度过这一时期，切忌使用暴力让孩子屈服。

第五章
孩子行为习惯释放的信号

孩子就是不洗手

一般来说，孩子对洗手这件事都是不太感兴趣的，所以，每次让孩子做这件事时都像打仗一样，总是不能安安静静、顺顺利利地完成。这个时候，父母总会想尽一切办法，或是用玩具哄着孩子，或是给孩子讲道理。但是，即使是这样，往往孩子也不会乖乖去洗手，就算软硬兼施之后勉强地完成洗手了，也会弄得大人孩子都筋疲力尽，心情也不好。相信这是许多父母每天都会遇到的难缠事，非常让人头疼，却又束手无策，总不能让孩子不洗手了呀。

很多家长认为这是孩子故意跟父母作对，其实，家长应该首先了解一下孩子不喜欢洗手的原因，有的孩子不喜欢洗手可能是曾经的经历给孩子造成了心理阴影。比如，洗手的水太凉或者太热，孩子手上有小的伤口碰到水就会疼，或者是大人在替孩子洗手的时候太过用力等。这个时候，就需要父母仔细观察与分析，排除影响孩子洗手的外因，再分析各种有可能导致孩子身心受损的原因。

就在一个月前，3岁的娟娟每到吃饭的时候都会乖乖地去洗手，根本不用爸爸妈妈提醒，也不用他们帮忙。可是，最近一个星期以来，娟娟就像变了一个人一样，每次吃饭的时候都不愿意去洗手。于是，每次因为吃饭洗手这件事，妈妈和娟娟之间总是会有这样的一番对话：

"宝贝，吃饭前是要洗手的，我们一起去洗手好不好？"

"不好！"娟娟说得很坚决。

"妈妈去拿毛巾给你擦一下手好吧？"妈妈接着说。

"不擦！"娟娟依然倔犟。

"你看看你的小手这么脏，吃东西很不卫生的。来，我们去洗一下。"妈妈还在坚持。

"不洗！"娟娟这次说得更干脆。

"不洗就不让你吃饭！"妈妈下了最后通牒！

"就吃！"娟娟才不管那一套呢。

妈妈也知道这样耗下去不是办法，就拉着娟娟到洗手池旁边强行给她洗手。但是，娟娟还是反抗，可她毕竟没有妈妈的力气大，所以，最后妈妈还是给娟娟洗了手。每次这个时候，娟娟都是一脸痛苦，有时甚至还会哭起来。

当然，在日常生活中，父母还要注意运用正确的方式方法，让孩子自愿洗手，而不是在孩子不情愿的时候，强迫孩子去做某件事情。当孩子对洗手有恐惧心理的时候，可以加点娱乐项目，比如，唱唱儿歌，比一比谁洗得干净等。当然，3~4岁的孩子已经可以听懂一些浅显的道理，父母可以用孩子能理解的语言给孩子讲一些不洗手的危害，让孩子认识到洗手的重要性，从而自愿地洗手。当孩子表现好的时候，父母要及时给予孩子表扬和鼓励，让孩子逐渐养成爱洗手的好习惯。

孩子总被欺负怎么办

很多家长发现，自己的孩子总是会与小伙伴产生矛盾与摩擦，并为此担忧不已。其实，家长大可不必如此忧心。任何人的交往都不是一帆风顺的，只要是交际，就难免产生摩擦，成人在交际过程中也经常会有摩擦，更何况是不会隐藏自己情绪的孩子呢？孩子往往有什么样的心理，就会表现出什么样的行为。所以，在不高兴的时候，在产生矛盾的时候，孩子不会隐藏自己的不满，会直接把情绪表现出来，产生摩擦也就成了在所难免的事情。

当然，当孩子之间出现摩擦的时候，肯定会有一方处于弱势，那么就会受到强势一方的欺负，很多家长就会产生这样的疑问："孩子在幼儿园的时候总是受到别人的欺负该怎么办呢？"

遇到这种情况，有些家长就会这样教育自己的孩子："你傻呀，他们打你，你不会打他们呀！"但是，在这里我们要说，家长的这种教育只会起到消极的教育效果，这种方式不仅会使孩子对于人际关系感到更加恐惧，而且还会影响孩子自我意识的发展，对孩子心理成长十分不利，使孩子产生自己是非常弱小的心理反应。这种对人际关系的恐惧心理有可能会伴随孩子一生。

洋洋从小身体就比较瘦弱，虽然个子和同龄的孩子差不多，但是由于身体比较瘦所以力气也就小很多。在家里的时候还好，一般都是妈妈带着洋洋出去玩，如果发现小朋友之间出现矛盾要打架的时候，妈妈就会和其他的家长一块儿教育他们，拉开他们，所以，洋洋也没有受过什么严重的伤害。

但自从洋洋上幼儿园之后，身边没有妈妈了，洋洋在和小朋友出现矛盾的时候，总是会吃亏，由于一直受到妈妈的保护，洋洋确实也不会打架，所以妈妈经常在下午来接他的时候发现洋洋身上脏兮兮的或者是脸被别的小朋友抓破了。

妈妈很是生气，但是对方也是个只有3岁多的孩子，也就不好说什么。回到家里，妈妈就对洋洋生气地说："你傻呀，别人打你，你不会还手吗？他怎么打你，你就怎么打他呀。"

可是妈妈越是这样说，洋洋越是胆小，开始的时候还会跟在别的小朋友身后，试探着一块去玩耍。但是，现在他总是一个人在一个地方玩，再也不愿意和小朋友玩了。虽然这样不受伤了，但是洋洋也不开心了，不愿意去幼儿园了。

通过上面的例子可以看出，由于妈妈教育方式的错误，使洋洋对人际关系产生了恐惧的心理，他觉得别人都很强大，只有自己是弱小的，如果自己与他人进行交往，自己就会受到欺负，因此不敢和别的小朋友进行交往。这对洋洋以后的人际关系的发展产生了十分不利的影响。如果父母不及时帮助孩子纠正这样的心理，让孩子怯于与别人交往的话，孩子长大以后也会恐惧交际的。

孩子在这种恐惧心理的影响下是不会主动去交朋友的，他对人与人之间关系的探索就会提前结束。如果一个孩子在人际关系敏感期没有学会如何交朋友的话，那么家长也不要指望孩子将来能在处理人际关系时如鱼得水。

　　一般来讲，父母不应该过多地参与到孩子的人际交往中，因为这样常常会打乱孩子对人际关系的自然探索。但是，当孩子在自己探索的过程中出现问题，而这个问题孩子自身无法解决的时候，父母还是要给孩子提供一定的指导和帮助。可是，这种帮助应该是有利于孩子人际关系发展的，而不是像上面提到的那种会带给孩子消极影响的方式。毕竟处于这一阶段的孩子都是直接表达自己的情绪和心理的，孩子之间出现打架等行为也是非常正常的现象。

电视不是保姆

嘉嘉的父母工作都很忙，所以白天的时候嘉嘉总是和爷爷奶奶待在一起。奶奶爱看电视，尤其是电视剧，嘉嘉也经常和奶奶在一起看电视。过了一段时间，嘉嘉的父母发现孩子对任何事情都提不起兴趣，但只要电视机一打开，他马上就会兴奋地跑过去看电视。有时候家里来了其他的小朋友，他也不去和这些小朋友一起玩，最多看看他们，然后仍然是一个人坐在电视机前，沉浸在自己的世界中。嘉嘉的父母对此十分苦恼。

很多孩子喜欢看电视，有些家长也很乐意把孩子交给电视"看管"，因为孩子在看电视的时候都是安安静静的，不会给家长添麻烦，家长会轻松很多。但是，我们要提醒所有的家长，电视可不是一个称职的保姆，它会对孩子产生很多负面的影响。

首先，电视是一个单向传播信息的传播方式，不能与孩子形成互动，在看电视的过程中，丝毫不需要思考，这对孩子的成长是十分不利的。电视所传播的信息大多是跳跃式的，孩子只能从中得到一些零散的、不系统的知识；而且任何一个学习过程都伴随着思考，电视却不会给人留下思考的空间和时间，长此以往，孩子的想象力和创造力就会下降，最终孩子也会因此失去读书和学习的兴趣。

其次，电视还会降低孩子的语言能力和沟通能力。孩子沉湎于电视这种让人被动接受信息的媒体，会讨厌自己思考，不喜欢用语言表达自己的想法，只喜欢用眼睛看、用耳朵听。如此循环往复，孩子的语言发育就会出现问题。因为语言发育必须通过与别人沟通才能完成，只是被动地看和听是无法学好语言的。如果孩子把大量的时间用在看电视上，那么，他与外界交往的机会就大大减少，长时间的独处也会使孩子的心理发育产生障碍。

最后，电视画面的更新速度很快，这些画面不断刺激孩子的视觉神经，孩子接受的刺激强度过大，很容易使情绪受到影响。比如，当孩子在电视上看到血腥和暴力的画面时，孩子可能产生不安和恐惧，这种负面的情绪会影响孩子相当长的时间。如果家长没有对电视节目进行筛选就把孩子放到电视前，这就更可怕了。因为小孩子是最善于模仿的，他们还不懂得区分好与坏，也不清楚自己模仿的东西有什么意义，因此他们很可能去模仿电视中的一些暴力场面，而这些会影响他们未来的行为模式。

有研究发现，爱看电视的孩子兴趣单调。如果孩子长期坐在电视机前，外界的事物很难再引起他的兴趣，如家长带他去学习画画、弹琴、下棋等，他经常会半途而废。这是因为培养兴趣的过程是一个艰苦的学习过程，而看电视却是娱乐消遣的过程，会让孩子的精神长期处于松散的状态，两相对比，孩子必然对这些需要付出脑力和体力才能获得的知识和技能产生排斥。

此外，孩子迷上看电视后，不仅有损视力，对身体的其他方面也会产生不良影响。

消化功能不好的孩子，长时间坐着不动看电视会发展成厌食，不利于生长发育；而消化能力很强的孩子，吃饱后坐着不动就会发胖。

人的精力是有限的，在这件事情上付出得多了，在另一件事情上所花费的精力必然就少了，所以希望每个家长都能从小培养孩子的好习惯，不要贪图一时的轻松而把孩子丢给电视，让孩子把所有的精力都投入电视中，孩子需要在行走、观察、触摸中认识世界，感受世界，只有这样，他们才能健康成长。

孩子们都在网上干什么

为什么越来越多的孩子沉迷网络难以自拔？网络究竟有什么吸引力而让孩子无法抗拒呢？他们在网上都做些什么呢？

李先生的儿子最近三天两头地往网吧跑。一天，李先生悄悄跟踪儿子到网吧，发现儿子在语音聊天室里，用污言秽语交流谩骂……李先生看到这些心急如焚，他专门到学校向孩子的老师了解情况：原本就成绩不佳的儿子现在成绩越来越差，性格内向，很自卑……

儿子放假后，李先生马上放下手头的工作，带着孩子出门旅游。一路上，他一直细心地照顾着儿子，跟儿子说心里话……当儿子问他为什么对自己这么好时，李先生说："我是你爸爸，你是爸爸的儿子，爸爸不对你好还能对谁好啊？以前爸爸工作忙，对你关心太少，你可别生爸爸的气啊！"这一番话说得孩子眼眶都红了。旅游回来后，儿子变得比以前爱说话了，也不再往网吧跑了。

把网络当作逃避现实的出口是儿童上网的一种常见现象。这类孩子通常性格内向，在现实生活中又得不到理解和关爱。如果再加上曾因为长相、身材，或学习成绩不好而遭受过打击，他们更容易去网络中寻找慰藉，逃避现实。针对这种情况，家长应该找出孩子沉迷网络的根本原因，高度重视孩子的内心世界，与孩子建立良好的亲子关系。在与孩子沟通交流时，要讲究方法和技巧，单纯的说教只会适得其反。

还有一种孩子是因为空虚、无聊或者纯粹只是为了跟同学们保持同步才走进网络的。这类孩子不一定成绩不好，而且上网目的性也不是很强，大部分只是在网上"闲晃"。对于这类孩子，家长应该加强孩子的安全防范意识，除了平时多向孩子灌输如何保护自己的方法外，也要多注意孩子的上网动态，通过孩子的言行了解其内心变化。

张先生的儿子今年上初一，是一个贪玩的孩子。最近他一直叫嚷，要安装新游戏。这引起了张先生的警觉，他趁着儿子上学的时候，把电脑中的游戏软件全都删了，取而代之的是一些学习软件。儿子回来后，免不了吵闹一番。后来，张先生说带儿子玩个"更好玩的游戏"——制作幻灯片。果然，聪明好奇的儿子很快就迷上了这个新鲜的游戏，看着自己亲手制作的"卡通电影"，他总是觉得特别有成就感。

故事中张先生的儿子是一个典型的把网络当作娱乐场所的孩子。对待这样的孩子，父母可以不必强行把他从网络中拉回来，而是要有意识地引导他去发现网络中更有意义的东西，也可以像文中的爸爸一样，把将来可能会用到的学习软件当成一种"游戏"介绍给孩子，当孩子对有意义的新奇东西感兴趣的时候，就不会总是沉迷网络游戏了。

其实在现实生活中，让孩子们不能放弃的不是网络，而是在网络世界中的那份自由，这里没有责备、只有奖励；做错了、做不好，不但没有惩罚还可以从头再来；在这个世界中，希望永远比失望多。

面对孩子喜欢上网这件事情，家长不能暴跳如雷，冲孩子大发脾气，也不要走到哪里都抱怨自己的孩子上网成瘾。事实上，很多孩子的情况往往没有父母所说的那样严重。

父母要试着改变对上网的态度，当孩子沉迷网络、屡劝不听的时候，要试着走进孩子的内心去理解他。

儿子迷恋上了网络之后，经常躲在自己的房间里不出来，作息时间和家人也产生了冲突，以致很长时间妈妈都没有见过他的面。看到儿子这种情况，妈妈下定决心要学会上网。不久以后，这个原本连电脑开关都找不到的妈妈学会了发送电子邮件。

而她的第一封电子邮件就是发给儿子的："老妈很关心你，可是最近总是碰不到你，所以发个邮件问候你一下。有时间来和我们一起吃早饭吧！"信的最后还附注了一句，"我发觉，电子邮件这个东西确实蛮方便的。"

结果当天这位妈妈就收到了儿子的回信，儿子在信中显得兴高采烈："老妈，真没想到你会给我发邮件！我好开心！放心，明天我会和你们一起吃早饭！"

上面例子中妈妈的做法很好，她让孩子意识到父母是理解他的，不是毫无道理地完全排斥网络的，这样不仅拉近了亲子间的距离，而且父母以后再去引导孩子利用网络的时候也会更有说服力。

孩子们爱上网络的世界，很可能是在网络世界中找到了家庭生活中所缺乏的一些东西。所以，当父母看到孩子沉迷网络的时候，应该审视自己的教育是不是出现了问题，同时要改进和孩子的沟通方式，让孩子能够无所顾忌地说出自己心里的想法，而不是让他到网上去倾吐心声。

孩子沉迷电脑游戏怎么办

肖钢是从一年前开始玩网络游戏的，那个时候考试刚结束，可以暂时歇口气。暑假里，没什么人陪他玩，他就开始试着上网玩游戏，几乎在接触网络游戏的同时，肖钢就迷上了这种游戏。用他自己的话说就是："没想到网络游戏这么好玩！""我简直不能想象不能玩游戏的日子会是什么样的。"

肖钢在现实生活中是一个比较腼腆的男孩，学习成绩也只是处于中游，在学校里属于不引人注目的学生。但是，在那个虚拟世界里，他是众人仰慕的大侠，有机会成为大富翁。在现实中没有办法实现的梦想，在网络游戏中似乎唾手可得。

不过，肖钢也为此付出了相当大的代价。他的成绩一落千丈，几乎每次考试都排在倒数的位置。家人一直以为他不适应学校的教学方式，没有找到适合自己的学习方法，却不知道他是偷偷地把时间都花在了玩游戏上。关于这一点，他掩饰得很好。每天放学后，他从不在外面逗留，总是准时回家。回家后除了吃饭，总是在自己的房间里埋头苦干，摆出一副努力学习的样子。父母看到肖钢这样，感到很欣慰，但是他们忽略了肖钢房间里那台可以上网的电脑。

提起沉迷网络，很多父母最头疼的可能就是沉迷网络游戏了，有的甚至一见孩子开电脑就冲过去监视，或者一见孩子玩游戏就大加责骂，这其实是不可取的。爱玩是孩子的天性，父母无权剥夺也剥夺不了，因为电脑游戏已经成为当代青少年生活中不可或缺的一部分。无论家长喜不喜欢，他们最终都会去玩的，所以，在让不让孩子玩电脑游戏的问题上，家长已经不需要做决策了。这是时代的趋势，家长是挡不住的。

另外，如果孩子的同学们都在玩，当其他孩子在一起交流游戏中的体会的时候，自己的孩子只能站在一边插不上话，久而久之，孩子就会变得孤僻、内向。家长要明确一种观点，孩子的成长是建立在游戏上的，孩子们总该玩点什么。既然电脑游戏能让孩子那么着迷，那么其中一定包含着巨大的快乐。电脑游戏也只是个游戏，它不是毒品，它的本质和家长小时候玩的游戏没有任何区别，只不过这个游戏更有趣、更复杂，而且采用了不同的载体而已。家长小时候肯定也会有和小朋友做游戏忘了回家吃饭的情形发生，现在孩子喜欢电脑游戏和家长小时候喜欢游戏是一样的，但是现在的孩子很难找到那么多小伙伴一起游戏，所以只能在电脑上和虚拟的对象一起玩耍。

如果孩子被剥夺了玩耍的权利，他极有可能就坐到电视机前消耗时间了。与电视相比，电脑游戏至少是一个需要互动和投入智力的东西。很多家长可能会反对这种说法，然后会列举出很多青少年因为沉湎电脑游戏不能自拔的故事。看起来这些事情似乎都是青少年出了问题，但是根本问题出在家长的教育方式上。

对游戏有兴趣和病态的"成瘾"是两种状态，绝大多数孩子属于前者，很多事业成功的人也很喜欢玩电脑游戏，所以并不是游戏本身的问题，而是孩子缺少自我管理的能力才使事情变得不妙的。

若想让孩子学会自我管理，就不要经常告诉孩子要这样，要那样。家长为孩子做的计划的确很合理，但是如果总是不厌其烦地提醒孩子该做什么不该做什么，实际就相当于家长把管理的责任担起来了，在这样的情况下，孩子哪里还有机会自我管理呢？

对于少数游戏成瘾的孩子来说，家长就更要反思自己的教育了。如果孩子只愿活在游戏世界里，那么只能说明游戏外的世界让他感到不快乐。如果说这样的孩子因为游戏耽误了人生，那么即使他的生活中从来没有电脑出现过，他也会沉迷在其他事物中躲避现实中的不开心。

所以，面对电脑游戏，家长要做的不是堵住源头，而是让孩子学会自我管理。这些游戏可以让孩子感到快乐，增加与同学们交流的话题。

孩子为什么爱追星

说起孩子追星的疯狂，很多家长都不能理解。其实每一代人都有自己的偶像。20 世纪 70 年代，青少年心目中的偶像可能是董存瑞、黄继光等革命先烈；80 年代初，青少年的偶像可能是爱因斯坦、爱迪生等科学家。社会发展到现在，青少年的偶像则主要是体育"明星"和娱乐"明星"。

一个小女孩曾经向自己的好朋友抱怨：

"我喜欢一位男歌星，他的歌声特别好听，听到他唱歌我就能忘掉所有烦恼。可是我妈妈却不理解，还嘲笑我：'你可真没出息，喜欢个唱歌的！'

"我当时就哭了，我只是喜欢他唱的歌，喜欢他的笑容，我怎么就没出息了？"

从小女孩的话里，我们看到的是两代人对于追星的不同理解。可能女孩妈妈那一代的人都以崇拜某个科学家为傲，女儿这一代则更喜欢娱乐圈的俊男美女。青少年心理问题专家认为，其实两代人都没错，只是随着时代发展，母亲应该试着理解自己的孩子，偶像崇拜是青少年时期的过渡性需求和标志性行为。在一定程度上，追星对于孩子的成长是有意义的，父母一定要给予理解，把追星当作一件"十恶不赦"的坏事严加禁止是完全没有必要的。

那么，孩子爱追星仅仅是因为那些名人的外表吗？还有没有更深层次的原因呢？

其实，孩子追星在很大程度上存在着"从众心理"，别人喜欢这个明星，如果我不喜欢是不是别人就会讨厌我？别人都在追星，如果我不追星，是不是会显得太过另类？青春期孩子的心理状况往往非常复杂，一方面渴望得到同伴的认可，另一方面需要形成自我确认，而追星恰恰能满足孩子这两方面的心理需求。

我们也都听说过"随大流"这个词，从心理学上来说，"随大流"的本质就是"从众"心理，也就是想与多数人采取相同行动的心理。那么人为什么会有从众心理呢？首先，生活的经验告诉我们，个人所需要的大部分信息都是要从别人那里获得，而众人似乎总是正确的。其次，人们都有害怕脱离群体的心理，每个人都希望群体喜欢他、接受他、优待他，因为这样就可以和群体融为一体，也可以在群体中谋取利益；反过来，如果与群体的意见不能保持一致，群体则会讨厌、驱逐他。

在人类社会中，从众心理既能产生积极作用，也能产生消极作用。在特定的范围内可以使群体保持一致，协调群体内成员的言行，这是从众心理的积极作用；但是另一方面，从众心理也有弊端，就是在众人并不正确的情况下，它会误导我们，使我们变得人云亦云，丧失主见。

对于这种"随大流"的追星行为，父母要教导孩子别人有的东西自己不一定要有；很多人做的事情也未必就是对的，每个人要有自己的思想和判断力。

另外，由于孩子的认知和心理发展的特点，他们更容易被名人表面的形象所吸引，也正是基于这个原因，他们喜欢的名人大多数是经常在媒体上露面的歌星和影星。在生活中，由于名声的影响，这些人对大众往往有更大的影响力，这就是"名人效应"。在信息高度发达的今天，明星的穿着打扮、言谈举止，也很容易成为潮流的风向标，这些都是名人效应的体现。

面对这种情况，父母应该教会孩子正确地评价一个人。要让孩子知道，名人之所以能引起人们的关注，在某些领域必然有自己的过人之处，但是他们并非完人，他们身上也可能有不好的思想和行为；而且在他们不擅长的领域，名人跟普通人并没有两样。所以对于明星的崇拜，应该适度和理性。此外父母还要引导孩子，不要仅仅去关注名人的穿着打扮或者说话方式，而应该去关注这些人成功背后的努力，让孩子学习名人为了自己梦想坚忍不拔的精神。

总之，父母面对孩子的追星行为不应该直接否定和制止，而应该善于发现这些名人的闪光点，让孩子"取其精华，去其糟粕"，最终让这些名人对孩子产生正面的影响。

第六章
孩子的学习行为都有心理原因

没人看得懂的文字

就像孩子在绘画的敏感期会痴迷绘画一样，孩子在书写的敏感期会迷恋上写字，常常一个人坐在书桌前，一写就是半天，有时还会兴奋地向别人炫耀自己写的字。但是，这个时期的孩子的书写就是乱画，他们会不停地写呀、画呀，但是没有人能看得懂他们究竟写了些什么。

就像一团线条就可以是一幅绘画作品一样，在书写敏感期，一个小黑点或者几条线，就可以是一个汉字，大人看来可能没有任何意义，但是孩子却能讲得头头是道。很多家长看到孩子的字以后可能会感觉比甲骨文还要难以辨别，但是，作为孩子的父母，应该了解孩子的心理。在这个时期，孩子的书写只不过是表达心理的一种方式而已，并不是我们大人所认为的书写。但也不能因此而小看孩子的书写敏感期，在这个时期，孩子对文字的兴趣如果可以保留并延续的话，会对孩子以后的学习生活产生非常积极的影响。因此，在孩子进入书写敏感期后，父母要尽量满足孩子的心理表达需求，对于孩子的书写保持鼓励和欣赏的心态，让孩子尽情书写。

英才已经 5 岁半了，从幼儿园回家之后，既不出去找小伙伴玩，也不跟在妈妈身后要彩笔画画了，反而会拿着笔趴在茶几上涂涂画画很长时间。"该不会是喜欢上素描了吧？"妈妈产生了这样的想法，但是想到孩子还这么小，应该不会。于是，妈妈就走到英才跟前看看他究竟在干什么。

看到妈妈走了过来，英才兴奋地拿着本子给妈妈看："妈妈，你快看看我写的字漂亮吗？"原来是在写字！不过孩子写的字真的是比甲骨文还难懂呢，就那么几个线条，还有几个圆圈，实在是看不懂他写的是什么。可是妈妈担心说看不懂会打击孩子的自尊心，于是就对英才说："哎呀，写得这么好呀，你可以给妈妈讲讲吗？"英才并没有多想就开始给妈妈讲了起来："妈妈，你看看这个，这个是 K，这个是 8，还有这个是小鸭嘎嘎的 2……"因为英才非常喜欢看大人们打牌，因此写的字也是关于扑克牌的。

虽然妈妈并没有看出来，但还是很认真地听英才讲解。

任何事情的发展都是有规律的，孩子的心理也是不断成熟的。父母会发现，随着年龄的增长，孩子书写的内容逐渐有了实际的意义。可能刚开始的时候只是简单的阿拉伯数字，或者"a""o""e"等简单的拼音，但是用不了多久，孩子就可以写一些简单的汉字了。

不可否认，有很多父母对于孩子的发展有些过于着急，不肯遵循孩子自身发展的规律。因此，当孩子刚开始乱画乱写的时候，不能心平气和地接受，常常干涉孩子的行为。很多孩子在写完后会开心地问父母："你看看我写的是什么？"很显然，孩子觉得阅读他写的文字的人能够看懂他写的是什么，但是家长往往看不懂。很多家长这时就会开始教育孩子，说孩子是乱写，然后再教给孩子应该怎样写。可是这样就打击了孩子的积极性，很可能让孩子失去对书写的兴趣。

当然，父母如果想要引导孩子更好地书写的话，其实不必采用一笔一画教给孩子的方法，而是应给孩子做好书写习惯的示范和创造学习的氛围。也就是说，在日常生活中，父母可以有意识地经常用笔写写算算，孩子会模仿父母的行为，因此孩子也就会学着写字。

孩子爱上了阅读

很多父母都会遇到这样的状况，就是带孩子出去玩的时候，孩子会对广告牌、公交车上的广告或者站点、街道两边店铺的名字等一切有字的地方非常感兴趣，一路上不停地问"这个是什么字呀"或者"那个读什么呀"等。如果父母耐心地告诉孩子，并重复几遍，孩子就能很快记住，当在其他的地方再发现这个字的时候，孩子就会读出来。这个过程一般发生在孩子5岁左右的时候，这个阶段的孩子非常乐于识字，对文字着迷。对此，父母要尽量满足孩子此时的心理需求，满足他们识字的欲望。

在孩子积累的文字越来越多后，孩子就不再满足于广告牌的阅读了，而是开始对阅读书本感兴趣，于是，孩子就进入了阅读的敏感期。在进入阅读敏感期后，孩子对阅读的兴趣会变得非常强烈。在这之前，也就是在3岁左右的时候，由于自己不认识字，孩子常常会缠着父母给自己读故事书，但是在孩子5岁多的时候，由于自己已经认识了一些字，他们开始尝试自己阅读，并对此十分感兴趣，常常拿到书本就阅读，就算是一些宣传的纸张他们也会拿起来读一下。

每天晚上，妈妈都会给曼曼读故事书，妈妈买的故事书上的字非常少，每一页都有一幅画，配上一两行文字，文字也都是非常简单的一两句话。以前都是曼曼和妈妈一起看着书，妈妈读文字，曼曼就看着图画听妈妈读。但是最近她一听妈妈读就着急，说："我来读，我来读，我给你讲故事。"于是，她就伸着小手指着文字，一个一个地读起来，不认识的字就说"什么"，妈妈就会教给她。就这样读了几天，一本故事书里的3个小故事，她都能自己读下来了！

　　当然，孩子想要阅读的话，就一定要认识字。所有的孩子都会有一个对识字特别感兴趣的时期，在这个时期，父母要满足孩子对于识字的心理需求。比如，孩子在街上走的时候，他会看到什么就读什么，遇到不认识的字就会问自己的父母，总是走一路问一路。对此，父母不要觉得不耐烦，而是应该耐心地回答孩子的每一个问题，最好是重复几遍，或者给孩子多组几个词，加深孩子的印象，这样孩子在遇到这个字的时候，就可以轻而易举地读出来了。这就是在满足孩子识字的心理需求。

　　等孩子认识的字较多的时候，孩子就会开始喜欢上阅读，这个时候，父母就可以有意识地帮助孩子养成良好的阅读习惯。可能刚开始的时候，孩子会让父母给自己读，父母就可以声情并茂地给孩子读，引起孩子想要阅读的兴趣。读到孩子感兴趣的地方，可以停下来，和孩子一起看看书，并问几个问题，让孩子慢慢习惯自己阅读。当然，给孩子阅读的书籍一定要符合孩子的年龄特征，不要太难，最好是图文并茂，这样才能吸引孩子的注意力，从而引起孩子阅读的兴趣。

不可否认，阅读对于任何一个孩子来说，都是有益无害的。有句古语说"开卷有益"，就是这个道理。所以，当父母发现孩子对阅读感兴趣的时候，一定要悉心保护孩子的这一兴趣，让阅读充实孩子的心灵，增加孩子的知识。

鼓励孩子提问题

　　孩子在5~6岁有一个文化敏感期，这个时期的孩子对学习文化如饥似渴。当孩子到5~6岁的时候，对物质的基本探索已经不能满足孩子的精神需求，他们开始转向对人类文化的探索。这是孩子发展的一个规律，在这个时期，完全是因为内在的力量让他们对文化的学习有着极大的热情——看见广告牌上的字就问怎么念；喜欢追着父母问：太阳为什么会下山，月亮为什么有时圆有时弯……父母不妨借这个机会，培养起孩子对科学知识的兴趣。这样，不但可以培养孩子简单的逻辑思维，也可以培养孩子爱思考、爱学习的好习惯。

　　好奇心是孩子观察世界、了解世界、懂得世界的媒介。孩子会有很多深层次的问题，有的父母并不能准确回答孩子的每一个"为什么"，而且孩子的有些问题在大人看来根本就不是正常的问题。因此，很多父母会严禁孩子提问，虽然这样父母可以避免很多麻烦，但是却会压制孩子的好奇心，扼杀孩子因为好奇而萌发的创造力与探究事物的能力。

　　凡凡最近就像是一个问题专家一样，每天睁开眼睛就会问为什么："为什么玻璃上会有水珠？是谁把水洒在上面的？"等到洗脸的时候也会问："妈妈，为什么洗脸要用温水？我一点也不觉得凉水凉啊？你为什么说会刺激皮肤？皮肤是什么？为什么会受到刺激？什么是刺激？"就连吃饭的时候也不会闲着，看到爸爸一边吃饭一边看报纸就开始问："你一边吃饭一边看报纸会不会把报纸也吃掉啊？"有些问题常常让爸爸妈妈觉得很可笑，但是，每次在凡凡提问的时候，爸爸妈妈总是会认真回答。

有一次凡凡从幼儿园回来之后就问妈妈："妈妈，今天我们老师讲了恐龙的故事，恐龙是会下蛋的，恐龙那么厉害，那它的蛋会不会像大石头一样厉害呢？它的蛋会比鸵鸟蛋还大吗？"妈妈听完凡凡的问题，觉得自己也解释不清楚，但好在这些问题都可以从资料上找到答案，于是就对凡凡说："妈妈也很想知道呢，不如凡凡找找答案，然后告诉妈妈好吗？"听妈妈这样说，凡凡来了精神。在妈妈的帮助下，他们从网上找到了关于恐龙蛋的资料，自然也就解决了凡凡的问题。

总之，在孩子处于文化敏感期的时候，孩子随时随地都会有无穷的问题。对此，父母要为孩子创造宽松的家庭氛围，鼓励孩子提出问题和各种新颖、独特甚至有点可笑的创造性设想，不要阻挠孩子的自由发挥。父母应该告诉孩子：做任何事情都没有标准答案，消除孩子对书本、大人的依赖。在日常生活中，鼓励孩子自主活动，独立办事，鼓励孩子用新办法来解决问题。

帮孩子改正做作业爱磨蹭的习惯

常听到家长说，如果孩子做作业的时候不磨蹭，可能孩子的学习效率会更高一些。其实，不管是孩子还是大人，只要人的惰性存在，磨蹭就会永远存在于人的思维和行动之中，而我们所能做的就是把磨蹭的破坏性降到最低。而且，对于13岁前的孩子来说，由于孩子的心理成熟度有限，自控能力还是十分薄弱，因此，家长更应该加大力度纠正孩子磨蹭的坏习惯。

在学习上，孩子常常会为自己的磨蹭找理由，比如孩子会对父母这样说："现在已经很晚了，我实在是太困了，现在做作业就等于浪费时间，还是等到明天早晨清醒些再写吧。"孩子这不仅是在为自己的磨蹭行为找借口，而且他们还不想承认自己的磨蹭行为，也就是说，孩子正在用这些理由来欺骗自己。如果孩子这种自欺欺人的行为成为一种习惯，那么学习计划对于他们是不会起到任何作用的。所以，在孩子那种懒惰思维刚刚露头、磨蹭行为刚刚出现时，家长就应该加大力度把孩子这种坏思维、坏习惯消灭在萌芽状态。

除了懒惰之外，孩子写作业的时候磨蹭还有很多原因，有的是因为学习基础差，有的是因为时间观念差，还有的是因为父母老师管着自己，写完这项作业还有更多的作业，孩子为了不写家长额外布置的作业，就在写老师布置的作业时故意磨蹭，把时间消耗掉，这是常见的一种原因。这就说明，孩子写作业磨蹭，有很多时候是故意的，他们在用这种方式来反抗父母。现在很多父母都是抱着望子成龙、望女成凤的心态，生怕自己的孩子会落后于他人，总是想让孩子学习更多的知识，因此在孩子做完老师布置的家庭作业以后，还会给孩子额外布置一些题目，认为这样孩子会学得更好。这就引起了孩子的反抗心理。13岁之前的孩子大部分还在上小学，爱玩是他们的天性，但是总是做作业就会让他们没有了玩的时间，可碍于父母的威严，孩子并不敢直接反抗父母，于是就用写作业的时候磨蹭来消耗时间，让父母无法给自己布置其他任务。

孩子的反抗心理在7~8岁的时候最为强烈，这个年龄的孩子正处于人生中的第二叛逆期。因为这个时期的孩子的自我意识开始发展，渴望独立自主，对一些事情有了自己的想法，并初步开始辨别是非，他们想要显示自己的独立和强大，而反抗父母，正是可以显示自己强大的好方法。

从进入小学之后，妞妞就有做不完的家庭作业，老师布置一份，妈妈还有一份。妞妞的成绩其实还不错，一般都会在班里的前十名，但是妈妈却觉得自己和妞妞的爸爸小时候都学习很好，妞妞应该可以学得更好。因此，总是监督妞妞学习，在妞妞写作业的时候也总在一旁看着妞妞。

自从进入二年级下学期，妈妈就觉得妞妞的作业似乎"特别多"，有时候妞妞写到晚上十点还写不完。妞妞每次写作业的时候，不是摸摸尺子，就是玩玩橡皮擦，要不就拿着笔帽盖上、拔开、盖上、拔开……乐此不疲。有一天晚上写作业的时候，姐姐又是这样不专心，都过了9点半了，姐姐还在写，为此，妈妈十分着急。照姐姐的这种速度，就是过了10点也写不完，那么她的睡眠时间就不能保证，肯定会影响她第二天的学习的。

妈妈严厉地催促了几次，但是姐姐却好像是在考验妈妈的耐心一样，仍然不紧不慢，做做停停，半天也完成不了一道题目。看着姐姐懒散的样子，妈妈怒火中烧，像狮子一样大声冲着姐姐喊起来："你到底要磨蹭到几点？你是故意的！今天不写完作业，就别想睡觉！"

看着妈妈那吓人的样子，姐姐"哇"的一声就哭了起来，一边哭一边说："我早做完有什么用，你也不让我玩。"听着姐姐的辩解，妈妈呆呆地站在那里，又伤心，又生气。

相信姐姐说出了很多孩子的心声，父母不要觉得孩子还小就不懂得找对策，其实孩子的心理远不是我们所看到的那样。在孩子还是婴儿的时候，就会"察言观色"；学会说话后更是懂得做一些让父母会表扬自己的事情；到了七八岁以后，孩子的心理已经成长了不少，对于父母的任务，他们总是会想方设法地赖掉。像姐姐在做作业的时候磨磨蹭蹭，其实正是对父母的一种反抗，她希望妈妈能够明白，自己如果能早点做完作业，可以有自己玩的时间。因此，当孩子做作业磨磨蹭蹭时，父母千万不能意气用事，一味地责骂，这样只会适得其反。要注意总结方式方法，从自身做起，慢慢地改正孩子做作业磨蹭的坏习惯。

如果孩子真的是因为做完之后还有更多的作业在等着自己而故意磨蹭的，父母可以给孩子留一点属于他们自己的时间，作用是显而易见的。只要孩子保质保量地完成了老师布置的作业，父母就将剩下的时间交给孩子自己去安排，让他们做自己喜欢的事情。养成这样的习惯后，孩子就会抓紧时间完成各项任务，因为早点写完作业就会有更多的时间玩了。久而久之，孩子就会慢慢改掉写作业磨蹭的坏习惯了。

当然，如果孩子对时间没有概念，也可能会造成写作业太慢。解决这个问题的办法只有一个，那就是让孩子自己安排时间。比如什么时间做作业，什么时间玩，清清楚楚地写下来。当然，由于年龄小，可能孩子想问题不够全面，父母可以在孩子订立时间表的时候提出一些建议，以便时间表能制订得更加科学。

孩子自己制订时间表，虽然少不了做作业的时间，但是也会有玩的时间，一般来说，孩子都会自觉遵守的。只要孩子能够按照自己制订的时间表行事，做作业磨磨蹭蹭的坏毛病就会逐渐消失了。

消除孩子的焦虑心理

焦虑是一种伴随即将发生的预感而产生的令人不愉快的情感，严重的焦虑表现为恐惧不安。心理学家曾经做过实验：如果把健康的兔子放在老虎旁边，无论如何照料兔子，兔子在恐惧心理影响下总会在不久后便死去，这种恐惧心理被心理学家称为"兔子效应"。

根据一项心理调查结果显示，目前我国有很大一部分孩子存在焦虑心理。就像上面所说的兔子一样，孩子的焦虑心理也是来自不祥预感而产生的不愉快情感，从而使孩子的学习和健康成长受到严重负面影响。

在现实生活中，考试焦虑是目前孩子存在的最为普遍的心理问题之一。他们大多会感到不同程度的学习困难，如记忆力下降、精神不集中、注意力分散等。有的孩子会出现"记得很熟的知识怎么也想不起来""题目看了很多遍，却不知道是什么意思"等状况。与此同时，孩子身上还会出现一些生理反应，比如容易疲倦、厌食、心跳加速等。孩子之所以会出现考试焦虑，大多是由于考前准备不足，对自己缺乏信心，以至于考试前紧张，考场发挥失常。

有心理专家认为，那些学习基础比较差、性格比较内向、学习方法不够灵活的孩子容易产生考试焦虑。他们往往比较敏感、多虑，对自己缺乏信心。根据调查显示，有这种考试焦虑的孩子大多数是中等生和少数优等生。对中等生来说，一方面他们因担心考不好会沦为后进生、会被人瞧不起而有强烈的学习愿望；另一方面，又因为焦虑心理而无法克服学习困难，完不成学习任务，进而担心考不好。另外，对于少数优等生来说，他们过分注重自己的考试成绩，担心自己考不好而影响自己在老师、同学以及父母心中的地位，导致对分数患得患失、焦虑不已，即使他们平时的成绩很好，在考试前也很容易陷入紧张状态。

因此，老师、学生以及父母应该正视学习焦虑所带来的负面影响。教师及父母应努力做好学生的心理疏导，缓解学生的压力、焦虑，使学生健康成长。学生应该要了解学习是一个过程，知识的积累、能力的提高要有一定的积累过程，从量高到质高，欲速则不达。因此，首先要做好眼前的事，注意学习过程，不要过分注重结果，要登上高山，最重要的是登好每一级台阶，要相信"功到自然成""水到渠成"。另外，在确定自己的奋斗目标的时候，要认真客观地分析学习状况、知识掌握程度、各科的优劣势，在年级、班级所处的位置，根据分析，务实地制定一个目标，调整自我期待水平，保持一颗平常心。因为每个人的实际情况不同，不要去在意别人如何，自己的现在与自己的过去相比有进步即可。

当然，孩子也要适当做些心理训练，掌握一定调节情绪的方法，使自己能够运用意念控制、调整呼吸等方法来松弛躯体，调整情绪，转移注意力，提高记忆力，缓解神经过度兴奋，以达到调整心理的目的。

培养孩子独立思考的能力

爱因斯坦曾经说过："学会独立思考和独立判断比获得知识更为重要。不下决心培养思考习惯的人，将失去生活的最大乐趣。"孩子只有善于独立思考，才会有很强的处理问题的能力，才能从生活中收获良多。所谓成功者大多也都具有个性的思想，以及独立思考和判断的能力。所以，父母一定要从小培养孩子的独立思考能力，让孩子在学习和生活中有更多自己的主见。

良好的思维能力胜过掌握更多的知识，因为知识只有被运用时才是有价值的。

一位心理工作者去一所学校调查小学生的自主性状况，在被调查的150名学生中，当被问到在学习和生活中遇到的难题一时解决不了该怎么办时，150名学生几乎都是这样回答的：有困难当然是让父母来解决。当被问到今后准备从事什么样的职业时，竟也有70%的孩子说要先回家问问父母，自己不知道以后要干什么。独立思考的能力已经是现在很多孩子综合素质中的一个不容忽视的弱项。

孩子在小的时候还没有独立意识，所以自然缺乏独立思考的能力。但是，孩子在3岁左右开始出现独立意识，到了7～8岁的时候，孩子的独立意识进一步发展。在13岁之前的孩子是有一定的独立意识的，对于生活和学习中的一些事情，也应该有一定的思考能力。虽然孩子的心理发育不成熟，很多事情自己思考可能并没法做到全面、准确，于是，很多父母觉得孩子并没有思考的能力，什么事情都替孩子想好，让孩子按照父母的想法来做事。结果，孩子长大了还是什么事情都依赖父母，自己遇到任何问题都没有想办法解决的习惯，而是回家问父母。这将对孩子以后的学习和生活会带来极其不利的影响，因为父母不可能一辈子都给孩子出谋划策。

许多父母出于对孩子的宠爱，事事都为孩子代劳，导致许多孩子没有独立思考的习惯。这样的孩子不仅依赖性越来越强，长大之后，很可能会因为缺乏独立思考的能力而成为一个优柔寡断、毫无主见的人。独立思考的能力在一个人的成长过程中是一项很重要的能力。孩子独立思考的习惯是需要从小就开始培养的。

一天，慧慧的爸爸在一本书上看到了德国数学家高斯的故事。当他看到高斯在8岁的时候就发现了著名的数学定理时，感到十分吃惊。这时，还在上小学三年级的慧慧恰巧走了过来。他喊住慧慧，说："爸爸考你一个问题好不好？""什么问题？"慧慧歪着脑袋天真地问。"从1到100这100个数相加等于多少？你算给爸爸看看好吗？"爸爸便把高斯曾经遇到的问题说了出来。

慧慧拿起纸和笔认真地算了起来，算了好一会儿，她有些着急了，说："这个算起来也太麻烦了吧？"爸爸让她有点耐心，于是慧慧又继续算了起来。

过了很长时间慧慧终于大功告成了："我算出来了，是5050，对吧？"

"嗯，不错，结果非常正确，但是就是时间长了一点，你能不能想出一个又快又能得出准确结果的好方法呢？"爸爸开始引导慧慧进行思考。

"算数能有什么好方法啊？"慧慧有些好奇地问。

"你来看看，这些数字有没有特别的地方，或者是有什么规律呢？"爸爸一边说着，一边在纸上写："1+100，2+99，3+98……"

慧慧拿过爸爸手里的纸，聚精会神地看了起来。过了一会，慧慧似乎发现了什么，也拿起笔开始在纸上写了起来。然后，她若有所思地点点头，惊喜地对爸爸说："我知道了，爸爸我知道了，这有个规律，从1加到100，一共有50个101，正好是5050，对不对？"

"对！你看这样是不是简单多了？还特别省时间。"爸爸笑着对慧慧说。

"是啊，这真是一个好办法，爸爸，你太厉害了！"慧慧以为是爸爸想出来的好主意呢。

"可不是爸爸厉害，其实这是德国一个8岁的孩子发现的，他的名字叫高斯。他发现这个规律的时候比你还小呢。不过，现在你也发现了，爸爸相信你以后还会有更多更好的发现！"爸爸希望通过这件事情能让慧慧在以后遇到问题的时候更多地去思考。

"嗯，我一定要向他学习，以后我也会发现好的规律的。"慧慧坚定地对爸爸说。

就像慧慧的爸爸一样，父母要善于给孩子提问题，然后通过适当的指导，鼓励孩子得出最后的结论。这样不仅可以让孩子学到许多新的知识，还能培养孩子独立思考的能力和习惯，有助于孩子心理的快速发展。

如果一个人会思考，那么在做事、学习上就容易获得成功。所以，父母要给孩子营造一个思考的空间，放开手，让孩子大胆地去想，并认真倾听孩子的想法。父母不要把孩子的一切都安排得十分妥帖和周到，要让孩子自己去考虑，这样才有助于培养孩子独立思考的习惯。只有学会了独立思考，孩子才能更好地学习和生活。

帮孩子克服厌学情绪的办法

在现实生活中，有的孩子一提到上学就会感觉浑身难受，出现肚子疼、出汗、失眠等症状，到医院做检查却发现孩子的身体没有问题。这个时候，父母就应该引起注意了：孩子很有可能得了厌学症。

厌学症是目前青少年儿童诸多学习心理障碍中最普遍的问题，是青少年儿童最为常见的心理疾病之一。从心理学角度来看，厌学症是指孩子消极对待学习活动的行为反应，主要表现为对学习存在偏差，情感上消极对待学习，行为上主动远离学习。患有厌学症的孩子往往会对学习失去兴趣，他们没有明确的学习目的，恨书、恨老师、恨学校，严重者甚至一提到上学就会恶心、头昏、脾气暴躁、歇斯底里。

一般来说，引发孩子厌学症的原因有很多。从主观方面来说，现在的孩子从小养尊处优，自身比较懒惰，怕苦怕累，总是觉得学习是一件很苦很累而且十分乏味的事情，一看到书本就头疼，总是想找机会逃避学习，甚至出现逃课、逃学的情况。也有的孩子在学习上付出了很大的努力，但是由于方式方法的不正确或者不适合自己，每次考试的成绩并不理想，他们就会觉得自己并不是学习的材料，于是开始厌倦学习。从客观方面来说，现在社会高速发展，娱乐设施齐全，在校外的网吧、电子游戏室等对孩子的吸引力太大，以至于很多孩子逃课去上网玩游戏。也有的父母对孩子的期望过高，总是逼着孩子去学习，不给孩子休息和娱乐的时间，造成孩子的负担过重，没有时间放松，使得孩子对学习产生逆反心理和厌倦心理。

开学上小学四年级的康康有些不对劲，以前的康康学习十分自觉，从来不用父母督促，总是回家就先写作业，有时还会主动学习一些课外的知识。他的成绩也一直不错，虽说不是第一名，但是每次也都在前几名，父母也十分知足，并没有要求康康一定要得第一名。

但是前几天放学回家的时候，康康的脸色十分难看，并且这几天康康回家也不写作业了，总是回到家就躲进自己的卧室，一直到妈妈喊他吃饭才出来，吃完饭就又回房间了。开始的时候父母以为是他的作业太多，他在写作业呢。直到有一次晚上妈妈拿着水果进康康的房间，看到康康躺在床上发呆，书包还好好地放在桌子上呢。妈妈就随口说了句："发什么呆呀？作业写完了吗？"康康还是在发呆，根本看都不看妈妈一眼，妈妈有些生气了，就走过去掀起康康盖在身上的被子，说："妈妈问你话呢，写完作业了吗？"没想到康康一下就跳起来，十分生气地大声喊："写作业，写作业，整天就知道写作业。我不愿意写作业，我也不想上学了。"妈妈吓了一跳，不知道康康为什么发这么大的脾气，而且还说不愿意上学了，这不应该是康康会有的想法啊，父母一直觉得康康成绩好，一定不会不愿意上学的。

为了弄清楚原因，妈妈主动给康康的班主任打了电话，希望了解康康在学校的情况。通过班主任，妈妈才知道最近康康在课堂上的表现也十分糟糕，整天无精打采，经常在课堂上看漫画书。

了解到这些之后，父母和康康耐心地谈了一下。原来，康康每次考试成绩都不错，父母都因此而非常开心，还经常在亲戚面前表扬自己，这让康康的压力十分大，认为只有自己好好学习、成绩好父母才会开心。可是自从上了四年级之后，很多时候康康都觉得很累，老师讲的内容很多时候康康根本消化不了，课程太多，自己根本就没有时间在课下慢慢消化，问题越攒越多，自己干脆就不愿意学了。

相信很多家长都会遇到这样的问题，原本听话的孩子忽然就不愿意学习了。其实，从上面的例子中也可以看出，孩子之所以不愿意学习，大多是因为自身的压力太大，加上课程紧张，结果自己就选择"破罐破摔"了。有关心理教育专家也表示，随着课程的增多，学习内容也相对增加，学习的难度也变大，这是学生产生两极分化的关键阶段。在这一段时间里，学习成绩好的同学开始显山露水，而跟不上学习进度的同学就很容易产生厌学情绪。

在帮助孩子克服厌学情绪的过程中，父母应该明白孩子的学习不是一下子就能提上去的，因此要对孩子有耐心，要反复说服孩子。父母如果对孩子的信心不足，或者对孩子采取放弃的态度，那孩子就可能真的是"破罐破摔"了。对厌学的孩子，切不可"批"字当头、"罚"字当头。要实事求是地看到孩子的优点和微小的进步，及时给孩子肯定，使孩子有成就感，逐步提高自信心，由"厌学"变成"喜学"，这样孩子的厌学问题就可以得到解决了。

缓解孩子的学习压力

孩子本应该是无忧无虑的，但是孩子真的就是一点压力都没有吗？不是的，孩子是有压力的，尤其是在上学之后，特别是学习成绩不好的孩子，他们会面临着来自各方面的压力。但很多父母并不能看到压在孩子身上的这种沉重压力，甚至有很多父母会认为，孩子只有紧张，紧张，再紧张，才能激发潜能，跟上大家学习的步伐。这也就是大多数人会认为的"有了压力，才会有动力"，殊不知，如果孩子的生活学习中充满了压力，他们就会逐渐迷失自我，甚至出现心理问题。

孩子产生的心理压力将直接影响学习和成绩。很多厌学和逃学的孩子一般都是因为压力过大而学习又跟不上，经常受到老师的批评，父母的责怪以及同学的轻视。面对这几方面的压力，很多孩子索性选择"破罐破摔"，也就出现了所谓的逃课现象。

所以，作为孩子的父母应该要看到孩子的学习压力，要主动给孩子减压，这样就不会使孩子彻底地瘫倒在压力的泥潭中。孩子大都是带着压力来学习的，当压力达到一定程度的时候，这就必须及时地去帮助孩子去排解。不然，孩子就会承受不起，进而产生厌学情绪，以至于出现逃学的行为。所以，父母要及时了解孩子的压力，学会给孩子释压。

在孩子上学后，一般7~8岁之后的孩子心理已经逐渐发展，自我意识进一步加强，开始十分看重自尊心。因此，父母想要给孩子释压，首先要面临的就是既能达到给孩子缓解压力的目标，又要保护好孩子的自尊心。现在有些父母见不得孩子有一点点的错，一旦孩子犯错就会使劲批评孩子，恨不能让孩子抬不起头来。要知道父母给孩子多一份尊重，孩子就会多一份自尊，多一份快乐。遇到问题的时候，要使孩子有一个心理准备的时间和心理缓冲的过程。孩子有错的时候父母不要一味地批评，应该引导孩子学会自我反思，一分为二地看待问题。父母要明白，孩子虽然年龄小，但也是一个独立的个体，在人格上和父母等成年人是平等的。

另外，想要给孩子释压还有一点非常重要，那就是父母要降低自己的期望值。这就要从社会现状说起，现在的家庭中，孩子从小就在父母的期望中长大，而很多父母有一个共同的特点就是很喜欢为孩子牺牲：为了孩子，妈妈放弃了工作，爸爸放弃了外出派遣的机会……这就让父母对孩子的期望更多了一点，希望自己的付出能够有所回报，而最好的回报就是孩子的成功。另外，很多父母会把自己的梦想加注在孩子的身上，自己当年没有实现的愿望希望孩子可以做到。因此，这些孩子的身上背负了太多的期望。然而，不可能每一个人都能考上北大、清华，不是每一个人都能成为出类拔萃的精英。父母在看待孩子的时候应该客观一点，应该尊重孩子本身的兴趣，让孩子能够正直、健康地成长才是最重要的事情。

当然，给孩子减压不只是父母的责任，孩子的学习压力也并不全是父母给的，有的压力是学校、老师给的。因此，给孩子减压是学校、社会和家庭共同的责任。当然，最重要的还是父母的作用。学生和老师之间总会产生一些矛盾，这很正常。关键是父母要及时与孩子的老师沟通，弄清楚矛盾的原因，及时化解矛盾。孩子一般不愿意和父母讲自己在学校的情况，老师也没有太多的机会及时与孩子的父母沟通，父母又没有察觉到孩子的心理变化，几个方面一耽搁，做疏导工作的机会就会贻误了。所以，还是需要父母在平时多观察孩子，了解孩子的心理变化，并及时与孩子的老师联系，做好沟通。

只要孩子的家长和老师给孩子的压力减小后，孩子的心态就会大不一样，孩子就会有一份自信，这能让孩子抛去心理的包袱，在学习的道路上也就跑得更快了。

第七章
良好的社交能力助力
孩子成长

自卑的孩子没有自信

有很多孩子，他们在心里不相信自己的能力，害怕在做事时失败，在学习或社交活动中也表现出一定的退缩。这样的孩子，在做事情的过程中，只要遇到一点挫折，就会轻易放弃，更是无法说服自己去做一件比较困难的事情。虽然这样的孩子内心中也十分渴望成功，但由于对自己的能力缺乏信心，往往会认为自己不行，就算自己努力去做也是白费力气，失败了还会被人看笑话，不如早早退出的好，所以他们不去参与任何有挑战性的活动。这样的孩子在集体生活中能不露面就绝对不会露面，也很少主动与同伴交往。一般来说，这样的孩子没有太多的朋友，或者过分依赖于某一个能保护自己的同伴。这种对自己没有信心的孩子，他们的心理往往是自卑的。

从心理学的角度来看，自卑属于一种性格缺陷，具体表现为对自己的能力和品质评价过低，缺乏正确的认识。孩子过多地否定和贬低自己而抬高别人，影响了对自己正确、客观的判断，不能客观地、正确地看待自己和周围的人和事，这会影响到孩子的健康成长。这种自卑的心理在日常生活中具体体现为胆小懦弱、办事无胆量、畏首畏尾、随声附和、没有自己的主见，犯错误就一味认为是自己的不好，进而陷入一种自我谴责的泥潭中不能自拔。在这种性格缺陷下，孩子就会像一株生长在阴暗角落里的含羞草，终日见不到光明和希望，只能无助地自怨自艾。自卑对孩子全面的健康发展是极其不利的，长此以往，孩子将会因此丧失勇气和信心。而且，一旦孩子对自己某方面的能力丧失信心，可能就会连带着对自己其他方面的能力也丧失信心，最后造成多方面甚至全面的落伍。如果发展到严重丧失自信心的地步，孩子还会出现更多生理上或心理上的异常。所以，父母对此要尤其注意，应该尽快并且彻底地帮助孩子摆脱自卑的阴影。

然而，对于孩子的自卑心理，很多父母由于忙于工作，很少会注意到孩子的这种现象，或者有的父母根本就无法理解孩子的这种心理，更谈不上能尽早发现而去及时补救孩子的缺失。更有很多父母任由孩子的自卑心理伴随孩子成长，他们不知道这样不仅会使孩子得不到很好的成长，还会给孩子成人后的生活带来更大的痛苦和折磨。

张林已经上三年级了，成绩也非常不错，可就是胆子小，最大的问题是上课时极少发言，就算老师点名让他来回答问题，他也是支支吾吾，明明答案说得很对，但是他却像是不知道答案一样害怕。在班里做别的事情他也是这样畏畏缩缩的。在家里的时候，妈妈就是让他接一下电话，他也是拿着手机不说话，即使说了，声音也小得几乎听不到；如果家里来了客人，张林就躲到自己的房间不肯出来，就算客人中有和他年龄相仿的孩子，张林也不出来和对方玩。妈妈看到张林这样胆小，就到学校和老师商量，试图改变他这种自卑胆小的状况。

于是班主任老师特意找他谈话，希望张林担任班里的副班长，负责班里的卫生工作，可是张林死活不肯，站在老师面前，一副不知所措的样子。老师坚持让他做副班长，张林竟然流起眼泪来，老师只好作罢。老师建议张林的妈妈先找到孩子自卑的根源，这样才能对症下药。

原来，张林从小就体弱多病，妈妈几乎是含着泪水看着他长大的，为此还辞去了自己的工作，专门在家抚养张林。妈妈觉得自己为这个孩子付出太多了，因此，妈妈对张林抱有很大的期望，对张林的要求也非常严格，不允许张林做错事，不允许他贪玩，更不允许张林的成绩落后于别人。妈妈完全用一个完美的标准来要求张林，只有在他表现得非常优秀的时候，妈妈才会感到欣慰；如果张林没有表现好，妈妈就会很生气，就用打骂、挖苦、吓唬的手段来"教育"他。久而久之，张林自己就不愿意出去玩了，也不愿意说话了，每天就是待在房间里学习。刚开始的时候，妈妈感到十分欣慰，觉得张林特别懂事，知道鞭策自己的学习。然而，时间长了，孩子就变成了现在的这个样子，想改也不知道怎么才能帮他改过来了。

通过上面的这个例子，我们可以了解到父母对孩子自卑心理的形成有很大的作用。13岁之前的孩子，还不能客观地对自己进行评价，他们更多的是通过父母的态度和评价来认识自己，因而父母的态度和评价，对于孩子自卑心理的产生，具有重要的诱发和强化作用。张林就是这样的一个例子，妈妈在他表现不好的时候总是打骂、挖苦、吓唬他，让张林觉得自己一直不够优秀，因此逐渐产生自卑心理。在父母看来，孩子似乎永远都是无忧无虑的，因为自己把孩子照顾得很好。但事实上，孩子也有孩子的苦恼，自卑就是其中最可怕的一种。很多孩子在生活和学习上存在困境，都是因为他们对自己的信心不足，尽管不是本身没有什么缺陷或短处使孩子自惭形秽，可孩子仍会感到自己就是比别人差。自卑的孩子通常会认为自己在某一方面或多个方面不如别人，甚至样样不如别人，常以一种怀疑的眼光看待自己，而且对周围人言行、态度的反应也是格外敏感。这样的孩子往往在内心深处隐藏着永不消散的愁云。

孩子自卑心理的形成有着多种原因，其中主要是受家庭环境和他人对孩子的态度这两方面的影响。从这两方面中可以看出，父母在这中间起到很大的作用。这也就是说，孩子的自卑，父母往往要承担很大一部分的责任。但在现实中，很多父母意识不到孩子没有信心有时是由父母造成的，他们对孩子的这种心理不去教育也不去引导。孩子并不是生来就有自卑心理的，这种心理是后天教育不当造成的。孩子是脆弱的，他们很容易受到伤害，大人成熟的心理是体验不到的，他们可能觉得自己的举动很正常，对孩子的教育也很到位，并不知道他们有时正在"培养"着孩子的自卑心理。

　　孩子有了自卑心理，如果得不到及时的纠正，不仅有碍于孩子的健康成长，在孩子长大后也会因为这些不良的情绪而影响到孩子未来的家庭。要改变孩子的这种心理状况，最忌讳的就是用批评、斥责的语言，父母要随时随地用语言鼓励孩子去做一件事，成功了就多加赞赏；即使不成功，也要想方设法使孩子对失败感觉不到太大的压力。在做事的过程中找孩子的优点，使孩子有信心面对事情，这样才能充分发掘孩子的优势和潜能。

　　只要在矫正孩子的自卑心理时，多给孩子以赞赏，孩子就会慢慢地有胆量面对困难，孩子有信心了，"胆子"就会大起来，做事就会有主见，一个能干的孩子就会出现在父母的面前。

孩子没有倾听的耐心

在人们日常的语言交往活动中，"听"居于非常重要的地位，善于倾听在人际交往中是非常重要的。善于倾听他人意见的人，与他人的关系也会很融洽。因为倾听本身就是褒奖对方谈话的一种方式，能够耐心倾听对方的谈话，等于告诉对方"你是一个值得我倾听你讲话的人"。

或人在倾听的过程中，可以掌握对方的信息，弥补自己的不足，不断完善自己；孩子也是如此，尤其是孩子在上学之后，他们需要懂一些交际的技巧，而倾听无疑是最重要的。但对于13岁之前的孩子来说，他们的心理发展还不成熟，自我控制能力和情绪控制能力还比较差，很难做到耐心倾听别人的谈话，总是率性而为，想到哪里说哪里，不管对方是不是正在讲话。很显然，这无论是对孩子的人际交往，还是对孩子良好个性的形成都是十分不利的。

想要让孩子学会倾听，就必须要让孩子有耐心。然而，对于心理发展不成熟的孩子，特别是低龄儿童，他们喜欢亲自动手去探索、实践，但是在活动中却常常缺乏耐心，更别说是耐心倾听别人的讲话了。孩子往往是刚开始兴趣十足，但只有3分钟热度，有时连3分钟都没到就失去了耐心。其实，这和孩子的注意力不集中有一定的关系，每个年龄段的孩子，注意力集中的时间长短都有所不同，如果孩子集中注意力的时间太短，就很难做到倾听别人讲话这件事情。

在心理学上有一个半途效应，说的是人在激励发展过程中达到半途的时候，由于心理因素以及环境的交互作用而导致目标行为中止。具体到孩子身上，就是事情做了没多长时间，想到其他事情就会放弃手中的事情，或者遇到一点困难就会停止。在倾听这件事上，就是说孩子刚开始的时候可能会认真听，但如果自己想到了别的内容，或者身体、环境出现影响因素，孩子就会对倾听失去耐心。针对孩子的这种情况，父母可以利用日常生活中的一些小事来引导孩子，先培养孩子耐心、认真做事的习惯，并形成良好的做事态度，逐渐转移到耐心倾听上，让孩子学会倾听。

寒寒已经上幼儿园了，在学校里学会了很多的知识，会唱歌、讲故事，于是整天缠着妈妈，让妈妈听他讲故事或者唱歌、背古诗等。妈妈有的时候有些忙，就会让寒寒出去玩一会，寒寒就会把目标转移到别人的身上。原本父母也没有特别在意，这么大的孩子本来就是十分爱表现自己的。

但是最近这一段时间，妈妈却感到十分忧愁。因为妈妈发现寒寒总是喜欢自己说，想什么时候说就什么时候说；当别人说话的时候，寒寒也不认真听，听着听着就开始插话，或者去做别的事情去；哪怕是妈妈在教育他的时候，寒寒也是经常走神！在家人面前还好，可寒寒无论对方是谁，都这样我行我素。有一次家里来了客人，是妈妈的同事，有点事想找寒寒的妈妈帮忙。妈妈陪着同事在说话，寒寒在一边玩玩具，刚开始的时候还好好的，但是寒寒玩烦了之后，也不管妈妈正在和客人讲话，就直接开始插话让妈妈去给自己拿水果吃。妈妈给他水果之后，他坐在妈妈身边开始听妈妈和客人谈话，时不时就插上两句，让妈妈感到十分尴尬。

还有前几天妈妈去幼儿园接寒寒，老师也告诉妈妈说寒寒最近上课的时候听讲十分不认真，总是打断老师讲课，弄得课堂秩序非常不好，希望家长可以帮助教育一下。妈妈这才意识到问题的严重性，但却不知道用什么方法才能让寒寒好好听别人讲话，或者插话抢话让对方无法完整表达自己的意思。

寒寒这样的例子在生活中是十分常见的。在日常生活中，我们往往会发现许多孩子非常善于表达自己，就像寒寒一样，说起自己的事情滔滔不绝，但是却不懂得倾听，甚至不愿意倾听别人的建议和忠告，所以无法在人际交往中体现出真诚的态度。事实上，每一位父母都应该培养孩子倾听的习惯，特别是在孩子13岁之前，它将使孩子受益终生，尤其是对于那些只善于夸夸其谈、只顾表现自己的孩子，做父母的更要让孩子学会倾听。倾听他人是孩子必须具备的美德。孩子要与人融洽相处，流畅地交流，必须要先学会倾听。在倾听他人的过程中，孩子不仅可以从他人的言语中学到更多的知识，更能学到他人为人处事的态度与原则。

从上文中我们已经知道，要让孩子学会倾听，就必须先培养孩子的耐心。孩子的年龄小，稳定性差，注意力不集中，容易被新鲜的事物所吸引，自我控制能力差，这些都有可能会让孩子失去耐心。因此，父母要帮助孩子排除各种可能导致孩子失去耐心的因素，让孩子学会全神贯注地做事情，这样在孩子与人交谈的时候，也就可以集中精力，做到认真倾听了。比如，平时在孩子哭闹的时候，父母不要总是用转移注意力的方式去安抚孩子，否则容易影响孩子的注意力。在孩子专心致志做某件事情的时候，要尽量避免干扰孩子，像玩具、食物、电视等容易分散注意力的事物要远离孩子。当孩子对某些事物表现出浓厚的兴趣时，父母要适时引导、鼓励孩子坚持下去。久而久之，孩子就会变得有耐心。

当然，孩子的许多习惯都能从父母的身上找到影子，为了让孩子学会倾听，父母要特别注意言传身教，要做一个耐心、专心、悉心的倾听者，好的父母无一例外都是耐心的倾听者。当孩子说话的时候，父母要专心倾听，无论孩子说的是对是错，是流畅还是吞吞吐吐，绝不应该在孩子说话的时候做其他事或轻易打断孩了。在倾听孩子说话的时候还要注意，父母一定要端正态度，千万不要一副表面上倾听、实际上千方百计想出理由来反驳孩子的样子，完全不顾及孩子的感受，总是否定孩子的想法，这样孩子便不会再主动与父母交流了。

孩子不喜欢分享

一个人不能总是以自我为中心，我们生活在社会上，有赖于与他人的互惠互利。有句话说得好"送人玫瑰，手留余香"，送花的人不仅分享了玫瑰的花香和美丽，还收获了友情和快乐。分享是孩子应该养成的一种良好的品质。不会分享的孩子往往不合群，在交往上也不会顺利，孩子会因为不被同伴接纳而感到孤独，渐渐地也就容易封闭自己。

然而，现在的孩子大多数是独生子女，从小独自拥有食物、玩具、空间，还有父母全部的爱，没有和兄弟姐妹分享的机会，在这样的环境下，孩子很容易成长为自私霸道的人。如今，孩子以自我为中心的现象越来越成为困扰家长的问题，所以，父母要重视培养孩子与人分享的习惯。

也有很多父母习惯把孩子不懂得分享看成是孩子的品行问题，这是完全错误的。孩子的"自私"是将来学会分享的必经之路，他们要经过这样一个心智成长的历程，才能慢慢领悟，学会分享。

尤其是3岁左右的孩子，他们正是自我意识的发展阶段，由依恋逐渐迈向独立。在这个阶段，孩子开始建立"所有权"的概念，开始明确我、我的、我的东西。在他们心中，所有拿到他手里的东西都是"我的"，他意识不到别人也有"我的"，也不明白为什么要和别人分享。建立分享意识需要一个漫长的过程，孩子要先分清楚哪些是"我的"，哪些不是"我的"，然后才能在一个不断重复和练习的过程中，逐渐体会到分享的快乐。

由于3岁左右的孩子心理还不成熟，在他们的认知中，没有"借"与"还"的概念，他们认为东西一旦离开自己就不再属于自己了，当然，拿到自己手里的东西也自然成了"我的"，不肯归还。所以，父母应该先让孩子明白分享不是失去而是互利，让孩子在感受爱的温暖和快乐的同时，也要帮助孩子学会爱别人、帮助别人。

在心理学上有一个效应被称为"拆屋效应"，就是说要求一个人拆屋顶他不会同意，转而提出开天窗他就会同意，这种先提出不合理的要求，接着提出较小、较少的要求，就容易被人们所接受了。在孩子不喜欢与人分享这件事情上，父母可以照此效应，先对孩子提出较大的分享要求，孩子不答应后再提出较小的要求，一般情况下，孩子就会接受这个较小的要求了。

天天现在已经3岁了，在上幼儿园小班，他可是家里的宝贝疙瘩，家人们对他宠爱有加，什么好吃的、好玩的都给他留着。长此以往，使天天形成了一个习惯：好吃的、好玩的就应该是他的，从来不与别人分享，即使是自己的父母也不行。

有一次，妈妈买了一袋糖，天天很喜欢吃，就拿着袋子不放手。妈妈觉得糖吃多了对孩子不好，就对天天说："宝贝，有这么多糖，给妈妈吃一个吧。"天天把糖抱在自己的怀里，就是不肯给妈妈。妈妈开导天天说："妈妈对你那么好，疼爱你、照顾你，你不给妈妈吃吗？"天天听后，觉得很委屈，眼泪都要掉下来了。见到天天这个样子，妈妈只好作罢："好了，好了，不给妈妈吃，天天吃。"

叔叔家的小弟弟正好比天天小一岁，一天，妈妈收拾了一下天天小时候的衣服、鞋子和玩具，把它们都装到一个箱子里，准备送给小弟弟。一听说要把自己的东西送给别人，天天不干了，他紧紧地抱住箱子，说："这是我的，这是我的，不给他。"妈妈对他说："这些都是你小时候的东西，现在你已经用不到了，正好可以给弟弟穿。这样多好啊，就给他好吗？""我不，这是我的！"天天仍然不同意，抱着箱子不肯松手，就是不让妈妈把那些东西拿走。

在幼儿园里，天天也是非常小气。幼儿园的老师经常对妈妈说，天天不随便拿别人的东西，但是也不让别人拿他的东西。有时候同桌的文具没有带全，想向天天借画笔或者橡皮，可天天却把自己的东西护得紧紧的，怎么都不肯借给别人。看到天天这样不懂得分享，天天的父母真的不知道该怎么办才好了。

孩子不懂得分享，不懂得礼尚往来，不懂得拓展良好的人际关系，往往让父母觉得既尴尬又生气，认为孩子小气，同时也担心孩子在以后的待人处世中能力不足。其实，这也不只是孩子的问题，也与家庭的教育有关。就像是例子中的天天一样，是家里的独生子，很容易养成吃"独食"的习惯，形成"一人独大"的性格。因为缺少与朋友分享的机会，再加上父母对孩子的溺爱，过度满足，都可能造成孩子以自我为中心的自私性格，只从自己的角度考虑问题，不会顾及周围人的感受。孩子长大之后，很容易因遭受挫折或打击而一蹶不振。

虽然自私是孩子自然的心理成长阶段，但父母还是要进行引导，帮助孩子及早学会分享，对孩子偶尔表现出的分享品质表示赞赏和鼓励，从而强化孩子的这一行为品质。父母要帮助孩子从一点点的分享行为发展到不断地、自发地产生分享的动机和行为。

比如，孩子拿着吃的递到家长嘴边的时候，家长一定要咬一口，然后称赞孩子："宝宝能把自己的东西跟爸爸（妈妈）分享，真是好孩子！"当然，不只是言语上的赞美，还可以用赞许的眼神、灿烂的笑容、微笑点头等方式赞美孩子的分享行为，这些都能让孩子受到很大的鼓励，从而进一步强化分享的动机和行为，使他们能自觉地与他人分享。当然，孩子还不懂得分享的道理，父母一定要有耐心，慢慢引导孩子，切忌因为一块饼干、一个玩具就给孩子贴上"自私"的标签。

另外，在教育孩子让他与别人分享某些东西的时候，父母应该用商量的口吻和孩子谈，让孩子心甘情愿地与他人分享，千万不能强制执行。如果强制要求孩子把自己的东西和别人分享，让孩子不情愿地把东西分给他人，会给孩子的心灵造成伤害，给孩子带来巨大的恐惧感和危机感。还有可能让孩子产生这样的想法：我的东西被强行分给了别人，我也可以强行得到别人的东西。如此一来，分享就变成了交换，甚至是霸占，造成适得其反的效果。在以后的生活中，孩子还会把自己的东西看护得更紧，与父母之间产生隔阂，影响亲子关系。

孩子是自己东西的主人，他有权决定是否分享。分享是优点，不分享也没有错。所以，父母在教育孩子的时候，不能要求孩子把自己的东西无限分享。可以教给孩子分享的好处，能够表示友好，可以交到更多的朋友等，但不要强制孩子进行分享。

孩子学会了骂人

骂人是一种极其不文明的行为，轻者有伤和气、重者引发他人的怨恨和报复。生活中的许多人际冲突常常是从互骂开始的。但是，在现实生活中，却有很多家长对孩子张口就骂人的行为熟视无睹，尤其是对那些刚开始学说话的幼儿，在听到他们偶尔学说一两句骂人的话时，甚至感到很有意思。这是非常错误的，时间一长，孩子就很容易养成骂人的恶习。对此，家长一定要引起重视，从小纠正孩子骂人的习惯。

孩子在2~3岁的时候，模仿能力以及好奇心都比较强，有时在听到别人说了一句脏话之后，哪怕他并不清楚这句话的意思，而为了模仿大人，于是就跟着学了。当然，孩子并不明白这句话的含义，也没有意识到自己说话不文明。但是，若孩子在说这句脏话的时候，引起了周围人的哄然大笑或是受到了训斥，那么孩子肯定会认为自己说的话很好玩、很有趣或者能引起别人的注意，因此就会出现"越不让他说，他却说得越厉害"的情况。

这是孩子在这个年龄段的普遍心理状况，就是希望引起别人对自己的注意，不管是动作还是语言，只要能让别人关注自己，孩子就会重复地做或者说。虽然孩子小的时候并不理解脏话的含义，但是如果父母不加以制止，让孩子养成了说脏话的习惯，等孩子懂得所说的话的意义之后，就已经形成了固有的说话习惯，那个时候再让孩子改正就更难了。因此，父母应该采取一些有效的措施来制止孩子，使孩子健康成长。比如，可以给孩子讲道理，虽然这个年龄段的孩子未必能听懂太深奥的道理，但是如果父母用孩子能够理解的语言讲一些浅显的道理，孩子还是能够听懂的。可以告诉孩子说脏话不仅是一种不文明的行为，也是缺乏教养的表现。具体来说，父母可以这样告诉孩子："说脏话的孩子不是好孩子，爸爸妈妈会不喜欢，叔叔阿姨也会不喜欢。"这样简单的语言孩子还是可以理解和接受的。

当然，在制止孩子说脏话的时候，父母也要注意自己的态度和语气，虽然要及时使用严厉的语气制止孩子，但更需要注意的是，一定要用礼貌性的词语，如："请你不要再说这样的话""我不希望再次听到你说这样的话"等语言。这样的语言，可以给孩子一个心理上的反差，让孩子既明白父母的认真态度，也能感受到即使不满和愤怒也应当用文明的语言来表达。父母是孩子的第一任老师，家庭教育对孩子的成长十分重要，在孩子年龄小、心理发展不成熟的时候，父母的影响力对孩子至关重要。因此，父母在孩子面前，应时刻注意自己的行为举止，时刻给孩子一个良好的示范。

小雪上幼儿园才两个多月，虽然在幼儿园中小雪学会了很多本领，但也有很多不好的行为习惯。最近妈妈就发现，小雪的嘴里时不时地就会冒出一两句脏话来。刚开始的时候，妈妈很震惊，家里人并没有人说脏话，不知道小雪从哪里学来的，一个女孩子说脏话多不好啊。后来妈妈去接小雪放学的时候，注意了一下幼儿园的孩子，发现很多孩子都会说脏话，看来小雪就是在幼儿园中学会的。

有一次，表姐来家里找小雪玩。由于表姐长得胖乎乎的，小雪也不喊"姐姐"了，直接喊表姐"猪猪"。表姐的脸一下子就红了，但是内向害羞的表姐也只能默默地接受小雪没有礼貌并带有讽刺性的称呼。小雪和表姐一起玩赛车的游戏，她们每人手里都拿着一个遥控小汽车，看谁的小汽车跑得快。表姐没怎么玩过遥控小汽车，总是输给小雪。每当表姐输了的时候，小雪都会说："哎呀，你这个大笨猪。"气得表姐不跟她玩了。

一天晚上，已经过了该上床睡觉的时间了，小雪还赖在沙发上看电视。妈妈走过来，对小雪说："小雪，不要再看电视了，该去睡觉了。"谁知，小雪张口就说："我就要看，你滚！"妈妈没有想到女儿居然敢骂她，一把拉起小雪的胳膊就往卧室里拖。小雪又怕又气，她在妈妈的大手下挣扎着，嘴里还不断地哭喊着："大坏蛋，妈妈是个大坏蛋！""你再说妈妈是大坏蛋，妈妈就打你了。"尽管妈妈这样说，但是小雪仍然没有停止说脏话："你就是大坏蛋，大坏蛋……"

小雪经常这样出口成"脏"，越不让她说脏话，她就说得越起劲，即使教训一顿也无济于事。

一定有很多父母都有小雪妈妈的经历，孩子爱骂人让他们很是头疼。其实，每个孩子在成长的过程中都有过骂人的情况，这个年龄的孩子之所以会说脏话，都是单纯的模仿，即使他并不知道是什么意思也会学。就像小雪，以前不会说脏话，上幼儿园后跟着别人就学会了说脏话，如果让孩子远离说脏话的环境和人群，孩子自然就不会学说脏话了。

孩子为什么会说脏话？归根到底，还是受到了不良环境的影响。所以，父母可以采取环境隔离法，让孩子远离不良的语言环境，如此一来，杜绝了脏话的来源，切断了脏话的传播渠道，孩子也就不会再说脏话了。少了说脏话这一行为，相信孩子会在生活中更加讨人喜欢。

让孩子学会自己处理跟同学的矛盾

如何处理人际关系，是孩子为适应这个社会而必须要学会的能力。然而，现在的孩子大多是独生子女，父母对孩子的宠爱甚至达到了溺爱的地步，对孩子过度保护，不愿让孩子受到一丁点的委屈。于是，很多父母总是替孩子解决一切问题，还有的父母会因为孩子在幼儿园或者学校中受了委屈而找老师、找校长告状，或者是自己的孩子被别的孩子"欺负"了就找对方的家长理论，生怕孩子会吃亏，全权代理孩子的成长。然而，这并不利于孩子的心理成长。

孩子在 13 岁之前的是非判断能力不强，年龄小一些的孩子更是如此，特别是 2～3 岁的孩子更是几乎没有辨别是非的能力，如果父母一味地袒护，会让孩子认为自己这样做是可以的，父母能帮他解决一切困难。久而久之，孩子就会养成专横跋扈、自私自利的心理性格，渐渐的别的小朋友也都不愿意跟他玩了。时间一长，孩子就会觉得孤独苦闷，可也不知道怎样才能和别人友好相处，孩子就会慢慢地被孤立，这样很容易造成孩子孤独、自闭的心理，对孩子的成长十分不利。

另外，如果孩子之间只要一发生冲突父母就去干涉，就会剥夺孩子自己探索、自我学习的权利，更会让孩子对父母产生依赖，什么事情都要父母去替他们解决。一遇到问题，孩子不是先动脑子想解决的办法，而是先想到父母。但是，毕竟父母不能帮孩子解决一切问题。所以，这样的孩子在生活中表现出来的是退缩、怯懦，他们的心理承受能力十分差，甚至产生自卑的心理，完全不能独立解决问题。

孩子的心理与大人是不同的，很多孩子前一分钟还在吵架，可抹完泪水就和好如初了。所以，用大人的处理方式来处理孩子之间的矛盾并不合适。很多时候，孩子之间未必有多大的矛盾，反而因为父母的不正确介入使矛盾由小变大。小朋友之间产生矛盾是难免的，父母要慢慢让孩子学会自己处理矛盾。孩子的社交能力必须在实践中才能发展起来，父母包办代劳、事事为孩子出头，是不可能让孩子学到任何交往技能的。

所以说，成长是孩子自己的事情，父母代替不了。父母应该放手，让孩子自己去解决矛盾，并从矛盾中学习如何与他人相处。

英子是家里唯一的孩子，从小就被爸爸妈妈、爷爷奶奶保护着。小的时候，每次他与小伙伴发生矛盾，父母都会想办法帮他“摆平”，不让他受半点儿委屈。

在英子上小学一年级的时候，一天放学爸爸去接英子放学，英子噘着嘴跟爸爸说小刚欺负自己了。爸爸发现英子的脸上确实有点擦伤的地方。这下爸爸可生气了，不过小刚已经被家长接走了。第二天，爸爸去送英子上学的时候，在学校门口正好碰到了小刚。爸爸就指着小刚问英子：“英子，昨天是他打的你吗？”“是的，就是他打我，打得我可疼了！”英子的话音还没有落，爸爸就走到小刚面前，警告他说：“以后再敢打我儿子，看我怎么收拾你！"英子转身朝着吓哭了的小刚扮了个鬼脸，跟着爸爸进学校了。

就是这样，父母总是全权处理英子跟别人的纷争，让英子养成了爱告状的坏习惯。一有问题，他就哭着回家找父母帮忙，在他的心里就有了父母能帮他解决一切困难的观念。逐渐地，英子变得不可一世、专横霸道，别的小朋友都不愿意和英子玩了。英子也觉得很孤独，但是自己又不知道怎么和别人相处，他总是用挑剔、苛责别人来维护自己脆弱的自尊心。于是，英子总是动不动就对人发脾气，在家里还好，家里的人都随着他的性子来，但是在学校里大家可不买他的账，都不愿意和他接触。英子总是受到同学的非议和排挤，最后，几乎完全被孤立在团体之外了。

通过上面的例子我们可以看出，代替孩子解决问题，一味地保护、偏袒孩子，最终伤害的还是孩子自己。英子的悲剧不能不令我们反思，在孩子还小的时候，他本来可以通过和伙伴之间的冲突来学习如何与人交往，但是父母剥夺了他成长的机会，以至于他在以后的生活中不懂得如何与人交往，更不能在人际交往中认识到自己与别人的关系，没有学会谦虚合作，最终导致了性格的扭曲，形成了心理问题。

所以说，当孩子和小伙伴之间出现问题的时候，父母应该冷静、客观地观察，不要急于出面，让孩子有充分的空间和时间去发挥自己的能力。父母要相信，孩子的潜能是无限的，要相信孩子有解决问题的能力。父母要明白，很多时候，孩子会有打人、踢人、推人的行为，这不仅是他们维护自身利益的一种条件反射，也是他们游戏的一部分。孩子之间的矛盾冲突是对事不对人的，并且孩子也不会因此记仇。

只要父母用心就会发现，孩子在处理冲突和矛盾的时候，会说出很多似是而非的道理。孩子虽然年龄小，但已经有了一定的道德准则，他们之所以会发生冲突，是因为他们觉得自己有理，说明孩子已经有了初步的是非观念。虽然这种观念还包含着孩子"自我""任性"的心理，但却能表达孩子真实的内心世界。所以，孩子在处理矛盾时，也是提高表达能力和思维能力的大好时机。

儿童发展心理学认为，儿童语言的发展不是一个自发的过程，而是在社会生活条件下，特别是教育条件下进行的。如果孩子小的时候没有进入小伙伴的群体，或者总是处于被人排挤的地位，那么孩子的语言表达能力就会相对较差。这是因为，孩子在讲道理、说服对方的过程中，大脑需要不断地思考"说什么""怎么说"。为了抢占先机，孩子在快速组织语言的过程中逐步学会分析、综合、演绎、归纳等最基本的思维方式，在孩子自己解决矛盾的过程中，孩子的语言能力也会得到很大的提高。由此可以看出，孩子为解决矛盾而吵架，也并非只有坏处。

因此，父母应该尊重孩子成长的规律，让孩子在与同伴的冲突和矛盾中不断成长。这种经历矛盾的经验会帮助孩子更好地认识自己所处的环境，让孩子在独自处理矛盾的过程中，通过不断地探索与尝试，获得一种处理问题的方法，加速孩子心理的成熟。

孩子不喜欢跟人合作

现代社会是一个讲究"双赢"的社会，人与人之间的合作是必不可少的。孩子进入社会以后，在与人相处的过程中，最需要的就是合作能力。

合作，指的是两个或两个以上的个体或群体为了实现共同目标或共同利益而自愿地结合在一起，通过彼此之间的相互配合而实现共同目标或共同利益的一种联合行动。对于孩子来说，合作就是在做游戏、学习的过程中，能够主动配合、分工合作，使得活动能够顺利进行下去，同时每个人都能从中实现自己的目标。

然而，在现代家庭中，因为绝大多数孩子是独生子女，所以他们之间的合作互助行为较为少见，更常见的是孩子的自私、自利、霸道、专横等行为。一谈起合作教育，一些父母就认为："只会合作不会竞争，肯定要吃亏！现在都是竞争的社会了，还谈什么合作？"殊不知，社会在发展，人与人合作的机会就会更多了，在当今社会中，合作比竞争更为重要。如何引导孩子学会与他人友好相处、学会合作是学校教育的重要内容，也是家庭教育永恒的课题。如果孩子不懂合作，那么将会严重制约孩子今后的发展。

长期以来，人们已经适应了这个充满竞争的社会，父母在教育孩子的时候，也会教孩子要有竞争意识，要取胜，要比同龄人更强。在这样的教育下，孩子就会认为帮助别人自己就会有所牺牲；别人得到了自己就一定会失去。其实，帮助别人就是强大自己，帮助别人就是在帮助自己，别人得到的并不是自己失去的。

著名心理学家阿德勒曾经说过："一个缺乏合作精神和合作能力的人，其职业生涯、人际关系以及爱情婚姻方面都会出现严重问题甚至遭到失败。"其实，就拿孩子的学习来说，如果孩子之间没有交流、没有合作，任何一个孩子都不可能取得很好的成绩。在游戏或者学习中，如果孩子们不懂得合作，就会不断出现冲突和矛盾，虽然孩子通过解决这些冲突和矛盾可以学会一些人际交往的能力，但是毕竟只有冲突没有合作，孩子不可能学会真正的人际交往。因此，在教育孩子的时候，还是应该教会孩子学会彼此合作，无论是在生活中还是在学习中。

贝贝是家里的独生女，平常总是自己一个人在家里玩，或者和父母玩，很少到外面去和别的小朋友玩。因此，她根本就不知道什么是合作，遇到困难的时候，也不知道该怎么去求助别人。

有一天，邻居家的孩子果果来家里玩。可是，贝贝还是自己在玩积木，而果果在玩一辆小汽车，两个人之间根本就没有交流。贝贝想搭一座城堡，可是搭来搭去都失败了，城堡总是没有搭好就倒塌了。急得贝贝皱起了小眉头，直接摔起积木来。果果看到之后，走过来想帮忙，贝贝却不领情，一把就推开了果果的手。妈妈看见贝贝这么没有礼貌，就告诉贝贝："果果哥哥会玩积木，能够搭很多漂亮的城堡，你去请果果来帮帮你好吗？""不要！"贝贝一边说着，一边把搭了一半的城堡全部推倒了。

过了一会儿，贝贝又开始玩起了洋娃娃，她耐心地给洋娃娃穿上漂亮的裙子，然后还带着她去"购物"，"回家"之后，贝贝开始着手为洋娃娃做饭吃。于是，贝贝就把小碗、勺子、塑料刀等全套的仿真厨房用具拿了出来，还到厨房里拿了几片菜叶子准备"做饭"。果果也想参与到"做饭"的游戏中来，就对贝贝说："咱们两个一起做饭吧，我来切菜。"贝贝还是不同意，噘着小嘴说："我切！"说着，就把果果手里的塑料刀拿了过来，自己切了起来。塑料刀根本就不锋利，切起菜来特别不好用，实在切不动了，贝贝就用小手撕，就是不肯请果果来帮忙。

贝贝总是这样，一点儿合作意识都没有，很多事情完全靠她自己根本就做不好，但是她就是不肯和别人一起做。妈妈想要改变她，却不知道该用什么样的办法才好。

父母若要培养孩子的合作能力，教给孩子合作中的规则和技巧十分重要。上面例子中贝贝的妈妈虽然想要改变孩子，想让贝贝学会合作，但是却不知道该用什么样的方法。没有了家长的方法指导，孩子自然更难学会与人合作，所以贝贝才什么事都不肯请别人帮忙。

在自然界中，有这么一种现象，一株植物单独生长，就会很矮小，而与众多同类植物一起生长，就会根深叶茂、生机盎然。人们把这种相互影响、相互促进的现象，称之为"共生效应"。

父母可以充分利用这种效应的原理，教会孩子在相互合作中获得发展。

父母可以通过增强孩子合作意识的方式，激发孩子的合作愿望。当孩子一个人玩的时候，可以引导他和别的孩子一起玩，让孩子通过合作获得更多的乐趣。比如，游戏是提高孩子合作能力最直接有效的活动，父母要鼓励孩子积极参加。在游戏的过程中，孩子可以逐步摆脱以自我为中心的思想，从一个人独自玩发展到与伙伴共同游戏，孩子的合作能力自然而然地就得到了发展。当然，假如孩子在游戏等活动中与伙伴们发生了争执和冲突，父母应该及时疏导，帮助孩子协调关系，确定共同目标，使活动顺利进行。总之，只有提高孩子各方面的能力，让孩子学会与伙伴互相合作，才能使孩子健康、活泼地成长。

孩子是别人眼中没有礼貌的顽童

礼貌对于孩子来说，既是心理品质特征，也是社交技巧。在日常生活中，礼貌是促进人际交往的"粘合剂"，同时也是一个人有修养的表现。一个举止得体、彬彬有礼的人，必定会受到人们的欢迎。然而，却有一些父母认为，孩子懂不懂礼貌没有关系，只要学习好、有本事就可以了。所以，我们会发现，生活中孩子不讲礼貌的现象很多：见人不打招呼，从来不说"谢谢""对不起"，用从大人那里学到的话骂小伙伴，去别人家做客时乱翻东西等。孩子终究是要走上社会的，试问一个举止粗俗、满嘴脏话的人能受到人们的欢迎吗？作为家长，父母有责任帮助孩子养成良好的文明习惯，提高孩子的文明修养。

孩子在 1 岁多的时候会很嘴甜地和别人打招呼，父母让他叫什么他就叫什么，很乖很懂事。可是，随着孩子年龄的增长，孩子好像越来越不懂礼貌了，不但不再叫人了，甚至还会和小朋友争抢东西。孩子在 3 岁左右开始进入第一个叛逆期，这个时期的孩子会用不再叫人、不再打招呼来反抗父母。他们的表现其实是在维护自我，这样的做法会使他们感觉自己更加独立自主。当然，对于这个年龄段的孩子来说，他们并不理解礼貌的重要性，他们也不知道为什么见了人要打招呼。眼前这个自己并不熟悉的人可能对于父母来说很重要，但是在孩子看来跟自己毫无关系。一般来说，孩子只对跟自己有关系的人感兴趣，对自己不太感兴趣的人展现笑脸、打招呼问好不是他们发自内心的行为。所以，处于自我意识萌芽期的孩子会表现得没有礼貌。

即使到了 7~8 岁的时候，孩子仍然会不知道该如何尊重别人，不知道怎样去讲礼貌。比如到别人家做客的时候，他就会觉得应该跟在自己家里一样，可以随随便便。其实，在自己家里和在别人家里，是大有区别的，但是区别在哪里，他们并不知道。在吃、穿、行、坐、站、言等各方面，都有基本的要求。但是，很多父母并没有提醒孩子，或因为溺爱，或认为孩子还小，于是听之任之、不加约束，结果，逐渐让孩子养成了不讲礼貌的坏习惯。

当然，孩子也并不是天生就不讲礼貌，很大程度上是日常生活中父母或周围人的影响造成的。孩子小的时候，心理发育不成熟，不能辨别是非，但是孩子的模仿性很强，如果父母和周围人不注意自身形象，在公共场合不讲文明，不用礼貌用语，孩子也会在不知不觉中模仿他们。孩子们不知道自己模仿的行为是不是好的、对的，只是觉得有兴趣就模仿。等孩子心理成熟之后，再去改掉已经形成的习惯就难了。

翔宇今年已经 8 岁了，是个成绩优异的小男孩，经常受到大家的夸奖，爸爸妈妈也觉得十分有面子。爸爸妈妈只有翔宇这么一个孩子，又因为他的学习成绩好，所以，什么事情都依着翔宇，宁肯委屈自己，也不肯委屈孩子。虽然有时爸爸妈妈也觉得翔宇没有礼貌，比如：别人帮了自己不知道说"谢谢"；跟别的小朋友一块玩的时候，看到别的小朋友有新的玩具就直接抢过来，抢了就走；吃饭的时候，也不管有没有别人在场，直接把菜翻得一塌糊涂，只为了挑选自己爱吃的肉；家里来了客人，从来不主动打招呼，有时妈妈让他打招呼，他也只是不吭一声自顾自地玩。虽然爸爸妈妈也觉得这样有些不好，但是又觉得这些都是一些微不足道的小事情，而且翔宇是个男孩子，这样大大咧咧的也没有什么关系。

有一个周末，妈妈带着翔宇去参加一个朋友的婚礼，这次可让妈妈觉得翔宇没有礼貌是个大问题。当时，妈妈正在跟一些朋友聊天，翔宇走过来拉着妈妈的胳膊说："我要喝果汁！"妈妈说："乖宝贝，等一会儿我再去给你拿，现在妈妈和阿姨有些事要说。"然后妈妈就回过身去接着说起话来，翔宇突然大叫道："妈妈，你给我闭嘴！"翔宇的一句话，让妈妈和周围的人都感到十分尴尬。

在吃饭的时候，还没等大家都上桌，翔宇就先一屁股坐到了主要的位置，妈妈赶紧让他换一个位置，他死活不肯，说这是自己挑的，大家也都说小孩子没事的。妈妈只好坐在了翔宇旁边的位置。等菜一上桌，翔宇就迫不及待地伸出筷子去夹。等到了上龙虾这道菜的时候，因为翔宇爱吃龙虾，所以他把整盘菜都端到了自己的面前，就像在家里一样。虽然大家都说"没关系，没关系，小孩子嘛"，但是翔宇的妈妈还是察觉到了别人鄙夷的目光……

很显然，翔宇的表现和家长日常的教育有着直接的关系。孩子并不是天生就懂礼貌，而是通过后天学习的。家长讲礼貌，孩子自然就懂礼貌；家长平时都不讲礼貌，再要求孩子讲礼貌，孩子也不会信服。

"孩子是父母的镜子。"孩子不懂礼貌，大多与父母本身的不良行为有关，什么样的父母就会教出什么样的孩子。父母要求孩子懂礼貌，自己就要做到礼貌待人。因此，要培养孩子的礼貌行为，父母应该从自身做起。在一些处事细节上，如何做到合理而不失礼，家长要做最好的示范给孩子看。比如，下班回到家的时候，孩子递过来一杯热茶，不要忘记对孩子说一声"谢谢"。这样，在帮助孩子时，他也会向家长表达谢意。在与别人交谈的时候，家长也要注意自己的言谈举止，尽量避免粗鲁的行为和不文明的用语。

孔子说："不学礼，无以立。"意思就是说，不懂"礼"，不学"礼"，一个人就不能在社会上立足。因此，孩子从小就要养成文明礼貌的习惯。如果孩子没有形成良好的礼貌习惯，就会成为一个不受欢迎的人，会被周围的伙伴逐渐疏远、孤立，从而造成孩子自私、自卑的心理，这对孩子交朋友、学习等方面都是不利的，对孩子的身心成长更是不利。因此，父母一定要从自身做起，对孩子言传身教，让孩子变成一个讲文明、懂礼貌的好孩子。

儿 童 成 长 必 修 课

读懂孩子的心

李旭影/编著

吉林出版集团股份有限公司
全国百佳图书出版单位

图书在版编目（CIP）数据

儿童成长必修课. 读懂孩子的心 / 李旭影编著 . ——

长春：吉林出版集团股份有限公司，2021.12

ISBN 978-7-5731-0916-3

Ⅰ . ①儿… Ⅱ . ①李… Ⅲ . ①儿童教育 - 家庭教育

Ⅳ . ① G782

中国版本图书馆 CIP 数据核字 (2021) 第 246882 号

ERTONG CHENGZHANG BIXIU KE

儿童成长必修课

编　　著：李旭影
出版策划：齐　郁
责任编辑：姜婷婷　杨　蕊
助理编辑：李易嫒
装帧设计：李　荣
出　　版：吉林出版集团股份有限公司
　　　　　（长春市福祉大路 5788 号，邮政编码：130118）
发　　行：吉林出版集团译文图书经营有限公司
　　　　　（http: //shop34896900.taobao.com）
电　　话：总编办 0431-81629909　营销部 0431-81629880 / 81629881
印　　刷：天津海德伟业印务有限公司
开　　本：880mm×1230mm　1 /32
印　　张：25
字　　数：583 千字
版　　次：2021 年 12 月第 1 版
印　　次：2021 年 12 月第 1 次印刷
书　　号：ISBN 978-7-5731-0916-3
定　　价：168.00 元（全 5 册）

印装错误请与承印厂联系　电话：022-82638777

前　言

　　在当前的很多家庭里，都明显存在着不对称的两极：一方面，父母总是抱怨孩子很不听话，越来越不服从管教；另一方面，则是不少孩子经常抱怨父母管得严、爱唠叨，觉得自己过得累，很不自由。一场希望孩子听话的父母和不听话的孩子之间的较量在无数的家庭中不断上演，严重影响了亲子之间和谐关系的建立和家庭教育的效果。

　　那么，究竟是什么原因导致了这种情况的发生？孩子不听话的真正原因究竟是什么？父母又该如何应对和改变孩子不听话的现状呢？其实，想要解决这些问题，父母就应从反省和改变自身做起，先学会怎么跟孩子说话，多学习跟孩子交流和沟通的技巧。

　　提起说话，不少父母会不屑一顾，这不就是我们大多数人在幼年时期已经掌握的一项技能吗？谁不会啊！可事实真的如此吗？其实未必。很多父母经常苦口婆心地教育孩子，对孩子说的话很多，可未必真的懂得说话，而且亲子间很多矛盾的引发，正是源于父母不正确的说话方式和教育方式。

　　请看下面的事例：

　　一天放学后，小悦因为沉迷于看喜欢的电视剧而忘记了写作业，妈妈看到这一情景，就严厉地对女儿说："还不去写作业，整天就知道看电视，这么大的人了，一点儿都不懂事，这样下去，你以后就没有前途了！"

小悦对妈妈这种命令的语气很不满意，而且也早已习惯了妈妈的数落和唠叨，就说："你整天就知道这样教训人，我听着都烦，我现在就是不想做作业！"

见女儿不服管教，妈妈恼火了："我说的你就是不听是吧？你不想学习以后就别上学了！真是的，我以前像你这么大的时候，已经算得上家中半根顶梁柱了！今天我不好好管管你，你就不知道谁是家长了！"说完，妈妈打了小悦一巴掌，小悦气愤地跑出了家门。

另一个家庭里，同样是女儿没有做完作业就在看电视，爸爸想要提醒她先写作业，于是温和地对她说："宝贝，这个电视节目很好看吧？你放学这么久了一直盯着看呢？"

"是的，爸爸，很好看。"女儿答道。

"电视节目是好看，爸爸也很喜欢看呢！可总是这样长时间地看电视，视力会下降的，到时就得跟爸爸一样戴眼镜了，没有眼镜还总是看不清东西，感觉真不方便。何况，你今天的作业还没完成呢，待会儿时间晚了，作业做不完，明天该挨老师批评了，这周的'全优'也可能拿不到了！爸爸知道你是个好孩子，老师也总夸你在学校表现好，潜力大，要是不好好学，不仅大家会有些失望，你的潜力也会被埋没了！"

女儿知道爸爸在催促自己写作业，而且也觉得爸爸说得十分有道理，于是说："爸爸，我知道了，我再看10分钟就去写作业！"时间一到，女儿马上乖乖地写作业去了。

同样是要求女儿放学后要先写作业，可由于两位家长采用了不同的说话方式，结果大相径庭。由此可见，在家庭教育中，父母掌握正确的说话方式和教育技巧的确是非常重要的。

世界上没有教育不好的孩子，只有不会教育的父母，而想要教育好孩子，最重要的就是与孩子有一个良好的"对话交流"，运用好语言这一媒介。家庭教育的效果并不取决于父母说了多少话，而在于能否将话说到孩子的心里，使孩子能心悦诚服地接受和遵守。要做到这点，就需要父母学会和运用有效得当的说话方式，反之，即使家长说得再多，也只是对牛弹琴，徒劳一场。因此，每个家长都应该学些说话之道。

本书从这一思路出发，紧密结合当前父母在教育孩子的过程中经常遇到的问题和困惑，从孩子不听话的原因讲起，逐步深入，结合具体情境下孩子的表现，解析其不听话背后的心理状态和父母不同说话方式导致的差异性结果。书中既有贴合实际的亲子对话情景再现，又有鞭辟入里的说理分析，以及不少实用性和操作性较强的意见和建议，还有生动活泼的说话演练示范，以帮助父母掌握与孩子说话和沟通的最佳技巧，加深亲子关系。

教育好孩子并不能一蹴而就。伴随着孩子的成长，父母也需要在这个过程中不断学习、不断充实和完善自己，始终保持一颗积极向上的心。唯有这样，才能真正做好父母，教育出好孩子。

目 录

1

第六章　沉默是金，会倾听才能出奇制胜

第七章　嘴下留情，走出沟通的误区

第一章

孩子不听话，源于父母不会说话

"父母都是爱你的"——不要以爱的名义束缚孩子

"妈妈，这件衣服脏了，我拿去洗洗。"

"别，你先放着吧，待会儿妈妈帮你洗，别累坏了，宝贝……"

"妈妈，周末我们几个同学想一起去郊游。"

"啊，又不是班集体的活动，不安全，我不放心啊。而且，你明天还要上兴趣班呢！"

"你这也不让，那也不让，就只知道让我学习啊学习，我到底还有没有自由啊？"

"这话怎么说的？我们这么做不都是因为爱你、关心你吗？"

乐乐是小学五年级的学生，因为是家中的独生女，父母不仅对她呵护备至，还对她寄予了厚望。平时，妈妈包办了她生活中的所有大小事务，只要求她专心学习。乐乐想自己洗衣服，妈妈怕她累着；乐乐想自己端饭，妈妈怕她烫着；乐乐想出去玩会儿，妈妈怕她会遇到危险……在学习上，妈妈对她的要求特别严格，考虑到乐乐的数学成绩较差，妈妈每个周末都会给她请数学家教，还帮她报了作文兴趣班、英语口语班。当乐乐表现出不满时，妈妈总是口口声声地说："这一切都是因为父母爱你、关心你！"然而，乐乐并没有因为妈妈的爱而变得开心，反而觉得妈妈剥夺了自己成长的机会，限制了自己的自由，自己已经完全处于妈妈的控制下，妈妈所谓的"爱"也已经让自己不堪重负。

【有话要说】

现在的孩子多是独生子女，都是家长小心呵护的宝贝。家长总是认为爱孩子就应该为孩子做好所有的事情，就应该帮助他们成龙成凤，于是，在"爱"的名义下，孩子本来力所能及的一些事情被家长代劳了，爱玩的天性被束缚了，自由空间也被占据了。

家长本以为自己无私的爱能保证孩子幸福健康地成长，但是孩子并不会因此而心怀感激，反而认为家长束缚了自己的自由，从而引发不快和矛盾，影响了亲子关系的和谐。像文中的乐乐就是如此，妈妈无微不至地照顾她的生活是为了表达关爱，可在她看来，这却阻碍了她动手能力的培养；妈妈关心她的学习本也是出于关爱，可在她看来，这却剥夺了她的自由，限制了她潜能的施展。

爱孩子是人之常情，但是在爱孩子的过程中，要讲究原则，把握尺度。家长的爱与付出，孩子未必能全部领会，家长和孩子看问题的方式也不尽相同，所以聪明的家长应该学会站在孩子的角度考虑问题，充分尊重和理解孩子的想法，不要因为心中有爱就对孩子过度约束。要知道，爱得多不如爱得对，真正的爱应该是孩子成长道路上的不竭动力，而不能成为孩子前进的阻碍，要做到如此，家长应该调整好"爱"的尺度：首先，关爱孩子的目的应该是帮助孩子健康而快乐地成长；其次，对孩子的爱应该建立在尊重和友善的基础上，要尊重孩子的天性，重视孩子的自主权；再次，爱孩子就更应该给孩子以适度的时间和空间，让孩子根据自己的意愿和兴趣爱好，自由地进行学习和探索，并在必要的时候给予帮助和约束，只有这样，孩子才能有效地学会遵守生活和社会规范，培养良好品质和优秀能力。

因此，要成为一个好家长，就不要以爱的名义约束孩子，而要让孩子在爱中既得到情感的满足，又获得激励前进的动力。

【说话演练场】

正在读初一的欣欣周末想要跟同学一起外出郊游，可爸爸已经帮她约了周末去一位书法老师家见面，商谈学习书法的事情。

"爸爸，我们几个同学约好周六去郊游。"

"你忘了我已经帮你约好一位书法老师了吗，第一次见面不能失信吧？"

"我也觉得不能失信，我已经跟同学商量好了，我们只是周六上午去，下午就回来了。"

面对这种场景，你可能会这么对孩子说：

"不行，绝对不可以，你怎么能这么贪玩呢？"

会"说话"的父母却会这样说：

"好吧，幸好上次书法老师只说是周末让咱们再联系，我待会儿给老师打个电话，约周日早上吧。不过，你们几个人外出，一定要多加小心，记得早点儿回来！父母都很担心你们的安全啊。"

"随便你了"——切忌对孩子不闻不问，放任自流

余涛的父母平时工作都比较忙，抽不出什么时间照顾和关心孩子，所以余涛从小到大的多数时间都是跟着爷爷奶奶一起过。由于爷爷奶奶对他有些溺爱，他渐渐地就养成了一些坏习惯，如

比较自私、任性、懒惰等。

一天，余涛的爸爸出差后回家看孩子，看到余涛正在家里对着奶奶发脾气，他一边儿扯着奶奶的头发，一边儿还对奶奶说着很不礼貌的话，爸爸大声呵斥道："余涛，奶奶平时对你那么好，你怎么能这么对奶奶呢？"

"不用你管，反正你平时都不怎么管我，现在管我做什么！"余涛理直气壮地说。

"我是你爸爸，我怎么就没有资格管你！"爸爸十分生气。

"你还知道是我爸爸，那你平时怎么什么都不管我，别人都有爸爸辅导功课，可我没有；别人受了委屈时可以找爸爸哭诉，可我不能……"孩子越说越委屈，居然哇哇大哭起来。爸爸一时手足无措，愣在了一旁。

【有话要说】

当前，一些父母鉴于严格管教孩子的弊端，主张让孩子顺其自然地成长。实际上，这种观念也是有偏颇的，对孩子管得太严极易使孩子反感和产生逆反心理，而对孩子不闻不问、放任自流则不能很好地引导和教育孩子，而且这种教育方式的危害更甚于前者。

很多人认为"树大自然直"，对孩子的行为放任自流的父母实际上是忽视了孩子成长的特点及这个过程中环境因素的重要影响。在最初的时候，孩子本身就像一张白纸，后天的教育和环境对于孩子的个性形成和发展、思想观念和道德品质培养等有深远影响。

孩子的思考力、判断力等各方面能力都是不怎么成熟的，思想观念缺乏规范，很容易受到外界环境的诱惑和影响。如果他们"顺其自然"成长在一个良好的环境中，自然是件好事，但如果孩子成长的环境没那么良好，或者身处一个恶劣的环境之中，他们就很容易受到不好的影响，染上一些坏习惯。现如今，科学技术高速发展，社会日益复杂，青少年获取信息的渠道、方式等都有了很大的变化，青少年面临的诱惑也更多了，如果不好好引导和教育孩子，孩子偏离正确人生轨迹的机会也大很多。

因此，要想帮助孩子健康成长，父母还是应该进行适当的干预和引导，切忌对孩子不闻不问，放任自流。但在管教孩子的时候，父母应该需要掌握两个要点：

首先，父母应该掌握好分寸和尺度，切不可管得太严或者放任自流。正确的教育方式是使得家庭教育顺利进行的重要基础，父母只有先掌握好管教的分寸和尺度，既关心和爱护孩子，但又不过分限制孩子，不约束或缩小孩子自由发展的空间，积极为孩子创造愉快轻松的环境，孩子才能健康成长。

其次，父母应该随时做好孩子的榜样，在教育孩子之前先纠正自己的不良行为。家庭是孩子接受教育的第一课堂，父母就是孩子最初的老师，只有父母先做好示范，孩子才会有样学样，接受好的影响。当父母自己行为不端时，孩子也会出于模仿而做出不好的行为。所以，想教育好孩子，父母先要以身作则，纠正自己的不良行为。

在教育孩子的过程中，父母会遇到很多问题，但只要父母心中有爱，坚持正确的教育方式，就总能教好孩子。

【说话演练场】

张良的父母一直相信"树大自然直"，认为在孩子的成长中，父母应该为孩子营造一个宽松自在的环境，加上两人平时的工作就比较忙，所以他们在很多事情上都给了孩子充分的自由，很少关心和过问孩子的行为。

有一天晚上，张良很晚才回家，爸爸已经在家等了很久，看到他回来了，便问："儿子，你今天去哪里了，怎么这么晚回来啊？"

"爸爸，你平时不是说要给我充分的自由吗？怎么管起我来了？"

"爸爸这不是担心你吗？"

"别，我不需要这样的关心，你还是习惯不管我吧，这样我就能总干自己喜欢的事情，每天和自己喜欢的人玩了。"

面对这种场景，你可能会这么对孩子说：

"唉，随便你了！"

会"说话"的父母却会这样说：

"父母说要给你自由，并不意味着我们会对你不闻不问，放任自流啊，更不是说你可以随意做不好的事情。我们平时是相信你、尊重你才会那样，你可别理解错了。对于你的行为，我们还是会严加管教的！"

"你必须马上去做"——命令只会让孩子反感

"琳琳，你怎么还在磨蹭啊，你必须赶快起床了，否则我们两个都得迟到，我可没有时间等你。"

"快点儿，马上把牛奶喝了，然后背上书包，咱们马上出发。"

"琳琳，快点儿去帮妈妈倒杯水。"

"去，帮妈妈拿把椅子过来。你还在干什么，妈妈的话没听到啊？快点儿！"

"都放学这么久了还不写作业，快去先完成作业，之后才能出去玩。"

......

琳琳的妈妈是一个家长制意识比较浓厚的母亲，只要她在家，每天都会对琳琳发号施令，她认为对于孩子的教育应该从小抓起，任何时候都不能松懈，所以在平时教育孩子时应该体现出家长的威严。正因如此，妈妈经常以命令的口吻对琳琳说话，最常说的就是"你必须马上去做""你绝不能这样做"等，殊不知，对于她的这种说话方式，琳琳已经非常反感了，她讨厌妈妈总用这种命令的方式让她做事，为此经常表现出反感和叛逆的情绪，总喜欢跟妈妈"对着干"。

【有话要说】

不少父母喜欢根据自己的意愿安排孩子的行动，动辄发号施令或是斥责孩子，这实际上是非常不好的。孩子虽然还小，但也有自己的独立思想和感情，他们更希望按照自己的意愿做事，在他们看来，父母命令式的说话方式，不仅是家长权威的流露，也是双方地位不平等的表现，所以在家庭中，父母发号施令的说话方式不仅无法令孩子信服，还很容易激起孩子的叛逆情绪。当面对家长的命令时，孩子有时候会不得已而去执行，但更多的时候则会表现出反感和反抗的情绪。因此，家长如果想让孩子愉快地接受自己的教育，或者让孩子帮忙做一些力所能及的事情，应该避免对孩子发号施令。

教育孩子是要讲究技巧的，而要孩子乖乖听话、服从教育，更需要父母动用智慧。具体来说，在家庭教育中，有这样一些技巧是父母必须努力掌握的：

首先，在生活中，父母如果要求孩子做某事或者快点儿行动时，可以试着改变命令式的口吻，而改用商量式的口气。因为不管在什么条件下，命令在他人看来都是不平等的，而商量的口气则会让孩子感受到平等和尊重，才更有利于拉近父母与孩子间的距离，也只有这样，孩子才更容易接受父母的教导，按照父母的要求做事。

其次，父母在避免发号施令的同时还可以采用一些灵活的说话方式来增强教育和说话的效果，如父母在要求孩子做事情的时候可以通过讲道理、表扬、鼓励等方式让孩子体会到行动的价值；父母在希望孩子立即行动时可以采用激将法、游戏比赛的方式来激励孩子的行为等。

但在这个过程中，父母应该注意，凡事学会与孩子商量，学会尊重和理解孩子，并不意味着父母就应该放弃管教的责任，纵容孩子的不良行为。

【说话演练场】

火火是个十分爱睡懒觉的孩子，每天早上闹钟响了好几遍，他仍然不愿意起床，妈妈因为担心他上学迟到而不得不一次又一次地到他的房间催促他，可尽管如此，他仍然赖在床上不起。

"火火，快点儿起床了，你的闹钟已经响了，再不起来今天又要迟到了！"

"火火，怎么还不起来啊，你看都几点了，你必须马上起来了……"

"嗯，马上。"见妈妈已经叫了好几遍，火火只得答应道，可说完之后，他按停闹钟，仍然赖在床上不愿意起来。

面对这种场景，你可能会这么对孩子说：

"你必须马上起来了，马上穿衣服，然后去洗脸刷牙，之后再把桌上的牛奶喝了，必须马上这样做，快点儿！"

会"说话"的父母却会这样说：

"小懒虫，再不起来就真要迟到了，妈妈已经准备好要去上班了，你起得太晚我可不等你了，到时你就自己去学校吧。在学校，迟到了会影响班级荣誉的吧？老师免不了会批评你，同学们可能会笑话你，你今年得优秀的目标也有可能会受到一些影响……"

"有本事每次都拿第一"——请调准你的期望值

"妈妈，我这次语文考了98分，是全班第一名。"正读小学五年级的通通放学之后还没进家门，便迫不及待地从书包里拿出试卷，进屋之后冲着妈妈大声地喊着。

妈妈此时正在做家务，听到孩子的话并没有表现出十分兴奋，她淡淡地说："考一次第一有什么了不起，有本事每次都拿第一。"在看完试卷之后，妈妈指着通通写错的地方说："你看看，这么简单还出错了，怎么这么不细心啊？而且，你这次考试的卷面也不整洁，在毕业考试时会扣分的。"

紧接着，妈妈又展开了进一步的教育。听着妈妈的教导，通通原本喜悦的心情一扫而光，代之以沮丧的情绪，她觉得妈妈实在是太扫兴了，而且对自己的要求过于严苛。

其实，妈妈在心里也为女儿这次的成绩而感到骄傲，但为了勉励孩子，她每次总是会不自觉地以更高、更严格的标准要求孩子，希望以这种方式激励孩子不断进步，谁知效果却适得其反。此后，通通取得了好成绩之后便不再跟妈妈分享，而且学习热情锐减。

【有话要说】

每一个人都不是完美的，父母是这样，孩子也是这样。忽视孩子身上的优点和已经取得的成绩而对孩子提出过高的要求，过分追求完美，实际上是不现实的，也是很容易激发亲子间矛盾的。通通妈妈关心孩子的成长，希望其不断进步的出发点是好的，但由于她没有调整好自己的期望值，只看到了孩子的缺陷和不足，却没有意识到孩子已经取得的成绩，也没有及时给予表扬和奖励，结果打击了通通的学习热情。

现实生活中，很多家长都对孩子有着较高的要求和期望，希望孩子能多"拿第一"，并且最好"每次都能拿第一"，尽管孩子已经做得很好了，可家长却只看到了孩子的错误和瑕疵，这无异于"鸡蛋里挑骨头"。

父母如果总是忽视孩子身上的优点，而无限放大孩子的缺点，动不动就指责孩子的小毛病，并时常表达出对孩子的不满，就很有可能会使孩子的积极性受到打击，在各方面都表现得十分不自信。

因此，为了杜绝这些情况的发生，父母要随时注意调整自己的期待值，不能"鸡蛋里挑骨头"。首先，父母应该学会接受孩子成长中的不完美的现实，以正确的心态教育、培养孩子，而不能对孩子过分施压；其次，父母需要根据孩子的表现和成长阶段调整自己的期待值，多看到孩子的优点和进步之处，多采用表扬和鼓励的方式激励孩子，少在孩子的缺点上斤斤计较，从而促进孩子健全人格的形成和发展。

孩子的成长和进步，不仅需要自身付出努力，也需要父母的帮助和激励，好父母才能教出好孩子，所有的父母一定要记住这点，在教育孩子时根据孩子的特点和具体情况适时调整自己的期望值，帮助孩子茁壮成长。

【说话演练场】

小乐今年刚读初三，因为在学习上态度认真，刻苦用功，他的成绩已经由原来的 20 名左右上升到前 10 名，而且在前不久的语文竞赛中，他还得了年级一等奖，他为自己的进步感到十分高兴，也很希望能和父母分享自己的喜悦。

"爸爸，我在这次的语文竞赛中得了年级一等奖，全班就我一个人，看看，这本漂亮的笔记本就是我得到的奖励。"一回到家，他就眉飞色舞地跟爸爸说。

面对这种场景，你可能会这么对孩子说：

"怎么，都高兴得找不到北了啊？这次得第一并不代表什么，只有每次都拿第一才能说明你真正的水平。谦虚一点儿，继续努力。"

会"说话"的父母却会这样说：

"爸爸真为你感到高兴，能取得这样的成绩你一定费了不少苦心吧，这段时间你的确是进步了，也懂事了很多。快，拿你的胜利品给爸爸看看，待会儿也让你妈妈高兴高兴。"

"就没发现你有优点"——说话片面的父母应该多反省

"早就跟你说要好好学习，在学校要遵守纪律，要表现得好些，你总是不服管教，害得我每次家长会都出丑。"小名的爸爸刚开完家长会，在路上就忍不住地数落起自己的孩子来。

"可是，我又不是故意的，老师讲课我经常听不懂，而且班里那些调皮的同学总是喜欢来招惹我……"

"唉，我怎么会摊上你这么个一无是处的孩子呢？学习不好，又很懒惰，不爱劳动，让你做的事情没有一件能做得令我满意，还经常惹祸，为了你，我不知赔了多少次笑脸，挨了多少次批评！"还没等小名说完，爸爸又继续开始数落起他的缺点来。

尽管小名心中很不服气，也十分想为自己辩解一下，但他始终忍着，只是低着头默默地听着，因为他知道只要自己开口，又会招来"还喜欢和父母顶嘴"的数落。而且，由于经常被爸爸这样数落，小名已经习惯了，他觉得在爸爸的眼里，自己就是个"一无是处"的人，也就因此放弃了努力改变的想法，处在了一种"破罐子破摔"的状态。

【有话要说】

在生活中，像小名爸爸一样的父母并不少见，由于对孩子抱有太高的期望，或是孩子的表现的确不尽如人意，他们在"恨铁不成钢"情绪的作用下，就有可能看不到孩子的优点，满脑子都是孩子的缺点，并对孩子的这些不足表现出非常不满的情绪，从而片面地认为自家的孩子没有什么优点。

父母只看到孩子的缺点，而忽视孩子优点的做法对于教育孩子改正缺点、不断进步是丝毫没有好处的，相反还会毁掉孩子的自信，浇灭孩子的热情，让孩子的情况变得越来越糟。想要帮助孩子全面发展，不断进步，父母应该先抛掉自己看问题和说话片面的毛病，学会正确地看待孩子，只有父母先端正态度，树立正确的观念，才不至于使得教育偏离正确的方向。在这点上，父母起码应该做到以下两点：

首先，父母应该知道，每个人都有优点和缺点，谁都会犯这样那样的错误，更何况是孩子，所以，在孩子成长的过程中，犯错是不可避免的，甚至可以说，正是在不断犯错、不断改进的过程中，孩子才能逐渐成长。身为父母，应该正确地对待孩子在不同成长阶段表现出来的缺点，对孩子做出准确而全面的评价，引导孩子不断改进，不断走向成熟，而不能以片面的言论打击孩子的自信。

其次，对待缺点较多的孩子，父母应该给予更多的关心和爱护，更要悉心教育、积极引导。比如，父母在意识到孩子缺点的前提下，可以多想想孩子的优点，在批评孩子时也不忘及时对其良好的表现进行表扬和鼓励；父母需要对孩子进行全面而合理的评价，要学会管好自己的嘴巴，切忌说"你根本就没有优点""你彻底没救了"之类严重伤害孩子自尊心的话。

学会正确地看待和评估孩子的行为是保证父母与孩子之间沟通顺畅的前提，那些平时总习惯戴着有色眼镜看孩子，喜欢主观臆断、说话片面的父母的确应该多检讨和反思自己的行为，并且及时改正。

【说话演练场】

"妈妈，我不想上学了。"一天放学后，小方对妈妈说。

"为什么这样说呢？你以前不是觉得上学很有意思的吗？"

听到刚才小方的话，妈妈有些诧异。

"老师、同学都不喜欢我，尤其是数学老师，经常批评我，今天还说我真是笨到家了，什么优点都没有，课后同学们都因为这个笑话我，我很伤心。而且，上次我做错事情的时候，你也跟我说，我是个没用的孩子，既然这样，我为什么还要上学？"

面对这种场景，你可能会这么对孩子说：

"谁叫你的表现那么差了呢？如果你表现得好点儿，谁会那么说你？"

会"说话"的父母却会这样说：

"其实老师和妈妈上次说你'没有用处'的说法是错误的，我们都应该反省。尽管你身上还有很多不足，但总体来说你是个好孩子，如果你能好好发现自身的闪光点，并改正缺点，肯定会受到大家的欢迎。"

"为了你，我牺牲了多少"
——别总把对孩子的付出挂在嘴边

"每次都把我的话当成耳旁风，这些年来为了能给你创造良好的物质条件，我和你爸爸每天辛辛苦苦地工作，有什么好的东西都留给你，你怎么还这么不思进取呢？"在听完家长会上老师对小明学习表现的总结后，小明的妈妈再也忍不住了，刚进家门就这样大声地训斥小明。

"我……其实我已经尽力了，平时也没怎么偷懒，可那天考试的时候我感冒头疼，所以没考好……"

"还在找借口，要是你好好学怎么会这样，你就是不争气，只顾着玩。我真是命苦啊，为了你，我不知牺牲了多少。在你小的时候，为了照顾好你，我连工作都辞了；为了能让你进入好的小学、中学读书，我和你爸爸不知费了多少心……"妈妈絮絮叨叨地一直说个不停。其实这些话小明已经听过许多次了，刚开始时他总会觉得父母很伟大，可久而久之，这些话他都听腻了。而且，他觉得妈妈在自己失败时总是絮叨着她自己的付出与牺牲，却不想想别人的感受和付出，实在是不应该。

【有话要说】

一切为了孩子，只要孩子过得安逸幸福，自己付出多少都无所谓，这是很多父母都抱有的想法，同时，为了让孩子理解自己的苦心，明白父母付出的价值，一些父母常常会把自己多年来的牺牲挂在嘴边。然而，在现实生活中，父母无止境地付出真的就能让孩子生活得好了吗？父母常把自己的辛苦和牺牲挂在嘴边，孩子就能理解了吗？其实未必，或许还有可能适得其反。

可怜天下父母心，谁不希望自己的孩子生活得好呢？许多父母省吃俭用，把所有的钱都存下来用于儿女的教育、成长投资等。可是，父母为了子女牺牲一切的做法却未必能得到子女的理解和认同，父母常将付出挂在嘴边的做法也常常会引起孩子的反感，这其实是因为父母的付出与对孩子的期望是不能等同的。

教育家马卡连柯说："一切都给孩子，牺牲一切，甚至牺牲自己的幸福，这是父母给孩子的最可怕的礼物。"的确，多为孩子付出可以为孩子创造良好的生活环境和学习环境，但是无条件地付出和总把付出挂嘴边的做法却是很不恰当的，无条件地付出会让孩子觉得父母的付出是"理所当然"的，从而将父母的艰辛和牺牲全不放在心上。而且，总诉说自己的付出会让孩子觉得自己的付出是要求回报的，这不仅与父母之爱的本质是相悖的，说多了还会给孩子造成心理压力。另外，父母不是万能的，也希望孩子明白自己的苦心，也会因为孩子的不解而感到压抑和遗憾，这样当父母付出与孩子反应出现了较大差异时，也会给父母的心理和情绪造成不良的影响。在教育孩子的过程中，父母应该全方位、多角度地进行培养，不仅要关心孩子的成长环境，更应该关注孩子内心精神家园的建设，给孩子的心灵以阳光。

首先，父母要成为孩子人生的引导者和生活的榜样，要鼓励孩子自主成才。要知道，无条件地为孩子付出，给孩子足够的经济支持，不见得就是为孩子成才上了"保险"，孩子成才的关键还是要靠自己，因而父母为孩子付出需要有限度、有针对性。

其次，父母需要用自身价值鼓舞孩子，以自己的行为激励孩子，而不是总停留于说教。父母应该有自己的人生目标和价值观，并为此而不懈努力，在关怀孩子的同时也不忽视自己的事业和进步，这才是做孩子最好的榜样。

孩子都是在模仿中成长的，如果父母想要帮助孩子更好、更健康地成长就应该掌握好付出的"度"，要注重榜样的建立和心灵的引导，而不能以为什么都只是挂在嘴边就可以了。

【说话演练场】

小艾的妈妈是市里一所学校的语文老师，不久前她本来可以得到一次出国学习深造的机会，可当时小艾正处于小学升初中的关键时期，为了能照料小艾的学习和生活，妈妈毅然放弃了这次事业发展的良好机会。虽然妈妈也觉得有些遗憾，但想想孩子，她还是很知足的，可小艾并不理解妈妈的苦心，觉得妈妈是想一直留在家中监督自己。

"小艾，你在学校要好好学习，不要总是惦记着玩。"每天上学之前妈妈总要这样交代小艾。

"小艾，别忘了写作业，先温习好功课再出去玩吧。"妈妈回到家常常会这样叮嘱小艾。

"妈妈，你真烦，每天都要把学习挂在嘴边，我自己有分寸的。早知道你会这样，当初还不如直接找你们领导，一定要让你出国呢！"

面对这种场景，你可能会这么对孩子说：

"你这孩子，怎么能这么说话呢，妈妈还不是为了你。这些年来，为了你，我不知牺牲了多少！"

会"说话"的父母却会这样说：

"妈妈每天叮嘱你也是为了让你不忘学习啊，也许有时是有点儿啰唆。当初妈妈选择留在家里还不是因为舍不得你，想看着你一天天成长吗？我的乖女儿，你健康成长，妈妈就很开心了。"

第二章

善于沟通，打开孩子的心灵密码

"我们可以像朋友一样谈谈吗"
——用语言架起平等的桥梁

　　袁宁的父母都是工程师，平时的工作非常忙，对于袁宁的关心比较少。袁宁小时候很听话，可自从进入青春期之后，他似乎一下子变得叛逆起来，经常跟父母"对着干"。一天晚上，母子间的冲突又开始了。

　　"我已经跟你说过很多遍了，不要整天只知道吃喝玩乐，你怎么能这么不听话呢？"

　　"怎么了？我不就是提前把一个星期的零花钱用了吗？反正咱家不缺钱。"

　　"你这孩子，真不懂事！"

　　"我也想懂事啊，可你和爸爸整天就知道工作赚钱，有多少时间真正关心过我？你们就知道为我规划生活和未来，有问过我的感受和烦恼吗？你们什么时候坐下来跟我平等地交流过？你们什么都不知道，你们就知道工作！你们根本就不关心我！"

　　说完这些，袁宁飞快地冲进了自己的房间，重重地关上了房门，只留下愣在一旁的妈妈。

　　妈妈原来一直觉得袁宁近期的表现是因为他还不懂事，可现在却意识到，原来孩子所需要的并不仅仅是优裕的物质条件，更需要父母的关心和平等对待，而自己已经很久没有像朋友一样与孩子坐下来聊天了，不免觉得有些愧疚。

【有话要说】

在一些父母的潜意识里，孩子是自己的骨肉，自己把孩子养育大，就可以把孩子当成自己的"私有财产"，有权力决定和支配孩子的行为。殊不知，孩子也是一个独立的人，有自己的意识和愿望，希望得到平等的对待。

在孩子成长的每个阶段，都有自身的特性和幸福、快乐。有的家长不顾孩子的天性和意愿，以过来人自居，越俎代庖地为孩子的一生画好了明确的路线，让孩子按照自己制定的目标和路线去努力，而忽视了孩子内心真实的想法和感受，结果给孩子的心理造成难以消除的阴影，影响了孩子的发展。

现在有很多父母由于受到了传统尊卑观念的影响，很难把自己放在和孩子一样的高度，也很难与自己的孩子成为无所不谈的朋友。事实上，只要做父母的能放下自己的架子，多与孩子沟通，了解孩子的想法，真正地走进孩子的世界，做孩子的知心朋友是很容易实现的。西奥多·罗斯福有句名言："在儿子面前，我不是总统，只是父亲。"如果父母能主动理解孩子，多与孩子平等交流，多尝试走进孩子的内心，做孩子的知心朋友，那和谐的亲子关系就不难建立了。如果想和孩子平等地交流，下面有两个值得参考的建议：

1. 不要总是盯着孩子的缺点

不少父母对孩子寄予了厚望，在为其创造良好物质条件的同时也为孩子设定了未来的目标和方向，所以他们的眼睛总是盯着孩子的缺点，翻来覆去地只讲缺点，不提进步。其实，绝大多数孩子已能分辨是非善恶，只是缺少改正缺点的自觉和毅力。如果父母总是喋喋不休地数落孩子的缺点，反反复复地教训孩子，"我讲话你就是不听""怎么说你才能改呢"，他们会将此视为不信任，甚至产生逆反心理。这样一来别说做知心朋友了，连正常的亲子关系也会被破坏。

2. 注重和孩子的情感交流

注重与孩子的情感交流是与孩子成为知心朋友的前提，父母与孩子交流的时间最好选在吃饭时和睡觉前，因为这是孩子情绪最为平稳的时候。比如，一个母亲如果从孩子小时就注重与孩子的情感交流，每天睡觉前都会询问孩子今天的感受和想法，那久而久之，孩子自然就会形成在睡前和母亲沟通的习惯，有什么不顺心的事就像朋友一样告诉父母。有了这样的感情基础，孩子就容易接受父母的建议和忠告，很容易跟父母建立起朋友的关系。

学会像朋友一样与孩子交流，以语言架起平等的桥梁是父母在与孩子交流时应该掌握的一条重要原则，也是维系良好亲子关系的重要法宝，父母们一定要掌握好。

【说话演练场】

眼见着就要放寒假了，小雨和几个同学商量着放假后一起去哈尔滨看看雪景，因为姑妈就在哈尔滨，到时也能有人照顾。可当他把这一想法告诉爸爸之后，却遭到了爸爸的强烈反对。

"你们现在才多大啊？几个初中生，就想结伴到处闯荡了？你们是不知道这世界多复杂！我不同意。"

"爸爸，我已经读初三了，而且是个男子汉，姑妈也在哈尔滨，我会听话的，保证没问题。"

面对这种场景，你可能会这么对孩子说：

"不行，我绝不会同意的。"

会"说话"的父母却会这样说：

"那我先跟你姑妈联系一下，看她是否有时间照顾你们。不过，你们几个孩子一起出门，爸爸还真不放心，到时候你们一定要小心谨慎，听姑妈的话啊。"

"多放松，心就不会累了"——帮助孩子化解疲劳感

微微是某重点中学初三的学生，在小学阶段和初中的前两年，她的学习成绩一直很好，在班级始终名列前茅。可自从进入初三后，她总是抱怨学习负担过重，压力过大，心很"累"，各种测验、模拟考试不断，她开始对考试紧张、恐惧、抵触，学习成绩也一落千丈。一次，妈妈主动找微微谈话了。

"微微，能告诉妈妈你最近是怎么了吗？你好像在学习上很没精神啊！"

"初三了，我觉得压力很大，我以前成绩那么好，现在也不想落后，可越是这样想就越觉得'心'累，结果上课无法集中注意力，老师布置的功课也不能很好地完成……"

"是觉得现在功课难了，所以学起来有些吃力吗？"

"也不全是。"

"我觉得最主要的可能还是你给自己的压力太大了，因为总感觉到有压力，所以就会觉得疲劳。其实，学习上没必要那么紧张，你以前基础好，学习又一直很用功，只要保持平常心，考试应该是不成问题的。你需要多放松，注意劳逸结合，这样吧，咱们全

家这周末一起去郊外走走？"

从郊外游玩回来之后，微微的紧张情绪果然缓解了不少，之后的日子里，在妈妈的提醒下，她十分注重劳逸结合，学习也进步了不少。

【有话要说】

其实，微微的这种情况属于典型的因对考试、学习的抵触而产生的心理疲劳。虽然这种心理疲劳并不是父母强加的，而是微微因为想要保持学习成绩方面的优势而自己加诸在身上的，但身为父母，当看到孩子有这种倾向时，应该及时进行引导，帮助孩子学会放下心中的重负，以轻松的心态面对学习和生活。

相关科学研究表明，人的大脑持续工作 8 ~ 12 个小时之后，工作能量还像开始时一样迅速和有效率，但由于一些精神和情感的因素，如烦闷、懊恨、不受欣赏、无用的感觉、太过匆忙、焦急、忧虑等，常常会使大脑疲劳的周期缩短。那些情绪上处于良好状态，没有什么压力感的人，很少感到疲劳，而如果情绪状态不佳的人，则很容易就感觉到疲劳了。所以，父母关心孩子，想要帮助孩子缓解疲劳感，一个重要的方面就是要及时引导孩子走出不良情绪。

另外，对于一般人来说，长时间做某一件喜欢的事情，也会感到一些厌倦。比如喜欢学语文，就把所有时间都用在上面，这种做法显然也会导致厌倦疲惫。如果换科目学习，脑子就不容易厌倦而麻木，头脑始终能保持比较活跃的状态。父母要帮助孩子缓解疲劳感，还可以教育孩子养成科学的学习和做事习惯，让孩子在事情的交替中放松身心，保持大脑的活力。

帮孩子摆脱心理疲劳状态最重要的是减压。也就是说，父母不要一开始就为孩子设置过高的期望值，而可以试着用孩子不断取得的小成绩激励他们，使孩子在愉快的情境中消除身心疲劳。比如，父母不妨设个"记功簿"，将孩子的每一次小小的进步记上去，父母给孩子记的"功绩"越多，孩子越会感到愉悦和自信，长期下去，心理疲劳的现象便消失了。在平时的生活中，父母还可以多多鼓励和赞美孩子，这样长久下去，孩子便不会在情绪上浪费大量精力，疲劳感也会逐渐减少。

【说话演练场】

小安是一个聪明能干的初中生，由于在学校表现优秀，而且人缘很好，所以他从初一起就一直担任班长的职务。在任职期间，他在功课方面始终保持着优势，也为同学们做了不少好事，可就是为人有些自私，有时候他害怕其他同学在学习上超过自己，不愿意帮助同学们进步。不久，不仅同学们对他有些意见，他也觉得自己的心理压力越来越大，时常会感觉到疲劳郁闷，因为找不到人倾诉，他只能跟妈妈说。

"妈妈，我最近觉得好累啊，学习真吃力！"

"儿子，你怎么有这种想法呢？"

"我不就是想保持学习上的优势吗？不就是害怕自己落后其他同学而在学习上没有全心帮助同学吗？有很多人就因此而说我自私，不配做班长了。"

面对这种场景，你可能会这么对孩子说：

"同学们是因为嫉妒你才这么说的，别管他们，继续努力就行。"

会"说话"的父母却会这样说：

"你觉得心累的原因是既想保持学习的优势，同时也想赢得同学们的友谊吧，其实这两方面并不矛盾，帮助别人提高，自己也会有进步的，而且这样做你也会觉得心情舒畅。如果你觉得学习累了，就多放松放松，和同学们出去玩一会儿，或者请你的同学们来家里做客，这些都没问题。"

"别难过，有我在你身边"——用安慰语给孩子以温暖

小么是个特别有爱心的小女孩，她十分喜欢小动物，在她的要求下，家里养了五条金鱼、一只乌龟和一只小猫。平时，小么对养的这些动物精心照料，经常与它们聊天。有一天，她养的小乌龟死了，她非常伤心，于是就找爸爸诉说。

"爸爸，我的小乌龟死了，今天早上它还好好的呢。"

"不要这么伤心，宝贝，爸爸明天再给你买一只。"

"我不要另外一只，我只要我的小乌龟活过来，我喜欢它。"

"别哭了，不就是一只小乌龟嘛，市场上一定有比它还好的，你一定会喜欢的。"

"我不，我不！我还是很难过，我就要它。"

说到这里，小么索性号啕大哭，再也听不进去爸爸的任何话语了，爸爸只能无奈地安慰她，想其他方法哄她开心，可无论爸爸做什么，小么还是哭闹不止。最终，爸爸也被弄得束手无策，开始发脾气了，他对着小么大声喊："不许不讲道理，再哭我就不理你了！"谁知情况却越来越糟糕，而小么的情绪也更加低落。

【有话要说】

　　无论是在学习还是在生活中，孩子总会遇到这样那样不如意的事情，遭遇挫折和失败，面对正常的愿望不能满足的失落，这些经历是孩子在成长的过程中所必然要面对的，少了这些，孩子的成长将会是不完整的。

　　失败和痛苦是孩子在成长经历中不可避免的，只有经历了痛苦的洗礼，孩子才会更坚强地面对生活，只有经受住了失败的磨砺，孩子才能更健康茁壮地成长。身为父母，应该明白这些道理，要知道，父母不可能凡事都为孩子包办，这是不现实的，也是对孩子有害的。当然，孩子面对困难，感到伤心难过的时候，父母也绝不能置之不理，毫不关心，而应该给予安慰，尽管父母不能时时为孩子遮风挡雨，但当孩子感到无助的时候陪伴在孩子的身边，以语言和行动进行鼓励，让孩子感受到关爱和温暖还是非常有必要的。

　　当孩子没有得到自己想要的东西或是遭遇挫折时常常觉得难过、沮丧，一些孩子也常常会通过哭泣、发脾气等方式来发泄和表达。当面对这种情况时，父母可以先认可孩子的内心感受，将其心中的真实想法直接点出来。像上文中小么的爸爸就是因为没有捕捉到小么内心的真实想法，忽视了孩子的内心感受而没有达到安慰的效果，所以尽管他已经尽力亲切地安慰小么了，可小么仍旧不领情。其实小么的爸爸完全可以先认同孩子的感受，先表达对小乌龟之死的伤心和难过，引起孩子的共鸣，然后再一步步引导孩子走出痛苦的情绪。

　　当孩子遭受挫折或感到痛苦难过时，父母不仅要认同并说出孩子的感受，而且要学会以正确恰当的安慰之语让孩子感受到温暖。比如，在孩子因为遭受痛苦而发脾气时，父母千万不能指责孩子，更不能责骂和训斥孩子，而应该给予孩子更多的关怀和爱护，及时抚慰孩子的心灵创伤，让他们感觉到关怀。在孩子遭受挫折和失败时，父母在给予安慰的同时，还应该让孩子明白，失败和挫折都是每个人的经历中不可或缺的部分，经历了，才能更好地成长，无论在什么情况下，父母都会站在他们的身边，与其一起分担。安慰孩子的话，一定要从关心孩子情绪和内心感受的角度去说，以缓解孩子的不良情绪和内心痛苦。

【说话演练场】

小童是一个比较内向的孩子，没多少朋友，邻居家的小远是他为数不多的好朋友之一。两人关系很好，经常形影不离。可几年之后，因为小远的爸爸妈妈调到了另一个城市工作，小远也要转学了，分别时，小远将自己心爱的飞机模型送给了小童，小童将之视若珍宝。可有一天，小童的妈妈在打扫卫生时不小心将飞机模型摔在了地上，小童知道后非常生气。

"小远送的这个飞机模型是我最珍惜的东西，我说过不许你们碰的，你怎么能把它摔在地上呢，真讨厌！"

面对这种场景，你可能会这么对孩子说：

"我又不是故意的。我每天无私地付出，在你心中的分量还敌不过一个朋友的礼物？"

会"说话"的父母却会这样说：

"对不起，妈妈不是有意的，妈妈知道你很珍惜和小远的友谊，现在飞机模型摔了，你心里一定很难过。这样吧，为了弥补妈妈的过失，等今年暑假，妈妈带着你去找小远玩吧。"

"你看能不能这样"——尽量多与孩子商量

8岁的小宝这天晚上9点了还没睡觉，妈妈催他，他却说："我现在不想睡觉。"

"但是已经到了睡觉的时间了，你现在必须睡觉了。"妈妈说。

"可是我还不困啊。"

"你现在不睡觉的话，明天早上上学会迟到的。"

"不，我不会的。"

最终妈妈也没能说服孩子睡觉。爸爸过来看着在玩积木的小宝说："你是不是玩得正开心，还想继续玩一会儿？"

"是啊，我不累。"

"所以你想等玩累了再上床？"

小宝点头。

"你想知道为什么我和妈妈想让你现在去睡觉吗？"爸爸耐心地说。

小宝抬头看了一眼爸爸，摇摇头。

"早点儿休息，这样明天早上就能按时起床去上学。如果你平日晚上超过9点还不休息，第二天早上起来就会感觉很疲惫。所以你能不能猜到我接下来想要说什么？"

"你想说让我休息好，早上按时起床。"小宝眨了眨眼睛说。

"真棒，你猜出来了！"爸爸伸出大拇指，"所以你看现在去睡觉，好不好？"

"好吧！"小宝通过爸爸的解释，才明白了大人的想法，就收好积木，乖乖去睡觉了。

【有话要说】

很多父母常常觉得，自己是一家之主，孩子就应该听从自己的吩咐和要求，没有征求孩子的意见，就自作主张地要求孩子去做某事，结果往往适得其反，而且这也是很不利于孩子的成长的。

现实生活中，还有些父母，虽然征求了孩子的意见，但只是象征性地问问孩子。很多时候，父母会觉得孩子的意见不成熟，最终还是主观地按照自己的意见去行事，而将孩子的意见弃之一旁。

以上的两种做法都是欠妥当的。父母应该明白，孩子也是独立的人，尤其是处于青春期的青少年，自我意识逐渐增强，更渴望得到父母的尊重和平等对待，如果父母经常给孩子下命令，不和孩子商量就自作主张，只会让孩子觉得父母是在以家长的身份施压，有些孩子还会将这一行为理解为父母对自己个性和尊严的忽视及对自己独立能力的不信任。这样，孩子心中的不满、逆反情绪就很容易被激发出来，孩子就更不愿意听父母的话了。

父母和孩子的沟通就像管道中的水，若是管道一头高一头低，水只能流向低的一头，只有两头差不多高时，水才能自由流动。在家庭生活中，父母如果想要求孩子做某事和不做某事，应该少用强硬的命令，而尽量以商量和平和的语气来代替，尽量多使用"你看能不能这样""我们想听听你的意见""请你帮个忙吧"等话语。虽然提出的要求还跟原来相同，但只要父母灵活地改变了语气，孩子的理解就会迥然不同。无论是一两岁的婴幼儿，还是十七八岁的青少年，可能都有自己的想法，尤其是在与自己密切相关的事情上更是如此，因此孩子的事情最好能放手让孩子自己去选择，父母只需要在一旁加以引导和帮助就可以了，即使父母有自己的想法，也要通过商量的方式，把自己的意见传达给孩子，让孩子权衡利弊后再做出选择。总之，父母凡事要学会与孩子商量，这样不仅可以增加相互之间的理解，避免许多无谓的争吵，还能教会孩子为人处世，帮助孩子健康成长。

【说话演练场】

　　小泉今年刚上初中，可独立意识已经非常强了，他遇事有主见，也喜欢表现自己。最近，他的爸爸妈妈拿出多年的积蓄，买了一套宽敞的新房，关于新房的装修，爸爸妈妈还在讨论中，并没有得出最终的方案。一天晚上，见父母又在商量装修问题，小泉就插嘴道："爸爸妈妈，关于新房装修我也有自己的一点儿想法，不知道能否说说。"

　　"你还那么小，能有什么有价值的意见啊？"

　　"我已经读初中了，不小了啊！我也希望房子装修得漂亮一点儿。"

面对这种场景，你可能会这么对孩子说：

　　"真是凑热闹，爸爸妈妈都商量这么久了还没有更好的方案，你能有好点子？"

会"说话"的父母却会这样说：

　　"你说得很有道理，不妨说说看你的想法。你也是家庭的一员，装修这么大的事情是应该听听你的意见。"

"你的偶像我也很喜欢"
——投其所好，赢得孩子的心

正读初二的元元聪明而外向，他平时活泼开朗，喜欢追求时髦，在今年，他疯狂地迷上了听歌和唱歌。平时无论是在课间还是在上下学的路上，他总是戴着耳机，播放着自己喜爱的音乐。不仅如此，他还有自己崇拜的音乐偶像。偶像的歌碟，他几乎都有，他常会津津有味地谈论自己的偶像，并且喜欢模仿偶像的声音、动作。爸爸也不反对元元有一些课余爱好，但对于他痴迷于模仿偶像的行为非常不解。

"就不知道你整天哼哼哈哈地在唱些什么？别人唱歌口齿不清，这个你也要学？"

"你如果喜欢听歌和唱歌就好好学，如果你想要在这方面有所发展的话，可以学一些民歌嘛。或者，干脆爸爸送你去上声乐班吧，说不定能发现你的潜力。"

这是爸爸在听到儿子唱歌时经常说的话。多数时候，元元并不会听爸爸的絮叨，而总是继续戴着耳机，自顾自地回房间继续唱。有时，他甚至还会反驳爸爸几句，然后径自走开。

【有话要说】

上文中的元元爸爸本来是关心孩子的成长，想要好好地跟孩子谈谈，以拉近亲子间的关系的，可结果却因为说话不合孩子的心意而遭到了孩子的排斥和反感。这说明想要拉近与孩子的距离，实现顺畅沟通其实也是需要智慧的。

在生活中，一些父母因为屡次尝试与孩子建立良好的互动关系失败就认为父母与孩子间天然地存在着一些代沟，而且是难以填平的，这其实是不正确的。父母与孩子间的交流难以顺利进行，并不是因为不同辈分的人之间天然存在着代沟，也不完全是由孩子的不懂事造成的，根本的原因在于父母缺少沟通的智慧。现实生活中，一些父母在跟孩子对话时，常常会不自觉地以自我为主导，围绕自己关心的话题展开交谈，如父母经常会询问孩子的学习成绩、孩子的饮食起居、孩子的特长培养等，却忽视孩子此时最想交谈的话题和真实感受，忽略了孩子平时真正的爱好和想法，从而使得交谈受阻，亲子关系疏远。

要想拉近与孩子的距离，缩小与孩子间的差距和代沟，有一个最简洁有效的办法，那就是投其所好，先赢得孩子的心，只有这样，所有的教育和交谈，亲子之间的良好沟通才有可能变成现实。像上文中的元元爸爸，如果能先投其所好，表达出对孩子崇拜偶像行为的理解，照顾好孩子内心的感受，然后再一步步进行引导和教育，或许就能缩短父子间的距离，更好地开展教育。

在与孩子对话时投其所好，父母先要付出关爱，多抽些时间来关心和了解孩子的生活状况，父母在平时需要多了解孩子的兴趣爱好，多关注孩子关心和重视的人和事物，多抽些时间倾听孩子的内心感受，如听孩子说说每天的趣事，多关心孩子成长的快乐和烦恼等。做好了这些基本功课之后，父母可以在与孩子进行对话时，多涉及这些方面，更多地谈论孩子关心的话题，适当多说一些孩子喜欢听的话，这样才更容易打开孩子的心扉，使孩子变得愿意与父母多交流和沟通，从而建立和谐融洽的亲子关系，到教育孩子时，孩子才会听，并且努力去做。

【说话演练场】

云云是一个乖巧的小姑娘，为人聪明机灵，讲文明懂礼貌，可就是喜欢看电视和电影，对于影视明星的崇拜可谓到了痴迷的程度，还常常因为追星而耽误学习。平时，只要是她喜欢的明星主演的影视剧，她几乎会全部观看，而且她还喜欢收集影视明星的画册、照片、歌碟等，哪里有明星的演唱会、签名会等，她也经常会想办法去参加。她妈妈因此而倍感头疼，也十分想教育教育女儿。

"你手上拿的是什么？"

"xx大明星的画册啊，他长得非常帅，最近主演了不少影视剧，是我的偶像！"

面对这种场景，你可能会这么对孩子说：

"整天就知道搞偶像崇拜，不要因为追星而耽误学习，还是现实点儿吧。"

会"说话"的父母却会这样说：

"这个明星我也喜欢呢，他不是主演了xx、xx等电影吗？人长得是帅，但他却不是靠帅气立足于影视圈的，更让人欣赏的是他的才华和能力……"

"这个游戏我玩过"——努力寻找共同话题

诺诺上小学四年级，最近开始玩一种游戏，叫作莫比乌斯环。爸爸小时候没有玩过这个游戏，女儿拿着一张纸来找爸爸一起玩，爸爸当时正在忙自己的事，一看就头大，说："这个是什么东西？

爸爸现在没空，你先自己玩吧！"一句话就把女儿打发走了。等到要吃晚饭，爸爸叫女儿吃饭时，诺诺就像没听见一样，还是自己玩，也不回答。

这时爸爸灵机一动，手机查找了一下资料，莫比乌斯环就是一种无限循环的曲面，爸爸把相关信息看了一遍，然后跟正在自己玩的女儿说："我知道这个游戏了。如果一只小蚂蚁在这个莫比乌斯环上爬，结果是什么？"

"是它永远爬不完！"女儿得意地说。

"你怎么知道？"

"我们老师告诉我的，因为这是一个无限循环的曲面。"

"好神奇，我希望吃完饭后跟你一起玩，好不好？"

"好，那我们赶紧吃饭吧！"

他们吃完晚饭后，还一起用剪刀剪出纸带，做成了一个莫比乌斯环，玩出了很多花样。

诺诺觉得和爸爸玩过游戏以后，他们的共同语言更多了。他们甚至还聊到学校里小朋友之间的一些趣事。

【有话要说】

在生活中，不少父母都发现，孩子越长大，与自己的关系变得越疏离，特别是处于青春叛逆期的孩子，与父母间的关系特别容易僵化。一些父母还觉得，自己的孩子很善变，在学校和在家里判若两人，在学校活泼开朗，在家里却沉默寡言。

其实，正处于青春期的孩子或多或少表现出对父母的疏离是一种正常的现象。青春期的孩子，生理和心理都处于发育的时期，其心理上的自觉意识不断增强，他们渴望挣脱父母的束缚，按照自己的意志安排生活，同时也希望父母能给予更多的理解和支持，而当这些愿望得不到满足的时候，他们就常常会表现出叛逆和不满。

同时，父母与孩子间交流的受阻还与彼此间缺乏共同话题有关。一些父母常年忙于工作，忽视了与孩子的交流和沟通，而在想到要与孩子交流时，又常将侧重点放在孩子的学习和教育上，却对孩子真正感兴趣的事物置之不理。另外，对事物的看法不同，处理问题的方式不同等也直接导致了亲子之间交流的阻断。

想要化解这种僵化的亲子关系，最好的方式就是试着和孩子真诚地做朋友，努力寻找和孩子的共同话题。父母关心孩子的成长，想要真诚地与孩子交流，就应该允许孩子有自己的想法，并鼓励孩子说出自己的真实感受，同时，父母还应该不断充实和提高自己，多关注一些新事物，多关注孩子喜欢的东西，努力让自己的思想跟上时代的步伐。比如，当喜欢篮球的孩子想看球赛时，父母就不要因为看电视剧和他抢频道，而要尊重和理解孩子；当孩子和同学们因为踢足球回家晚了，而且弄得一身脏兮兮的时候，父母可以少一些抱怨和责骂，多一些关心和支持；当孩子喜欢流行歌曲的时候，父母也不妨尝试着学会哼唱几句，体会一下孩子的感受；当孩子成功时，多分享他的成就……当孩子觉得自己的一切都有人理解、有人关心的时候，就会主动敞开心扉，将父母当成自己的朋友了。

【说话演练场】

正读初三的儿子疯狂地喜欢上了踢足球，在每天的课间和放学后，他都会和几个小伙伴一起踢球，有时甚至会因此而很晚才回家写作业。不仅如此，他还迷上了足球节目和几个足球明星，不管是什么级别的足球比赛，只要不上学时，他都会守在电视机前观看，而对于自己喜欢的足球明星，他则会在言行上进行模仿。爸爸十分想好好跟他聊聊，对他进行正确引导。

一天，看到儿子刚踢球回来，爸爸问："放学后，你去干什么了呢？"

"去踢球，我们今天踢得可开心了。"

面对这种场景，你可能会这么对孩子说：

"每天就知道踢球，你的功课完成了吗？先要好好学习，然后才能去玩。"

会"说话"的父母却会这样说：

"儿子，你每天去踢球，现在应该进步不少了吧！爸爸以前也非常喜欢踢球，踢球不仅很好玩，还能培养一个人的毅力和团队协作精神。儿子，爸爸一直都很想跟你分享一下踢球的收获和心得呢！"

第三章

欣赏和赞美，表达爱的最好通道

"你做得对，值得表扬"——肯定并赞美孩子的优点

小芳有一天参加了一个公益活动，学了一套"等灯等灯"的手语操，小芳学得可认真了。她晚上回家也在练，一丝不苟，认认真真，爷爷夸她："动作真标准，小小年纪，做事这么认真，好孩子！"

第二天一大早，小芳跟爷爷一起去一个红绿灯路口参加学校组织的"文明过马路"志愿者服务活动，从早上到中午，小芳都没怎么休息。

爷爷看在眼里，给小芳送水喝的时候又夸她："小芳真棒！知道遵守交通规则，而且还能帮大家一起遵守交通规则。你做得对，值得表扬！"

小芳听了，心里美滋滋的，其实一开始她只是觉得那套"等灯等灯"的手语操很好玩，就认真地学了，得到爷爷的夸奖后，她就更认真了。

这次活动以后，小芳每次过马路都非常认真，小心翼翼，严格遵守交通规则。因为那次的公益活动给她留下了深刻的印象，更主要的是，爷爷也因此表扬了她，这让她更加有动力做事了。

【有话要说】

每个孩子的身上都有优点和缺点，聪明的家长总能发现孩子身

上的优点，并及时给予肯定和赞美。我国著名的教育专家朱永新在《新教育之梦》中有这样一段话："理想的父母是永不对孩子失望的，决不吝啬自己的表扬和鼓励。""在教育子女的过程中，父母的一个微笑、一个赞许、一种肯定都会激起他们非常强烈的情感，扬起他们希望的风帆。"所以在家庭教育中，父母千万不要吝惜自己的赞美，多肯定孩子的优点，进行适当的赞美，尤其是对年龄小的孩子和那些正处于青春期的孩子。对于年龄小的孩子来说，肯定和赞美能让其形成正确的认知，明白什么事情是应该做的，怎样才能把它做好；而对于青春期的孩子来说，恰当的赞美能表现出父母对孩子的认可和信任，有利于增强孩子的自信心。

家长可不要小看一句赞美的话，它可能会成为孩子成长过程中的助推剂，除了可以帮助孩子远离自卑之外，还可以使其体会到父母的关心和爱护，同时能向孩子传达这样的信息：父母对于孩子的爱是无私而平等的，孩子表现好，就能得到父母的赞美和肯定。

我们都有这样的感受：谁都喜欢听好话，孩子也是如此。所以，多给孩子一些称赞，会给孩子极大的鼓舞。而父母的表扬与其他人的表扬相比产生的作用会更大。心理学家经过实验发现，孩子总是在无意识中按大人的评价强调自己的行为，以得到父母的表扬和认可。因此在日常的教育中，家长应该对孩子多一些表扬，少一些批评。对孩子的一些想法和行为，不能按照成人的标准来判定，应该发自内心地赞美孩子："你真棒，我小的时候没有你这样有创意。"这样，孩子的进步就会越来越快，也会把父母当作自己生活中的良师益友。如果父母只是一味地指责孩子，甚至是狠狠地训斥孩子，那孩子的自尊心和无限潜能就会被父母的训斥声淹没。

【说话演练场】

宁儿今年上小学五年级，资质一般，但她勤奋好学。这个学期，她突然迷上了国画，一直缠着妈妈要去学。妈妈知道，女儿没有绘画基础，学起来应该会有些吃力，但见女儿喜欢，自然十分高兴，于是马上答应送她去学。在学了一段时间之后，女儿有天正在家里练习，画了很多遍都不满意，可仍然在坚持，直到画出自己最满意的作品。在这整个过程中，妈妈一直陪在她身边，但没有作声。画好后，宁儿把自己的作品拿给妈妈看。

"妈妈，你觉得我这幅画画得怎么样？"

妈妈仔细地看了看，尽管女儿已经很努力了，但实际上，女儿的作品仍然十分稚嫩，水平一般。

面对这种场景，你可能会这么对孩子说：

"唉，画了这么久，还是这样，没什么长进嘛。"

会"说话"的父母却会这样说：

"我已经看到了你整个的练习过程，这幅画是你画了很久之后最满意的一幅，对吧？我觉得不错，虽然还有一些需要改进的地方，但也比以前有进步了。最重要的是，你在这个过程中学会了坚持，做得很好，值得表扬。"

"这次比上次更好了！"——赏识孩子的每一个进步

王老师是少年宫的美术老师，这段时间，她正在教一批新学生学速写。在这批孩子中，有一个叫小美的小女孩，她学画非常刻苦，虽然刚开始的时候入门比较慢，但后来慢慢地进入了状态，画得越来越好，她觉得这个孩子很有潜力。

可是最近，王老师发现小美已经三次没有来学画了。她感到非常奇怪，于是她拨通了小美家的电话，接电话的正是小美。

"小美，这几次怎么没有来画画呢？"

"妈妈不让我去了。"小美压低声音地说。

"为什么？家里有什么事吗？"

"没什么事，是因为妈妈认为我学不好，再学下去也是耽误时间。"

"怎么会呢，你学得很努力，进步也很快，妈妈为什么会这么说？"

"我每次学完画回家，妈妈总让我给她画一张速写。每次画完，她都说画得不像，一点儿进步都没有，就不让我学了。"

这其实也是王老师遇到的比较多的问题，很多家长希望学习效果可以立竿见影，无视孩子的细微进步，仅仅因为孩子没有达到"最佳"或自己心目中理想的标准，就全盘抹杀孩子的成绩，这是对孩子的一种伤害。也许在无意中，会因为父母过高的期望而葬送掉一个科学家或艺术家。

王老师主动去小美家里，跟小美妈妈进行了一次深谈，告诉她爱迪生小时候的故事。

"爱迪生一生拥有 1000 多项发明，让人羡慕不已。留声机、摄影机、钨丝灯泡，这些东西都是他发明的。你肯定觉得爱迪生这样的人就是天之骄子，从小就很聪明。但爱迪生小时候却被学校开除，老师说教不了这孩子。"

"是吗？那怎么办呢？"小美妈妈问。

"爱迪生的妈妈却没有气馁，自己承担起教育儿子的责任，没想到，却把他培养成了世纪天才！孩子的每一个进步可能没那么大，但每一个点滴的进步都需要我们家长和老师发现，这样才能让孩子体验到成长的喜悦。"

在王老师的诚恳建议下，小美妈妈终于同意让小美再去学画画了。

王老师和小美妈妈约好，每一次上课，回去都要夸孩子，"这次比上次更好了！"结果，小美的进步真是越来越明显。

【有话要说】

孩子在学习或者生活中总会有一些让父母不满意的地方，比如成绩没有别人好，做事没有别人快，头脑没有别人灵敏，但是孩子一直都在进步，这才是最重要的。

父母应该珍视孩子的每一个进步。在孩子看来，只要自己取得一点点进步，父母就应该是高兴的，就应该表扬自己。可是有的父母不会站在孩子的角度看问题，总是用大人的标准要求孩子，因而孩子很多时候很难达到父母的要求。这样一来，孩子就很难看见自己的进步，就会产生自暴自弃的想法，从而失去了前进的动力。

因此，父母随时都要看到孩子的进步，尤其是在孩子表现不好或者学习成效不明显的时候，不要打击孩子的信心和积极性，而是应该对孩子的表现给予宽容，对孩子的进步给予赏识，这将会让孩子建立或者重新建立做好事情的勇气和信心。

父母学会欣赏自己的孩子，及时赏识孩子的每一个进步是非常必要的，但在这个过程中，如下的一些问题也是父母应该多加注意的：

1.父母学会赏识孩子的每一个进步，就是要求父母能始终保持一颗宽容的心，在平时的生活中善于发现孩子的优点，包容孩子的一些缺点，当孩子在学习和生活中取得进步时，哪怕是很小的进步，父母都应该多肯定和表扬孩子。在赏识孩子的进步时，父母也不要盲目而宽泛地赞赏，最好是根据孩子的表现，进行具体且有针对性的表扬。

2.父母随时都要看到孩子的进步，尤其是在孩子表现不好、遭遇挫折、感到沮丧等情况时，千万不要打击孩子的信心和积极性，而应该善于发现孩子哪怕是一点点的进步，宽容孩子的不佳表现，安慰孩子的不良情绪，表扬孩子的进步，这将会极大地帮助孩子重建信心，收获勇气。

【说话演练场】

为了丰富自己的业余生活，张源在暑假的时候报了一个钢琴兴趣班，因为以前没什么基础，而且钢琴本身就比较难学，所以他在学习的时候非常用功，经过一段时间的努力，他才慢慢进入状态，可在钢琴课上也经常因为弹错音而受到老师的批评。

一次，他回到家后，有点儿不高兴地对爸爸说："爸爸，钢琴真难学，老师还很严厉，在今天的钢琴课上，我又被批评了。"

"老师为什么要批评你呢？"

"因为在单独弹奏的时候，全班同学都表现得很好，只有我弹得不好。我发誓，我上课认真听了，只是没有一点儿基础，才没学好。唉，我觉得弹钢琴实在太难，真不想学了。"

面对这种场景，你可能会这么对孩子说：

"你肯定是上课不认真才会这样的，要不，其他同学都会，就你出错？"

会"说话"的父母却会这样说：

"我昨天还听你弹过啊，我觉得你比起以前来已经进步了很多了呢！而且，我也相信，你上课时是非常认真的。老师之所以会批评你，也是为了你能更好地进步，我觉得是可以理解的，只要你坚持练习，不久之后水平一定会更上一层楼的。"

"你居然找到了捷径"
——欣赏和善待孩子的"小聪明"

小花小时候就喜欢自己画一些小人物，比如小公主、小王子之类的，但是每次她都会忽略画手，简单地用五根线条替代。但是这一天，她忽然兴高采烈地举着图画本跑到妈妈身边，大声说："妈妈，妈妈，你看我会画手了！"

妈妈仔细一看，真的是不错，五根手指整整齐齐的，只是有点儿大。妈妈猜到了，但还是认真地问女儿："小花，你是怎么忽然就学会画手的呢？还画得这么像！"

小花一听妈妈表扬自己，就高兴地说："你不知道了吧？其实我是这么画的……"她就把左手按到画纸上，然后用右手拿铅笔沿着自己左手的外轮廓描出了一个小手掌的形状。

"真不错！"妈妈笑着说，"这是你自己想到的？"

"嗯嗯！"小花拼命地点头。

"小花真是聪明！"妈妈接着说，"小花，这次是借助你的左手画的，下次如果能离开左手也能画这么好，那就更厉害了！"

小花果然又兴致盎然地画了起来。

【有话要说】

孩子正处于不断成长的过程中，对外面的世界充满着好奇，求知欲旺盛，有时也难免会在做事情的时候耍些"小聪明"，走一些捷径。通常来说，如果孩子的"小聪明"用在了提高学习、办事效率等方面，父母一般是不会反对的，也许还会对孩子的行为进行表扬。这点毋庸置疑。可有时候，孩子还可能会在其他的一些事情上耍些"小聪明"，如为了能让父母多陪陪自己而故意装病，为了能得到某样东西而故意找各种理由等，对于孩子的这些"小聪明"，父母就应该客观地看待并根据情况进行引导了。

在生活中，父母需要用发现的眼光看孩子，尤其是要学会欣赏孩子的智慧，当孩子将自己的聪明才智用在了正当的事情上，父母应该给予肯定和表扬，鼓励孩子继续努力，多观察，多动脑思考，争取有更大的进步。

而对于孩子的"小聪明"运用不得当的情况，父母也应该学会分情况妥善处理。

首先，父母应该意识到，孩子所谓的"小聪明"可能只是随着孩子心智的发展，其在探索外部世界时尝试的一种"社交方式"，并不全是不诚实的表现，父母不能因此认为孩子变坏了，也大可不必揭穿这些幼稚可笑的"小聪明"，更不要讥讽孩子，而应该进行引导和帮助，如可以赞赏和肯定孩子在这个过程中表现得好的方面，然后指出孩子存在的问题，进行教育和帮助。

其次，父母应该区分对待孩子不同类型的"小聪明"，然后对症下药，进行引导和妥善处理。如果孩子喜欢利用父母教育方式不一样，比如爸爸管得严而妈妈管得松的情况"钻空子"，父母应该先反思自己的教育态度和方式是否一致，自己对孩子是否存在溺爱的情况，然后两人统一意见和教育方式。如果孩子耍"小聪明"是为了偷懒，父母千万不要急着批评和指责孩子，而应该先诚恳地告诉孩子这样的行为是不对的，不但不明智反而会害了自己，同时，父母还可以给孩子讲一些为人要勤劳诚实的道理，或者给孩子做好示范，帮助孩子改正。如果孩子耍"小聪明"是因为做错了事情想逃避惩罚时，父母应该在理解孩子的基础上指出孩子的错误，鼓励孩子主动承认错误并改正，要让孩子知道，坦诚自己的过失并敢于承担，是一个人最难能可贵的品质。

总而言之，在学会欣赏和善待孩子的"小聪明"之余，当发现孩子总喜欢耍"小聪明"的时候，父母还应该多反省一下自己的行为。父母要知道，过分的限制和严格，容易导致孩子用"小聪明"来欺骗父母。因此，父母在管教孩子时，应当掌握好适度原则，满足孩子合理的愿望和要求，同时还可以建立必要的规则，让孩子学会用规则来约束自己的行为。

【 说话演练场 】

苗苗是一个聪明而活泼的小女孩，她的想象力十分丰富，动手能力很强，可对于需要记忆和背诵的知识，她却一点儿也提不起兴趣来，所以她的文科成绩一直不怎么好。可是，最近一段时间，父母发现她的记忆力明显提高了，对于识记也有了兴趣。

"苗苗，妈妈发现你最近的变化很大啊，老师要求背诵的课文你总能又快又好地背下来了，以前你可是在这方面很差的。真值得表扬！"妈妈有天不经意地说。

"是啊，可能我最近才打开记忆的阀门吧，自从参加了一个有关记忆力培训的课程之后，我发现了提高记忆力的好方法。"

"哦，什么好方法？说给妈妈听听，让我也长长见识，增强一下记忆力。"

"那就是图像记忆法，也就是在记忆时运用联想、想象等方法，把需要记忆的死板内容转化成形象性的故事情节或是夸张的图片等，比如我记"morning"这个单词时会这样联想：一座山上（m）滚下一个石头（o）压到一棵苗（r）上，把苗压弯（n）了，一分钟（i）过后，苗还是弯（n）的，只是根部开始发育（g）了。"

面对这种场景，你可能会这么对孩子说：

"这都是些什么啊，我还以为你真找到了学习的好方法了，原来都是些歪理。"

会"说话"的父母却会这样说：

"不错，这还真是记忆的好方法。女儿，你真聪明，值得表扬！"

"瞧，我家孩子多棒啊"——赞扬需大声

燕姿今年读小学五年级了，因为是家中的独女，长辈们对她宠爱有加，所以从小到大，她都没有做过什么家务活儿，就连自己的袜子基本都是妈妈帮着洗的。可上了五年级之后，她发现自

己周围的同学基本都能自己料理家务了，不免觉得有些惭愧，于是决定改变下自己。一个周末，妈妈请了几个和自己要好的同事到家中来做客。上午时，妈妈忙着打扫卫生，燕姿自觉地给妈妈帮忙，在客人们吃完饭后，燕姿也主动帮忙干活儿。

"妈妈，你陪客人们聊天吧，收拾桌子、洗碗这类的活儿就交给我了。"燕姿说。

"哦，可是你以前……"妈妈有些诧异，但看到燕姿的表情，忙改口说，"好，真懂事！"

"我们家孩子真是长大了，越来越能干了，今早还帮我打扫卫生来着，而且做得很棒！"听到妈妈在这么多阿姨面前表扬自己，燕姿的心里美极了，虽然她以前很少干家务活儿，这次却干得非常认真。

【有话要说】

中国的很多家长在教育和表扬孩子的时候向来都比较委婉含蓄，即使孩子表现得很好的时候，不少家长也不习惯当众表扬孩子。他们认为这样做可能会让孩子变得骄傲自满，从而放弃努力，其实未必如此。世界上的每一个人都渴望能给别人留下一个美好的印象，希望自己在别人的眼中是优秀的、出色的，希望自己的努力能得到别人的认可和尊重，所以，对于每一个人而言，被表扬是一件愉快的事情，而当众被表扬，则会让一个人的幸福感加倍，而且在人越多的场合，个人的成就感和自豪感就越强烈。

孩子的心理需求和大人是一样的，甚至比大人更强烈。如果能在人多的场合受到大声的表扬，看到自己的表现和能力得到别人的认可，孩子往往会觉得特别满足，自信心和自豪感也会突增，从而更加卖力地表现。上述例子中的燕姿妈妈就深谙这个道理，她在众人面前表扬自己的女儿，因此极大地激发了女儿做事的热情。

进行赏识教育是父母帮助孩子成长、激励孩子进步的方式，而在这个过程中，如果父母能大声地表扬孩子，甚至让周围的人都能听到这种声音，这往往比私下对孩子说出鼓励和赞扬的话更有效，甚至比物质奖励更能激发孩子的积极性和主动性。因而，在教育孩子时，父母不妨多运用这一方式。具体来说，当孩子有好的表现，取得了成绩的时候，父母不妨多大声地对孩子说"你真棒""真是个懂事的孩子""我发现你比以前进步多了"，也不妨当着众人的面夸夸孩子的优秀表现，具体点出孩子在哪些方面表现得很出色，并做出适当而中肯的评价。父母的这些激烈的话语也许就可能成为孩子成长的助推剂，促使孩子不断进步。

【说话演练场】

周末的时候，千千跟着妈妈及几位阿姨一起去逛街。一路上，千千独自走在前面，妈妈和几位阿姨在后面边聊天边走。刚走到商场门口时，眼尖的千千发现离自己不远处的地上躺着一个黑色的钱包，于是她往前走了几步，将钱包捡了起来，然后打开看了看，发现里面有不少钱。

"妈妈，我捡到一个钱包，里面有很多钱。"

"哦，给妈妈看看。"妈妈接过钱包后仔细地看了看，发现里面有几百元钱和几张银行卡。

"妈妈，有人丢了钱，一定很着急，我们在这儿等着失主回来吧。"

面对这种场景，你可能会这么对孩子说：

"可是，咱们还要去逛街，没时间等啊。"

会"说话"的父母却会这样说：

"嗯，你说得对！做人应该拾金不昧，我们家孩子真诚实，值得表扬！"

"太好了，再来一遍"——表扬也要趁热打铁

笑笑身上有着多数独生子女惯有的毛病——娇气、不爱劳动。笑笑虽然已经上初中了，可她平时的生活起居一般都是妈妈料理的，家务事也通常由爸爸妈妈分担，笑笑从不过问。今年，眼见着妈妈的生日就要到了，笑笑想送给妈妈一份特别的礼物。她想了很久，决定在妈妈生日的那天承担家里的全部家务，好让妈妈多休息一下。

妈妈生日的当天正好是周末，可妈妈要加班。笑笑在家先是把所有的脏衣服都用洗衣机洗干净、晾好，之后又把家里收拾得很整洁，然后把地板擦得干干净净……做完这一切后，她已经累得筋疲力尽，此时正好妈妈回来了。

"妈妈，你有没有觉得家里有什么变化？"笑笑急切地问妈妈，想得到妈妈的表扬。

"好像没什么啊！"妈妈环顾了一下四周，"哦，家里好像整洁了一些，地板也干净了。"

笑笑还等着妈妈会称赞和表扬一下自己呢，谁知妈妈却放下

包又去电脑前忙去了。这让笑笑很泄气，她劳动的热情一下就被浇灭了。虽然吃晚饭时妈妈也就此表扬了笑笑，笑笑却一点儿成就感也没有了。

【有话要说】

在教育孩子的过程中，一些父母常常会犯这样的错误：当孩子表现良好，取得了一定的成绩和进步时，没有及时地表扬孩子，或者是忘记了夸奖孩子，或者是很久之后想起来才称赞孩子，这其实都错失了最佳的教育机会，对于鼓励孩子继续好好表现，保持做事热情很不利。上述例子中笑笑的妈妈就犯了这样的错误，她虽然在事后也表扬了笑笑，但已经错过了合适的时间，笑笑的热情已经降温，所以妈妈的表扬根本就没有满足笑笑的期待心理，表扬的成效自然不好。

在家庭教育中，父母不仅要学会称赞和表扬自己的孩子，还应该趁热打铁，及时对孩子的良好行为进行表扬。因为当孩子表现良好、取得了成绩，或者有所进步的时候，是十分希望得到父母的肯定和赞许的，此时孩子几乎将所有的精力和期待都放在了这件事情上，其所有的兴奋点也全部集中在这件事情上，这时就需要父母及时给予合理的称赞，得到了称赞，孩子的成就感就能最大限度地得到满足，从而能巩固孩子的良好行为，增强孩子的做事热情。相反，如果孩子没能得到及时的表扬，会感到失望，主动性会受到打击，就会降低孩子以后的积极性。

为了使表扬教育更有效，父母在平时应该注意以下几点：

1.父母对孩子提出表扬，最好在孩子有良好行为之后进行，而不是事先许诺，从而增强孩子良好行为发生的自觉性。在孩子有好的成绩和表现之后对孩子进行表扬，能使孩子感受到被认可的喜悦，也能强化孩子的良好行为，促使其继续保持和发扬，不断进步。

2.父母表扬孩子时一定要及时。俗话说"趁热打铁"，对于孩子的表扬也是如此。在孩子的心目中，事情的因果关系是紧密联系在一起的，及时的表扬对孩子会产生很大的作用。所以，在教育孩子时，对他们身上的那些值得表扬和应该表扬的方面，父母应该及时进行表扬。

【说话演练场】

萌萌所在的班级最近兴起了一股学习中国古典乐器的热潮，在好朋友的劝说下，萌萌也报了一个古筝兴趣班。可由于古筝本来就很难学，再加上萌萌以前从没接触过，所以她学了很久也没有什么进展，不是弹奏起来有很多杂音，就是弹的音根本就不准，更别说能连贯地弹奏了。

一天，她正在家练习弹奏，突然找到了些感觉，自我感觉比以前进步了一些，于是就想让妈妈听听。

"妈妈，你过来听听我弹古筝吧，我自己觉得有进步了。"萌萌大声地对妈妈说。

面对这种场景，你可能会这么对孩子说：

"我现在正忙呢，好像也没有什么特别的感觉。等我忙完后再仔细听吧。"

会"说话"的父母却会这样说：

"嗯，你的确是有些进步了，起码弹奏的音都准确到位了，也有些连贯了。"

第四章

鼓励和引导，孩子成才的良方

"已经做得很好了"——多一些鼓励，少一些指责

宏宏虽然年纪还不大，但动手能力比同龄的孩子要强很多。他对拆装小电器、搞一些小发明制作十分感兴趣，当家里的电器坏了时，他总是想尝试着自己修理。在业余时间，他还会将原来买的玩具进行重新组装，进行新的设计，但有时也难免因此弄巧成拙。有一天，家里的电脑出了点儿故障，他主动来修，谁知不但没有修好，还弄得电脑都开不了机了。

"你这孩子，总是自以为是，就你那点儿电脑知识，就想修好电脑了？现在彻底坏了，你说怎么办？"一看宏宏把电脑修坏了，妈妈大发雷霆。宏宏心中很不是滋味，也有些恼火了。

爸爸看到这种情景，并没有责怪宏宏，而是对他说："虽然你今天没能把电脑修好，还将情况弄得更糟了，但你敢想敢做，动手能力很强，爸爸还是很高兴的。以后只要努力多学点儿知识，肯定会有进步的，爸爸相信你！"宏宏觉得爸爸说得很有道理，而且马上意识到了自己的不足，并决心以后好好学习，提高能力。

【有话要说】

在宏宏好心办了坏事之后，宏宏的爸爸妈妈选择了两种不同的说话方式，导致的结果是完全不同的。在妈妈的指责下，宏宏觉得非常委屈，乃至表现出了反感情绪；而听完爸爸的批评和鼓励，宏

宏觉得很受用，激起了他继续努力的热情。

父母是孩子的第一任老师，要想在教育孩子的过程中有所成效，教育方式很重要，尤其是在语言教育方面，相似的意思，用孩子能接受的语言来说比指责和批评往往更有成效。而在孩子不小心做了错事，感觉受挫的情况下，适当地鼓励和安慰当然比严厉指责来得有效。

著名心理学家鲁道夫·德雷克斯认为鼓励在孩子的成长中有着举足轻重的作用，他曾经说过这样一句名言："孩子需要鼓励，正如植物需要水分。"的确，鼓励能传递给孩子以爱的信息，让他们在受挫的时候仍能看到自己的优势，保持自信；鼓励能使孩子意识到自己的价值，不丧失斗志；鼓励能帮助孩子走出困境，在任何情况下保持积极乐观的心态，不断进步。

鼓励和表扬一样，都是帮助孩子积极进取、不断成长的良药。所以，如果孩子表现好或者有了进步之后，父母不妨多进行适当的表扬，而当孩子表现不佳的时候，父母也应该多给予鼓励，少一些指责和批评。具体来说，在教育孩子时父母需要注意如下几点：

首先，要正确认识孩子的能力，摆正对孩子的期待。父母应该意识到，孩子的能力是有限的，孩子的思想和行为也是较不成熟的，他们难免会犯错，会出现问题行为，此时父母应该体谅孩子，多多鼓励和帮助孩子。

其次，当孩子遇到难题需要父母的鼓励时，父母可以试着多用"你觉得……怎么样""人人都会有失败的时候，只要坚持努力，你会成功的""你需要帮助吗""我知道你已经尽力了"等话语来安慰和鼓励孩子，让孩子的情绪得到平复，也令其保持继续进取的斗志和热情。

再次，父母对于孩子的鼓励应该是有针对性的，最主要的是要让孩子感受到父母的关心和爱护，让孩子意识到无论出现什么问题，父母都会站在自己的身边，支持并帮助自己。

父母在孩子的成长过程中扮演着重要的角色，如果父母能在平时对孩子多一些关心和鼓励，少一些指责，孩子的健康成长将有更好的保障。

【说话演练场】

芝兰小学时学习成绩一直很好，经常在年级名列前茅，老师说她如果正常发挥肯定能考上一个好的中学，父母也对她寄予了厚望。谁知，在小学升初中的考试中，她因为身体不适，而且心里紧张而发挥失常，成绩不尽如人意。在知道考试成绩之后，她心情沮丧地回到家。

"兰兰，成绩出来了吗？考得怎么样？"刚进家门，妈妈就急忙问。

"嗯，那个……"

"怎么吞吞吐吐的，说啊！"

"我这次没有考好，因为考试的时候我不太舒服，也比较紧张……"

面对这种场景，你可能会这么对孩子说：

"怎么，没考好？意思是说重点中学没有指望了！你平时那么努力，怎么能在这个关键时刻出状况呢？"

会"说话"的父母却会这样说：

"来，给妈妈看看。这次考试虽然很重要，但没考好也不意味着什么，你以前的基础好，在哪个学校都是一样的，不要太伤心了，只要你以后继续努力，还是大有前途的。"

"说说你的意见"——鼓励孩子说出内心的想法

宁军今年刚上初一，他是一个活泼好动的男孩，课余时间特别喜欢体育运动，尤其是踢足球，可他的爸爸认为孩子踢球会耽误学习，所以时时敦促他好好学习。

有一天，宁军和几个伙伴踢球玩，回家稍微有些晚了，他害怕挨骂，就拖着朋友一起回家。爸爸看到他的第一句话就是："成绩不怎么样，玩起来倒是很有劲儿，看你将来怎么考大学。"

爸爸的这番话让孩子觉得很没有面子，他争辩道："爸爸，我今天的作业都完成了。我们很久没有踢球了，今天破例晚了一点儿，你也不用这么生气吧？"

"今天破例，明天破例，以后就不用学习了。我生气还不是为你好。你还敢在外人面前跟我顶嘴？都不知道你以后想怎样？"

"爸爸，你根本就不知道我在想什么……"爸爸的一番话让孩子闭口不言了，伙伴也无趣地回家去了。

【有话要说】

孩子有自己喜欢的娱乐活动，这本来是再正常不过的事情，但是家长却认为这是"不务正业"，必定玩物丧志，因而不由分说地对孩子大加责备。此时，孩子已经表明自己是以学业为重，是在做好作业之后才去踢球的，但是爸爸却因为反感"顶嘴"，完全不顾及孩子内心的想法，就断定孩子是在动摇自己的家长权威，因此引发了父子之间的巨大矛盾。

其实，这种情况在我们的生活中并不少见，一些父母很少考虑孩子的想法，总是要求孩子按照自己的想法去做，一旦孩子有异议就认为孩子是在"顶嘴"，长期处于这种教育之下的孩子，怎么可能有较强的独立意识和思考能力呢？

在家庭教育中，父母应该尊重孩子的独立性，允许孩子有不同的观点和看法，并鼓励孩子说出自己的想法，甚至当孩子的观点与自己有冲突时，还可以鼓励孩子与自己争辩。要知道，这是一个讲道理的时代，而并非是个顺从的时代，培养一个会说话的孩子比培养一个会听话的孩子更重要，孩子说出自己想法的时候实际上也是其思考和加深对周围事物理解的过程，而孩子能与父母争辩则意味着其自我意识的不断增强和心智的日益成熟。

作为家长应该明白，虽然孩子的思想不能在一夜之间就变成熟，但他们有朝一日也会成为父亲或是母亲，也会生儿育女，也会工作养家，其精神和意识都是独立的。在孩子成长的过程中，他们渴望说出自己的想法，有时也难免会与父母争论，父母最好能做到如下几点：

首先，父母要理解和尊重孩子，在遇到问题时，应该多鼓励孩子说出自己的想法，千万不要武断地下结论，不容分说就责怪孩子没有按照自己的意思办事。只有在了解了孩子的想法之后，父母才能更好地找到问题的症结，从而解决问题。

其次，父母应该仔细聆听孩子的意见，允许孩子有不同的意见，就算孩子说错了也没关系，等孩子说完后再纠正。勇敢地说出自己的想法是孩子走向成熟的重要步骤，孩子这样做的时候，表明他在组织语言表达自己的观点，并分析对方的观点，这对于促进孩子的脑部发育是很有帮助的。父母此时所要做的应该是鼓励和帮助孩子，因为孩子这样做并不是不尊重父母的表现，既然真理只会越辩越明，父母又何须担心自己的威严会在争辩中消失呢？

【说话演练场】

　　安儿是一个听话懂事的孩子，各方面的表现都很不错，就是有些沉默寡言，虽然她很有想法和主见，但很多事情都喜欢闷在心里，而一旦父母和朋友做事和自己的想法不一致，她又会不开心。一个周末，她非常想去少年宫看书画展，可妈妈却想带着她去姑妈家做客。她认为自己前几天已经跟妈妈讲过这件事了，妈妈一定记得，现在妈妈这样做是故意跟自己"唱反调"，所以就很不高兴。

　　"安儿，快点儿，我已经跟姑妈说了，她一定在家等急了。"

　　"妈妈，可是……你忘记了吗？"

面对这种场景，你可能会这么对孩子说：

　　"你这孩子，怎么这么磨磨蹭蹭，真不让人省心。"

会"说话"的父母却会这样说：

　　"孩子，你想说什么？你是不是有什么意见，或者有自己的想法？说出来听听。"

"相信你一定能行"——积极的暗示帮助孩子成长

木木是家中的独子，而且妈妈当年为了生他而受了不少罪，所以家人从小到大都对他呵护备至。木木上到小学四年级后，父母发现，虽然木木在学习上不怎么偷懒，可学习成绩一直上不去，他们想了很多办法都没能帮助木木进步，于是木木妈妈不自觉地想到了自己不顺利的分娩经历，认为孩子可能是出生时脑部神经受到了损伤，只是以前没有发现。

在一次测验后，看到木木的语文成绩，木木妈妈说："唉，你怎么又考这么差啊？也许真的是智力有问题。"

"可能是我脑子有问题，所以成绩才一直不好。以前你跟我说了，当年你生我的时候难产，我差点儿没命，做了手术才保住的命，我的智力可能就受到了影响。"

"唉，以前就觉得你笨，没想到是这个原因。明天带你去医院检查一下。"

第二天，木木妈妈就带着木木到医院进行了智力测试，没想到木木根本不存在智力低下的问题。看到这样的结果，木木和妈妈都纳闷儿了，这究竟是怎么回事呢？

【有话要说】

心理学家告诉我们：父母若以正面的信念期望孩子能成为什么，将来孩子就会成为什么。父母对孩子的期待与评价经常会在言语及日常生活中有意无意地显现出来。积极正面的期待会使孩子感受到爱与支持，从而充满自信，生气蓬勃；相反，负面的、消极的评价会使孩子失去信心与发展机会。

暗示会产生非同一般的效果。曾有心理学家做过这样一个实验：由两位水平相当的教师分别给两组学生教授相同的内容，有所不同的是，其中一位教师被告知："你很幸运，你的学生天资聪颖。然而，值得提醒的是，正因为如此，他们才试图捉弄你。他们中有的人很懒，并要求你少布置作业。别听他们的话，只要你给他们布置作业，他们就能完成。你也不必担心题目太难。如果你帮助他们树立信心，同时倾注真诚的爱，他们将可能解决最棘手的问题。"另一位教师则被告知："你的学生智力一般，他们既不太聪明也不太笨，他们具有一般的智商和能力，所以我们期待着一般的结果。"在该学年年底，实验结果表明，"聪明"组学生比"一般"组学生在学习成绩上领先了许多。

其实，在被测试者中根本没有所谓的"聪明"学生，两组被测试者全都是一般学生，唯一的区别就在于教师对学生的认知不同，导致了对他们的期望心理也不同，从而以不同的方式对待他们。其中一位教师把这些一般的学生看作是天才儿童，因而就把他们作为天才儿童来施教，并期望他们像天才儿童一样出色地完成作业。正是这种特殊的对待方式，使得一般学生有了突飞猛进的进步。

法国有句谚语说："自以为是鼠辈的人定被他人轻视、欺侮。"这从一个侧面反映了"心理暗示"给人带来的影响。经常给孩子一些积极而正面的"心理暗示"，孩子一旦沐浴在自信的光晕之中，将产生无比巨大的推动力，一步步向更高的人生台阶迈进。

【说话演练场】

王全是一名初一的学生，他聪明伶俐，资质不错，可就是太过于懒散，好像天塌下来他都无动于衷。他几乎每天上早读课都会迟到，有时还会拖欠交作业，在劳动卫生方面也很不积极。后来，经过老师的屡次教育，他决定改变自己。

一天，他看到家里的地板脏了，于是就拿起扫帚，对妈妈说："妈妈，今天我来打扫卫生。"

妈妈觉得十分诧异，因为王全以前可从没主动打扫过卫生，他的房间总是又脏又乱，很多果皮、包装袋都等着妈妈来清理。

面对这种场景，你可能会这么对孩子说：

"太阳打西边出来了，你是在跟我开玩笑的吧？你肯定打扫不干净。"

会"说话"的父母却会这样说：

"你能为父母分担家务我很高兴，我觉得你一定能打扫得很干净！"

"你也很优秀"——发挥鼓励的神奇作用

罗尔是一个非常调皮的小学生，他从小就特别贪玩，上课时经常说话、吃零食，走动位置，课间时还喜欢欺负同学，放学后也经常闯祸，他的老师和同学因此很不喜欢他，家人也经常对着他唉声叹气，认为他是一个很难调教的孩子，只有他的妈妈不这么想，她一直认为自己的孩子也是一个天才，只是他的潜能现在还处于"沉睡"状态。

"妈妈，怎么其他人都不喜欢我？"罗尔有一次问妈妈。

"因为你是个调皮的小天使，你太活泼了，有时候没有想到别人的感受。"妈妈说。

"上次老师说我没药可救了……"

"不，那不是真的，你也很优秀，你以后会慢慢进步，越来越优秀的，也许还能成为一个大科学家呢。"

小罗尔并没有完全听明白妈妈的话，但他记下了妈妈的话。此后，"你也很优秀"一直像一面旗帜一样激励着罗尔，使他逐渐改正了原来的很多缺点，进步了不少。

【有话要说】

美国著名的教育专家卡尔·维特曾经说过："每个孩子都是天才。"心理学的研究成果也表明，98%的孩子都不存在智力问题，而存在的是爱学不爱学、会学不会学的问题。也就是说，在孩子的培养上，智力问题并不是障碍，关键是孩子的教育方法，只要教育方法正确，普通孩子也会成为不平凡的人。

只有坚信自己的孩子是最优秀的，承认孩子的优点，对他的未来充满信心，给他积极的暗示，父母才有可能真正培养出优秀的孩子。如果自己的孩子与别人的孩子在某一方面相比成绩平平，甚至远远不如别人的孩子，即便是在这个时候，我们也要坚信自己的孩子在另外一些方面也一定有他的过人之处，只是现在还没有表现的机会而已。作为家长，我们可以仔细观察孩子闪光的一面，肯定孩子存在的优点。

其实，经常以"你也很优秀"来鼓励孩子，并不是要求父母将自己的孩子拔高，盲目地夸奖孩子，而是希望父母能在家庭教育中多给孩子以鼓励，恰到好处地夸奖孩子。卡尔·维特在《卡尔·维特的教育》

一书中认为，家长教育孩子最重要的方法是"鼓励孩子去相信自己"，只有孩子对自己充满了信心，父母才能培养出优秀的人才。而孩子对于自己的信心来源于"父母有效的夸奖和鼓励"，这种有效的夸奖和鼓励能够给孩子带来自信，又不至于让孩子变得骄傲。

另外，父母以"你也很优秀"这样的话语鼓励和引导孩子，实际上也是对孩子信任、关爱与支持的表达，在这样的氛围中，孩子才能变得更自信，更加充满朝气，从而不断进步和成长。

【说话演练场】

小基的学习成绩中等偏下，其他各方面的表现也很一般，在班级中很不显眼。在新学期刚开学时，老师就宣布全班要重新调整座位，因为小基个子比较高，老师就将他调到了倒数第二排，他因此十分郁闷，觉得老师是因为自己学习不好而轻视自己，剩下的那点儿学习热情也消失了，甚至开始变得不遵守纪律。

"听说你最近在学校表现很不好，能跟爸爸说说原因吗？"

"老师不太重视我，最近我还被调到了倒数第二排，周围坐的都是不太爱学习的学生……"

面对这种场景，你可能会这么对孩子说：

"你的成绩本来就不太好，如果你平时好好学，老师也不会这样对你！"

会"说话"的父母却会这样说：

"你有问过老师原因吗？我可已经问了你们老师，她这次并不是按照成绩来排位置的。你想想，你个子这么高坐后面很正常啊，如果坐前面，可能就挡住后面矮个子的同学了，咱们个子高的是不是应该顾及一下别人呢？还有，你一直都是个很优秀的孩子，不管在怎样的环境中，你都能好好表现，而且爸爸相信你还能带动同学进步，是不是？"

"你还可以表现得更好"——引导孩子进步

在六年级的第一学年期末，方群因为学习成绩好，其他各方面的表现也良好，从而受到了老师和同学们的一致好评，被推选为"三好学生"，看着同学们羡慕的眼神，她心里非常高兴，甚至有些飘飘然起来。回到家后，方群见爸爸正在看电视，她将自己的奖状和奖品往爸爸的眼前一放，然后高昂着头，说："爸爸，这是我这个学期的'战利品'，我今年考了第一名，而且其他方面也表现得很好。你看，这是'三好学生'的奖状。"

"你能取得这样的成绩，爸爸真为你感到骄傲。"

"那是当然啦，我为你争光了吧？每年能得'三好学生'的也就那么几个人，我今年是最受关注的，你该怎么奖励我……"孩子越说越得意，声调也提高了不少。

爸爸觉得方群此时的表现过于骄傲自满了，应该教育和鼓励一下她，便说："取得了这样好的成绩固然值得高兴，但也不能因此而止步不前。你很有潜力，爸爸相信你还可以表现得更好。"在爸爸的提醒下，方群意识到了自己的问题，并且决心以更高的标准要求自己。

【有话要说】

每个孩子都可能有不成熟的一面，常常会因为现实的际遇和遭遇的情况而患得患失，或喜或悲。当他们受挫时，会自卑沮丧，当他们取得了一定成绩的时候，也常常会扬扬自得。上述例子中的方群就因为该学期取得了很好的成绩而骄傲起来。在这种情况下，如果爸爸只是一味地表扬和称赞孩子，方群的自满情绪可能会更加膨胀，从而阻碍其继续进步，所以爸爸在肯定其成绩的时候也给出了善意的提醒，意在引导孩子再接再厉，继续前进。

会教育孩子的家长不仅要鼓励和表扬孩子，更应该在孩子遇到问题、需要帮助的时候提醒和引导他们，从而促进孩子的健康成长。具体地说，引导孩子就是孩子感到茫然无措的时候给他们提建议，在孩子自信过度的时候提醒他们，在孩子取得了一定的成绩之后引领其向着更加远大的目标前进，等等。总之，引导孩子的宗旨在于帮助孩子不断进步和成长。

以语言鼓励和引导孩子是引导教育中的重要内容，但引导孩子进步绝不限于语言上说说而已，同样还需要掌握一定的技巧和工具。想要引导孩子进步，父母应该在以下方面多注意：

首先，父母在平时需要多注意自己的言行，多多关心和理解孩子，做好孩子的表率，和孩子成为朋友，为孩子创设一个和谐融洽的家庭氛围。只有父母能够自律，并且发自内心地关心和爱护孩子，真正了解孩子的需求和想法，才能拉近亲子之间的距离，也只有在这样的氛围中，当父母批评和引导孩子的时候，孩子才会用心去听，虚心接受。

其次，引导孩子进步需要掌握一定的原则和方法，其中最重要的就是要针对具体的情境，运用不同引导语言和方式。比如，在引导孩子积极学习这件事情上，父母可以先为孩子营造良好的学习环境，自己多多陪伴和鼓励孩子学习，运用多种方式激发孩子的学习兴趣和学习热情等；在引导孩子再接再厉，表现得更好时，父母可以先肯定孩子的成绩，然后指出孩子需要提高的方面，给出一些具体的建议，引导孩子保持谦虚的作风，更上一层楼，等等。

学会引导孩子进步是父母在家教时必修的一门功课，只有做好了这些，孩子才会在原有的基础上积极进取，不断攀登新的高峰。

【说话演练场】

小文平时的学习成绩一般，可是他上语文课时非常认真，也很喜欢阅读和写作，语文成绩一直不错。在一次全年级组织的作文竞赛中，他的作品获得了一等奖，原本默默无闻的他觉得自己一下子扬眉吐气了，于是就自满起来，上语文课也没有那么认真了，还经常跟同学吹嘘自己是写作方面的天才，将来可能会成为大作家。班主任在遇到小文妈妈时偶然说起了这些事，希望妈妈能引导和教育一下他。

"你的语文老师跟我说你上次作文竞赛得了一等奖，我真为你感到骄傲！"妈妈说。

"这件事我不是早就告诉你了吗？你儿子真棒吧？你应该为我自豪的。"

面对这种场景，你可能会这么对孩子说：

"这有什么可自豪的，今天你们班主任跟我谈话了，说你因此而骄傲自满，取得小小的成绩就不努力啦？"

会"说话"的父母却会这样说：

"你进步了妈妈很高兴，但你因此就骄傲起来了，妈妈却有些担心。要知道'谦虚使人进步，骄傲使人落后'，你那么有潜力，应该可以表现得更好一些，如果因此就停止向前了，肯定是得不偿失的。"

"咱们玩角色互换吧"
——有效引导跟父母"对着干"的孩子

妈妈爸爸感觉小胖自从上初中以后，开始变得跟以前不一样了。他以前回来主动写作业，写完才出去玩，现在一放学就丢下书包出去跟小伙伴们玩，晚上睡觉前不得不写了，还是磨磨蹭蹭的。妈妈在旁边监督着，会好一点儿，妈妈刚出去做点儿事再回来，看见小胖要么是在摸橡皮，要么是在削铅笔。妈妈说："我不是都给你削好好几根铅笔了吗？就为帮你省时间，赶紧写作业吧！"

小胖说："我就是想自己削铅笔，这不是你说的吗？自己能做的事自己做，不麻烦妈妈！"

"那你早上自己叠被子行不行？"

"那我上学迟到了怎么办？"

"算了，你赶紧写吧！你要是一放学就先写作业，怎么会到现在还没写完？"

"我那不是劳逸结合吗？上了一天课还不能玩一会儿啊？"

小胖的一番话把妈妈噎得说不出话来。

爸爸在一旁呵呵大笑。

妈妈说："都是你教的，都会顶嘴了！"

"嘿，这跟我有什么关系啊！这是孩子自己长大了，有思想了，你得理解，这不是坏事……"

"瞧你说的，那还是好事了？"

小胖的妈妈虽然知道自己的孩子已经进入了青春期，凡事喜欢自己拿主意，但并不理解为什么孩子总是喜欢跟父母"对着干"，更不知道该如何改善与孩子之间的关系，如何才能帮助孩子改变这一现状。

【有话要说】

上述例子中的小胖之所以会经常做出与父母"对着干"的举动，主要是与青春期成长阶段的心理有关。从心理成长的角度来说，人在成长的过程中有两个转变非常明显的阶段，一个是两岁左右幼儿期的"第一反抗期"，另一个就是 11 ~ 15 岁青春期的"第二反抗期"，孩子在这两个阶段的心理发展状况，往往会影响其未来性格的形成及健康发展。

当孩子进入青春期之后，不仅生理上的发育明显，心理和性格方面也会出现一些显著的变化，尽管此时他们在经济上还不能独立，在思想上也不完全成熟，可在他们自己的眼中，已经把自己当成大人一样看待了，所以他们也渴望像大人一样独立自主地做事，希望父母能尊重和理解自己。也正因为，他们有时候会表现出特别明显的逆反情绪，喜欢以跟父母"对着干"的方式来反抗父母，凸显独立性和自主性。

　　对于孩子成长发育过程中的这些心理特征，父母需要多多了解和关心孩子，在这一基础上，父母可以通过一些实际行动来帮助孩子走出青春期的困惑，帮助孩子健康成长，尤其是当孩子出于叛逆而做出一些不合时宜或错误的事情时，父母更应该好好引导和教育孩子。

　　想要有效引导总喜欢跟父母"对着干"的孩子，父母可以在如下一些方面多努力：

　　首先，要想引导孩子向好的方面发展，父母应该先改变自己的一些不良做法，不要对孩子管得太严厉，也不要总是喋喋不休，做事要照顾到孩子的感受。有些家长认为教育孩子要严厉，在管教孩子时往往是不许这样不许那样，打骂孩子或是罚站等都是家常便饭，却不考虑孩子的想法。殊不知，在这种环境中成长起来的孩子，要么懦弱、胆小怕事，要么逆反性极强。有些家长总喜欢过多干预孩子的行动，喜欢唠叨，而对于孩子的行为和想法总喜欢提出反对意见，这样自会引来孩子的反感和不满，疏远亲子关系，对于教育和帮助孩子是没有什么好处的。

　　其次，父母管教孩子应该以尊重和宽容为前提。在平时，父母可以多给孩子一些自己做决定的机会，让他们有一定的选择权，这样可以大大减少逆反行为，而当遇到一些不容选择的情况时，父母也应该多用商量的语气跟孩子说话，可以温和一点儿的时候就不要太严厉，不要总是摆出家长的架势，对孩子发号施令。

　　还有一点很重要，那就是对于总喜欢跟父母"对着干"的孩子，父母应该多多安抚和引导，如在坚持原则的前提下，可以多多表扬和夸奖一下孩子的良好表现，平时可以鼓励孩子玩玩角色互换的游戏，让孩子体验做家长的感觉，这样孩子就更容易理解父母的苦心了。

【说话演练场】

芳兰马上就读初中了，妈妈发现，她最近变得有些奇怪，总喜欢跟同龄人聊天，却什么话也不喜欢对家人说，有时候妈妈问上好几句，她才勉强说一两句，更让妈妈担忧的是，原本乖巧的女儿似乎一下子变得叛逆起来，在很多事情上她总喜欢跟父母"对着干"。最近，妈妈帮芳兰报了之前她想学的舞蹈班。

"我现在已经不想学舞蹈了。"兰兰没好气地回道。

"你这孩子，上次不是非要去吗？妈妈费了很大的劲儿才帮你联系上，现在怎么不想学了？"

"就是不想学了，我就不喜欢按照你的意思去做事，就不想总是顺从你！"

面对这种场景，你可能会这么对孩子说：

"真是枉费了妈妈的一番苦心啊，真是不像话，跟我'对着干'有什么好处？"

会"说话"的父母却会这样说：

"孩子，你怎么能这么跟妈妈说话呢？妈妈这不是尊重你的选择才帮你去报名的吗？如果你不想学了，咱们也可以好好商量，不是吗？想想，如果你是妈妈，费尽心力才联系好老师，可听到女儿这样说，你会有何感想呢？"

第五章

批评教育，也要懂些说话艺术

"待会儿咱们再聊"——批评教育要选好时机

晓园已经上初一了，她一直是个懂事的孩子。可是最近一段时间，她因为迷恋上了某位歌星，整天沉迷于偶像崇拜而耽误了学习。在一次考试之后，晓园得知自己已经由班级原来的前十名退步到了三十几名，觉得十分后悔和伤心，决心从今以后改正。

晚上回家之后，她什么话也没有说，独自走进了房间。妈妈见状，连忙问："女儿，你今天是怎么了，好像看起来不高兴啊？"

"嗯，我心烦，你先让我静静吧。"

"这么小年纪有什么好烦的事情，说说看吧。"

"我这次考试成绩很不理想，已经退步了二十几名，都怪我这段时间总是想着追星，没什么心思学习。"

"你现在知道错了啊，那你前段时间干什么去了？我上个月已经教育你很多次了，可你就是不听，还说自己有分寸的，可现在……你真是个不懂事的孩子，待会儿叫你爸爸好好教育你一下！"

晓园本来就觉得难过后悔了，挨了妈妈这么一顿批评，又觉得很委屈，所以哭了起来，同时也觉得妈妈并不关心自己。

【有话要说】

晓园本来就是一个听话懂事的孩子，她在知道自己的成绩明显退步之后立即进行了反思，也决心改正，此时她最需要的就是亲人的安慰和鼓励，可妈妈在知道她的情况之后，非但没有安慰她，反而当场就对她进行了批评和指责，这让原本就伤心和后悔的晓园难以忍受，觉得委屈。在这个例子中，晓园妈妈因为没有掌握好批评教育的时机和方式，以至于影响了母女之间的关系。

每个孩子都是活生生的生命个体，他们不仅仅满足于被爱、被教育，他们更渴求得到尊重和理解，希望在自己开心的时候，父母能一起分享；在自己伤心难过的时候，能得到父母的关心和鼓励；在自己需要帮助的时候，父母能给予支持而不是批评和指责。如果父母不能很好地照顾孩子的这些感受，经常在不适当的时机，采用不适当的方式对待孩子，结果不仅不能教育好孩子，还可能适得其反。

在教育孩子的过程中，批评教育是必不可少的，可是批评教育也不能不分场合、不分时机地盲目进行，而应该讲究一些说话艺术，其中，根据具体情况，选好教育时机很关键。在这方面，父母平时应该注意：

首先，父母需要意识到批评教育选好时机的重要性，而且对于孩子的批评应该合理。

在批评教育中找准时机很重要，只有时间选对了，孩子才能把父母的话听进去，教育才有效果，而如果时间选得不对，父母说得再多，孩子什么也听不进去，这样的教育便是失效的，父母在批评和教育孩子时一定要意识到这一点。同时，在批评孩子时，父母还应该掌握合理、得当的原则，批评合理才能使孩子从心理上产生接受感，才有可能帮助孩子改正不良品德、不良行为、不良习惯与不良学习态度等，批评的话说到点子上，孩子才能明白父母话语的意思，从而改正自己的缺点。

其次，父母应该知道通常来说不适宜批评孩子的一些时间点。

尽管孩子随时都有可能犯错，但父母批评孩子却不能随时随地进行，一般来说，父母尽量不要在清晨、吃饭时、睡觉前、孩子刚才虽然犯错但也受了委屈的时候批评孩子。在清晨批评孩子，可能会影响孩子一天的心情；在吃饭时批评孩子，孩子的食欲将受到影响，这可能对孩子的健康不利；在睡觉前批评孩子，会影响孩子的睡眠，这不利于孩子的身体发育；在孩子虽然做错了事情但已经受伤或受委屈的时候批评孩子，可能会严重影响孩子的情绪和心理，让孩子觉得父母不爱自己、不关心自己。

总体来说，在孩子犯错时，父母最好先给孩子一段冷静和反思的时间，等孩子的情绪平复了再进行教育和说理，这样的效果可能会更好一些。

【说话演练场】

张洛性格活泼开朗，有些顽皮，虽然他在学习方面很自觉，让父母没多费心，可是在生活方面，他却总是让父母操心不已。

有一次，张洛在放学后和同学一起到离家不远的小树林里玩，几个孩子争相比赛爬树，谁知，张洛一不小心从树上摔了下来，把脚扭伤了，手上也擦破了皮，几个孩子见状，马上护送张洛回家。

回家后，爸爸见到受了伤的张洛，问："儿子，你们几个这是去哪里玩了，你怎么受伤了？"

"我们去附近的小树林里爬树，谁知，我一不小心，从树上摔了下来，我的手和脚现在都很疼啊！"

面对这种场景，你可能会这么对孩子说：

"谁让你这么顽皮来着，我和你妈妈一直告诉你要注意安全，可你总当耳旁风，现在受到教训了吧！"

会"说话"的父母却会这样说：

"先别说这么多了，看你好像伤得有些严重，咱们先一起去医院检查一下，处理下伤口吧，其他事情咱们待会儿再说。"

"我想和你说点儿悄悄话"——不要当众批评孩子

韩敏的妈妈很关心儿子的成长，平时对儿子的要求也比较严格，为了能帮助韩敏提高学习成绩和综合素质，她不知费了多少精力，甚至几次放弃了自己事业的发展机会。韩敏的妈妈比较健谈，无论遇到什么人，总喜欢拉拉家常，在教育孩子时也稍微有些啰唆。

一天，妈妈的两个同事到他家来做客，不知怎的，几个人分别说起了自己孩子的成长话题。韩敏的妈妈看了儿子一眼说："我这个儿子啊，真不让人省心，调皮、贪玩，总喜欢看电视、上网、玩游戏，前几天在学校上课时用手机玩游戏，手机都被老师没收了，我现在也不知道怎么才能教好他了！"

听到这些，正在看电视的韩敏有些不高兴了，心想，这都是很久以前的事情了，于是他忍不住嘟囔了一句。

妈妈见状，说："你们看，他还不服气了！"

"妈妈，我现在已经不上课玩游戏了，而且我现在看电视、上网也都有分寸，不会影响学习的。我上次玩游戏，你不是已经批评我了吗？怎么现在还要再说啊？"说完这些，韩敏不高兴地走开了。

【有话要说】

生活中，一些父母总喜欢教训孩子，数落孩子的不是，不仅是在家里单独相处的时候，即使是当着众人的面也会不自觉地批评教育孩子，上述例子中韩敏的妈妈就是如此。在教育和培养孩子的过程中，父母应该讲究一定的方式方法，顾及孩子的尊严和感受，并以帮助孩子健康成长为目的，而不能动不动就摆出家长的架势，用长辈的权威压人，这样除了恶化亲子关系之外，对于帮助孩子健康成长是没有多大好处的。

英国教育家洛克说过："父母不宣扬子女的过错，则子女对自己的名誉就愈看重，他们觉得自己是有名誉的人，因而更会小心地去维持别人对自己的好评；若是你当众宣布他们的过失，使其无地自容，他们便会失望，而制裁他们的工具也就没有了，他们愈觉得自己的名誉已经受了打击，则他们设法维持别人的好评的心思也就愈加淡薄。"在这个世界上，很少有人会愿意把自己的缺点和不足暴露在众目睽睽之下，所有的孩子也都有这种心理需求，所以父母在教育孩子的时候，一定要照顾到孩子的这种需求和感受，千万不要当众批评自己的孩子。

在教育孩子的时候，无论孩子犯了多大的错误，表现得有多糟糕，父母都不应该在人多的场合批评教育孩子，而应该采取灵活的教育方法，如先不批评孩子，等回家之后再进行教育，或者把孩子拉到一边，尽可能小声地单独跟孩子说。

不当众批评孩子其实是尊重和关爱孩子。每个孩子都有被爱、被保护的需求，也渴望得到尊重和保护。父母当众批评孩子容易使孩子的自尊心受到损伤，久而久之，还会让孩子产生敌对心理，而如果父母能在没有外人的情况下，对孩子进行善意的批评，并指出改进的措施，这样既能保全孩子的面子，避免孩子的自尊心受挫，也能让孩子觉得父母是发自内心地关心和尊重他的，这样一来，孩子才愿意多跟父母交流，多听父母的意见。

不当众批评有利于帮助孩子培养自重、自爱、自尊的品格，帮助孩子健康成长。孩子通常会将父母顾全自己面子的行为当成尊重自己、理解自己的表现。长期受到这种情感的熏陶，孩子在与人交往的时候，既能尊重他人，又能做好自我尊重。这对于一个人建立起良好人际关系，免于迷失自我有至关重要的影响。

总而言之，避免在公开场合当众批评孩子是父母在教育孩子时应该重点掌握的一条原则。做好了这一点，与孩子之间的交流才会更加顺畅，与孩子的关系也才会更加融洽。

【说话演练场】

崔媛觉得自己越来越不喜欢妈妈了，因为妈妈总是对她管得太多太严，而且总喜欢在外人面前数落自己，丝毫不顾及自己的感受，为此，她没少跟妈妈发生冲突。

一个周末，崔媛带着几个同学来家里聚会，大家一时兴起，就互相打闹嬉戏，把家里弄得有些乱。此时妈妈回来了，看到这样的情景，大声地喊："媛媛，你们怎么搞的，把家里弄得这么乱？"之后，妈妈还边收拾屋子边教训崔媛："这么大的女孩子了，一点儿都不知道整洁。"

崔媛听后，有些不高兴了："妈妈，还有这么多同学在呢！"

面对这种场景，你可能会这么对孩子说：

"说你几句就不行了？你就是不爱整洁，平时我是怎么教你的？"

会"说话"的父母却会这样说：

"这么多同学一起玩，应该很高兴吧，你们先尽情地玩，待会儿咱俩一起收拾。"

"这里还可以改善一下"——批评纠错要委婉

为了迎接十一国庆节的到来，马力所在的学校准备举行一次合唱比赛，要求每个班级的每一名同学都要参加。马力所在班级的班主任很看重这次比赛，所以在每天放学后都会组织同学们一起排练。

马力从小就五音不全，以前也从没上过舞台，十分珍惜这次难得的机会，因此他不仅在学校排练时很卖力，到家后也会练习一会儿。一天，马力正在练习唱歌，由于原本的基础不好，他唱错了好几个音，坐在一旁的妈妈实在忍不住了，便大声说："这唱的都是什么啊，真难听，而且就这几个简单的音都唱错了，也不知道你是怎么学的。"

马力听后有点儿难为情，可还是争辩着："我这是在练习呢，我们老师让我们平时多练习，这样到比赛的时候才能发挥好！"

"就你这水平，还发挥呢？我觉得你还是跟老师说说，别上台了吧，唱得都不在调上啊。"听了这句话，马力泄气了。在之后的排练中，他也没有以前那么认真了，甚至从此之后，他一提起唱歌就很没有自信。

【有话要说】

在现实生活中，不只是每个父母会对孩子有所期待，多数孩子也都渴望自己可以实现父母的愿望，他们都希望把事情做好、尽量让父母满意，得到父母的认可和欣赏。与此同时，孩子和大人一样，也都是讲面子的，即使在自己犯了错误的时候也是如此，当多数孩子表现不佳或者做错了事情时，其实他们的心里也是有些难过和着急的，此时他们最需要的就是得到父母的理解、安慰和帮助，父母此时的确有必要对孩子进行批评教育，但同时也不能忘记先关心一下孩子，而且在批评教育的同时最好也能委婉、温和一些。

教育家马卡连柯曾说："批评不仅是一种手段，更应是一种艺术，一种智慧。"这也就是说，批评并不是教育的目的，而是为了帮助孩子尽可能地改正缺点和错误，往好的方面发展。如果每个父母都像上述例子中马力的妈妈一样，当孩子表现不好的时候，就不顾及孩子的感受，随意讽刺孩子，甚至带着厌弃的表情指责孩子的缺点，对孩子进行严厉批评或是大吼大叫，就很容易伤害孩子的自尊心，无益于帮助孩子提高和进步。

很多教育实践证明，在对孩子进行批评纠错时尽可能地委婉一些，这样更有利于帮助孩子改正错误，收到良好的教育效果。因为批评孩子实际上是指出孩子的错误，是对孩子的否定，而否定又有轻重之别，只有用适当的方法来指出问题所在，孩子才更容易接受。

孩子的身心尚未成熟，犯错也是在所难免的，有时候孩子可能根本就意识不到自己犯了错误，有时候即使意识到了也可能不知道如何改正，这时就需要父母来帮助孩子，而在这个过程中，父母千万不能用简单粗暴的方法对孩子横加指责，而最好能用一些委婉温和的话语来对孩子进行巧妙的批评，先委婉地点评孩子的表现，然后再进行引导和帮助，这样既能发挥批评教育的作用，又能照顾到孩子的心理和情绪。

因此，平时父母在批评指正孩子的时候应该尽量委婉些，要学着让批评拐道弯，既要指出孩子的错误，对其讲道理，也要让孩子自觉地意识到自己的错误，明白自己错在哪里，应该如何改正。

【说话演练场】

莉莉是五年级的学生，平时聪明伶俐，各方面都很让父母省心。新学期刚开始，莉莉就因为学习成绩优异、待人热情而被班里的同学一致推选为学习委员。她高兴极了，在回家之后就迫不及待地大声将这个好消息告诉妈妈，妈妈也很高兴，但同时也提醒她说爸爸刚出差回来，正在休息，让她说话小声点儿。

莉莉回到自己的房间，为了表达自己内心的愉悦，于是打开音乐播放器，播放起喜欢的音乐来。

"宝贝，小声点儿，爸爸在睡觉呢！"妈妈走进莉莉的房间说。

"可是我很高兴啊！"

面对这种场景，你可能会这么对孩子说：

"你这么大了，应该懂事些了，已经跟你说过了，爸爸需要休息，你就别吵了！"

会"说话"的父母却会这样说：

"妈妈也很为你高兴，但表达高兴的方式有很多种啊。爸爸出差刚回来，肯定很累，咱们就让他先好好休息一下，等他醒了，告诉他这个好消息，让他陪你一起高兴！"

"以后你可以这样做"——建议比批评更有效

环环才上初中，平时聪明乖巧，与父母的关系还算比较融洽。可是最近一段时间，她发现自己有些讨厌妈妈了，因为妈妈总是动不动就批评自己，即使是当着同学和朋友的面，也不会考虑自己的感受，而且有时候说话还特别难听，为此，她已经跟妈妈吵了几次架了，母女关系因此有些紧张。

一个周末，妈妈以命令的口气要求环环帮自己把一些特产送到同一城市的姑姑家去，可环环因为要和同学一起去逛街而拒绝了妈妈的要求。

"你怎么这么不懂事，妈妈今天要忙着加班才让你帮忙。"妈妈当着同学的面批评了环环。

"我就是不去！我们早就约好了，而且昨天也跟你说了，东西你可以明天再送嘛！"环环说。

"可妈妈明天还有其他事情啊，这么大的孩子了，一点儿都不懂得体谅父母。"妈妈责备环环。

"我也想体谅你啊，可你每次跟我说话都是这样的语气，还动不动就训人，爸爸就不会这样！"说完，环环拉着同学走出了家门。

【有话要说】

批评是家长在教育孩子时常用的手段，然而在很多时候，批评教育的效果却很难尽如人意，一些孩子对于家长的批评，有时是充耳不闻，有时是光听不改，有时是无所适从，自信心和进取心丧失，有时甚至变本加厉，你越批评，我越逆反……

父母批评和教育孩子，多是想用"苦口良药"和"逆耳忠言"帮助孩子成长，在批评的背后，深藏着父母对孩子的期待和关心。然而，这种良好的期待和关爱，却常常因为批评而收获不好的结果，这应该不是父母的期望。

批评方式在家庭教育中是需要采用的，却未必是教育孩子的最好方式，因为批评的方式有一个很大的弊端，那就是常用一种负面的、概括性的判断来否定被批评者的行为，乃至于人格。而被批评者对于这种方式的反应，最常见的有两个：一个是同意，认为自己就是有这样或那样的缺点；一个是反对，这样就会表现出不满，产生对抗情绪。当面对父母的批评时，孩子如果接受了批评，建立起这样的自我形象，其自信、自尊、自爱就会被消磨，而当孩子反对并不愿意接受父母的批评时就会反抗和拒绝，认为父母不理解、不尊重自己，从而在自己和父母之间垒起一道心墙，疏远父母。

父母想要帮助孩子培养良好的品格、教养、习惯，促使孩子茁壮成长，可以在批评教育时讲究方法，最好能将自己对孩子的批评转换成给孩子的建议。具体来说，父母可以参照以下一些建议：

第一，在教育孩子之前，父母最好能仔细回想一下孩子的行为，并用描述性的语言记录下来，如孩子当时做出了怎样的举动，错误和表现糟糕的地方在哪里，其中有哪些可取之处和需要改进的地方……

要保持客观的态度，千万不要有任何好的或者坏的判断。

　　第二，父母在开口教育孩子时最好想想孩子表现好的方面及其行为中的可取之处，并仔细思考最佳的教育方式，最好能用商量和建议代替严厉苛责。同时，父母还可以多用正面积极的语言来描述孩子的行为等，并且在认同孩子的基础上，给孩子提出自己的建议。在提建议时，可以讲自我经历的方式；提出疑问，激发孩子自我思考的方式都是可以用的。

　　父母多努力、多讲究用恰当的方法教育孩子，是孩子健康成长的重要保障，父母在教育孩子时一定要注意这一点。

【说话演练场】

　　林芳平时学习很努力，也积极上进，在班上颇有人缘，在新学期开学的时候还被同学们推选为班长，她因此非常高兴，学习和做事也更有热情了。可最近的一段时间，她总是没精打采的。

　　爸爸看到女儿的这种状态，就关切地问："最近怎么了？好像没以前精神了。"

　　"嗯，最近出了点儿状况。前不久因为一些小误会，我和班上的学习委员闹矛盾了，心情受到了很大的影响，而且常因此心不在焉，上课没有认真听讲，以致耽误了学习，上次的考试也没有考好，老师为此特意找我谈话了。"说完这些，林芳准备接受爸爸的批评。

面对这种场景，你可能会这么对孩子说：

　　"学习上不努力，净在这种小事情上费神！"

会"说话"的父母却会这样说：

　　"很好，你能认识到自己的问题和错误。但现在最重要的还是要想办法补救啊，既然你已经意识到两人发生冲突是因为误会，就应该先和同学解除误会，然后再端正自己的学习态度，爸爸相信你一定能做好的！"

"下次不要这样了"——点到为止，给孩子留足面子

小永是六年级的学生，他很爱玩，平时总喜欢和同学一起踢球，有时候要玩到很晚才回家，他的爸爸妈妈因此经常要四处去找他。

有一次，小永和几个同学因为找不到踢球场地，就在离家不远处的胡同里踢起球来，谁知，小永在踢球时不小心把一户人家的玻璃打碎了。那人马上就到家里来告状了，妈妈知道这件事情之后很生气，当着同学的面就教训起小永来。

"真是不让人省心啊，爸爸妈妈每天那么辛苦地工作供你读书，可你整天就知道玩，一点儿也不上进。"

"才不是，我在学校学得很认真的，要不成绩怎么还那么好！"

"居然还顶嘴，你能保证可以一直成绩好吗？"

见小永没有作声，妈妈继续数落道："你想想你，每年要闯多少祸，每次都要我们来给你收拾残局，都这么大人了，好意思吗？"

小永看到妈妈在同学面前不住地批评自己，说了一句："你有完没完啊！"就气愤地独自跑开了。

【有话要说】

父母对孩子没完没了的批评，尤其是当着众人的面批评、指责

孩子，这很容易伤害到孩子，也容易激起孩子的对抗。上述例子中的小永妈妈就是因为没有顾及孩子的面子和感受，当着同学的面不停地批评孩子，最终导致小永气愤地离开。

家庭教育中，一些父母在批评和教育孩子的时候喜欢说个没完没了，还时不时质问孩子："我的话你听见了没有？"孩子慑于家长的权威，不得不应承着，可实际上，孩子根本就没有听清楚父母究竟说的是什么。还有一些父母在孩子表现不好或者犯错误的时候喜欢翻旧账，把很久以前的事情再拿出来数落孩子一番，一点儿都不考虑孩子的感受，其实这两种批评教育方式都是错误的，也是难以收到任何好的教育效果的。父母在批评孩子的时候说得太多、太啰唆，会令孩子分不清主次，不知道听哪一句好，而且长此以往，还会导致孩子在家长的教育面前"失聪"，对任何话都无动于衷。而家长总喜欢抓住孩子的错误唠叨个不停也是很不好的，这样只会令孩子反感，从而使批评教育失去作用。

英国最近一项研究表明，家长既要对孩子严格要求，又要温柔关怀，这是培养高素质孩子的关键。同时，研究还表明，教育也是要讲究方法和策略的，那些总能平和地跟孩子交流、在批评孩子的时候能点到为止、不唠叨的父母更能教育好孩子。因此，在批评孩子的时候，父母不妨多讲究方法，学会点到为止，留下思考空间和回旋的余地，这样或许孩子才更容易接受。

具体来说，在批评孩子之前，父母应该先分清孩子是有意的还是在无意中做错了事情。如果孩子并不知道自己犯了错误，父母就应该善意地指出来，并且帮助孩子改正，而如果孩子已经意识到自己的错误了，父母则要学会理解和体谅孩子，不能没完没了地批评孩子。而在明确了孩子犯错的原因之后，父母还需要拿出爱心和耐心，多多关怀和帮助孩子，最忌讳的就是针对孩子的缺点和错误翻来覆去地批评和数落。要知道，批评孩子的目的是为了帮助孩子改正错误，只要孩子能在教育的过程中意识到自己的错误，有决心改正错误并且能积极实践，父母就应该感到高兴。

【说话演练场】

美嘉家里最近刚领养了一只小狗，父母和美嘉都非常喜欢它，尤其是美嘉，每天放学都会逗小狗玩耍，给它喂食，有时还会帮小狗洗澡，带小狗出去散步。

有一次，美嘉在给小狗喂食的时候，因为粗心和急躁，不小心把狗食洒在了妈妈刚刚擦过的地板上，妈妈看到了，有些不高兴。

"这孩子，我刚刚擦干净，又被你弄脏了，做事总是这么急躁，你就不能小心一点儿吗？"妈妈埋怨道。

"我又不是故意的，还不是因为喂小狗才会这样的。"美嘉有些委屈地说。

面对这种场景，你可能会这么对孩子说：

"每次批评你总会找借口，就不会自己反思一下啊！都这么大的人了，做事情应该有分寸了，别总要父母为你操心。"

会"说话"的父母却会这样说：

"没事了，我也知道你不是故意的，但以后做事情还得要认真仔细些。"

"你就是不知道上进"——不给孩子乱贴负面标签

在海平妈妈的眼里，自己的孩子缺少上进心，好逸恶劳，即使是在非常重要的事情上，孩子也似乎总是提不起精神，非常懒散。这不，眼看着小学升初中的考试已经近在眼前了，可海平仍旧像以前那样贪玩，于是妈妈忍不住又想批评他了。

"你就是个让人操心的问题孩子，人不聪明，性子又慢，做事总是比别人慢半拍。"妈妈大声地说。

"妈妈，你怎么能这样说我？"海平听后，有些不服气。

"你不知道快要考试了吗？还整天这样慢慢悠悠的，就是不知道上进，说你几句还能好好表现几天，可过几天，又是稀里糊涂的，你究竟是怎么回事啊？"妈妈继续指责着。

"我就是问题孩子，我就是不思进取，哼，你经常这么说我，你又好到哪里去了？"海平气不过，跟妈妈顶起嘴来。当听到妈妈仍在那里给自己贴着各种负面标签，不断地批评自己时，海平实在气不过了，于是干脆跑出了家门。

【有话要说】

一些家长在批评孩子的时候，常常会出于气愤、激动等原因而说出一些过重的话，有时甚至会不自觉地用一些很负面的话语来概括孩子的表现，如"你就是不聪明""你就是不思进取""你就是没有担当，喜欢撒谎"等，殊不知，这样的负面标签对于孩子的健康成长是非常有害的。

心理学中有一种"标签效应"，即当一个人被某一种名词形容之后，也就是被贴上了标签，他就会做出自我印象管理，使自己的行为越来越趋近于所贴的标签。心理学家认为，"标签效应"的出现是因为标签具有定性导向的作用，会在无形中影响一个人的"自我认同"，从而使这个人向着标签的方向发展下去。根据这一原理，父母给孩子贴上正面的标签，孩子往往会向好的方面发展，而如果总是给孩子贴上负面的标签，孩子则可能因此而被导向错误的方向，表现也会越来越糟糕。

也许有些家长会认为，给孩子贴上负面标签，或者以较为严重的语气来批评孩子，孩子才能长记性，记住教训，却不知道，父母这样做，实际上并不能让孩子真正接受教训，反而会给孩子的内心造成不好的暗示，那就会使孩子的不良心理和行为得到强化，最终不利于他们的成长。

在教育孩子的过程中，父母应该牢记"标签效应"是有利有弊的，只有善于利用好这一效应，才能取得事半功倍的教育效果。具体来说，父母应该注意以下几点：

首先，父母在教育孩子的时候千万不要轻易给孩子做出坏的结论，切忌动不动就给孩子分成"好孩子"或"坏孩子"，更不能动不动就骂孩子"愚笨""蠢得无药可救了"等，而应该试着表扬和肯定孩子的良好表现，尽量多给孩子贴一些正面的标签，少在孩子身上贴一些负面的标签。

其次，父母在教育孩子的时候一定要实事求是，对于孩子的表现和成绩不能虚夸、过分表扬，同时也不能无限放大孩子的缺点。经常盲目地称赞孩子只会让其骄傲自满，丧失进取心，而过于夸大孩子的缺点则可能打击到孩子的自信心，影响孩子的做事热情，这两种教育方式都可能将孩子导向错误的方向，从而影响孩子的成长和成才。

父母在批评孩子的时候应该合理而讲究方法，切忌随便给孩子贴负面标签，这是父母应该掌握的重要教育原则，而且是非常重要的教育原则。

【说话演练场】

岚岚正读小学六年级，她最近与妈妈的关系很不好，两人时不时地会斗嘴、闹矛盾。妈妈认为是女儿不懂事，不体谅父母的苦心，而岚岚则认为是妈妈喜欢唠叨，在管教自己的时候不讲道理，喜欢乱教训人。

有一次，母女俩又为一件小事吵了起来。

"我真是可怜啊，怎么生了你这个冤家，只想着自己，一点儿都不考虑父母的辛劳和一番苦心！"妈妈埋怨说。

"明明是你不讲道理，总是唠叨，还乱教训人。"岚岚辩解说。

面对这种场景，你可能会这么对孩子说：

"我什么时候乱教训你了，你就是不懂事，没有责任感，只懂得享乐而不知道父母辛苦，说你是问题孩子一点儿都不过分！"

会"说话"的父母却会这样说：

"你对妈妈有什么意见，可以具体跟妈妈说说吗？也许妈妈也有错误，有时候在批评你的时候说话的语气或许有些重了，我在这里先自我批评一下。"

第六章

沉默是金，会倾听才能出奇制胜

"现在该我听你说了"
——掌握与孩子对话的黄金法则

李瑛的妈妈是一个商人，做生意精明能干，平时也伶牙俐齿，非常健谈，可是李瑛却和妈妈不同，她胆子很小，平时也不爱与人交流，即使受了什么委屈也总喜欢自己一个人憋在心里。一次家长会后，班主任又向李瑛妈妈反映了李瑛上课总是不积极发言，平时也有些孤僻、不太合群的问题，希望李瑛妈妈能帮助孩子改正。

李瑛妈妈回到家后，对女儿说："孩子，你在学校有什么困难吗？老师怎么总说你不合群呢？"

李瑛没有说话。

妈妈又接着说："我这么健谈，你怎么会不喜欢跟人交流，不喜欢表现自己呢？你不知道在这个社会里，口才好也是一种很重要的资本吗？你怎么又不说话？"

"嗯，知道了。"

"既然知道你怎么还这样啊？你们老师已经跟我说过好几次了，你在学校太内向，有些孤僻，这样下去对你的成长十分不利！"

李瑛默默地听着，仍旧什么话也没有说，妈妈一个人说了很久很久，可是李瑛都没有什么回应，最后妈妈也只得无奈地作罢。

【有话要说】

身为家长，你是否也遇到了这样的情况：有时候，当你在忙碌的工作之余，强打起精神，想要和孩子好好交流和沟通的时候，孩子却不领你的情，不是支支吾吾半天不说话，就是三言两语就把你打发了；有时候，当你在给孩子讲道理讲得津津有味，甚至连自己都被感动的时候，孩子仍旧无动于衷，似乎一点儿都没有听进去；有时候，你很想要关心和了解孩子，但孩子却总是敷衍回答，甚至还很不耐烦……

要做好家庭教育，并不是靠着美好的心愿或是父母单方面的努力就能实现的，想要多了解孩子，使得交流顺利而愉快地进行，父母在与孩子交谈时还应该掌握一个重要的原则，那就是 80/20 法则。

1897 年，意大利经济学家帕累托偶然注意到英国人的财富和收益模式。他发现，社会上的大部分财富被少数人占有了，而且这一部分人口占总人口的比例与这些人所拥有的财富数量具有极不平衡的关系。于是，帕累托从大量具体的事例中归纳出一个简单而让人不可思议的结论：如果社会上 20% 的人占有社会 80% 的财富，那么可以推测，10% 的人占有了社会 65% 的财富，而 5% 的人则占有了社会 50% 的财富。这样，我们可以得到一个让很多人不愿意看到的结论：

一般情况下，我们付出的 80% 的努力，也就是绝大部分的努力，都没有创造收益和效果，或者是没有直接创造收益和效果。而我们 80% 的收获却仅仅来源于 20% 的努力，其他 80% 的付出只带来 20% 的成果。

显然，80/20 法则向我们揭示了这样一个道理，即投入与产出、努力与收获、原因与结果之间，普遍存在着不平衡关系。小部分的努力，可以获得更大的收获。起关键作用的小部分，通常就能主宰整个组织的产出、盈亏和成败。因此，我们做事情时应该抓住重点，和孩子谈话时也是如此，而这其中的重点，就是要抓住孩子的心，要学会把话说到孩子的心里。

在当前，父母与孩子交谈时常犯的一个错误，就是说得太多，父母总是习惯对孩子进行长篇大论式的谈话，还总是喜欢说一些孩子根本听不懂的大道理，或总是过多地埋怨和指责孩子，这样的教育方式，势必导致孩子的反感和叛逆。因此，为了改变家庭教育的当前窘境，父母应该尝试着改变。

首先，父母可以根据孩子的年龄和成熟程度把握好谈话的"度"。美国著名的成功学大师在教导人们怎样对话的时候，建议我们把80%的时间留给对方来发言，把剩下的20%的时间拿来提一些能够启发对方说下去的问题。这也就是说，父母在与孩子交谈时应该多听少说，把大量的话语权交给孩子。

其次，父母应该多为孩子创造表达的机会，在这个过程中给予引导和帮助。不管是什么性格的孩子，总有表达的欲望和喜欢诉说的事情，也需要大量的空间去表达自己，更需要耐心的听众，而此时父母就可以做听众，鼓励孩子说出自己的想法，并且及时解答他们的疑惑。

交谈的智慧不在于说得多，说得好，而重在效果。

当父母觉得和孩子的交谈根本就没办法顺利进行时，孩子厌烦了你们的话语时，不妨试着巧妙地运用80/20的黄金法则，这样或许可以花最少的力气取得最好的效果。

【说话演练场】

李煜的爸爸多年来一直从事新闻媒体工作，口才非常好，他总觉得自己的儿子实在是个"闷葫芦"，而且做事也没有什么主见。

国庆节前夕，李煜的爸爸问李煜："儿子，国庆节马上就要到了，你觉得咱们全家一起去哪里玩好呢？"

其实，李煜很想要父母带着他去云南玩，所以他听了爸爸的话之后很高兴，正当他想要开口的时候，爸爸却说了："唉，问你也没有用，你向来没有什么主见，还是我自己来想想吧。"

"我觉得去北京不错，毕竟是祖国的首都；要不去海南好了，据说风光很好；不行去成都也行……"爸爸说了很久很久，却始终没有说到李煜想去的地方，李煜脸上表现出了很不高兴的神情。

面对这种场景，你可能会这么对孩子说：

"你有什么不高兴的，反正你又不能拿主意！"

会"说话"的父母却会这样说：

"儿子，怎么了，你是有自己的想法吗？现在爸爸好好听你说，你说出来听听吧！"

"我很喜欢听你说话"——放低姿态，善于倾听

露露是小学四年级的学生，以前活泼开朗、喜欢说话，可最近妈妈却发现，露露现在变得有些沉默寡言了。经过再三询问，妈妈才明白了其中的原因。原来，露露今昔变化明显，与爸爸的教育方式很有关系。

以前，露露每天放学回家后，都会把学校发生的趣事说给妈妈听，可露露的爸爸是个对孩子要求非常严格的人，希望她每天

都能好好学习，所以每次当露露说起学校的趣事时，爸爸常常会打断她，并责备说："整天只会说这些没用的事情，你把这心思放在学习上多好，快去做作业！"

"谁说没有好好学习了？要学习，可也要有点儿娱乐吧！"露露反驳说。

"说了你多少次了，再不好好牢记爸爸的话，看我以后怎么惩罚你！"露露吓得一个字也不敢说了，回到自己房间里。从此之后，露露再也不跟爸爸说学校里的事情和自己的表现了，久而久之，即使是对妈妈和其他家人，她也很少提及这些事情，整个人都变得沉默了。

【有话要说】

亲子之间的沟通交流是影响亲子关系、孩子性格发展的重要方面。生活中，一些父母都忽视了与孩子的交流，在孩子渴望诉说时不重视倾听，时间久了，不良的影响就会表现出来，上述例子中露露的情况就是如此。

大多数父母对孩子在生活上十分关爱，可在真正平等地对待孩子、注意孩子自尊等方面做得却很不够。比如，当孩子学习和生活上有什么问题，向父母诉说时，一些父母常常会以"忙"为理由打断孩子的说话，根本不让孩子把话说完，更有甚者，有的父母还会对孩子采取轻则斥责，重则打骂的态度，如果父母经常这样对待孩子，孩子就会失去想和父母交流的意愿，只能把自己的秘密埋藏在心里，做父母的也就很难知道孩子的所思所想了，这样对孩子的教育就会无所适从。更严重的情况是，如果孩子的话语权长期得不到尊重，孩子还会产生对抗情绪，同时，一些孩子还有可能因此而产生自卑情绪，严重影响孩子的健康成长。

在大多数的情形下，孩子与父母不能沟通，就是因为总是父母在说话而没有人听孩子说话。如果父母能放低姿态，用心倾听孩子说话，不仅能保证亲子之间沟通的顺利进行，而且会让孩子觉得，父母是尊重和理解自己的，他们很重视自己的意见和感受，从而愿意配合父母的教育，尊重和理解父母。

具体说来，在倾听孩子说话这个问题上，父母最好能从如下的一些方面多努力：

当孩子说话时，无论父母有多忙，应该要用眼睛看着孩子，不要随意打断，尽量表现出听得很有兴趣。父母应让孩子发表自己的观点，完整地听完他们所讲的话，如果有什么反对意见，也要等孩子说完后温和而善意地提出，千万不要过于武断，不应否定一切，即使孩子说错了很多，也先不要妄下定论，等孩子说完后再加以指正。

生活中，父母应尽可能地多与孩子交流。而且，应该试着用不同方法使得孩子愿意与父母交流。身为父母，在倾听孩子说话时，应流露出尊重和关爱，营造良好的交流氛围。

同时，父母应该学会正确"听话"，不打岔、不否定、不责备，以便孩子可以畅所欲言，也便于父母看清孩子的内心世界，在此基础上才能创造更多与孩子交流的机会。

每个孩子都有自己的心声，需要有个会"听话"的父母来倾听。只有尊重孩子，积极交流，才能够真正了解孩子的想法和感受，亲子之间才能进行良好沟通。

【说话演练场】

谭林由于小时候感冒发烧没有及时医治，留下了一些后遗症，他平时的反应就比别人慢一些，还有些口吃，所以在语言表达上有些困难。虽然周围的一些同学会因此而嫌弃他、疏远他，但他的爸爸妈妈并没有因此而放弃对他的治疗和帮助，他们每天都会听谭林讲述自己的经历和学校里的趣事。

一天晚上，谭林又跟妈妈说起了学校里的事情："妈妈，我今天……很……开心！"

"今天学校又发生了什么有趣的事情，能跟妈妈说说吗？"妈妈问道。

"嗯，今天，老……师表扬……我了，是因为……"谭林说了很久，就说出了这么些字，他憋得脸都红了，都没有说出来后面的话。

面对这种场景，你可能会这么对孩子说：

"怎么治疗这么久了还是没有成效啊，说话这样吞吞吐吐的，我都为你着急。"

会"说话"的父母却会这样说：

"孩子，不急，慢慢说，妈妈耐心地听着呢！你想到什么就说什么吧！你现在的表达能力比以前进步了不少，继续努力，你会说得更好的！"

"等我冷静一下再说"——愤怒时最好不说话而选择倾听

韩静今年已经是初一的学生了，她从小就乖巧伶俐，人长得也很漂亮。到了初中时，她的爱美之心愈加强烈，当看到班上的几个女同学会在周末化妆时，她也跃跃欲试。

一个周末，她拿出了妈妈的化妆盒，学着以往妈妈化妆的样子化起来，可由于她什么都不懂，结果不仅把自己化成了个花脸，还把妈妈的化妆品弄得乱七八糟。妈妈看到了，对着她就是一阵大吼："你这孩子，在乱搞什么？把我的化妆品弄成这样！"

"啊！"韩静一惊，手中的粉饼掉在了地上。

妈妈见状更是怒不可遏："你这孩子，这么小年纪就化妆，还弄坏了我的化妆品，看我怎么教训你！"

"妈妈，我……"还没等韩静说完，妈妈又开始斥责起她来。韩静无奈，只哼了一声就灰溜溜地离开，跑进了卫生间。

【有话要说】

这个世界上，没有哪个孩子是不犯错误的，有时孩子常常会因为不懂事、不清楚事情的后果而做错事，有时也会在好奇心的驱使下做出一些出人意料的事情，有时孩子也有可能是想好好表现但结果却很糟糕。当孩子犯了严重的错误、惹祸时，不少父母常常会觉得气愤，根本就压不住内心的火气，极力想要通过训斥和责骂孩子来宣泄自己的情绪，却很少能先静下心来听听孩子的说明，这样其实是很不好的。带着愤怒的情绪和孩子交流是不会收获好的教育效果的，上述案例中的韩静妈妈就是如此，在愤怒情绪的驱使下，她不停地斥责孩子，却没能心平气和地听女儿解释，结果女儿不仅没有信服妈妈的说教，反而更加抵触。

人的语言和行为常常会受到情绪的左右，父母和孩子都不例外，如果父母在生气的时候责备、批评孩子，就可能会说出不合时宜，或者伤害孩子的话来，这对于教育孩子是很不利的。孩子制造了麻烦，犯了严重的错误，父母生气和愤怒是可以理解的，但如果父母因此就不问青红皂白、不考虑孩子的感受，对孩子大吼大叫，甚至大打出手，这就很不应该了，这不仅无法让孩子接受父母的批评教育，帮助孩子改正错误，反而会严重影响彼此之间的关系。

在批评教育孩子的时候，父母一定要注意言行的合理得当，绝不要带着愤怒的情绪批评和指责孩子，以此来发泄自己的不满，最好的方法应该是在情绪难以平衡的时候先不说话，等情绪平静了之后，再和孩子交谈，以保证教育的效果。

即使是觉得孩子的表现实在是让人生气，父母也应该先管好自己的嘴巴，设法让自己先平静几分钟再说话。在实践中，父母可以尝试着用如下的方法来调整自己的情绪：先做几次深呼吸，平静一下自己的情绪，或者转移自己的注意力，多想想孩子好的表现及行为中的可取之处，让情绪在这个过程中得到平复和释放，然后再思考孩子的问题，对孩子进行良好的教育和引导。

【说话演练场】

天宇办事情向来大大咧咧，也不怎么喜欢劳动，虽然已经快读初中了，可他的房间每天总是要妈妈帮忙收拾。妈妈因此而教育了他很多次，但似乎都没有改进。

寒假的一天，天宇叫了几个同学到家里玩，几个男孩在他房间里开着很大声的音乐，又蹦又跳，把房间弄得特别乱，后来几个人又商量去打球，天宇马上关上门就出门了。晚上，天宇的妈妈回来后，看到天宇的房间很乱，非常生气。

"这孩子，你是怎么搞的，有点儿记性没有，说了多少次了，这么大的人了要学会自己收拾屋子。"

"哦，我忘记了，今天下午出去得匆忙没顾得上，我待会儿马上收拾！妈妈你先别生气。"

面对这种场景，你可能会这么对孩子说：

"我能不生气吗？说了你多少次了还是没有改变，不像话。"

会"说话"的父母却会这样说：

"好吧！刚才是妈妈说话的语气重了点，因为妈妈生气所以才会那样的，请你理解。但是，你真的长大了，应该学会自理自立了。"

"我在等你说完"——不要随意打断孩子的诉说

于涛的妈妈是一个爱唠叨的人，一看到于涛有什么表现不合她的意，她就会说个不停，可是她却很少停下来听听孩子的意见和想法，在孩子向她倾诉的时候也总喜欢打断孩子的话。有一次，于涛的学校举办了校运会，于涛参加的是长跑比赛，在这项比赛中，他跑出了全校第一名的好成绩。晚上，他拿着奖状和奖品兴高采烈地回到家，看到妈妈在家，便忍不住想跟妈妈分享一下自己的喜悦。

"妈妈，我们学校今天举行了校运会，我参加了长跑比赛。

参加长跑的很多人都是高年级的，水平很高啊……"于涛说得津津有味。

此时妈妈正忙着打扫屋子，似乎没听清楚，就说了句："嗯，快去写作业吧。"

"可是，我今天还是跑了第一名。在前两圈的时候，我前面还有好几个人呢，我以为自己要落后了，没想到我后来居然追上去了……"谁知没等于涛说完，妈妈就打断他，说："你这孩子，叫你去写作业没听到啊！整天就知道玩，跑步好有什么用？重点中学能因此就要你了？"听完妈妈的话，于涛觉得很没意思，于是悻悻地走了。

【有话要说】

生活中，一些父母就像于涛的妈妈一样，根本就没有耐心听完孩子的话，动不动就开口训斥孩子，有时甚至误解了孩子，结果伤了孩子的心，令孩子从此不愿意多跟父母交流自己的想法，分享成长的经历，影响了和谐亲子关系的建立。其实，在教育孩子的过程中，如果父母能有足够的耐心，善于倾听，不随意打断孩子的话，或许就能收到完全不同的教育效果。

如果父母总是不能耐心地听完孩子的话，随意打断孩子的话，可能会造成诸多消极的影响：一是会让孩子觉得自己得不到父母的尊重，长此以往，他们就会习惯把话藏在心里，不肯对父母说；二是会让孩子觉得自己和父母的地位是不平等的，自己的话语权得不到重视，时间长了，孩子就会与父母产生对抗情绪，以致双方相互不信任，沟通困难；三是可能会影响孩子语言表达能力的提高和性格的发展，一些孩子可能会因此而变得自卑、内向、沉默寡言。

一份调查显示：70%～80%的儿童心理问题和家庭有关，特别是与父母对孩子的教养和交流沟通方式不当有关。为了帮助孩子健康成长，父母不仅需要平时多与孩子沟通和交流，更应该在双方对话的时候多些耐心倾听，少打断孩子说话。具体来说，父母应该做到：

在与孩子交流时要学会认真倾听，其中最简单也是最重要的就是当孩子说话时，要看着孩子，不要随意插话，尽量表现出你很感兴趣，让孩子发表他们的观点，完整地听完孩子所讲的话。对于青春期的孩子更是如此。很多青春期的孩子往往有较强的逆反心理，他们不喜欢听父母说话，更不愿向父母倾诉心事，但如果他们肯敞开心扉诉说，父母一定要耐心倾听，友善地回应。

在倾听的过程中，父母最好能始终保持平等的姿态，鼓励孩子说出心里话，不管自己对孩子的言语或行为持赞成、欣赏还是批判、反对的态度，都应该先听孩子把话说完，然后再发表自己的意见，告诉孩子你不赞同他的什么观点，并说出理由。当孩子发现自己受到了尊重，他才会更愿意倾听父母所说的话。

在与孩子交流的时候善于倾听、不随意打断孩子说话是保证亲子沟通顺利进行的法宝，父母们一定要好好学习和掌握。

【说话演练场】

小莫是一个想象力特别丰富的孩子，每天他的头脑中总会产生许多稀奇古怪的念头，而且他也非常喜欢和别人分享自己的想法和观点，老师常常夸他聪明，可是爸爸却觉得他就是因为经常把心思都花在了胡思乱想上，所以成绩才会一直这么不好。

有一天，在吃早饭的时候，小莫又有新的想法想跟爸爸说说，于是他高兴地对爸爸说："爸爸，我昨晚做了一个梦，很神奇的梦。"

"做梦有什么神奇的！"爸爸回应道。

"可是，我的梦的确很神奇。在梦里，我梦到自己制造了一个超级机器人，我还真切地记得它的样子，我想我能……"

面对这种场景，你可能会这么对孩子说：

"你又想怎样了？都不知道你整天都在想什么，还不如多花点儿心思好好学习！"

会"说话"的父母却会这样说：

"你继续说啊，爸爸认真听着呢！我觉得你这个梦真的很神奇，而且或许能梦境成真！"

"原来是这样"——用积极回应助推孩子表达

跃然已经上小学四年级了，性格活泼开朗，平时话就特别多。

在学校，他在下课时间总喜欢跟同学们说说笑笑；在家里，他更是喜欢交流，无论对着什么人，他似乎总有说不完的话，尤其是对妈妈说自己每天遇到的一些事情，他的话匣子一打开，就会一直说很久。

有天晚上，跃然又开始对妈妈说自己今天在学校发生的事了。

"妈妈，我今天知道了很多秘密，也做了几件好事。"跃然兴奋地说。

此时妈妈正忙着加班，根本就没有什么心思听孩子说话，但又不忍心打击孩子的积极性，于是说："嗯，好，你可以说说。"

"今天，我才知道我们班新来的吴老师居然就住在咱们小区，就在离我们家不远的那栋楼。还有，今天兰兰告诉我，她下学期准备转学了，因为她爸爸要去另一个城市工作……"跃然滔滔不绝地说着，还时不时地看看妈妈，可妈妈只是"嗯嗯"地应着。

说着说着，跃然觉得妈妈实在是听得心不在焉，于是就停了下来，有些生气地走开了。

【有话要说】

现实生活中，一些孩子常常会由于种种原因而无法连贯、准确地说出自己的感受和想法，有时会出现词不达意、语言表达不清的情况，有时孩子还可能因为兴奋而说个不停，在语句上重复啰唆，尤其是一些年幼的孩子，口语表达能力还很欠缺。当孩子出现这种情况时，父母千万不能表现得过于急躁，随便打断孩子的话，更不能因此而责备、讽刺孩子，而应该给孩子以思考的时间，多引导和帮助孩子。要知道，孩子还处于不断成长的过程中，总有很多需要改进的地方。

在家庭交流中，父母常犯的一个毛病就是说得多而听得少，有些父母不但常常会过早地对孩子进行长篇大论式的谈话，还常用一些孩子听不懂的词语，而在孩子诉说的时候，他们则会显得不耐烦，尤其是在孩子表达不清、说话有些啰唆的时候，他们常常会试图阻止孩子的表达，这其实是很不应该的。

要想做好父母，就应该多跟孩子交流，而想要有良好的交流效果，父母就应该掌握说话和倾听的尺度，尤其是在孩子表达困难或者不愿意说出真实情况的时候，父母最好的应对方式就是要用积极的语言给予回应，对孩子进行良好的引导和帮助，助推孩子的表达。比如，当孩子说有什么事情想要跟父母说，可说到一半却欲言又止的时候，父母不要责怪和批评孩子，而应该耐心地询问原因，并引导孩子将内心的想法和感受表达出来；当孩子说话不知道该怎么说时，父母也最好不要着急，更不能逼迫和责骂孩子，要学会引导和帮助孩子，等等。

以平等的姿态与孩子对话和交流，在孩子倾诉和遇到表达障碍的时候引导和帮助孩子，鼓励孩子说出真心话是父母与孩子沟通时应该做好的事情，也是家长的必修课之一，做好这些，亲子之间的关系才会更和谐。

【说话演练场】

小伟是家里的"小喇叭"，只要他在家里，家里就会非常热闹。平时爸爸妈妈工作都很忙，小伟有什么事情都会先跟爷爷奶奶说，之后等父母有空的时候再告诉父母。可有时候，小伟更加希望能多和父母说说话，讲讲自己感兴趣的事情或是自己的想法。

一天，小伟见爸爸下班回家后，坐在沙发上看报纸，就忍不住想跟爸爸说说话。

"爸爸，你今天下班真早。"小伟说。

"嗯，今天的工作很顺利，所以就早些。"

"你有时间陪我说说话吗？我觉得很久都没有和你说话了。"

面对这种场景，你可能会这么对孩子说：

"有什么事情你就直接说吧，说完我还看报纸呢！"

会"说话"的父母却会这样说：

"是啊，爸爸也这样觉得。我最近工作有些忙，没顾得上听听你的心声，趁着今天有时间，咱爷俩好好聊聊！"

"你的意思是……"——善于听孩子话语的弦外之音

李铮是某市重点中学的一名学生，不仅在班上担任班长职务，还在校学生会任职，在本年级中可以算得上是出类拔萃的人。可最近，向来自信乐观的他却心事重重。原来，他在不知不觉中对班上的一名女生产生了好感，他觉得有些困惑和迷茫，于是想把自己的心事跟妈妈说说。

一天晚上，妈妈正在电脑前工作，看妈妈已经快忙完了，他走了过去，没有直接说自己的事情，却试探性地问妈妈："妈妈，你累了吗？"

"儿子，妈妈不累。"

"妈妈，你晚上回家还要工作，一定很辛苦，我给你捶捶背吧！"

"儿子，妈妈知道你懂事，可我现在还没忙完呢。"

听了妈妈的话，李铮知趣地走开了。后来，妈妈转念一想，觉得儿子今天的举动异常，应该有什么事情想跟她说，于是，她放下了手中的工作，说："儿子，妈妈忙完了，你有什么话想跟我说吗？"

于是，李铮把自己的问题和困惑向妈妈诉说了一番，经过妈妈的开导和教育，他顿时觉得轻松了很多。

【有话要说】

随着年龄的增长，孩子的语言表达能力、思考能力等各方面都会不断提高，孩子渴望被尊重、被认可、被理解的愿望也会日渐强烈，尤其是对于父母，他们的期待会更多。但有时候，孩子又常常出于一些特殊的原因不愿意或者不便把心中的想法直接告知父母，而是会用一些特殊的表达方式，此时父母就应该多悉心观察孩子的举动，揣摩并理解孩子话语中的弦外之音，上述例子中李铮的妈妈在这方面就做得很好。

孩子和大人一样，也都希望被尊重和理解，尤其是当他们向父母倾诉的时候，可是因为每个孩子的个性不同和具体的情况不同，他们可能会出现一些欲言又止、说话时拐弯抹角的情况，使交谈不那么顺畅。通常而言，性格内向的孩子比外向开朗的孩子更容易说话含蓄。当然，一些特殊的情况也会促使孩子采用这样的表达方式，如当孩子意识到自己做错了事情，会觉得尴尬而难以启齿；当孩子表现不佳，会出于自尊心、怕挨骂等心理而不愿意把心中的想法告诉父母；当孩子遇到了一些困惑，出于害羞心理而不敢将实情告诉父母等，此时孩子常常会通过一些特殊的方式，如说一些题外话、欲言又止的行为、故意转移谈话目标等来表达，如果父母粗心，只是注意孩子表面的话语，而没有细细思考孩子话语的弦外之音，极可能忽略孩子的真正需求。

因此，父母在与孩子交谈时不仅要善于倾听，更应该多用心，学会听懂孩子的弦外之音。具体来说，父母需要做好这些方面：

1.父母应该多关心和了解孩子，多留意孩子的性格和行为等的变化。

在平时的日常生活中，父母应该关心和了解孩子，对于那些性格偏于内向、说话时喜欢"拐弯抹角"、含蓄或者不善于直接说出自己想法的孩子，父母在交流时更应该多思索和观察。

另外，父母可以通过孩子平时习惯的改变，了解孩子的情绪变化，比如当孩子情绪低落、做事没有精神的时候，平时贪吃爱玩的孩子不爱吃、不爱玩的时候，父母就应该凭借经验去推测孩子的问题，或者用直觉去感受孩子的问题。

2. 父母在与孩子交谈时既要善于听，也要细致观察，同时还应该多考虑孩子的感受。

在与孩子交流时，父母不仅要注意听孩子说的话，还应该用心观察孩子的肢体动作、神情等，猜测孩子话语的弦外之音，以便更好地了解孩子的需求，有针对性地帮助孩子解决问题。

当然，父母还可以在日常的交流中了解孩子每天的行为、想法，从揣摩孩子的心思、了解孩子的感受出发等方式来获悉和明白孩子的具体情况，听出孩子话语的弦外之音。

【说话演练场】

李姿听话懂事，聪明上进，总能很好地安排自己的学习和生活，很让父母省心。今年暑假，学校准备举办一次夏令营活动，规定在校学生可以自愿报名参加。李姿非常想参加，可又担心妈妈不同意。

一天吃完晚饭后，她见妈妈一个人在收拾厨房，于是跑了进去，对妈妈说："妈妈，你在收拾厨房啊，我来帮帮你吧！"

"不用了，厨房这么脏，你还是先出去吧，小心把衣服弄脏了。"

李姿并没有走，而是说："没关系，妈妈平时上班就辛苦，下班了还得操持家务，我早就应该多帮帮你了！"接着又说道，"今年暑假我们学校准备举办一次夏令营活动，自愿报名，小泉和群群她们都说要报名去。"

面对这种场景，你可能会这么对孩子说：

"都说不用你帮忙了，你只会越帮越忙！妈妈现在正忙，你先出去吧，有事情一会儿再说！"

会"说话"的父母却会这样说：

"哦，我知道了，原来你是想跟妈妈商量一下夏令营的事情啊，好吧，等我一下！"

第七章
嘴下留情，走出沟通的误区

"你不配当我女儿"——过分苛责会伤害孩子

欣欣从小学二年级就开始学小提琴,已经学了十多年了。一方面出于自己的爱好,另一方面一直寄希望于文艺特长能对高考录取有利。

一次,欣欣正在练琴,妈妈在旁边监督,发现她的手形不对,就用一根小棍挑起她的手腕,大声训斥:"跟你说过多少次了,手形不对,你怎么总是出错啊?"

欣欣马上改了过来,但是不一会儿,手形又不对了,妈妈又大声训斥她:"已经跟你说过了,要保持正确的手形,怎么就是不听啊?一点儿都不认真,真不配当我女儿!"

欣欣听了很不高兴,也有些着急,于是她对着妈妈喊道:"我不练了,我就是练不好!我是不配当你女儿!"说完就跑了出去。

其实刚开始练琴时,欣欣很有积极性,每天都主动要求练琴,并且很努力。但在妈妈一声高过一声的训斥中,练琴变成了欣欣最讨厌的事情,也失去了兴趣。

【有话要说】

在现实生活中,有很多父母和欣欣的妈妈一样,经常会在孩子学习一项新事物时,密切注视孩子的一举一动,一旦发现有错,立即十分着急地加以纠正,或是训斥和指责孩子,有时甚至达到了苛责的程度。如果父母对孩子过于挑剔，总是批评和斥责孩子的错误，无形间将强化孩子的错误行为，甚至让孩子产生严重的自卑心理。

有教育专家曾指出，责备孩子的声音越小，孩子听得就越认真，教育的效果也就会越好。美国教育专家的一项研究结果也显示，与肉体处罚比较起来，父母对孩子动不动就破口大骂，更有可能在以后的岁月里给他们造成心理伤害。孩子容易犯错，并经常犯同样的错误，父母的批评教育是必要的，但也应该讲究方式方法，千万不要对孩子过于苛责，更不能对孩子说一些尖酸刻薄的话，因为苛责孩子只会伤害孩子的心灵，加重其心理压力，甚至还会影响到孩子的正常发育和成长。

父母苛责孩子是不能教育好孩子的，还会伤害到孩子，父母在家庭教育中一定要避免这种行为的出现，尽量少对孩子说一些过分的话和苛责的话。具体来说，父母可以从这些方面加以努力：

1. 教育要适时和适度。

孩子有了缺点错误应及时给予纠正，趁热打铁，不可拖拉。在教育孩子时，态度要严肃，语气要平和，摆眼前事实，讲错在何处，不要翻旧账。过多的苛责，孩子听了会感到厌烦，当作耳边风，会事与愿违，达不到目的。

2. 要控制好自己的情绪，语气尽量温和。

一些父母在得知孩子犯错时常常会情绪激动，不分青红皂白就责骂和数落起孩子来，结果孩子往往因惧怕而一句也没听进去，根本起不到教育的效果。如果父母能控制好自己的情绪，语气尽量温和一些，孩子或许才能更好地明白父母的意思和自己的错误所在，从而改正错误。

3. 少责骂孩子，耐心地指出孩子的错误，让孩子明白父母的爱。

如果父母总是苛责孩子，不断地指责孩子的错误，反而可能强调了孩子的过失行为，孩子的注意力就会全部集中在与父母的责备相对抗上，根本不会想到反思自己的行为，也就达不到教育的目的。而如果父母能耐心地指出孩子的错误，同时对孩子表达自己的关爱，这样孩子或许就更能理解和接受。

总之，想教好孩子，父母一定要注意自己的态度，千万不能过分苛责孩子。

【说话演练场】

小乾的爸爸是单位的领导，做事雷厉风行，有胆识、有魄力，平时很受人尊重，可是小乾却性格懦弱，做事没有主见，在公众场合表现得羞怯焦虑，他的爸爸对此有些苦恼。

有一次，小乾的爸爸带着儿子去参加单位举办的一个聚会，聚会上有抽奖和互动环节，结果抽到了小乾的名字，要求小乾表演一个节目，之后就能领取一份奖品。

爸爸对小乾说："真幸运，儿子，抽到你了，去表演一个节目吧！"

可小乾的脸马上就红了，他向爸爸求救道："爸爸，我胆子小，害怕在别人面前表现，你帮帮我吧。"

面对这种场景，你可能会这么对孩子说：

"你怎么这么没出息，真不配做我的儿子！"

会"说话"的父母却会这样说：

"没事，儿子，别紧张，爸爸知道你的歌唱得不错，只要你尽力好好表现就行了，不会有人笑话你的！"

"算了吧，你不是那块料"——别给孩子"泼冷水"

夏琼是一个胖胖的小女孩，她平时很喜欢唱歌跳舞，在闲暇的时候总喜欢哼哼歌，练练舞。有一次，夏琼独自在家里写作业，一边儿写还一边儿小声地唱着歌，唱着唱着还起来手舞足蹈一番。此时妈妈回来了，看到这情景，妈妈一阵劈头盖脸地数落夏琼："做作业时你怎么还有心思唱歌跳舞，这么不专心，能写好作业吗？"

"嗯，我……"夏琼显然被妈妈的大声训斥吓到了。

"你长得又不苗条，声音那么沙哑，唱得一点儿都不好听，怎么还好意思唱歌跳舞啊？还是快点儿好好写作业吧！"妈妈紧接着又是一阵数落。

"妈妈，你……"原本高高兴兴的夏琼尴尬得无地自容。一会儿之后，她愤怒地转身离开，走出了家门。

【有话要说】

很多父母都觉得孩子还很不成熟，不能太宠着、惯着，而应该多经受一些磨炼和打击，否则，孩子就很容易骄傲自满，经受不起挫折。有的父母则习惯以大人的标准要求孩子，当孩子表现得不尽如人意的时候，父母为了激励孩子的进取心，让孩子保持头脑冷静，就喜欢给孩子"泼冷水"，说一些打击孩子的话，上述例子中的夏琼妈妈就是如此，她因为不满女儿的表现，对着女儿就是一阵数落，可是却没有意识到，她这一盆"冷水"，浇在了夏琼稚嫩的心灵上。

生活中，孩子似乎对于周围的很多事物都充满着好奇心，而且，他们的情绪波动也很明显，常常会出现因好奇而想要去模仿的现象和情绪亢奋、激动等情况，这本身是无可厚非的，可有些父母却无法正确看待和理解这些行为，认为孩子在过度兴奋的时候很容易盲目乐观、失去自我认知和判断的能力，还认为孩子在考虑问题时总是不成熟的，为了让孩子保持冷静客观，避免孩子受到伤害，一些父母会因此而给孩子"泼冷水"，以阻止孩子的行为。

然而实际上，给孩子"泼冷水"未必能让孩子保持正确的心态，让孩子冷静下来仔细思考，反而会激起孩子的不良情绪，从而影响孩子的行为。另外，如果父母总是在孩子开心的时候给其"泼冷水"，就会打击孩子的积极性，影响其做事热情，甚至会阻碍孩子潜能的发展，如果父母总是在孩子想要尝试新的事物的时候给孩子"泼冷水"，孩子的自信心就会受到打击，这会使孩子丧失继续奋斗和进步的动力。而如果父母在孩子表现有些糟糕的时候"泼冷水"则更是有害，这样会让孩子觉得自己的努力得不到父母的尊重和认可，甚至会给孩子留下心理阴影。

从孩子成长发展的角度来说，在孩子想要去做某事的时候，父母应该尽可能地支持和帮助孩子，即使是觉得事情很难，孩子会做不好，也应该先试着帮孩子想办法，给孩子以尝试的机会，而不是总打击孩子。

【说话演练场】

陈露看到班级里别的同学都报名参加兴趣班，培养艺术特长时，她也报了一个二胡班。因为陈露以前并没有系统地学过音乐，基础不怎么好，而且二胡本身就是比较难学的乐器，所以陈露在刚开始学习的时候觉得非常吃力，可她仍旧坚持不懈地练习着。

有一天，陈露在家练习拉二胡，由于刚刚开始学，又没有完全掌握技术要领，她拉得非常难听。妈妈走过来，说："你这是在拉二胡吗？驴叫都比这好听！"

陈露听了很伤心，也很气馁，一时间不知道该说什么好。此时，爸爸回来了……

面对这种场景，你可能会对孩子这么说：

"这是在干什么呢？二胡怎么拉成这样。干脆别学了，你根本就不是那块料！"

会"说话"的父母却会这样说：

"孩子，虽然你的二胡拉得还是没有什么艺术性，可比起前几天来进步多了！慢慢学，总会一点点进步的，我知道现在二胡拉得很好的一些人，都是从勤学苦练中走过来的，相信你也一定可以！"

"父母骂你是为了你好"
——"打是亲，骂是爱"是最大的谎言

王洋的爸爸脾气有些暴躁，在教育儿子的时候不仅没什么耐心，动不动就会对孩子大吼大叫，在孩子表现不好的时候甚至会责骂和打孩子，但是，王洋并没有因此而服从爸爸的管教，反而变得十分叛逆。有一次，王洋又因为在考试中数学成绩很不理想而挨爸爸的打。

"爸爸，老师说家长也不能随便打人！"在挨打之后，王洋不满地说。

"谁让你不好好学习，不好好表现呢？考得不好就要挨打！"爸爸大声地吼道。

"你这样做是不对的！"王洋有些气愤地说。

"谁说我是不对的，你是我的儿子，我就得好好管你！'打是亲，骂是爱'，我这样做还不是为了你好！"

"我不用你管，你越是这样，我就越不听你的！"王洋边说边哭着跑出了家门。

【有话要说】

"打是亲，骂是爱"是中国不少家长信奉的教育理念，而且在现实中，不少父母也都是这样做的，他们相信"棍棒底下出孝子"，在教育孩子的时候喜欢训斥和打孩子，以此来惩戒和教育孩子，希望孩子记住"前车之鉴"，上述例子中的王洋爸爸就是这样。事实上，这种教育方式收效甚微，多数孩子并不会因为父母的打骂而意识到自己的错误，改正不良行为，反而会因此对父母产生不满情绪。这是因为人们的情绪判断会遵循"情绪判断优先定律"，即当人们遇到问题时，通常会情绪先于理性，先处理情绪之后再处理事情。当孩子对父母有不满情绪之后，通常会先记住当时的"恐惧"，而忘了对错误的判断与反省，同时还会因为父母的不理解和不尊重而厌恶父母。

心理学上所说的"情绪判断优先定律"，即指情绪会优先于理性，影响人们的判断。无论是好情绪还是坏情绪，都会首先影响到人的行为。当孩子闯了祸之后，他们心里其实很痛苦、很内疚，在这种糟糕的心态下，孩子只会对父母的打骂反感，会觉得父母是因为不爱自己、不关心自己才会这样的，此时，孩子就根本无心改正错误。

从表面上看，打骂可以使孩子暂时克服自己不合理的欲望和控制不正确的行为，但是不能从根本上解决问题，弄不好还可能使孩子养成说谎的毛病，父母面前不做而背后做。同时，打骂会污辱孩子的人格和扼杀孩子的个性，还容易使孩子丧失自尊心，逆来顺受，畏首畏尾。另外，经常被打骂的孩子，随着年龄的增长，虽然已看不见他们身体上挨打的伤痕，但在他们的内心，却仍然保留着幼年时挨打的痕迹，这些痕迹会造成孩子不自信、缺乏安全感等后遗症，对孩子的个性发展和人生发展都会产生消极的影响。

无数事实证明，"打是亲，骂是爱"是最大的谎言，暴力教育从来就不会让孩子变得顺从，也不会让孩子变得聪明和懂事，在教育孩子的时候只有学会"先处理情绪，后处理事情"，先体谅孩子的感情，宽容和安慰孩子，处理好孩子的情绪，使孩子处于良好的情绪状态下，然后再想办法教育和引导，孩子才会信服和接受。

教育孩子只能说服，不能压服，只能用爱交换爱，用信任交换信任。打骂教育是一种畸形的家庭教育方式，在现代的家庭中，应该避免出现。

【说话演练场】

过几天就是蒙蒙爸爸的生日了，叔叔和姑姑都说要来给爸爸庆贺生日。为了迎接客人的到来，蒙蒙和妹妹在周末主动承担了打扫卫生的工作。在收拾桌子的时候，由于蒙蒙心不在焉，不小心把桌子上的花瓶打碎了。蒙蒙知道这是爸爸最喜欢的花瓶，明白自己闯了大祸，十分担心，心想："这是爸爸最喜欢的东西，而且爸爸向来非常严厉，这次他一定会骂我、打我的！"

正在此时，爸爸回来了，看到蒙蒙和地上打碎的花瓶，有些气恼地问："这是怎么回事？你怎么把我最喜欢的花瓶打碎了？"

"不，不是我，是……妹妹。"蒙蒙吞吞吐吐地说。

后来爸爸经过调查，发现的确是蒙蒙把花瓶打碎了。

面对这种场景，你可能会这么对孩子说：

"你怎么总是这么毛手毛脚的啊？花瓶居然被你打碎了，而且你还敢撒谎，看我今天怎么收拾你！"

会"说话"的父母却会这样说：

"今天打扫卫生，你是咱家做得最好的，我很高兴！至于这个花瓶，放在这里是有点儿碍事，我也早想处理它了，碎就碎了吧。不过呢，以后劳动的时候可要注意啊，万一花瓶碎片伤到手怎么办？还有，撒谎是很不好的行为，犯了错误，要及时改正，以后不再犯同样的错误，依旧是个好孩子，记住了吗？"

"他考试经常不及格"——别揭孩子的伤疤

张华和陈默是表兄弟，他们的家也住得不远，所以两家人往来算是比较密切的。有一天，张华的妈妈带着张华到陈默家玩，此时陈默的妈妈正因为孩子的考试成绩不理想而训斥孩子。

"你怎么搞的？怎么又考得这么差？都不知道你平时是怎么学的，真是笨得很啊！"妈妈训斥陈默。

陈默不说话，低着头，内心似乎也在为此而觉得羞愧。

"你小学时学习还不错的，可自从进入初中以来，你的成绩为什么就这么糟呢？你想想看，这个学期你哪次考试让人满意了？去年期末考试你排在了班级倒数第10名，数学没有及格，英语也考得很不好。这学期的期中考试还是没有长进，数学只考了56分，仍旧是不及格，你丢不丢人啊？"妈妈对着陈默就是一阵数落。

"其实我也想好好学的，我也不想这样的！"

"那你还不好好反省一下，下次考好点儿，不要总是不及格了，很丢人的。"

看到妈妈当着亲戚的面这样批评自己，陈默觉得很不好意思，于是没有再说什么，低头进了房间。

【有话要说】

在孩子的成长过程中，难免会犯这样那样的错误，会留下一些难以磨灭的失败印记，也会在不经意间做出许多让大人感觉好笑的"糗事"，而随着时光的流逝，有些事会被忘却，有些事则可能始终被铭记。孩子成长过程中的不愉快经历或多或少会给孩子带来羞耻感，成为他们的隐痛，甚至给他们的心灵造成一定的伤害，留下一些疤痕，一般人都是不愿意回顾这些经历，更不愿意向别人提起这些经历的。对于上例中的陈默来说，接连几次的考试不及格一定会对他的心灵造成影响，他也有自尊心和羞耻心，希望自己能考好，更希望能守住自己的尊严，可妈妈当着亲戚的面一阵数落陈默，无疑是在揭他的伤疤，让他觉得内心受伤，自尊心受挫。

孩子身上的缺陷、曾经的失败和挫折经历都会在孩子的心中留下伤疤，当孩子心灵的伤疤还没有痊愈的时候，就非常希望能得到别人的尊重和保护，尤其是来自父母的保护。如果父母不了解孩子的这种心理，总喜欢把孩子的缺陷和不愉快的经历到处说，或者拿来当作笑料说给别人听，或者以此作为教育孩子的素材，就很容易伤害孩子的心灵，在他们的心中留下难以消除的疤痕。父母在教育孩子的时候是需要讲究科学方法的，尤其是当孩子受挫，希望得到保护和尊重的时候更是如此。

当孩子因为失败和表现不佳而自怨自艾的时候，父母最应该做的是理解和安慰孩子，而不是对孩子的表现持不接纳的态度，更不能时不时地说起那段令孩子觉得羞愧和不安的经历，揭孩子的伤疤，这样只会让孩子倍觉痛苦。

另外，对孩子来说，其身上的缺陷、曾经的失败和挫折经历都会在内心留下伤疤，当孩子心灵的伤疤还没有痊愈的时候，父母千万不要揭孩子的伤疤，不要因为孩子的缺陷而嘲笑他，不要因为孩子曾经的过失和不愉快经历来数落和教训孩子，而应该多多理解和关心孩子，慰藉他们的心灵，用爱来滋养孩子，帮助他们走出成长的困境。

【说话演练场】

妍妍今年刚上初中，她的学习成绩不错，平时也特别活泼，喜欢帮助人。在小学时一直担任班干部，所以在初中的班主任说希望全班同学能踊跃竞选班长时，她也非常想要参加竞选。有天晚上，她把自己的这一想法说给了妈妈听。

"妈妈，我们老师说过两天就要竞选班长了，我想参加竞选。"妍妍对妈妈说。

妈妈知道，女儿一直对当班干部很热心，尤其是想当班长。

在小学时她就几次尝试着参加班长竞选，可惜都失败了。

面对这种场景，你可能会这么对孩子说：

"你这次还想参加竞选啊？你以前不是参加过很多次班长竞选，可都失败了吗？有一次你还因此而当着全班同学的面哭了呢！总是落选，你不觉得很丢人吗？"

会"说话"的父母却会这样说：

"嗯，可以试试。尽管以前你有失败的经历，但你希望为同学服务，并能始终坚持的心是很好的！相信你这次一定会有好的表现，你一定会收获成功的！"

"你只管努力学习，其他事别操心"
——培养孩子要全面

周天成长于一个单亲家庭，妈妈独自抚养他长大，十分不易。因为家庭环境特殊，妈妈对他的要求非常高，一心希望他能成为很优秀的人。于是，周天从小时候起就被要求每天勤奋学习，这使他每天娱乐的时间特别少，也没有什么朋友，其他的业余爱好更是被全面限制了。妈妈还总爱拿他的成绩与其他人比较，一旦发现周天有退步，就会训斥和打他，周天因此十分不满。有一次，周天的叛逆情绪终于爆发了。

"我真怀疑你是不是我的亲妈妈，整天就只知道让我学习学习，我没有任何娱乐时间，也感受不到任何快乐！"周天大声地说。

"你这是什么话，妈妈还不是为了你好？这么多年来我辛辛苦苦地养育你，让你好好学习，难道有错吗？"妈妈感到有点儿委屈，"你的家境与别人不同，妈妈养大你已经很不容易了，你以后的路只能靠自己，如果不好好学习，你怎么能改变命运！"

周天没有作声。妈妈又接着说："孩子，你现在是学生，主要的任务就是学习，只有学习好了，将来才会有美好的生活，其他事你就别操心了，以后再说。"

对于妈妈的话，周天觉得非常无奈，而且每次听完后都会觉得压力很大。

【有话要说】

其实很多家长和周天的妈妈一样，仍处于分数教育，每天督促孩子好好学习，总是只关心孩子的学习成绩，却忽略了其他方面的培养和训练，常因为孩子的成绩不佳就责骂、训斥孩子，培养出了高分低能的孩子。事实上，分数并不是衡量孩子能力的唯一标准，也无法完全真实地反映孩子的能力，每次都能考高分也不意味着真正的优秀和能拥有远大的前程。

孩子在成长过程中不只是需要通过学习获取知识，还需要培养和发展其他各方面的能力，只懂得学习的孩子本身就是有问题的，也是难以走好以后的人生之路的。美国教育者认为教育所强调的技能应该更加重视孩子各方面的能力培养，比如感受能力、分析能力和独立解决问题的能力等，使孩子具有良好的素质。所以父母在培养孩子时更应关注孩子的素质和全面发展，让孩子早早地接受锻炼，培养能力，以助他们成才。具体来说，家长可以注意这些方面：

首先，父母应该对分数有正确的认识，改善教育观念，明白分数所代表的意义。只有明白了这些，父母才会调整自己的教育观念，改变"只重视分数"的观念，帮助孩子学习，并且提高孩子其他各方面的能力，而不是整天催促孩子学习再学习，在学习上给孩子施加各种压力。

其次，父母应该在实践中落实正确的教育观念，真正关心孩子的成长，帮助孩子成才。比如，当孩子学习遇到困难时，父母千万不能用刻薄的话把孩子"打入冷宫"，而应该给予孩子及时的安慰和鼓励，提高孩子的学习兴趣；当孩子的成绩在班上总是遥遥领先时，家长要注意防止孩子滋生骄傲情绪，这时可以给孩子讲一讲一些优秀者的例子，以激励孩子继续努力。另外，父母更应该教孩子学会以一颗平常心对待学习和生活，不仅要关注学习，更应该注重其他方面的均衡发展，注重各方面能力的提高。

另外，父母还应该为孩子的全面发展创造良好的条件，鼓励孩子多多学习和实践，在孩子迷惑、遇到困难的时候给予引导和帮助。

【说话演练场】

小安的妈妈是一位具有高级职称的英语教师，对孩子要求甚严，她很希望自己儿子的英语非常优秀。为此，她利用暑假的时间给孩子报了一个封闭式的英语辅导班，还每天命令孩子做各种各样的英语练习题。

有一次，她拿着一本英语练习册，对孩子说："你必须在一周之内，把这里面的习题从头到尾做一遍。"

"妈妈，这本练习册这么厚，一周的时间肯定做不完。"小安说。

"只要你每天都认真地做，肯定是能完成的！"妈妈鼓励小安。

　　小安无语，只能按照妈妈的意思去做。几天之后，他把自己锁在了屋里，不愿意出来吃饭，也不愿意出来见人。

面对这种场景，你可能会这么对孩子说：

　　"你怎么能这么不懂事，妈妈这样做还不是为了你好？你想想看，你的英语成绩好了，总体的分数提高了，将来不就能考个好学校，找份好工作，以后也就能衣食无忧了啊！"

会"说话"的父母却会这样说：

　　"孩子，是妈妈不好，不能只顾着让你学习，却忽略了对你其他方面的培养，妈妈今后一定改正！"

第八章

谈话有智慧，说得多不如说得妙

"我来给你讲个故事"——巧借故事引导孩子

金金活泼好动，很喜欢思考问题，可就是不怎么讲卫生，待人接物也没有礼貌，妈妈平时也没少给他讲道理，可金金一点儿都听不进去，有时还会故意和妈妈"对着干"。

有一天，金金和爸爸妈妈走在路上，遇到了金金的数学老师，金金立即把脸转向一边，装作没看见。之后，妈妈对金金说："你明明看到老师了，怎么不和老师打招呼啊？"

"我不喜欢他，所以不想跟他打招呼！"

"你这孩子怎么能这样，尊师重教、待人有礼是中华民族的传统美德，我们每一个人都应该继承……"妈妈一口气给孩子讲了不少大道理，可金金似乎不领情，对妈妈嚷嚷道："知道了，你每次都这样！"

爸爸见状，并没有严厉地批评金金，也没有继续说大道理，而是给他讲了一个某人因为不懂得礼貌、不懂得尊重人而不被大家喜欢，最后只能独自居住在山上的故事。金金认真地听着故事，最后他脸红了，向父母承认了错误并表示以后会努力改正。

【有话要说】

不少父母都发现，自己的孩子一到了青春期之后，就变得叛逆而听不进道理和劝告，越是让他这样，他偏偏要那样，给他讲道理或者提要求根本就没有用。实际上，孩子的这些表现一方面与其个性和心理发展有关，另一方面还可能是由父母的教育方式不当而引起的。

　　每个阶段的孩子都有其成长特点，年纪尚幼的孩子心智还不成熟，理解能力非常有限；青春期的孩子追求自我和独立，希望能体现自我意识，而且比较敏感和叛逆。总体来说，无论是哪个阶段的孩子，基本上都不怎么喜欢听空洞的道理，很难接受严厉的说教，年纪还小的孩子是因为理解不了这些大道理，而青春期的孩子是不喜欢这样的交流和教育方式，对于父母经常说教的行为会产生本能的反感和叛逆。

　　身为父母，在关心孩子成长，教育孩子进步的时候一定要掌握孩子的这种心理，多采用孩子喜欢和能接受的方式与其交流，这样才能把话说到孩子的心里，增强教育效果。与空洞的说教相比，在教育孩子时讲究方法或许更可取，其中，针对孩子存在的一些问题，根据具体的语境，说一些孩子喜欢听的故事不失为一种很好的教育方式。孩子一般都喜欢听故事，故事有趣生动，更容易吸引孩子的注意力，激起孩子的兴趣，故事中蕴含的道理深刻而形象，能给孩子启发和引导，也更容易被孩子接受和理解，因此，父母在平时可以多陪陪孩子，利用空闲时间给孩子讲一些故事，让孩子从故事中汲取营养，改正错误的行为，树立正确的人生观。

　　首先，父母可以给孩子讲一些优秀人物和英雄楷模的故事，以此教育孩子，指引孩子成长。比如，古往今来的科学家、艺术家、思想家对真理的追求、对事业的献身，以及这些人物的立志、奋斗进取、战胜挫折等方面的故事就是很好的选择。

　　其次，父母可以用一些科学故事和寓言故事启发孩子的好奇心，激发孩子对学习、探索和思考的兴趣，或是加强孩子对于某一些问题的思考和研究，激励孩子积极进取。

再次，当父母发现孩子身上有这样那样的缺点时，可以针对具体情况，选取一些类似的故事来教育和启发孩子，鼓励孩子在听故事的时候自己思索和反省。

在生活中，运用故事引导和教育孩子的好处很多，只要父母能仔细琢磨，就一定能找出最适合的教育方式，优化教育效果。

【说话演练场】

在父母和很多同学的眼中，李侬是个不讲卫生、懒惰的孩子，他总是想着各种方法偷懒：每当到了学校规定的劳动时间，李侬总是会装病故意不参加；他的书桌，总是看起来非常乱；他的衣服，总是弄得很脏而不换洗；在家里，他从不收拾房间，更不用说帮爸爸妈妈打扫卫生了……

"儿子，你的房间又乱又脏，该收拾一下了。"一天晚上，爸爸对李侬说。

"我不觉得乱啊，不就是有些果皮纸屑吗？而且，被子本来每天都要盖，又何必整理呢？"

面对这种场景，你可能会这么对孩子说：

"你真是懒，拿你没办法了，再这样下去，以后怎么得了！"

会"说话"的父母却会这样说：

"来，儿子，爸爸给你讲个故事吧。话说从前有个儿子，他非常懒惰，几乎从来不下地干活儿，就连吃饭也要妈妈喂，后来，妈妈要出远门，因为担心自己的孩子饿着，就做了一个大饼挂在他的脖子上……"

"要是不这么做的话"——让孩子在对比中领悟道理

肖悦今年马上就是小学毕业班的学生了，他的其他成绩还可以，就是作文水平欠佳，以致影响了语文成绩，妈妈为此很着急，想让他报名参加暑假的作文班。可是，肖悦并不愿意，他想利用暑假的时间好好玩玩。

"儿子，暑假的作文班马上就要报名了，你想好了没有？"一天，妈妈问。

"嗯，我还在想……"

"我知道你并不十分乐意参加作文班，你想在暑假好好玩玩，对吧？可是你能听妈妈帮你分析一下参加作文班的好处与坏处，然后再决定吗？"

肖悦点了点头。

"你马上就要小学毕业了，上作文班可以帮助你尽快提高写作能力和语文成绩，成绩好了，你会变得更自信，对于你以后的考试也很有帮助……而坏处在于，为了上课，你就得牺牲一些休息时间，做自己喜欢的事情的时间就会少一些……你自己决定吧。"

肖悦认真地想了想，觉得妈妈分析得全面而在理，加上自己班上很多同学也都报了这个作文班，所以就决定要报名参加了。

【有话要说】

在孩子成长的过程中，父母不能凡事都为他们规划好，却可以通过教育让孩子明白事理，不断成长。青春期是孩子成长的关键时期，这一时期的孩子，自我意识和独立性都比较强，往往喜欢按照自己的意愿去做事而不喜欢被强迫，对于这一阶段的孩子，父母如果想要求孩子去做某事或者不要做某事，最好不要采用逼迫和命令的方式，因为这样很可能会适得其反。

父母教育孩子的重要原则是要学会把话说到孩子的心窝里，让孩子明白道理，从而自觉接受和服从。然而，孩子的心智还不十分成熟，考虑问题也未必周到，很多时候，孩子并不能完全明白做某些事情的原因和好处，也不明白做某些事情会有怎样的危害和后果，此时就需要父母耐心地给孩子讲道理。但是，讲道理也不是一件简单的事情，切忌空泛说理和说一些孩子根本就不明白的话，想要把话说到孩子的心里，让孩子明白道理，在给孩子讲道理的时候，适当地运用正反对比的方式是很好的。

运用正反对比的方式给孩子讲道理就是运用比较的方式，先给孩子说说做某事或者不做某事的好处与坏处，并在这个过程中，委婉地表达自己赞成什么，反对什么，让孩子能从中悟出道理，并能自主决定该怎么去做。需要注意的是，父母虽然是可以把自己的观念暗藏在正反对比说理里面，却不能太明显，这种说理教育的重点是一定要引导孩子自己分析和判断，在分析做与不做的同时学会趋利避害，做有利于自己成长的事情。在这个过程中，父母需要注意以下几点：

首先，在正反对比说理中一定要注意态度和方式，不要让说服变成说教或是压制。

为了达到运用正反对比教育方式说服孩子的目的，父母应该放弃说教和压制，不给孩子讲空洞的道理，不用强硬的语气或是家长的权威压人，而应学会把道理说得通俗易懂，并尽量贴合孩子的理解方式和认识水平。

其次，在说理时要以孩子为出发点，多给予孩子关爱。在运用对比说理说服孩子的时候，不仅要灵活运用多种说理方式，使得论证更有说服力，更重要的是，要学会从孩子的角度考虑问题，体现父母的关爱和用心，这样不仅能让孩子在教育中明白事理，学会自己分析和解决问题，积累更多的做事经验，更能让孩子感受到家庭的温暖。

【说话演练场】

宁君和丁丁原来是一对很好的朋友，可最近两人因为一件小事吵架了，他们互相指责，谁也不肯让步。宁君虽然很珍惜这份友情，想要和好，却一时丢不开面子，于是就把自己的苦恼跟爸爸说了。

"爸爸，我最近有些不开心，因为我和好朋友丁丁闹僵了。"

"嗯，我知道了。其实你很想和丁丁和好，是吗？"

"是的，可是，在这件事情上我们都有错，可是最先说不要做好朋友的人是他。如果我先让步，会很没面子的。"

面对这种场景，你可能会这么对孩子说：

"如果是这样的话，你还是等着他先来道歉吧，你又不是没有朋友了！"

会"说话"的父母却会这样说：

"其实，我觉得你先让步也没有什么不好的，如果你这样做了，不仅不损失面子，还能显示你的宽容大度。更重要的是，能改善你们的关系，增进友谊。但如果不这样做的话，两人仍旧会互相埋怨和指责，那你们这么多年的友谊就有可能从此破裂了。"

"你们老师跟我说过"——借人之口，表己之意

正读小学五年级的小影从小就比较任性，在家里，她非常娇蛮而不讲理，向来是说一不二的，家里人都觉得她很难管教。可是，平时任性的小影却很崇拜王老师，也十分听他的话。后来，小影妈妈就由此想到了一个让小影听话的好方法。

有一段时间，小影经常因为上网聊天而很晚睡觉。

"小影，时间不早了，快点儿去睡觉吧！"妈妈催促说。

"嗯，好，等一会儿。"小影应道。

"已经等了很久了，你怎么还不去啊？"妈妈有些不耐烦了。

"我说等会儿就等会儿，你不要再啰唆了嘛。"

妈妈想了想，说："我今天遇到你们王老师了，他说发现你最近上课精神不太好，好像是休息不够！他还说，小孩子正是长身体的时候，如果睡不好，会影响以后的发育的，这样可能以后在学习上也会觉得很吃力……"

一听是自己喜欢的王老师说的话，小影觉得很有道理，于是马上关了电脑，乖乖睡觉去了。

【有话要说】

偶像崇拜，已成为时下青少年群体一个普遍而又引人注目的现象。很多孩子都有自己崇拜的偶像或是非常喜欢的人，相比于听从父母的话，孩子更愿意按照自己喜欢或崇拜的人的要求去做事，或是模仿偶像的行为去做事，所以父母在教育孩子的过程中，遇到孩子不听话的情况，有时还可以考虑借别人之口，来对孩子进行说理

教育。上述例子中的小影妈妈就很好地运用了这一方法，她抓住小影崇拜王老师而听其话的特点，成功地说服了小影早点儿睡觉。

生活中，不少父母都发现孩子在家不怎么听自己的话，很难管教，可是对于有些他喜欢或崇拜的人的话语却言听计从。这其实是因为孩子对于喜欢或者崇拜的人，常常有较深的感情，对于这个人十分信赖，从内心深处想要向其学习和靠拢。

在教育孩子时，如果遇到孩子听不进父母的正确意见和道理，却很听某些喜欢或崇拜的人的话时，父母就可以尝试着用这个人的语气来跟孩子交流和说理，从孩子喜欢或崇拜的人的角度出发来对孩子提出要求，表达自己的意思，让孩子乖乖听话，这也是很有效的一种教育方式。在具体的操作过程中，父母可以参考如下的一些建议：

首先，父母平时应该关心孩子，多与孩子交流，及时了解孩子的想法。想要洞悉孩子的心理，灵活地运用借人之口表达自己要求的方式，父母首先应该了解孩子的所思所想，知道孩子平时喜欢和崇拜什么人，比较愿意听从谁的劝告和话语，孩子更容易接受的教育方式是什么，只有做好了这些准备工作，才能对症下药，取得良好的教育效果。

其次，父母在运用这一方式的时候也要注意说理的准确性，要让孩子信服。青春期的孩子已经具备了一定的识别和判断能力，虽然对于某些人的话特别容易信服，但也不会不明所以地盲从，因此，父母在借人之口来表达自己的意思时，也应该说理充分，这样才能真正让孩子信服和听从。

还有一点需要注意，父母在运用借人之口，表己之意这一方式的时候应该掌握适度原则，不能毫无节制地使用，这样只会适得其反，令其失去效用。

【说话演练场】

飞飞一直很崇拜自己的爸爸，他觉得爸爸不仅帅气魁梧，而且智慧过人，无所不知，总能在自己遇到困难的时候帮助自己，所以他在家非常听爸爸的话。有一次，爸爸要出差一个月。因为爸爸不在家，飞飞变得调皮起来，晚上放学后不是在外面玩到很晚才回家，就是回家后马上看电视或上网，到很晚了才想起做作业。

有一天，飞飞放学回家后又马上看起电视来。

"飞飞，你的作业完成了吗？怎么又在看电视？"妈妈问。

"嗯，还没有呢，等看完这集动画片就做。"

面对这种场景，你可能会这么对孩子说：

"你怎么总是这么不听话，你爸爸不在家，你就无法无天了是吧？你再不听我的话，我可生气了！"

会"说话"的父母却会这样说：

"飞飞，爸爸出差前已经交代了，每天放学后可以允许你看一会儿电视，可前提是你要先做完作业。爸爸说了，如果你乖乖听话，他会带礼物回来的！"

"考试不过是只纸老虎"——说话时加点儿幽默的语言

贾科今年读小学六年级，在学习上一直很努力上进，成绩也很不错，可就在离升学考试还有一个月的时候，他的情绪波动异常明显。原来，贾科向来好强，他觉得老师和父母都对自己期待很高，自己应该加倍努力，一定要考个好成绩来回报大家，所以心里感到压力很大。

有一天，爸爸见贾科学习时有些焦虑，就问："儿子，今天怎么了，你看起来好像忧心忡忡啊？"

"没有，只是马上就要升学考试了，我有些担心和焦虑，我平时成绩还不错，就怕这次考得不好，辜负你们的希望，也担心别人因此笑话我。"

"原来是这样，放心吧，儿子，爸爸以前考试也会紧张，但后来我想明白了，考试只不过是只纸老虎，虽然看起来很凶猛，却不能伤人，只要你不被它吓到，就能战胜它！而且，即使你这次没有考好，纸老虎也不会拿你怎么样啊，我和你妈妈更不会对你怎么样！你现在要做的就是调整好心态，放轻松一点儿，到时正常发挥就好了。"

贾科被爸爸幽默的语言逗乐了，心情也轻松了不少，学习也比以前有效率了。

【有话要说】

父母教育孩子，不能总是板着脸，动不动就批评指责，有时候运用一些幽默的语言，灵活地运用一些教育技巧也很重要。上述例子中贾科爸爸的幽默语言就对帮助孩子缓解紧张情绪，激发其学习热情起到了重要作用。

父母在教育孩子时，适当运用一些幽默的语言对于增强教育效果是很有好处的，因为很多时候，严厉的批评和指责只会加深亲子之间的矛盾，让孩子觉得难过，使其不愿意与父母交流甚至变得叛逆，但是一些幽默的话语，既能化解尴尬，调节气氛，给孩子深刻的印象，也能让其受到良好的影响。

幽默是一种无形的力量，具有幽默感的人往往能赢得别人的青睐和欢迎，人际交往能力一般也较强。在家庭教育中，幽默感就是家庭环境的清新剂和亲子关系的润滑剂，有幽默感的父母往往更容易与孩子沟通和交流，懂得以幽默智慧来教育和引导孩子的父母往往更能赢得孩子的喜欢，在教育时也能收到更好的效果。在运用幽默智慧的时候，父母应该注意这样一些问题：

1. 弄清幽默的真正含义。

幽默是用影射手法，机智而又敏捷地指出别人的缺点或优点，在微笑中加以否定或肯定。幽默不是油腔滑调，也不同于嘲笑和讽刺，幽默是在玩笑的背后隐藏着对事物的严肃态度，它没有那种使人产生受嘲弄或被辛辣讽刺时的痛苦感。

2. 父母应该努力增长自己的知识，陶冶自己的高尚情操。

幽默是一种智慧的表现，必须要有丰富的知识和开阔的视野做基础，同时也是一种乐观、宽容精神的体现，所以父母想要运用好幽默的语言，必须在这些方面加强自己的修养，平时自己多看书、多学习，广泛涉猎，并注意加强自身的道德修炼和心灵陶冶。

3. 在日常生活中，父母在教育孩子的时候可以多运用一些幽默的语言，并努力培养孩子的幽默感。

幽默是一种生活的智慧，在很多场合中都是可以运用的，父母可以针对具体情境，适当地运用，如孩子不小心把牛奶打翻在桌上了，父母可以不责备孩子而是幽默地说"原来是桌子想喝牛奶了"；

当孩子写字潦草，父母也可以幽默地说"我还以为是我眼花呢，看到的是无数虫子在爬，原来是你手抖了"。不管是在什么情境中，有幽默感的父母总能想出很好的语言。

此外，父母还可以以自己幽默和乐观的精神影响和陶冶孩子，不断培养孩子的幽默感，这对于孩子将来的成长也是非常有益的。

【说话演练场】

正读小学的佳佳比较贪玩，而且做事情有些粗心，经常丢三落四。在平时的生活中，佳佳经常因为贪玩而把手中的东西随手乱扔，过后就忘记放哪里了，尤其是书包，不知道丢了多少回，而且他的书包里总是装满了各种各样的东西，非常乱。

有一天佳佳放学回到家，爸爸发现儿子平时回来都背着书包，今天却没有，就问："佳佳，你的书包到哪里去了！"

佳佳一摸自己的背，发现的确没有书包，便说："放学的路上我停下来玩了一会儿，我也不记得书包放在哪里了！"

之后，爸爸连忙带着佳佳去找，结果在学校的球场找到了。

面对这种场景，你可能会这么对孩子说：

"你这孩子，连自己的书包都看不住，唉！"

会"说话"的父母却会这样说：

"佳佳，你是学生，书包和课本就是你的武器，只有随时装备好武器，你才能上前线，书包怎么能随便丢呢？而且，你看你的书包里，塞了这么多东西，它驮累了竟躲着主人睡着了，所以啊，以后一定要记得背书包，并注意帮它减轻负担！"

"你是不是想要这样"
——让"闷葫芦"开口说话，更需要智慧

亚亚是个非常内向而自卑的孩子，她向来不爱说话，即使遇到了熟人也总是低着头尽量躲避，当别人问她话时，她也总是尽量简洁地回答，有时甚至闭口不语，以至于班上的同学很少有人喜欢同她一起玩儿，妈妈也一直为她的性格苦恼不已。

一天，亚亚和妈妈在街上遇到了张老师，张老师很关心亚亚，一连问了她好几个问题，可亚亚不是简单地回应着，就是躲在妈妈身后不说话。

"亚亚，刚才老师问你问题呢，你怎么不回答？"

亚亚没有作声。

"你这样很不礼貌，老师从此就对你印象不好了，以后肯定也不喜欢你了。"

"嗯。"

"以后要大胆一些，回答别人的问题有什么可害羞的。"

亚亚点了点头，只是羞涩地一笑，还是什么都没有说。

【有话要说】

生活中，有性格开朗的孩子，也有性格内向的孩子。性格开朗的孩子往往愿意把自己内心的感受说出来与人分享，当别人询问时也总能积极作答，而性格内向的孩子则可能不愿意随便回答别人的问题，也很少愿意向周围的人表达自己的真实想法和感受，但过于内向的性格也必然会影响孩子的人际交往。

想成为一个合格的家长，不仅要在生活和学习上关心、教育孩子，帮助孩子茁壮成长，更应该关注孩子的情商培养，努力塑造孩子良好的性格，陶冶孩子的情操。在孩子成长的过程中，如果父母发现自己的孩子性格过于内向，很容易在别人面前羞赧和恐惧，就应该及时想办法帮助孩子，从打开"闷葫芦"的金口开始，让孩子克服心理的恐惧和担忧，学会与人正常交往。

让"闷葫芦"开口说话并不是一件简单的事情，需要父母付出更多的关爱，动用更多的智慧，但父母如果能抓住并利用好如下的两个要点，还是能取得比较好的效果的。

首先，每个人都有自己的兴趣爱好，在与人交谈时也倾向于谈论自己喜欢的或者感兴趣的事情。针对性格内向、不善言谈的孩子，父母可以从孩子感兴趣的事情入手，引导孩子谈论这些话题，帮助他们展现自己，逐步提高表达能力。

除此之外，父母还可以多与孩子谈论一些孩子关心的事情、擅长的事情或者与孩子的生活实际密切相关的事情。比如，孩子班上发生的有趣故事、孩子崇拜的偶像、孩子喜欢的活动、孩子近期的愿望和需求、孩子在生活中的困惑和愉快的事等。有些事情虽然看起来微不足道，却可能是孩子最关心、最愿意跟人谈论的事情，父母如果能留心孩子的生活，及时捕捉这些信息，就能让不喜欢交谈的孩子开口，让他们顺畅表达。

其次，父母想要打开"闷葫芦"的金口，让孩子变得爱说话，还应该注意交谈的态度和语气。在与性格内向的孩子交谈时，父母最好能保持温柔和蔼的态度，多照顾孩子的感受，在交谈中注意循序渐进，平时尽量使用"你觉得怎么样""你是不是想要这样""我很想听听你的想法"之类的话，切不可过于急躁，如果总是在交谈时指责和打击孩子，这样只会让情况更糟糕。

在孩子性格形成和发展的过程中，遗传因素固然有所影响，但父母的教育方式却更关键，如果父母平时能多留心，多动用智慧进行教育，相信孩子定能向好的方向发展。

【说话演练场】

明丽本就是一个性格内向、不善言谈的孩子，再加上她进入青春期后脸上长了很多痘痘，她因此而变得更加自卑，平时总是喜欢一个人躲在角落里而不愿意跟人交流。很多同学都取笑她是一个"闷葫芦"，半天也憋不出一句话，她因此而变得更加沉默寡言了。

有一天，明丽一句话也没有说，回到家之后就莫名其妙地发起脾气来。

"丽丽，你这是怎么了，心里有什么话可以跟妈妈说啊！"妈妈见状，连忙说。

明丽没有说话。

"有什么事情可以说出来嘛，生气是解决不了问题的。"妈妈又说。

明丽看了看妈妈，仍旧自己在那里生气。

面对这种场景，你可能会这么对孩子说：

"难怪别人都说你是'闷葫芦'，真的是半天说不出一句话，你这样下去，以后可怎么办啊？"

会"说话"的父母却会这样说：

"孩子，是不是在学校受委屈了，是遇到什么不好解决的事情了吗？说出来听听，妈妈帮你想办法，怎么样？"

"如果别人也像你一样会怎样"——将问题抛给孩子

小威聪明活泼，伶牙俐齿，可身上的毛病也不少，其中最严重的问题就是，他有些爱贪小便宜，经常借了别人的东西迟迟不肯归还，等到别人遗忘的时候，他就会据为己有。看到儿子这样，妈妈心里很着急。

一次，小威又借了同桌漂亮的橡皮而不想归还。妈妈知道后，有一天，她趁着小威在用橡皮的时候，就故意问他："你手中的橡皮是谁的？"

"我同桌夏明的。"

"是夏明好心借给你用的吧？可我怎么见你已经保管了很久了呀？"

"那个，我本来是想早点儿还给他的，可是我觉得这块橡皮很漂亮，有些舍不得，而且夏明家很大方，一定不会介意我留下它的。"

"嗯，是的，夏明是很大方，可是你想想，如果别人也像你一样，借了东西不及时归还，还总想着据为己有，那你愿意借东西给这样的人吗？再说，如果你实在想要一样东西的话，爸爸妈妈可以给你买，橡皮本来就不值几个钱，为此而失掉了信誉，你觉得这样值得吗？"

小威听了，若有所思地点了点头。

【有话要说】

现实生活中，像小威一样有这样那样毛病的孩子不少，当遇到孩子做错事情或是身上的毛病很多的时候，一些父母总是比较强势，喜欢直接指出孩子的缺点和不足，要求孩子应该这样而不能那样，或是经常将自己的意愿强加在孩子的身上，希望孩子完全按照自己的要求办事，这其实是很不妥当的。

父母总是与孩子针锋相对，总习惯以强制压迫的方式解决家庭教育问题，最容易出现的一种结果就是，孩子并不会心甘情愿地按照父母的要求去做，尤其是对于有着较强独立性和思考能力的青春期孩子来说，很多孩子不仅不会照做，还可能出于不满和叛逆而选择与父母对抗。在教育孩子时，父母一定要注意讲究方式方法，当孩子并不想按照父母意愿办事的时候，父母可以尝试着把问题抛给孩子，如父母可以用"如果别人都像你一样会怎样""要是我按照你说的话去做会怎样""如果人人都学你会怎么样"等话语，给孩子提出相关的问题，引导孩子自己去观察和思考，在这个过程中明白道理，自觉地去做某事或是纠正某种不良行为。在这个过程中，需要注意的是：

1. 父母在把问题抛给孩子，引导孩子学会思索和分析的时候，一定要先了解清楚具体情况。一些父母常常以工作忙、培养孩子的独立性等为借口疏忽对孩子的关心和教育，把问题抛给孩子自己解决，这其实是很不应该的。父母只有对孩子的情况了解透彻之后，才可能做出正确的判断和评价，找到适合自己孩子的教育方式，这样才能有的放矢地帮助孩子解决问题。

2. 把问题抛给孩子，实际上也就是启发孩子自己进行探索和思考，同时也把解决问题的权利教给孩子，父母只是在旁边起引导作用，至于孩子具体要通过什么方式解决，该怎么做，父母最好不要替孩子决定，让孩子根据自己思考的结果做出决定。

教育好孩子的方式是多种多样的，但总体来说，关爱和尊重是其中的重要原则，每一个父母都应该坚持好，只有将教育建立在此基础上，才可能真正有所成效。

【说话演练场】

小易注重外表，平时都穿得比较干净整洁，可他只注重个人卫生，到了公共场合，他就很不讲究了，经常随手乱扔果皮纸屑，有时还会随地吐痰，妈妈为此没少教育他，而他呢，虽然能意识到自己的错误，可总是很难改正。

一天，爸爸带着他去中心广场玩，小易不自觉地又将用过的纸巾随手扔在了地上。

"小易，你怎么又乱扔垃圾了？你妈妈昨天不是又教育你了吗？"爸爸问。

"哦，我忘记了。"

"快点儿把垃圾捡起来吧，知错还得及时改正。"

"广场上人这么多，而且待会儿肯定还有清洁工人打扫的，不要紧的。"

面对这种场景，你可能会这么对孩子说：

"你这孩子，叫你捡起来，你到底听不听话？"

会"说话"的父母却会这样说：

"广场上的人这么多，扔一点点垃圾是不怎么显眼，可是你想想看，要是人人都像你一样，会怎么样？到那时，广场还能立足吗？你还愿意到脏脏的广场来玩吗？"